행정학 개론

[개정판]

제갈 돈 · 김병규 · 도수관 · 윤기웅 · 이곤수 공저

法 文 社

머리말

행정학 교재는 일반적으로 많은 내용을 총망라해서 지나치게 분량이 방대하다거나 이해하고 정리하기 어렵다는 비판을 받는다. 이 교재 또한 그런 비판의 식하에서 행정학을 좀 더 쉽게 학생들에게 이해시켜 보자는 의도로 시작되었다. 그래서 저자들은 될 수 있으면 양을 줄이고 그림이나 정리박스, 예를 활용하여 책을 구성하려 노력하였으며 대학교 신입생을 대상으로 한 쉬운 교재를 만들기 위해 노력하였다. 이번 개정판에서는 통론 부분의 부족한 부분을 보완하는데 중점을 두었고 초판 발행 이후 변경된 내용을 반영하였다.

제1장 행정은 모든 개론 서적이 그러하듯이 행정의 의의, 행정환경, 행정이념 등을 다루었으며, 제2장 행정학의 발달과정과 제3장 행정의 필요성은 그림과 그래프 등을 활용하여 학생들에게 쉽게 전달되도록 노력하였다. 제4장과 제5장은 정책학을, 제6장과 제7장은 조직론을, 제8장은 인사행정론을, 제9장은 재무행정을 요점을 추려 학생들에게 각론을 위한 기본지식을 전달하는 데 중점을 두었으며, 제10장과 제11장은 지방행정과 지방재정을 수험을 준비할 수 있게끔 요약하고 정리하였다.

그럼에도 불구하고 여전히 저자들의 쉬운 교재를 만들자는 목표에 이 교재가 부족한 점이 많은 것은 저자들의 한계이며 앞으로 저자들의 연구와 강의를 통해 학생들과의 소통으로 미비한 점을 보완하여 다음 개정판에서는 좀 더 나은 교재를 만들 것을 다짐해 본다.

2017년 2월
저자 일동

차 례

제1편 통 론

제2편 정 책

제3편 조 직

제 4 편 인 사

제 5 편 재 무

제 6 편 지방행정

제 1 편

통 론

제 1 장 행 정*

제1절 | 행정의 의의

1. 행정의 개념

행정의 개념은 학자마다 그리고 이해하는 각도에 따라 다양하게 정의할 수 있으나 가장 대표적으로는 행정법학적 개념과 행정학적 개념을 들 수 있다.[1] 여기에서는 본서가 행정학 교과서이기 때문에 행정학적 측면에 초점을 두어 행정학적 행정 개념에 대해서만 설명하기로 한다. 비록 행정학적 행정 개념만 고려한다 하더라도 지금까지 무수히 많은 개념정의가 존재하는데, 그 중에서도 공통적인 측면들만을 선택하여 행정을 정의할 수밖에 없다.

행정은 특정의 목표를 달성하기 위해 둘 이상의 사람들이 모여 합리적으로 행하는 협동적인 집단행동이라고 볼 수 있다(백완기, 2007). 이러한 개념정의 속에는 조직, 인사, 예산, 정책(대안선택) 등과 같은 다양한 측면들이 포함되어 있다. 즉, 행정은 둘 이상의 구성원들이 모여 행하는 조직화된 집단행동(조직)이며,

---

* 본장은 제갈 돈 외(2002). 「정부와 행정」 제1장(정부와 행정)과 제3장(행정의 정치적 환경)의 내용을 참조하여 재구성하였음.

1) 행정법학적 행정 개념은 주로 삼권분립 공제설, 국가목적 실현설, 법함수설, 행정규제설 등으로 설명한다.

이러한 집단행동을 위해서는 구성원들의 선발에서 배치, 동기부여 등과 같은 과정(인사)들이 필요하다. 아울러 특정한 목표 달성을 위해서는 인적 자원뿐만 아니라 다양한 물적 자원들이 필요하기 때문에 이러한 인적·물적 자원들을 효율적으로 조달하는 과정(예산)이 필요하며, 그러한 인적·물적 자원들을 활용하여 원하는 목표를 달성하기 위한 합리적인 대안선택 과정(정책) 등이 필요하다. 이 외에도 행정의 개념에는 다양한 측면들이 포함되어 있지만 그러한 것들을 모두 나열하기에는 오늘날 행정을 둘러싼 환경이 매우 복잡하고 불확실하다.

한편, 제갈돈 외(2002)는 행정학적 행정 개념이 미국이라는 지역적 배경하에 형성되었으며, 시대적 순서에 따라 행정관리설, 통치기능설, 행정행태설, 발전기능설로 나눌 수 있다고 했다. 〈표 1-1〉의 내용은 이에 대한 내용을 정리한 것이다.

2. 행정과 행정학의 특성

행정은 다양한 특성들을 지니고 있다. 그것은 행정현상이 그 만큼 복잡하고 다양하다는 것을 의미한다. 이러한 행정의 다차원적인 특성을 요약해 보면 크게

표 1-1 행정관리설, 통치기능설, 행정행태설, 발전기능설

학설	내용	특성	대표적 학자
행정 관리설	행정은 이미 수립된 법이나 정책을 구체적으로 집행하고 관리하는 기술적 과정	행정은 경영(business)의 분야 행정은 관리(management)하는 것 1930년대 초기까지의 지배적 견해	Wilson(1887) White(1955)
통치 기능설	행정이 법이나 정책의 집행뿐만 아니라 정책을 형성하는 기능까지 수행	통치를 정치와 행정으로 나누고 양자는 상호 협조적이라 봄 행정은 정책형성으로 간주	Dimock(1965) Appleby(1949)
행정 행태설	행정을 사회적 집단행동으로 파악	법제도보다는 인간의 행동이나 태도 등의 연구에 주된 관심	1940년대 중반부터 대두된 Simon의 연구들
발전 기능설	행정은 국가발전의 목표를 세우고 집행, 관리하는 것	행정은 문제해결자로서의 역할을 수행	1960년대 발전행정론자인 Weidner와 Esman 등

출처: 제갈 돈 외(2002: 17)를 참조하여 재구성.

행정은 인간의 집단적인 노력, 합리성 추구행위, 예술·과학·기술성, 관료제 속성 등을 지니고 있음을 알 수 있다(제갈 돈 외, 2002).

1) 행정의 습지

행정은 행정이 접하고 있는 환경의 불확실성(uncertainty) 때문에 습지(swamp)에서의 생활로 비유되어 왔다(Biller, 1978; Luthans and Steward, 1977). 습지에서는 발디딤이 불확실하고, 길은 불분명하며, 지형은 계속해서 바뀔 뿐만 아니라 그 속의 굶주린 악어들은 기분 나쁘게 먹이를 기다리고 있다. 사람들은 이런 위험한 환경 속에서 생존하기조차 힘들 것이다.

행정가들(administrators)은 이처럼 불안정한 환경 속에서 활동해야만 한다. 그들은 변동하는 정치권력, 경제적 동요 및 변덕스러운 사회이슈들에 영향을 주고 또한 영향을 받는다. 행정가들은 선출된 관료들과 일반 국민에 대한 책임이 있기 때문에 스스로 변화하지 않으면 안 된다는 강박감을 느끼게 된다. 그들의 책임성은 재정자원을 적절하게 사용하여야 하는 것뿐만 아니라 정부시스템의 민주적 가치에 반응하여야 하는 필수요건들은 포함한다. 이 같은 환경 속에서는 어떤 길을 택해야 하며, 자신이 단단한 땅위에 서 있는지 어떤지 혹은 주위에 굶주린 악어들이 숨어 있는지 어떤지를 알기란 매우 어렵다. 이 상황에서 행정가들은 계획된 목표를 향해 일할 수 있게 해 주는 현 상태를 유지할 수만 있다면 행운이다.

행정습지(administrative swamp)는 변동하는 정치권력, 변화하는 경제여건, 언론의 관심, 이익단체들과 시민들의 요구와 같은 외적 요인들로 구성되어 있다. 공무원의 관심, 행정기관들 간의 갈등 그리고 관료적인 관리와 같은 내재적 요인들은 습지의 물을 빼서 습지를 일할 수 있는 단단한 땅으로 바꾸려는 의욕을 가진 관리자들을 필요로 한다. 그러나 습지 속에 있는 이 같은 악어들 때문에, 행정가들은 집중력을 가지고 조직의 목표를 추구할 수 없다. 행정습지를 구성하고 있는 외적·내적 요인들은 행정가들의 유용한 자원과 행정가들이 그 자원을 어떻게 사용할 것인가에 영향을 미친다.

행정 환경의 불확실성과 함께 행정은 그 경계가 불분명하기 때문에 정의하기가 어렵다. 정부는 사회를 함께 뭉치게 하는 서비스의 궁극적인 제공자이면서 한 사람의 활동이 다른 사람들에게 해가 되지 않게 해주는 최후의 중재자이기 때문에, 국민이 하는 모든 일에 정부가 관여하게 된다. 이처럼 정부가 관여함에 따라, 정부정책이 집행되는 것을 주선하기 위하여 행정가들은 행정기관들을 창설하게 된다. 또한 행정가들은 정책집행단계에서 무엇이 행해져야만 되고 주어진 상황에서 무엇이 가장 잘 행해질 것인가에 대한 전문성을 개발함으로써 정책형성의 역할도 한다. 행정가들은 정책결정자들에게 조언함으로써 미래의 정책을 개발하는 데 영향력을 행사함과 동시에 선출된 관료들이 개발한 일반적인 정책에 구체적인 의미를 부여함으로써 정책을 결정하기도 한다.

행정의 범위를 복잡하게 하는 것은 비정부비영리(nongovernmental nonprofit) 부문이다. 많은 비정부비영리 조직들은 공공재 및 정부서비스와 유사한 서비스들을 제공함으로써 공익에 봉사하고 공공자금의 지원을 받는다. 국민들의 신뢰를 받기 위하여 그들은 정부에서 제정된 규칙과 규율들에 따라 활동한다. 적십자사, 박물관이나 교향악단과 같은 문화기관들이 이런 유형의 조직에 속한다. 그리고 공익에 봉사하는 병원과 대학뿐만 아니라 정신건강서비스를 위한 계약기관들, 전문직업적 협회 등도 비영리 부문의 일부분이다. 비록 이 조직들은 정부기관들과 동일한 관심을 가지지만, 일반적으로 행정을 논의할 때에는 정부조직들에 중점을 둔다. 행정의 활동범위와 실질적 내용의 다양성은 광범위하고 행정이 무엇을 내포하고 있는지에 대한 명확한 정의를 내리기는 어렵기 때문에, 우리가 행정의 본질을 정의하려고 시도할 때 이와 같은 어려움에 직면하게 된다.

행정습지(administrative swamp)를 형성하는데 도움을 주는 다른 요인은 정부는 흔히 사악한 문제들로 언급되는 처리하기 어려운 문제들을 다루도록 요구받는다는 것이다. 실업, 빈곤 등과 같은 사악한 문제들은 흔히 합의된 정의가 없기 때문에 언제 문제가 해결되고 혹은 무엇이 해결할 것인가를 아는 것이 불가능하다. 사람들이 빈곤의 의미에 대하여 동의하기 않는 한 언제 이것이 해결되는지를 누가 이야기할 수 있는가? 사악한 문제들은 감정적 · 종교적 · 이념적 견해들 간의 합의가 어렵기 때문에 과연 정부가 그 문제들을 해결할 수 있는지에 대한 의문을 가지게 된다. 예를 들어, 낙태 이슈는 어떤 해결방안도 이 이슈의 모든 당사자들에게 수용될 수 없기 때문에 정부가 결코 해결할 수 없는 문제들 중 하나이다. 인간세포의 복제도 뿌리 깊은 가치들이 합의를 불가능하게 하는 다른 예이다.

행정을 이해하기 위해서는 변동하는 환경과 그 환경 속의 행위자들 사이의 정치적 관계를 이해할 필요가 있고, 정부조직들을 구성하고 있는 개인들과 그들의 행태 및 조직의 행태를 형성하는 가치들을 이해하여야만 한다. 이 이슈들과 더불어 공공정책의 효과적 집행을 확보할 수 있는 합리적인 과정과 조직구조를 개발하려는 노력이다. 여기서 제시된 이슈들은 끊임없이 변동하는 사회에 대한 적응관리(adaptive management)로서 행정을 설명하려는 중심 과제이다.

2) 집단적 인간노력으로서 행정

공공행정을 포함한 모든 행정은 행정조직을 구성하고 있는 구성원들의 협동적 노력에 달려 있다. 조직은 목표를 성취하기 위하여 구성원들을 유인하여 그들의 협력을 얻어낼 필요가 있다. 구성원들의 순응과 지지를 확보하기 위해서는 그들 사이의 상호작용과 상호조정이 필요하다. 이처럼 행정은 인간성의 모든 복잡한 요인들에 의하여 영향을 받기 때문에, 행정가들이 행정을 수행할 때에는 조직을 구성하고 있는 사람들을 잘 다루어야 할뿐만 아니라 이익을 가진 정치환경의 구성원들과도 함께 일해야 한다. 여기서 이익을 가진 구성원들은 선출된 정치지도자들, 시민, 이익단체들 및 조직의 고객들이며, 이들은 조직이 목표를 성취하는 능력에 영향을 미친다. 내적인 인간 상호작용과 더불어 이 같은 외적인 요소들은 끊임없이 변동하는 행정환경의 원인이 된다.

조직이 목표를 성취하는 능력은 조직 구성원들의 능력과 그 구성원들이 어떻게 상호작용을 하느냐에 따라 크게 영향을 받는다. 조직의 관리자와 직원들은 각기 다른 욕구와 기대를 가지고 있으므로 그들의 행태는 다를 것이다(Tullock, 1965). 조직의 관리자는 항상 선출된 관료들의 비위를 맞출 필요성을 느끼면서 그와 같은 조직 외부의 상급자들을 소홀히 하지 않기 위하여 직원들의 활동을 통제하려고 할 것이다. 관리자들은 상급자에게 가능하면 자신이 유능하게 보이고, 그들의 부서가 가능한 한 순조롭게 운영되도록 하는 데 관심이 있다. 관리자들 자신의 경력은 그들이 직무를 얼마나 잘 수행하고 있는가의 여부가 상급자에게 어떻게 비쳐지는가에 달려 있다. 그러므로 관리자들은 하급 관리자들이 아무 말썽 없이 정상적으로 근무하기를 바란다.

직원들은 아마 다른 곳에 더 많은 관심을 가질 것이다. 그들의 관심은 월급을 받는 것, 관리자를 즐겁게 하는 것, 조직 내에서 다른 직원과 잘 지내는 것, 그리고 가능한 한 업무를 능률적으로 완료하는 것이다. Ralph Hummel(1987)의 지적에 의하면, 관료들은 업무를 성취하는 데 근무상의 인간적인 면을 완전히 배제하는 일련의 규범들에 적응되어 있기 때문에 사회의 다른 부분들과는 완전히 다른 문화를 가지고 있다고 한다. 그들은 관리자들 혹은 다른 사람들에 의하여 제정된 지침들 하에서 활동하면서 자신들을 그 지침들에 적응시키려고 노력한다. 근무 상의 이 같은 조건들을 직무의 필요조건으로 받아들임으로써, 관료들은 그들 자신의 가치로 자신의 행동을 정당화시키려고 하지 않는다. 이와 같은 관료들의 특징은 정부뿐만 아니라 민간 부문의 크고 복잡한 조직들에서도 전형적인 것이다.

관료들의 개인적 가치는 그들의 역할 혹은 직위에서 요구되는 가치와는 다르다. 따라서 직무상의 필요조건과 직원의 개인적 관심 간에는 갈등이 존재할 것이다. 만약 그 같은 갈등이 너무 강해지면, 마침내 직원은 조직과 관리계층의 이익에 상반되는 역기능적 행위를 할 것이다. 이 같은 상황의 극단적인 예는 공중보건소의 직원이 낙태에 대하여 강한 거부감을 가지는 경우일 것이다. 만약 그 직원이 근무하고 있는 보건소가 가족계획진료소에 자금을 제공하거나 낙태를 포함한 모든 유형의 가족계획을 그 진료소와 같이 수행한다면, 낙태에 거부감을 가진 직원은 가족계획진료소의 운영이나 낙태를 하려는 고객들에게 어려움을 줄 수 있다는 사실은 가능한 일이다. 이와 같은 갈등은 가족계획진료소의 진료 사항에 대하여 강한 반대 견해를 가진 직원이나 혹은 반대 견해를 가진 고객들에게서 발견할 수 있으며, 이것은 조직이 업무를 효과적으로 수행하려는 노력을 방해할 것이다. 이 가치 갈등은 종종 직원들의 윤리적 딜레마와 이슈를 초래한다(Traaen, 2000). 만약 조직이 확고하게 고착된 가치나 혹은 직원이 잘못된 것이라고 믿는 것을 위반하도록 강요한다면, 직원은 윤리적 선택을 하여야만 한다. 그 반대는 직원들이 자신들의 윤리적 가치를 조직과 다른 직원들에게 강요하는 문제이다.

직원들은 업무활동에 영향을 미치는 개인적인 이익과 관심을 가지고 있다. 그들의 감정적 · 심리적 행복과 마찬가지로 경제적 안정은 조직의 성과에 영향을 미친다. 만약 그들이 관리지침이 자신들의 사리(self-interests)와 일치되지 않는다는 사실을 발견한다면, 그들은 조직에 역기능적인 방법으로 행동할 가능성이 있다. 관리자들은 역기능적인 행동을 통제하려고 시도할 것이지만, 그와 같은 시도는 직원들과 관리자들 사이에 갈등을 생성하게 되어 결국 조직의 효과성을 감소시킬 것이다.

행정가들은 그들이 반응해야만 하는 다양한 외부 간섭들이 존재하는 환경 속에서 근무한다. 공무원들은 흔히 공공기관의 기대와는 다르거나 상반되는 관계에 있는 상급자들을 모신다. 선출된 관료들은 항상 행정가들이 수행해 주기를 바라는 특별한 의제들을 가지고 있으며, 이 같은 의제들은 입법부나 최고집행부에 의하여 채택된 공공정책의 형태를 띠고 있다. 그러나 많은 경우에서 새로 선출된 관료들은 비록 그들이 선호하는 정책이 공식적으로 결정된 정책과 상반된다고 하더라도 행정기관이 그들이 선호하는 정책에 따라 주기를 기대한다. 대다수 선출된 관료들의 일차적인 관심은 공공기관들의 활동을 통제하는 것으로 보인다. 특히 그들은 행정가들이 그들을 곤란하게 만들거나 혹은 그들이 선호하는 정책과 상반되는 행동을 하는 것을 원하지 않는다. 그들은 업무가 순조롭게 진행되도록 하는 것이 그들이 선출된 이유라고 주장한다.

선출된 관료가 각기 다른 의제에 따라 공무원들이 각기 다른 행위를 하도록 요구할 때 문제가 생긴다. 선출된 관료들의 정책에 대한 선호는 개인에 따라 항상 차이가 있다. 더욱이 공공기관들은 선출된 집행관료들과 입법부 사이에서 갈등에 휘말릴 경우가 많다. 집행관료와 입법부는 각기 다른 의제와 목표를 가질 것이고, 공공기관은 이들 모두에게 봉사하고 모두를 만족시키기 위하여 노력하여야만 한다. 다른 의제와 목표를 가지는 것 외에, 집행관료와 입법관료들은 동일한 정책을 각기 다른 방식으로 해석함으로써 행정가들에게 어려움을 가중시킨다.

이론적으로 말하자면 행정가들은 시민에게 봉사하기 위하여 존재한다. 어떤 방법으로도 모든 시민의 욕망을 충족시키는 것은 불가능하므로 공익에 대한 어느 정도의 추정이 있어야만 한다. 그러나 공익에 대한 추정은 정확하지 않다. 공익의 추정은 특정한 합리적인 이해의 체계로부터 산출될 수 없으며, 흔히 추정은 감정에 따라 좌우되기도 한다. 더욱이 공익은 주로 선출된 정책결정체들에 의하여 행정기관 밖에서 정의되며, 행정가는 이 추상적인 개념을 실제에 맞게 해석하고 조정해야 한다.

행정가들에게 중요한 사실은 시민 개개인이 행정가들의 대응성(responsiveness)을 기대한다는 것이다. 시민들은 행정가들이 자신들의 욕구에 대응하지 않는다고 파악할 때 불평한다. 불평하는 시민들에게 일반 국민의 이익이 어떤 한 개인의 이익에 우선한다는 사실을 설명하는 것은 공무원에게는 쉬운 일이 아니다. 행정가들은 선출된 관료들과 시민들을 동시에 만족시키면서 행정기관의 지침과 일반 공공정책을 준수하여야 하는 입장에 있다. 이상의 사실들이 행정가들이 헤쳐 나가야만 하는 불가피한 갈등인 것이다.

공익은 흔히 행정기관에 쉽게 접근할 수 있는 자원을 가진 이익단체들(interest groups)에 의하여 정의된다. 공익이 명확하게 정의되어 있지 않은 상태에서 행정가들은 공익을 주장하는 사람들에게 반발한다. 이익단체들의 이해관계는 행정기관의 활동에 달려 있다. 이익단체는 자기들에게 최대의 이익이 돌아오도록 정책이 해석되고 집행되도록 행정기관들에 압력을 가하고, 행정가들에게 자기들의 이익과 상반되는 요구를 중재하도록 요청한다.

조직의 고객들(clients)은 공공기관들의 행동에 가장 직접적으로 영향을 받는다. 특별한 고객에 대한 봉사를 목적으로 하는 기관들은 법과 행정규정들이 행정가들의 자율적인 행동을 제한하기 때문에 기관의 목적 달성이 방해를 받는 경우가 많다. 예를 들자면, 법과 규정들은 복지서비스를 받을 자격을 부여하기 위해서 자산조사·소득조사, 그리고 근로능력 유무에 대한 조사를 요구할 것이다. 이러한 자격조사는 해당 당사자의 생계와 관련된 직결문제로써, 자칫 당사자의 현실적 생계수준과 상반된 조사결과가 도출되었을 시에는 복지서비스 제공을 거부한 행정가는 냉정하고 비인간적인 사람으로 인식될 수 있다. 그러나 현실적으로 일선 행정가들에게는 복지수급자 선정 시, 수급대상자의 현실을 임의적으로 돕기 위한 결정을 내릴 수 있는 권한은 없으며 또한 법과 규정을 자유 재량적으로 적용할 만한 융통성은 거의 없다. 결과적으로 복지서비스를 제공하는 정책은 한편으로는 사회에서 하나의 가치를 대표하지만, 다른 한편으로는 자격성에 대한 법과 규정도 하나의 가치를 대표하고 있는 것이다. 이 가치들 간의 갈등을 해결하기 위한 권한은 행정가의 재량에 속할 수도 있고 속하지 않을 수도 있다.

이 같은 외적 환경요소들은 행정적인 선택을 제한할 뿐만 아니라 행정서비스를 생산하는 기관의 행동에도 영향을 미친다. 상반된 외적 징후와 기대는 행정가들로 하여금 조직이 생존할 수 있는 능력을 극대화하는 방법으로 행동하도록 만든다. 가능한 한 행정가들은 압력으로부터 벗어나기 위하여 자기들의 활동을 정규화 하려고 시도한다. 기관을 위협하는 것으로 보이는 상황에 처했을 때 행정가들은 정규화 된 규칙과 절차를 강조할 것이다.

3) 공공신뢰의 충실한 집행

위협에 직면했을 때 규칙과 절차에 전가하는 관료의 반응은 올바른 일을 하는 것의 의문에 구걸하는 것이다. 우리는 행정가들이 올바른 일을 할 것으로 기대하고 대부분 그렇게 한다. 그럼에도 불구하고 습지속의 행정가들은 윤리에 난처하게 된다. 올바른 길을 찾는 것은 흔히 규칙 한계적 세계에서는 쉽지 않다. 다른 모든 공공관리들과 마찬가지로 행정가들은 그들을 법의 충실한 집행 속에 구속하는 사무실의 선서에 맹세한다. 헌법을 포함한 법의 충실한 집행은 공공신뢰(public trust)를 구성한다. 대중은 행정가들이 그들의 개인적 능력을 최대한 발휘할 것이라고 맹세한 사무실의 의무를 수행하는데 법적 · 도덕적 자세로 행동할 것으로 기대한다. 물론 모든 공공관료들이 실제로 공적 행동에 법적 · 도덕적 방법으로 행동하지는 않는다. 우리가 생각하는 이상으로 공공관료들은 보다 쉬운 방법을 선택하고 공공신뢰를 배신한다. 그럼에도 불구하고 충실하게 그들의 공공신뢰를 집행하는데 있어 행정가들의 기록은 현저하게 양호하다. 그러나 공공 윤리는 행정 교육, 기관의 인력훈련 및 공무원들의 행동 인도에서 주된 관심사로 남아 있다. 최근 윤리 훈련은 컨설팅 사업의 주요 주제가 되고 있다.

최근 들어 윤리적 관심의 소생 이유 중 일부는 행정을 지배하고 있는 공리주의(utilitarianism) 버전에 연계된 불행이다. 공리주의는 주어진 행동의 도덕적 용인가능성을 판단하는데 인간 만족을 최고의 요소로 만드는 도덕성(morality)에 대한 접근법이다. 속기 형태는 선이 대중의 요구 즉 공리를 해결하는 것으로 정의되는 "최고의 수를 위한 최고의 선"이다. 역설적으로 행정적 행동의 실제 결과는 흔히 효용 혹은 선량의 지표가 아니다. 규칙 구속 조직으로서 행정기관들은 행동이 생성하는 도구적 선뿐만 아니라 규칙에 부합하여 행해진 행동 때문에 행동을 취하고 방어한다. 이 "규칙 결과주의(rule-consequentialism)"는 행동의 실제 결과보다 오히려 기관 규칙에의 엄격한 부합을 통하여 공공의 선을 추구하도록 한다(Honderich, 1995). 이익집단의 특정 요구를 해결하라는 증가하는 정치적 압력과 더불어 규칙 결정주의는 개별 행정가와 공공기관들이 이중적 도덕적 속박에 처하게 한다. 이것은 지속적으로 각각의 새로운 사건을 규칙의 단순한 적용의 요청으로 간주하는데 그들에게 매력적이다. 이것은 또한 강력한 정치적 압력에 직면했을 때 규칙을 굴복하는데 매력적이다. 위험이 산재한 습지에서 행정가는 과도한 규칙 구속 행태 극복 혹은 법과 규칙의 해석에서 융통성 극복에서 도덕적 오류를 범할 것이다.

책임 있는 행정가는 어떤 오류도 범해서는 안 된다. 오히려 행정가는 선한 본질과 정확한 절차 사이의 균형을 허용하는 방법을 찾아야만 한다. 도덕적 행정가는 어떤 특정의 자극, 압력 혹은 규칙에 과도하게 반응해서는 안 되며 오히려 각각에 대하여 정확한 정도로 반응해야 한다. 반응적이고 도덕적인 행정가는 자의식과 교양 있는 판단의 자세로 행동하도록 선택한다. 주어진 상황에서 올바른 것은 깔끔한 공식에서 나올 수 없다. 이것은 행동이 요구되는 광범위한 상황에 반응하는 성숙한 판단에서 도출되어야만 한다. 반응적이고 책임 있는 행정가는 습지의 도전에 직면하면서 자각하고, 내성적이고, 순수하고 그리고 안정되어야 한다.

4) 예술, 과학, 기술로서 행정

행정의 본질은 행정이 연구되기 시작한 이래로 끊임없는 논쟁의 대상이 되어 왔다. 사람들은 주로 행정이 예술(art), 기술(craft), 과학(science), 전문직업(profession), 연구 분야 혹은 학문인가에 대하여 논쟁하여 왔다(Berkley, 1985). 이 이슈에 대한 논쟁이 많았음에도 불구하고 논쟁에 대한 명확한 합의나 해답은 없었다. 현실적으로 개인마다 보는 시각은 다르겠지만, 행정은 어느 정도 모든 주장의 특징을 부분적으로 내포하고 있다. 가장 오래 지속된 논쟁은 행정이 한편으로는 예술 또는 기술로 간주되느냐 아니면 다른 한편으로 전문직업 또는 과학으로 간주되느냐에 중점을 두었다.

Waldo(1977)에 의하면, 과학적 관리(Scientific Management) 운동은 행정을 어떤 상황에서도 적용할 수 있는 보편적 법칙이나 경향을 가진 과학으로 성립시키려고 시도함으로써 이 논쟁을 구체화 시켰다. 인간은 조직의 욕구에 따라 변화되어 질 수 있는 유순한 존재로 간주된다. 일단 일반 법칙이 명문화되면, 어떤 주어진 상황에서도 그 법칙을 적용할 수 있도록 인간을 교육할 수 있을 것이다.

이 접근법에 대한 도전은 관리란 매우 다양한 개인의 특성이나 능력에 기초한 실제적인 기술이라고 제안했다. 기술과 능력은 훈련을 통하여 획득하거나 연마할 수 있으나, 이것이 인간 개개인의 개성의 일부분일 수도 있다. 또한 기술과 능력은 그것이 사용되는 상황이나 환경에 따라 변할 수도 있다.

경험에 의하면 과학적 관리가 수용했던 많은 원칙들은 사회 변동에 견디지 못하거나 혹은 다른 사회에 적용할 수 없었다. 그래서 그 원칙들의 과학성은 의심을 받았다. 그럼에도 불구하고 과학적 방법은 많은 관리 상황에 사용되어 왔으며 의사결정과정에 도움을 줄 수 있었다. 연구의 방법 그리고 지식의 본체로서 과학은 관리자들을 깨우치고 행동의 가능한 결과를 추정하기 위하여 사용되어 질 것이다. 그러나 과학은 관리하는 데 상당한 제한을 가진 도구이다. 관리는 인간의 조정에 의존하기 때문에 아무 것도 완전하게 예측 가능하거나 확실한 것은 없다. 그러므로 행정학은 생명과학이나 자연과학의 기준에서 보면 정확하지 못한 사회과학의 한 부분이다. 이 말은 행정학이 가능한 최대한의 확실성을 위하여 노력할 필요가 없다는 의미는 아니다. 행정가들은 자신들의 성공이 끊임없이 변동하는 환경에 어떻게 적응하느냐에 달려 있다고 생각하지만, 과학적 접근법들도 성공에 적절한 것으로 수용하고 있다. 실제로 그들 적응성(adaptiveness)의 대부분은 사실보다는 직관과 느낌에서 나온다.

행정은 과학이 되어야 한다고 열망하는 사람들은 정치적 가치들이 행정과정으로부터 분리되어질 수 있다고 믿는다. 정치적 가치들은 행정가들이 아닌 정책결정자들을 대표한다. 그래서 정치(정책) · 행정이원론은 행정을 하나의 독립된 실체로 성립하기 위한 노력으로부터 전개되어 왔다. Woodrow Wilson의 논문 "행정연구(The Study of Administration)"(1887)는 정치와 행정을 분리하려는 개념에 지적인 합법성을 부여했다. 행정학에서 이 접근법은 굉장히 항구적이었다. 정치와 행정의 분리는 계속적으로 도전을 받아 왔고 지금은 이 분리를 인정하지 않고 있지만, 이것은 행정의 많은 측면들을 이해하는 데 중요한 분석 상의 구분이었다. 1950년대 후반과 1960년대까지 정치와 행정의 분리는 사실상 행정학에서 당연한 것으로 받아들여졌다.

1908년부터 실시된 자치시정부의 의회–관리자(council–manager) 형태는 아마 정치 · 행정이원론의 가장 혁신적인 상징이었다. 정책기능(의회)을 전문직업적인 과학적 관리(관리자)로부터 분리하려는 이 계획은 자치시정부의 형태에 대한 시민들의 압도적인 선택이었다. 이 형태에 대한 인기는 오늘날에도 계속되어 미국에서는 3/4이 훨씬 넘는 도시들이 의회–관리자 제도를 채택하고 있다. 이 접근법은 교육구에도 반영되어 교육위원회는 정책결정자이고 교육감과 다른 전

문직업 관료들은 관리자들이다.[2)]

제2차 세계대전 후 과학적 관리학파가 주장한 과학적 본질은 여러 학파들에 의하여 도전받기 시작했다. Herbert Simon(1946)은 과학적 관리학파가 주장한 행정원리들은 서로가 상반된 모순관계에 있거나 항상 그 원리들에 대한 반박이 가능한 격언(proverbs)에 불과하다고 주장했다. Simon은 행정의 진정한 과학적 접근법을 개발하려고 시도했을 뿐만 아니라 새로운 과학의 지침으로 사실－가치의 분리(fact－value distinction)를 주장했다. 사실과 가치의 분리는 정치 · 행정이원론에 대한 새로운 관심을 불러 일으켰다. Simon의 연구가 미친 주된 효과는 행정을 분석하는 데 보다 과학적인 접근법들에 관심을 가지도록 자극하는 것이었다. 행정에서 계량적 연구의 대부분은 그 시작이 Simon의 도전에서 비롯되었다. 물론 계량화는 많은 사람들이 생각하고 있는 것처럼 과학과 일치하는 것은 아니다.

행정이 정체성(identity)을 확립하고 과학적 방법을 사용하려고 시도함과 더불어 행정은 약간의 전문직업적인 특성을 가정하기 시작했다. 몇 개의 행정가들의 협회조직 특히, 1939년에 설립된 미국행정학회(American Society for Public Administration, ASPA)는 전문직업주의 의식을 촉진하는 데 도움을 주었다. Newland(1984)는 이런 사건들은 행정이 성숙하고 있다는 사실을 반영한 것이며, 앞으로 행정은 공공정책에 중요한 영향력을 행사할 것이라고 지적했다.

행정학 분야에서 전문직업주의(professionalism)가 발달함에 따라 행정이 실제로 전문직업이냐 아니냐에 대한 새로운 논쟁이 시작되었다. 1940년대 동안 이 논쟁은 Finer(1941)와 Friedrich(1940) 그리고 그들의 추종자들 사이에서 고조되었다. Finer는 행정에서 책임성(responsibility)은 선출된 관료들에 대한 대응성(responsiveness)과 변동하는 환경 요인들에의 적응이라고 보았다. Friedrich에 의

---

2) 미국의 시정부 형태는 세 가지로 구분된다. 첫째, 중소도시에서 널리 채택되고 있는 미국 특유의 의회－관리자 (council－manager) 형태는 시민들이 선출한 시의원들이 의회를 구성하며, 의회에서 시의 운영을 전담하는 행정전문가인 관리자를 임명한다. 시의회 선거는 보통 정당과 무관하다. 여기서 의회는 시 행정의 골격을 결정하며 관리자는 결정된 골격을 실천에 옮긴다. 공무원의 인사문제도 관리자의 권한에 속한다. 둘째, 대도시에서 선호도가 높은 시장－의회 (mayor－council) 형태는 시장과 의원 모두가 선거를 통해 선출된다. 시장은 행정 부서장 임명권과 시 행정 전반에 대한 권한과 책임을 가지며 의회의 입법 활동에 대한 거부권을 행사할 수 있다. 이 제도는 연방정부의 축소판이다. 셋째, 도시보다는 면 단위의 정부에서 주로 채택하고 있는 위원회 (commission) 형태는 선거에서 선출된 3－5명의 위원들로 위원회가 구성된다. 입법과 행정권 모두를 가진 위원회는 시의 중심부이며 치안담당 보안관, 회계담당관, 검사, 서기 등 주요 부서장 역시 주민의 직선으로 선출된다.

하면 행정가들은 그들의 전문성에 바탕을 둔 과학적 기준과 전문직업 조직의 기준에 따라야만 한다는 입장을 고수한다. 대응성과 책임성에 대한 논쟁은 전문직업으로서의 행정의 발전과 더불어 행정의 본질에 대한 "과학"과 "기술"의 논쟁을 함축하고 있다. 행정에 엄격한 전문직업적 기준을 부여하려는 사람들은 Friedrich의 견해를 반영하고 있는 반면에, 기술과 실제로서 행정에 보다 많은 관심을 가진 사람들은 Finer의 견해에 더욱 공감할 것이다.

행정이 전문직업이냐에 대한 논쟁은 흔히 의미학 상의 불일치에 있다. Mosher(1968)는 기존의 전문직업과 새로이 대두되는 전문직업 간의 구별을 통하여 이 이슈를 설명하려고 시도했다. 기존의 전문직업은 이미 잘 체계화 된 행위와 방법에 대한 실행기준을 갖추고 있는 의학과 같은 것이다. 인사관리와 같이 새로운 전문직업은 적절한 실행기준과 방법을 개발하고 있는 단계에 있다. 행정이 전문직업인지 그리고 그 정의가 얼마만큼 엄격한지에 대한 논쟁은 문헌을 통하여 정규적으로 언급되어야만 한다(Kline, 1981; Stewart, 1985). 일반적인 의미에서 행정이 전문직업이라는 데 동의하는 경향은 증가하는 것 같으나, 많은 전문직업들을 평가하는 엄격한 기준들은 아직도 비실제적이라는 데 대한 동의도 증가하는 것 같이 보인다. 그럼에도 불구하고 보다 전통적인 전문직업의 기준들을 세우려는 시도들이 있었다. 그 대표적인 예로 미국행정학회가 1984년에 채택한 행정가들을 위한 윤리헌장(a code of ethics)을 들 수 있다. 이와 같은 기준들을 개발하는 데 주목해야 할 문제는 그 기준들을 어떻게 집행할 것이냐에 있다. 실제로 공공조직들에서 근무하는 소수의 사람들만이 미국행정학회나 다른 협회들에 속해 있다. 특정한 전문직업인협회(professional association)를 이같은 기준의 합법적인 개발자로 수용하지 않는 사람들에게 행위의 헌장을 설정한다는 것은 불가능할 것이다.

전문직업으로서 행정의 발전과 더불어 행정은 연구의 분야로 대두되기 시작했다. 1887년 Wilson의 논문은 정치 · 행정이원론을 합법화하였으며, 학문으로서 행정학의 발전에 주된 역할을 했다. 1930년과 1940년대 동안 학문적인 연구 분야로서의 행정학에 관한 문헌들이 출판되기 시작했으며, 많은 학자들이 정부의 행정직에 임명되기도 했다. 특히 Franklin D. Roosevelt 행정부는 행정학 분야에서 유명한 학자들을 대거 기용했다. 1926년에 출판된 Leonard White의 「행정학개론」은 1960년대 초반까지 지속되었던 연구 분야로서 행정학의 연구 의제를 설정했었다. Newland(1984)는 1930년대에서 1950년대까지를 "행정학의 황금시대(the Golden Era of Public Administration)"라고 표현한다. 이 기간 동안 행정학분야는 행정학자들과 실무자들이 강한 공동체 의식을 가지고 정부를 발전시키는 데 힘을 모아야 한다고 생각했던 낙천주의의 시대였다. 1950년대 Simon의 업적과 "과학적" 정치학의 출현은 학자들과 실무자들 사이의 견해차를 불러일으키기 시작했다. 사회의 다른 분야들과 마찬가지로 1960년대 동안 행정학분야의 공동체 의식과 순수성은 격렬하게 도전을 받았고, 이 도전은 황금시대로 특징 지워졌던 행정학분야에서 감정의 통일을 무너뜨렸다. 오늘날 행정학분야는 수많은 전문영역들로 분화되어 더욱 다양해 졌고, 전문영역들은 스스로의 전문직업적 정체성(identity)을 가지고 행정을 연구하고 전문직업에 접근할 수 있는 다양한 방법들을 개발했다.

행정이 무엇이냐에 대한 견해의 차이와 더불어 행정의 연구와 실제 사이에는 근원적인 갈등이 존재하고 있다. 행정의 실제는 행정이 전문화된 연구 분야로서 정체성을 가지기 이전에 이미 확고하게 성립되어 있었다. 비록 1920년대에 행정의 전문직업 프로그램들(professional programs) 소수가 성립되었으나, 대다수 학문기관들은 독립된 전문직업 연구프로그램들의 설립을 자제하였다. 따라서 행정학분야는 오랫동안 대부분 대학들에서 정치학의 하위분야로 존속해 왔다. 1950년대와 1960년대 동안 행정학에서의 전문직업 학위프로그램에 대한 반대는 쇠퇴했고, 전문직업 프로그램은 급격히 증가하기 시작했다. 이들 프로그램이 증가함에 따라 행정학 연구도 다양화되었다. 그러나 많은 실무자들은 대학프로그램이 너무나 이론적이어서 자기들의 이익과 관심에는 맞지 않다고 느꼈다. 이론과 실제 사이의 괴리를 극복하기 위하여 지난 20년 동안 행정학분야에서는 실무자들과 학문기관들을 접합시키려는 노력이 있었고, 그 결과로 학문과 실제 사이에 어느 정도 밀접한 관계가 형성되었다. 이러한 밀접한 관계는 교수들이 실무에 관여하는 데 많은 융통성을 가지고 있는 독립된 행정대학원과 행정학과에서 보다 쉽게 형성될 수 있었다.

5) 행정의 합리성

Morstein Marx(1957)는 공공관료제는 목적 의식을 갖고 성립되었으며 특정 목표를 성취하기 위하여 특정 수단을 사용할 것이라고 지적했다. 다시 말하면,

공공기관은 법이 규정하는 조건 하에서 외부 기관이 특정화 한 목표를 달성하기 위하여 노력하기 때문에 합리적인 조직이라고 가정한다. 목표를 달성하기 위한 방법과 수단은 합리적으로 파악되고 실행될 것이며, 합리적 접근법은 공공기관을 발전시키는 데 꼭 필요한 것이다.

이같은 형태의 합리성을 제도상 혹은 절차상의 합리성이라고 하며 전통적 행정이론의 근원이 되었다. 그러나 이상적인 합리성은 공공부문 조직들의 운영을 간섭하는 수많은 요인들과 조건들 때문에 성취되기가 쉽지 않다. 가장 주된 문제는 대다수 조직들이 실제로 다수의 목표들을 가지고 있으며, 그 목표들은 대부분 명확하게 정의되어 있지 않다는 사실이다. 또한 시간이 지남에 따라 조직들에게는 아마 새로운 목표들이 주어질 것이며, 그 결과는 조직이 양립할 수 없거나 혹은 상반되는 목표들을 동시에 추구해야만 할 것이다. 이 행태는 실질적으로는 합리적이다. 무엇이 합리적인가는 나중에 평가자가 조직이 어떤 목표를 추구하기를 기대하느냐에 달려 있다. 예를 들어, 핵규제위원회는 원자력을 규제함과 동시에 촉진할 것으로 예상된다. 원자력을 촉진하는 임무를 띤 기관이 그것을 규제하는 데도 역점을 두도록 기대하는 것은 타당하지 못할 것이다. 일부 사람들은 상반되는 목표와 활동은 비합리적이라고 생각할 것이다. 핵규제위원회 내의 하위부서들은 두 개의 각기 다른 목표들을 추구한다. 각 하위부서의 관점에서 보면, 자신들은 주어진 목표 하에서는 합리적으로 행동하고 있다고 생각하겠지만 자신들의 합리적인 행동은 다른 하위부서의 목표 성취를 방해하게 될 것이다.

조직의 하위단위들은 자신들의 조직 목표를 추구하기 위하여 다른 방향으로 노력을 분산할 것이다. 하위단위들은 그들 자신의 목표 추구를 위하여 조직 전체의 욕구와 일치하거나 혹은 일치하지 않을 그들 자신의 규범과 업무수행방법을 개발한다. 이 결과로 생성되는 불협화음(dissonance)은 조직의 총괄목표를 합리적으로 추구하려는 노력을 방해할 것이다.

상반된 목표의 존재와 더불어 때때로 공공조직들은 특별한 목표를 합리적으로 추구하려는 노력이 목표의 변동 때문에 방해를 받는다는 사실을 발견한다. 새로 집권한 행정부는 새로운 목표를 세울 것이기 때문에 조직들은 지금까지의 활동이 갑자기 새로운 정부가 주장하는 목표와 상반된다는 사실을 알게 된다. 한 예로, 레이건행정부가 출범했을 때, 이제까지 실행되어 온 균등고용(equal employment)과 소수민고용증진(affirmative action) 정책들이 레이건행정부에 의하여 소홀히 되기 시작했다. 이 정책들을 집행하기 위한 규칙, 규정 및 수단들이 개발된 지 20년 만에 많은 정부기관들은 그들이 지금까지 이 정책을 집행하기 위하여 기울였던 노력을 포기하도록 강요받았다. 균등고용과 소수민고용증진에 대한 연방정부의 요구 조건에 부합하기 위하여 많은 시간과 돈을 소비했던 지방정부들에게는 이런 목표의 변화가 비합리적으로 인식될 것이다.

이처럼 변동하는 목표는 정부기관이 일관성 있게 업무를 수행하는 것을 어렵게 만든다. 각기 다른 사람들은 공공기관의 목적을 각기 다르게 해석할 것이다. 공공기관을 창설한 입법부의 구성원들조차도 그 기관이 무엇을 성취해야만 하느냐에 대한 의견이 일치하지 않는다. 이익단체들, 고객들, 시민 그리고 선출된 정치지도자들도 기관이 무엇을 해야만 하느냐에 대하여 의견을 달리할 것이며, 항상 그 기관에 자신의 영향력을 행사하려고 시도한다. 정치권력이 이 상반된 집단들 사이에서 이동함에 따라 기관의 의제도 달라질 수밖에 없을 것이다.

설사 조직의 목표에 대한 일치를 가정한다고 하더라도 기관의 합리적인 행동에는 많은 제한이 존재하고 있다. 개인의 합리성(individual rationality)은 때로 조직의 합리성(organizational rationality)과 상반된다. 직원 개개인은 각기 다른 가정, 규범 및 가치를 가지고 조직에 들어오기 때문에 각 직원은 조직의 이익과는 양립할 수 없는 이익을 가질 가능성이 매우 크다. 조직의 한 가지 목표는 직원들이 조직에 도움이 되는 방향으로 일하도록 하기 위해서는 조직의 이익과 양립할 수 없는 직원들의 이익과 가치를 조절하도록 하는 것이다. 조직은 수많은 개인들로 구성되어 있으므로, 많은 갈등이 생성될 수 있다는 사실은 놀라운 일이 아니다. 직원들은 자신의 이익을 희생하거나 조직에 태업(sabotage)하는 방법으로 갈등을 해소하기도 하지만, 대부분의 경우 그들은 자신의 욕구와 조직의 욕구 사이에 조화를 이루려고 노력한다.

개인의 합리성과 조직의 합리성 사이와 하위부서들의 합리성 사이의 갈등 외에, 조직이 목표를 합리적으로 추구하려는 능력에 영향을 미치는 요인들이 많이 있다. 완전한 합리성은 완전한 정보, 무한정한 시간 및 여유 자원을 필요로 한다. 실생활에서 완전한 정보를 가진다는 것은 거의 불가능하다. 시간과 자원의 제약 때문에 조직은 부분적인 정보에 의거하여 행동하여야만 한다. 유용한 정보의 기준에서 보면 결정이나 행동이 합리적일지는 모르지만, 총괄적인 면에서는 합리적이 아니다. 특히 공공부문에서는 시간이 중요한 요인이 될 것이다. 정치적 요인들 때문에 기관들은 만약 그 요인들이 없었다면 하지 않았을 결정을 내리거나 행동을 하게 될 것이다. 설사 결정이 완전한 합리성에 바탕을 두고 내려졌다 하더라도 무조건 비판만 하는 사람들에 의하여 그 결정은 항상 비판을 받을 것이다.

1986년에 7명의 승무원들 목숨을 앗아간 챌린저우주선 사고가 이 점을 잘 설명해 준다. 만약 기온이 어느 수준 이하가 되면 기계의 비정상적인 문제가 생길 수도 있다는 공학자들의 경고에도 불구하고 불안전한 발사를 강행했던 미항공우주국(NASA)은 진행을 연기할 수 없는 많은 임무를 가지고 있다. 발사를 강행하도록 한 결정의 원인 중 하나는 NASA가 발사의 성공을 위하여 행정부와 언론으로부터 많은 압력을 받았다는 데 있다. 다른 이유는 NASA가 다가올 발사날짜의 연기가 다른 사업계획에 불합리한 영향을 주는 것에 관심을 두고 있었다는 것이다. 이런 이유에서 챌린저호는 발사되고 말았고 마침내 그와 같은 비극적인 결과를 초래하게 되었다. 만약 완전한 과학적 정보가 유용했고 이용되었더라면 그와 같은 위험한 발사는 아마 없었을 것이다. 정치적·시간적 제약이 NASA가 모든 유용한 정보를 고려하려는 의지에 영향을 미쳤을 것이고, 또한 거기에는 챌린저호의 발사 이외에 의사결정과정에 영향을 미쳤던 조직의 다른 목표들이 있었을 것이다. 물론 완전한 정보를 수집하기 위하여 필요한 돈이 부족한 것도 현실이다. 그러나 만약 기관들이 모든 정보가 완전해질 때까지 기다린다면, 그들은 결코 아무런 행동을 할 수 없을 것이다.[3)]

이처럼 조직은 항상 합리적으로 업무를 수행한다고 가정하지만, 조직이 완전하게 합리적으로 행동할 것이라는 사실은 기대할 수 없을 것이다. 공공기관들은 믿을 수 없을 만큼 다양한 압력 하에서 운영되기 때문에 그들이 무엇을 해야만 하는지를 안다는 것조차 어려운 일이다. 그러므로 그들이 얼마나 합리적인가

3) 1996년 무궁화위성 발사과정에서 많은 우여곡절이 있었다. 허리케인으로 발사가 이틀이나 연기되었고, 발사 당일까지도 기상이 어떻게 바뀔지 몰라 마음은 졸였다. 국내에서는 오랜만에 국민들을 즐겁게 해 줄 행사로 기대가 큰데 자꾸 연기할 수 없었고 현지에서는 일정이 바빠서 발사시기를 가능한 한 앞당길 것을 재촉하였다. 마침내 무궁화호는 발사되었고, 이 위성은 제 궤도에 진입하지 못하고 낮은 궤도를 배회하는 신세가 되었다. 위성발사는 바람의 속도부터 발사장 상공의 구름 두께까지 조건에 맞아야 하는 까다로운 작업이므로 이같은 압력이 발사시기에 영향을 주어서는 안 된다. 그러나 한국통신 실무진들은 빨리 발사하라는 재촉에 발사 시기의 선택에 엄청난 부담을 가질 수밖에 없었다.

를 측정하기란 당연히 어려울 것이다. 예를 들어, 고속도로 건설, 멸종위기종의 보호, 혹은 지구 온난화 방지의 모든 결정에는 잠재적 결정에 찬성하거나 반대하는 다수의 갈등하는 압력이 존재한다. 한번 결정이 만들어지면 결정이 실제로 의미하는 것이 무엇이며 어떻게 그 결정이 집행되는지에 대한 이견이 남아 있다.

6) 관료제의 관리

관료제(bureaucracy)는 행정을 보다 생산적, 중립적, 법적 및 합리적으로 만들기 위한 노력에서부터 시작되었다. 활동을 조직화하는데 가장 능률적인 방법으로 Max Weber(1968)가 제안한 관료제의 이상적 구조(ideal construct)는 전통적 행정이론과 실제에 부합되었다. 긍정적인 면에서 관료제는 어떤 활동을 성취하는데 가장 합리적인 방법으로 간주되며, 우리 사회에서 없어서는 안 되는 부분이다. 관료제는 근본적으로 계층적, 비인간적, 공식적이며 전문화, 규칙 그리고 실적에 바탕을 두고 있는 조직의 한 형태이다. Weber는 그의 이상적 구조에서 관료제는 조직화를 위한 가장 합리적이고 능률적인 방법이라고 믿었지만, 다른 사람들은 관료제의 역기능적인 면과 비합리적인 면에 관심을 가졌다(Blau and Meyer, 1971; Argyris, 1960).

예를 들어, 공립병원에서 환자의 수에 따라 의사의 봉급을 책정하는 것은 병원 전체의 목표에서 보면 역기능적일 것이다. 의사들은 가능한 한 많은 수의 환자를 진찰하려고 할 것이며, 문제는 진찰하는 데 의사들이 정상적으로 기울여야 할 만큼의 정성을 기울이지 않는 데 있다. 그 결과는 병원이 의도하고 있는 것보다 저질의 건강 진료일 것이며, 이런 행위는 가능한 한 양질의 진료를 제공하려는 병원의 전체 목표에 반하는 것이다. 결과적인 행위는 봉급을 많이 받으려는 의사 개인의 목표에서 보면 합리적일지는 모르지만, 양질의 의료서비스 제공이라는 병원의 목표를 성취하려는 관점에서는 비합리적일 것이다. Weber 자신도 이 이슈에 대하여 의문을 가졌었고, 이 이상형(ideal type)을 현실의 정확한 묘사보다는 현실의 요소들을 분석하기 위한 지적 구조로 이용하였다(Weber, 1968).

사람들이 관료제가 조직화를 위한 가장 좋은 대안이라고 믿든지 역기능적이라고 믿든지 간에, 복잡한 현대 사회는 관료제에 지배당하고 있다. 관료제는 사회의 모든 활동에서 정부의 실질적인 팽창을 요구하는 산업사회의 논리적인 귀결이다(Weiss, 1979). 일반적으로 사람들은 관료제가 무능하고, 비능률적이고, 너무 방대하다고 비난하기는 하지만, 그들은 정부가 자기들을 위하여 서비스를 제공해 주기를 기대하기도 한다. 비록 그들은 정부 서비스의 감소를 선호하고는 있지만, 그들 자신을 위한 서비스가 아니라 다른 사람들을 위한 서비스를 줄이기를 원한다. 정부관료제는 이와 같은 정부에 대한 기대의 소산이며, 개인적 행동이나 선택은 정부의 업무를 성취하는 데 실용적이지 못하다.

공공부문에서 관료제 조직은 광범위하게 사용되고 있다. Nachmias and Rosenbloom(1980)의 지적에 의하면, 관료제와 민주제 사이에는 필연적인 갈등이 존재하고 있다. 민주제는 다원성(plurality)과 다양성(diversity)을 전제로 하는 반면에, 관료제는 단일성(unity)을 필요로 한다. 권력 분산과 기회 균등은 민주제의 본질이며, 관료제는 권위의 계층제(hierarchy)를 필요로 한다. 명령과 통제는 관료제에 절대적으로 필요한 것이지만, 민주제는 자유와 자주를 필요로 한다. 관료제의 관료들은 지명에 의하여 임명되어 장기의 복무기간을 즐기는 반면, 민주제는 선거로 관료들을 선출함으로써 상대적으로 짧은 복무기간과 잠정적으로 잦은 이직을 특징으로 한다. 민주제 하에서는 모든 사람들이 업무과정에 참여할 수 있는 기회를 가지나, 관료제에서 참여는 권위의 계층에 부합되는 사람들에게만 제한되어 있다. 끝으로, 민주제는 공개성 없이는 존재할 수 없으나, 관료제는 정보에 대한 비밀과 통제에 근거하여 존재한다.

민주제와 관료제 사이의 갈등은 선출된 관료와 관료제 사이뿐만 아니라 시민과 공공기관 사이의 갈등도 초래한다. 이런 갈등은 강력한 관료조직 앞에서 시민들이 무력하게 보이기 때문에 행정과정에 시민들이 참여해도 별로 능률성이 없다고 느껴지게 만들어 정부가 시민들을 얕보는 결과를 초래하게 한다. Nachmias and Rosenbloom(1980)은 증가하는 관료제의 지배와 관료제의 권력은 시민들이 참여하려는 용기를 잃게 만들어 정부 내에서 "합법성의 위기(crisis of legitimacy)"를 초래했다고 믿는다.

Lewis(1977)는 관료제가 선거구민의 대표자인 국회의원과 다른 선출된 관료들을 대체했다고 믿는다. 비록 Lewis는 관료제의 효과에 대하여 비판적임에도 불구하고, 그는 개인이나 집단은 관료제에 접근통로를 가져야만 한다고 제안했다. 실제로 어떤 집단들은 특정한 관료제를 정부 내에서 그들의 대표조직으로 간주한다. 농민들을 위한 대변자로서 다양한 농업 이익을 대표하는 부서들로 구성된 농림부를 예로 들 수 있다. 또한 동일한 성격을 가진 관료제로 노동부와 산업부를 들 수 있다. 노동단체들은 노동부를 자신들의 대변자로 볼 것이며, 기업체들은 산업부를 자신들의 이익을 대표하는 조직으로 볼 것이다. 만약 대통령이 이들 부처를 병합하려고 제안한다면, 각 구성원들은 부정적인 반응을 보일 것이다.

Lewis는 관료제가 대표의 역할을 한다고 본 반면, 또한 관료제가 국민을 희생물로 삼고 있다고 믿었다. 일반적으로 정부나 사회의 크고 복잡한 관료제들은 사회의 모든 구성원들에게 관심을 기울일 시간이나 자원을 가지고 있지 못하다. 일부 사람들은 그들의 문제에 관료제가 관심을 기울여 주지 않으므로 해서 희생자가 될 것이다. 집 없는 사람이나 굶주린 사람들은 이 같은 무관심에 의하여 고통을 받는 희생자의 표본이다. 대체로 정책결정자들은 이런 희생자들을 위한 정책을 만들지 못했었고, 행정기관들은 제한된 자원들을 분배할 기준을 개발하지 못했었다. 어떤 사람들은 관료제의 결정이나 행동으로부터 혜택을 받겠지만, 다른 사람들은 그 결정이나 행동의 불합리한 효과의 희생물이 된다. 새로운 고속도로를 건설하면 그 고속도로를 이용하는 많은 수혜자들이 생겨날 것이지만, 고속도로의 건설로 자신의 집이나 농토를 잃은 사람들은 고속도로의 건설을 수혜로 보지 않을 것이다. 오히려 그들은 유일한 그들의 집과 그들이 이제까지 안식해 온 터전을 잃어 버렸기 때문에 희생자들일 것이며, 그들의 심리적 · 감정적 안전은 회복할 수 없는 손상을 받았을 것이다. 복잡한 사회가 관료적으로 행동하려는 욕구는 공통분모에 속하지 않는 개인은 거의 고려의 대상으로 삼지 않는다.

일반적으로 관료제는 사회의 욕구를 충족하기 위하여 운영될 것이지만, 관료제는 또한 관료제를 구성하고 있는 특별한 이익이나 혹은 개인의 사리의 포로가 되기도 한다. Vincent Ostrom(1974)에 의하면, 관료 개개인은 그들 자신의 임무 특히 그들 자신의 사리를 보호하려고 노력함으로써 처음 그들이 고용될 때의 목적을 상실할 수 있다고 한다. 선출된 정치인들과 시민들이 관료제의 임무수행을 통제하기란 매우 어렵다. 관료제는 고객 혹은 그들이 규제하는 사람들과의 연합을 도모하여 일반 국민의 이익보다는 자기와 연합한 집단들에게 혜택이 갈 수 있는 이익을 추구할 가능성도 있다. 공익은 정의하기가 어렵기 때문에 공익의 관점에서 관료제를 통제하기란 어렵다. 그래서 어떤 사람들은 관료제가 강자의 이익을 지속적으로 선호하는 편견을 가지고 있다고까지 이야기한다. 예를 들어, Greenberg(1974)는 큰정부 · 큰관료제로 대표되는 적극국가(positive state)는 실질적 · 경제적으로 힘이 있는 자들의 이익을 보호하는 데 주력하고 있다고 주장한다. 그러므로 조직화 된 집단들 예를 들어, 대기업, 대규모 노동단체, 대규모 농업집단 등은 시민 개개인의 이익을 지배한다.

민주정부의 구현을 위해서 관료제는 많은 문제점과 어려움을 지니고 있지만, 관료제가 없는 정부의 기능은 상상조차 하기 어렵다. 관료제의 효과성에 대한 인식은 관료제를 계속적으로 사용하도록 한다. 또한 관료제의 부정적인 기능의 발견도 그 기능을 완화시키는 방법의 개발에 근거를 제공할 수 있다. 우리는 앞으로도 관료제가 우리 현대 사회의 일부가 될 것이라는 확신을 가지고 관료제와 더불어 생활하는 것과 우리의 욕구 충족을 위하여 관료제를 이용하는 법을 배우는 것이 현대 사회에서 우리들이 선택할 수 있는 유일한 길일 것이다.

7) 행정학의 특성

행정의 다양한 특성에 대해서는 이미 앞에서 살펴보았다. 그렇다면 이처럼 다차원적인 속성을 지니고 있는 행정현상을 연구하는 학문인 행정학은 어떤 특성을 지니고 있을까? 미리 언급하자면, 행정현상을 연구하는 행정학도 행정이 지닌 다차원적인 특성으로 인해 다양한 특성을 지니고 있다. 대체로 행정학의 특성에 관한 지금까지의 논의를 종합해보면, 행정학이 기술성을 지니느냐 과학성을 지니느냐 또는 이 두 가지의 양면성을 동시에 지니느냐로 구분된다(백완기, 2007).

첫째, 행정학의 기술성(技術性)에 대한 설명이다. 기술성에 대한 영어식 표현은 학자마다 서로 상이다. Waldo는 Art 또는 Profession이라고 표현하면서 행정의 기술성은 처방하고 치료하는 행위를 의미한다고 했다. 또한, Simon은 기술성을 Practice로 표현하면서 행정의 기술성이라는 것은 주어진 목표를 효율적으로 달성할 수 있는 방법을 다루는 것으로 간주하였다. 백완기(2007)의 논의처럼 Woodrow Wilson이 1887년에 "행정 연구(The Study of Administration)"라는 논문을 발표한 이래로 초기의 행정학은 관리기술이나 원리의 발견에 초점을 두다보니 자연스럽게 기술성을 강조하였다. 즉, 초창기의 행정학은 행정의 능률을 올릴 수 있는 다양한 기법들과 기술들을 찾는데 많은 관심을 기울였으며, 처방과 실천 위주의 기술성을 강조하기도 하였다.

둘째, 행정학의 과학성(科學性)에 대한 설명이다. 대표적으로 Hebert A. Simon은 인간의 행태에 대해 분석함으로써 행정이론의 과학화에 크게 기여하였다. 즉, 인간행태에 대해 객관적으로 분석하는 과학성은 현실을 있는 그대로 설명하지 못하게 만드는 연구자의 주관적인 편견이나 가치를 배제시킬 수 있도록 해줌으로서 학문의 객관성을 높여줄 수 있다고 한다. 특히 Landau는 실천적 기술 위주의 학문은 단편적인 지식은 될 수 있어도 궁극적으로 일관성과 축적성을 지니고 있는 과학적 지식은 될 수 없다고 하였다.

셋째, 행정학의 양면성(兩面性)에 대한 설명이다. 행정학은 비록 초창기에는 문제해결을 위한 실천적 기술성이나 처방성을 강조하였지만 그러한 특성들은 과학성을 전제하지 않으면 안 된다. 즉, 현실문제 해결을 위해서는 현실문제에 대한 정확한 진단과 설명이 필요하며, 그러한 객관적인 설명 없이는 실효성 있는 처방을 내리기가 힘들다. 따라서 행정학은 기술성과 과학성이라는 두 가지 특성들을 모두 지닌 양면성을 지니고 있다고 볼 수 있다.

3. 행정과 경영

앞에서 언급한 행정의 개념은 모든 조직 또는 기관에서 일어나는 일반적인 현상이다. 그렇지만 우리가 알고 있는 공공조직과 민간조직에서 일어나는 일반적인 현상은 왠지 모르게 공통점뿐만 아니라 서로 다른 차이점을 지니고 있음을 알 수 있다. 따라서 다음에서는 공공조직과 민간조직에서의 행정이라는 것이 과연 무엇을 의미하는지를 설명하고자 하며, 그 전에 공공조직을 대표하는 정부에 관해 개괄적으로 살펴보고, 공공조직과 민간조직은 각각 어떤 특징들을 지니고 있는지에 대해서 먼저 살펴본다.

1) 정 부

정부란 넓게는 국가를, 좁게는 입법부나 사법부에 대한 행정부를 지칭하는 말로 사용된다. 그리스의 철학자 플라톤(Plato: B.C. 427-347)의 인간에 대한 성선설에 따르면, 정부와 같은 결사체는 거추장스러운 존재이며, 이상적인 사회 건설을 위해 정부가 꼭 필요하다면 철인이 지배하는 정도면 충분하다고 했다. 반면에 영국의 정치철학자 홉스(T. Hobbes: 1588-1679)의 인간에 대한 성악설에 따르면, 인간은 본디 사악하기 때문에 이러한 사악한 존재들을 다스리고 통치하기 위해서는 초인적인 괴물이 필요한데, 정부가 바로 이 역할을 수행할 수 있다고 보았다.[4)]

결과적으로 인간의 본성이 선하든 악하든 관계없이 정부라는 존재는 그 필요성이 인정되며, 그렇기 때문에 현재뿐만 아니라 앞으로도 정부는 계속적으로 존재할 것이다. 다만 시간이나 공간에 따라 차이가 있다면, 그것은 정부가 수행하는 역할과 기능에 따라 정부의 규모가 달라진다는 점이다.

현대의 정부는 비록 그 규모의 축소와 확대를 반복하고 있긴 하지만 여전히 근대국가에 비해 엄청나게 비대해 있다고 해도 과언이 아니다. 현대국가가 수행하는 기능과 역할은 개인이 태어나서 죽을 때까지 많은 영향을 미치며, 국가가 국민생활에 적극적으로 개입하고 있다. 이는 그 만큼 정부가 하는 일이 개인 생활의 모든 국면에 두루 영향을 미치고 있음을 의미한다. 소극적으로 볼 때는 국민의 생명과 재산을 보호하기도 하지만 보다 적극적으로는 개인의 생활까지 규제를 하기도 한다. 이처럼 정부는 다양한 기능과 역할을 수행하고 있는데, 그렇다면 공공부문으로 대변되는 정부는 민간부분과 어떻게 다를까? 다음에서는 이에 대해 구체적으로 살펴본다. 또한, 그러한 비교를 통해 행정의 개념을 좀 더 구체적으로 파악하고, 민간부분의 '경영' 개념과는 어떤 차이점이 있는지에 대해서도 구체적으로 살펴본다.

2) 공공조직과 민간조직

우리가 일반적으로 알고 있는 공공조직(public organization)과 민간조직(private organization) 간에는 조직이 지니고 있는 기본적인 속성 때문에 공통점도 있지만 다양한 차이점이 존재한다. 공공조직은 공익을 추구하며, 공공성(publicness)을 지니고 있다. 반면에 민간조직은 주로 경영의 효율화를 통한 이윤극대화를 추구

4) 플라톤에 따르면, 인간은 본디 착하고, 서로를 존중하며, 도덕적인 기준에 따라 공동의 질서를 존중하기 때문에 평화적인 질서가 유지된다고 보았다. 따라서 정부와 같은 거추장스런 결사체는 필요가 없다고 했다. 그러나 이상적인 사회를 만들기 위해서 정부가 꼭 필요하다면 기껏해야 철인이 지배하는 정도면 족하다고 하였다. 반면에 홉스의 주장에 따르면, 인간은 본디 사악하고 혼돈상태를 지향하며 서로가 투쟁 상태에 있다고 보고 있다. 이처럼 만인에 대한 만인의 투쟁상태(war of everyone against everyone)에 있는 사악한 인간들에게는 리바이어던(leviathan)이라는 초인적인 괴물이 필요하다고 보았다. 이 괴물은 사악한 인간들을 단숨에 정리하여 질서를 잡는 역할을 수행해야 하는데, 이 괴물의 역할을 맡는 것이 바로 정부라는 것이다(제갈 돈 외, 2002).

표 1-2 공공조직과 민간조직의 차이점

기준	공공조직	민간조직
목표	행정가의 통제력이 미치지 못하는 외부의 정치체제에서 형성됨	조직 내에서 결정됨
서비스	독점적이기 때문에 일반 국민은 서비스의 사용을 선택하거나 거절할 수 없음	대다수의 기업은 상대적으로 경쟁적인 시장에서 서비스가 운영됨
성과측정	이윤이라는 척도로서는 쉽게 측정할 수 없음	공통적으로 이윤을 성과측정 기준으로 사용
책임성	공익과 관련된 공공조직의 책임은 민간조직에 비해 특정한 범위를 넘어서는 매우 광범위한 것	공공조직에 비해 한정적임
엽관주의 혹은 문서주의	공공조직의 본질적인 부분이며, 행정가들은 이것을 사용하여 조직의 행위를 방어하고 정당화함	공공조직에 비해 그 수준이 낮음

출처: Rainey, Backoff & Levine(1976).

하는 조직이다. 이러한 측면에서 볼 때, 정부는 일종의 공공조직이라고 볼 수 있다.

공공조직은 "공공성"이라는 본질 때문에 근본적으로 민간조직과 다르다. 공공조직(공조직)과 민간조직(사조직) 사이의 구별은 다양한 방법으로 접근이 가능하지만, 가장 대표적이라 볼 수 있는 Rainey et al.(1976)의 연구에 따르면, 두 조직은 목표, 서비스, 성과측정, 책임성, 엽관주의 혹은 문서주의라는 측면에서 차이가 있는데, 이를 정리해보면 〈표 1-2〉와 같이 나타낼 수 있다.

공공조직과 민간조직 간의 이와 같은 차이점 때문에 공공조직은 정치 환경과의 관계에서 매우 복잡한 구조를 가진다. 아울러 공공조직의 관리는 정치적 영향력과 지지에 의존할 수밖에 없다. 그렇기 때문에 공공조직이 일반 국민에게 공공서비스를 효과적으로 전달하기 위해서는 공공조직의 지도자가 정치 환경을 잘 파악하고 있어야 한다. 그러한 정치 환경 속에는 다른 정부기구, 고객, 이익집단, 정당, 국민, 법적규제, 언론 등이 포함된다.

3) 행정과 경영

Rainey et al.(1976)가 언급한 바와 같이 민간조직과 비교할 때 목표, 서비스, 성과측정, 책임성, 엽관주의 등과 같은 측면에서 볼 때 다양한 특성을 지니고 있는 공공조직에서의 '행정(administration)'을 우리는 일반적으로 '공공행정(public administration)' 혹은 그냥 '행정'이라고 부른다. 그리고 민간조직에서의 행정을 우리는 '경영(business administration)'이라 부른다. 아울러 이 두 기능을 포함한 의미로 우리는 '일반행정(general administration)'이란 개념을 사용한다.

일반행정이라는 개념하에서는 행정과 경영은 모두 일정한 조직목표를 합리적으로 달성하기 위한 인간의 협동적 집단행동으로 간주된다. 다시 말해, 행정과 경영은 모두 관료제적 성격을 띠고 있으며, 목표성취과정에서 효율성을 강조하기 때문에 적용되는 관리기술이 거의 동일하며, 관리적 성격 등을 공통적으로 지니고 있다고 볼 수 있다(백완기, 2007). 특히, 행정이 관리적 성격을 띨수록 경영과 유사해지게 된다.

그렇지만 행정은 공공조직 즉 공공기관의 목표를 달성하기 위하여 구성된 공무원들의 협동적 노력으로 정의할 수 있다. 따라서 경영과 구분되는 다양한 특성들이 존재하는데 이를 정리해보면 〈표 1-3〉과 같이 나타낼 수 있다.

이처럼 행정과 경영은 다양한 측면에서 차이점이 존재하는데, 백완기(2007)

표 1-3 행정과 경영의 차이점

기준	행정	경영
추구하는 목적	공익	사익
정치적 성격	정치의 영역과 밀착됨 (정치적 성격)	정치의 영역에서 벗어나 이윤 추구 그 자체가 목적
법적 규제성	법의 제약성이 매우 큼(엄격함)	비교적 자유로움(간접적)
고객에 대한 평등성	모든 고객을 평등하게 대우	고객에 따라 차등대우
강제수단 유무	강제수단 보유	강제수단 없음
관할 및 영향 범위	모든 국민	고객 내 한정
독점성의 유무	독점성	경쟁성
구성원의 신분보장	구성원의 신분보장	상대적으로 덜 보장됨
정책결정의 공개성	공개성 요구	비밀성을 지님

출처: 백완기(2007) 재구성.

의 논의처럼 그와 같은 차이점들은 본질적이고 종류상의 차이가 정도상의 차이라는 점을 유의할 필요성이 있다. 아울러 외적 환경의 변화에 따라 공공조직이 추구하는 목표인 공익의 개념도 변하기 때문에 그에 따른 행정의 역할도 변화되어 왔다는 점을 고려해 볼 때 행정과 경영의 차이점은 상대적임을 알 수 있다. 다시 말해, 산업혁명 이후 산업화와 도시화에 따른 복잡하고 다양한 사회문제를 해결하기 위하여 초창기의 정책을 집행하는 단순하고 소극적인 역할에서 점차 공공조직은 정치과정에 참여하여 정책을 형성하는 적극적인 역할을 수행하게 되었다.

4. 행정과 정치

오늘날에는 행정과 정치를 구별하는 것이 무익(無益)할 정도로 양자는 매우 밀접한 관련성을 맺고 있다. 굳이 구별하자면, 정치는 국민의 의사를 수렴하는 '가치개입적 행위'이며, 행정은 수렴된 의사를 실행에 옮기는 '가치중립적 행위'로 간주할 수 있다. 따라서 정치는 민주성을 확보하는 과정으로, 행정은 능률성 또는 효율성을 확보하는 과정이다. 이를 사람을 중심으로 하여 살펴보면, 자격시험을 거친 직업공무원인 행정인이 하는 것이 행정이고, 선거를 통해 선출된 정치인이 하는 것이 정치라고 볼 수 있다(윤영진 외, 1997).

그렇지만 앞서 언급한 바와 같이 정치와 행정은 매우 밀접한 관련성을 맺고 있기 때문에 분리되어 운영되기란 매우 어렵다. 특히, 우리나라의 경우를 살펴보아도 정치와 행정이 분리되어 운영된 적은 결코 없었으며, 최근에 와서 '작지만 강한 정부', '강력한 청와대', '국민의 정부', '참여정부'란 명칭으로 행정이 정치에 많은 관여를 하고 있다.

압력단체정치(pressure－group politics)는 이익단체, 국회전문위원회, 행정기관들 사이의 결합을 "철의 삼각형(Iron Triangles)"으로 특정할 수 있을 만큼 안정된 연합으로 형성했다(Cater, 1964; Heclo, 1978). 이 철의 삼각형은 행정기관들이 자신의 정치적 공간과 세력을 개발하려고 노력하는 압력단체정치 하의 자연발생적 산물이다. 기관들은 정치적 습지에서 불확실성의 정도를 줄이기 위하여 철의 삼각형에 참여한다. 다른 정책 영역 전문가들 사이 비공시적 및 공식적 소통 시스템의 완전한 일원이 됨으로써 기관들은 전문가들 고유의 전문성을 최대한

자료 1-1

정치과정에서 행정가와 행정기관

행정가들은 종종 로비스트들처럼 행동하고 행정기관들은 압력단체들처럼 행동한다(Rourke, 1976). 행정은 입법과정에서 주도적인 역할을 담당하고 있으며, 행정가들은 정치과정에서 상당한 수준의 핵심적 중개자들이 되어 가고 있다.

정치과정에서 핵심적 행동자로서 행정기관들은 정책결정에서 엘리트조직 혹은 일반 정치엘리트와 같은 역할을 할 것이다. 관료제의 정치적 역할과 기능에 관한 연구에 의하면 행정가들이나 행정기관들은 점점 국회보다 선거구민들을 잘 대표한다고 주장한다(Lewis, 1977). 이 같은 사실은 실질적인 국민의 대표가 누군가에 대한 의문을 제기하지만, 공공부문이 국가의 주된 고용주이기 때문에 행정가들은 "통치자(rulers)"의 가장 적절한 대표계급(representative class)임을 의미한다. 관료제에 의한 대표는 일반적으로 정부에서 과소대표되는 집단들인 여성과 인종적 · 민족적 소수자들에게는 특히 중요하다.

행정을 비정치화 하려는 개혁가들과 관리를 전문직업화하려는 실무자들의 노력에도 불구하고, 공공관리가 정치의 영향권 내에 있다는 사실은 좋든 나쁘든 간에 재론의 여지가 없다. 금세기 초 좋은 정부창출과 전문직업화 운동의 선구자들에게는 예기치 않았던 부분이었지만, 관리자들은 여전히 정치과정에서 주도적인 역할을 하였다.

출처: 제갈돈 외(2002): 93-94.

이용할 수 있게 된다.

국회의 주 업무가 전문위원회에서 행해진다는 것은 잘 알려진 사실이다. 로비스트들은 이 위원회에 소속된 국회의원들뿐만 아니라 그들의 참모들과 교섭하는 데 상당한 시간을 보낸다. 행정기관들과 하위기관들도 의제 문제에서 전문화된다. 그래서 국회의원들과 그들의 참모들은 로비스트들이나 행정기관들의 전문화 된 정보나 지식을 요구하고 또 이용한다. 그러므로 국회–이익단체–행정기관의 하위 행동가들 사이에는 정말로 수백 개의 단단하고 작은 반폐쇄 소통시스템(semi–closed system of communication)가 존재하며, 그 소통시스템을 통하여 행동가들은 상호의존적이 될 수 있다.

철의 삼각형에 대한 대다수 논평의 초점은 의회와 국가 정치시스템임에도 불구하고, 그런 기능적 지배범위는 지방의회, 교육위원회 등을 포괄한다(Harrigan, 1981). 선출된 관료들이 입법 활동을 하려는 어느 곳이라도 선출된 대표자들, 로비스트들 및 기관들 사이의 안정된 소통시스템은 풍부하다. 흔히 입법, 행정 및 집행 기능을 통합하려고 노력하는 작은 규모의 시의회는 특히 흥미롭다. 대다수 선출된 시의원들은 아마추어 비정규직 정치인들이다. 대규모 자치단체들을 제외하고 의회의원들은 전문적인 참모의 지원이 부족하다. 그들은 시장, 시관리자, 관료, 로비스트 등에서 제공되는 정보에 의존한다. 이들 전문 영역의 전문가들의 연합이 정부의 결정과정을 독점하는 경향이 있다.

[그림 1-1]에서 보면 삼각형 속에 또 삼각형이 있다. 이 다각형의 바깥껍질은 이익단체, 국회전문위원회 그리고 행정기관으로 구성된 삼각형이다. 각 단위를 대표하는 사람은 압력단체의 최고로비스트, 국회전문위원회의 위원장 그리고 행정기관장일 것이다. 이 외부 집단의 내부는 전문위원회의 참모진, 로비스트의 참모진 및 행정기관의 중간관리자들로 구성된 보다 친밀하고, 기능적으로 보다 전문화된 그리고 보다 단단한 삼각형으로 구성되어 있다. 이 내부 집단은 지속적으로 활동하는 삼각형의 네트워크(network)를 구성할 것이다.

철의 삼각형의 구성원들 간의 상호작용은 정책과정에서 단단한 결합을 구축한다. 삼각형의 내부껍질 구성원들 사이에는 끊임없는 의사소통이 일어난다. 중간관리자, 국회 참모, 로비스트 참모들은 공통된 관심사를 논의하기 위하여 수시로 만난다. 한 가지 중요한 사실은 그들은 입법과정에서 필요한 많은 정보를 생산하고, 국회의원과 국회전문위원회 모두에게 기술적인 지원을 한다. 또한 그들은 공청회와 공청회의 의제들을 실제로 설정하는 사람일 것이다.

그림 1-1 철의 삼각형(Iron Triangle)

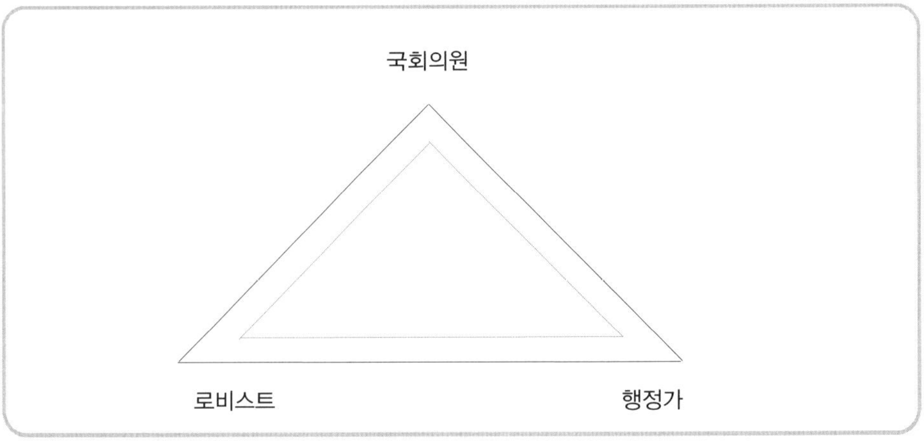

삼각형의 외부껍질 구성원들 사이에서도 많은 의사소통이 있지만 아마 내부 껍질에서보다는 지속적인 것은 아니다. 하지만 이 의사소통은 참여자들을 매우 단단히 결합하여 권력분립과 견제와 균형과 같은 헌법상의 제도적 장애를 극복하게 해 준다. 이 점에서 철의 삼각형은 국회가 지배하는 정책결정 기능과 이익단체들 및 행정기관들의 정보수집 활동이나 기술적 보조 활동을 결합함으로써 정책과정에서 응집력을 제공할 수 있으며, 공공정책을 집행하는 행정기관들의 활동에 통찰력을 가져다 줄 것이다. 이 상호작용은 마치 참여자들이 무엇을 얻기 위해 입법과정에서 한 팀으로 싸우는 것처럼 모든 참여자들에게 상당한 적응적 행태(adaptive behavior)를 촉진할 것이다.

철의 삼각형은 환경보호, 자원관리, 무기개발 및 우주탐사 등의 정책영역에서는 때때로 작 작동되어 왔다. 케네디대통령 이후 전폭적인 지원을 받아 온 미항공우주국(NASA)은 우주탐사와 무기개발에 헌신한 삼각형 내부와 사이의 상호작용에 의해 존재와 성공의 덕을 보았다. 우주산업체, 군대, 대학 등과 같은 압력집단의 이익이 해결되었을 뿐만 아니라, 종종 일반 대중의 이익을 위한 생산적인 관심도 확인할 수 있다(Cochran et al., 1999). 비록 케네디와 레이건대통령이 우주정책에서 큰 성공을 성취했음에도 불구하고 일반적으로 주지사와 대통령들은 이 삼각형 외부의 삶은 착잡한 것을 발견하였다. 비록 행정기관들의 장은 명목적이지만 선출된 집행자들은 정치적으로 행정기관들을 관리하기 위하여 특히 열심히 일해야만 한다. 예를 들어, 레이건대통령은 확고하게 삼각형시스템을 개발하여 온 환경청과 농림부 같은 기관들을 통제하기가 어렵다는 사실을 발견하였다. 최근의 대통령들은 시장 효율성이라는 명분하에 농장 보조금의 상대적으로 온화한 개혁을 확보하는데 성공하지 못하였다. 농업지역 의원, 입법 참모, 로비스트 및 농업성 관료들의 연합은 농장 지원의 가능한 면화와 삭감을 둔화시킬 수 있을 뿐만 아니라 많은 작물에 대한 농장 보조금을 실제로 증가시킬 수 있었다.

그러나 네트워크의 효과성에는 한계가 있고, 그것의 타당성에는 의문의 여지가 있다. 주된 문제는 네트워크의 좁은 시야와 외부의 투입(input)에 대한 저항이다. 고도로 전문화되고 기능적으로 정의된 정책의 본질 때문에, 이익단체, 국회 및 기관들 사이의 연합은 폐쇄되거나 또한 다른 가치들에 접근할 수 없게 되는 경향이 있다. 이같은 현상은 정책을 단편화시키며 정부 노력의 총체적 효과성을 감소시킨다.

다른 관심은 삼각형 내부의 관계에 대한 민영화의 영향이다. 민영화에서는 계약 혹은 다른 액속을 통하여 민간 기업들이 공공 자원을 이용하여 정부의 이름으로 재화와 서비스를 생산하고 전달한다. 삼각형 내부 당사자들 사이의 정돈과 균형은 전통적으로 공공 관료들이 행하였던 집행 기능의 일부를 민간 기업이 충족함에 따라 기울어질 것이다. 민간의 관심은 행정가들에 의해 대표되는 공공의 관심을 대체할 것이다. 공공의 목적과 공공 책임의 의미는 퇴색할 것이다. 더욱이 철의 삼각형은 기존 가치들, 현재의 집단들 그리고 성립된 권력관계를 보호한다. 이것은 정책과 예산과정 모두에서 변화에 저항하고 점증주의를 조장한다. 마지막으로, 이것은 공공 및 미디어 감시로부터 공공 과정들은 되어야만 하는 것을 차단한다. 모든 수준에서 의사공개법(sunshine law) 공공의 노출을 촉진한다. 철의 삼각형은 민주제에서 건강한 조건이 아닌 정부에서 은밀함을 조장한다.

제2절 | 행정환경

1. 행정환경의 개념

행정환경이란 행정에 영향을 미칠 수 있는 다양한 조건들의 총체라고 하기도 하며(박응격, 1993), 행정가의 시간, 자원 및 에너지에 대한 실체적·잠재적 욕구와 행정가가 민감하게 반응하는 외부적 특성이라고 하기도 한다(Harmon, 1981). 이러한 것은 행정은 환경으로부터 영향을 받는 수동적인 측면도 있지만, 환경에 영향을 미치는 능동적인 측면도 있음을 의미한다. 즉, 행정과 환경을 서로 영향을 주고받는 교호작용적인 관계에 있다고 볼 수 있다(오석홍, 2008).

그림 1-2 행정환경

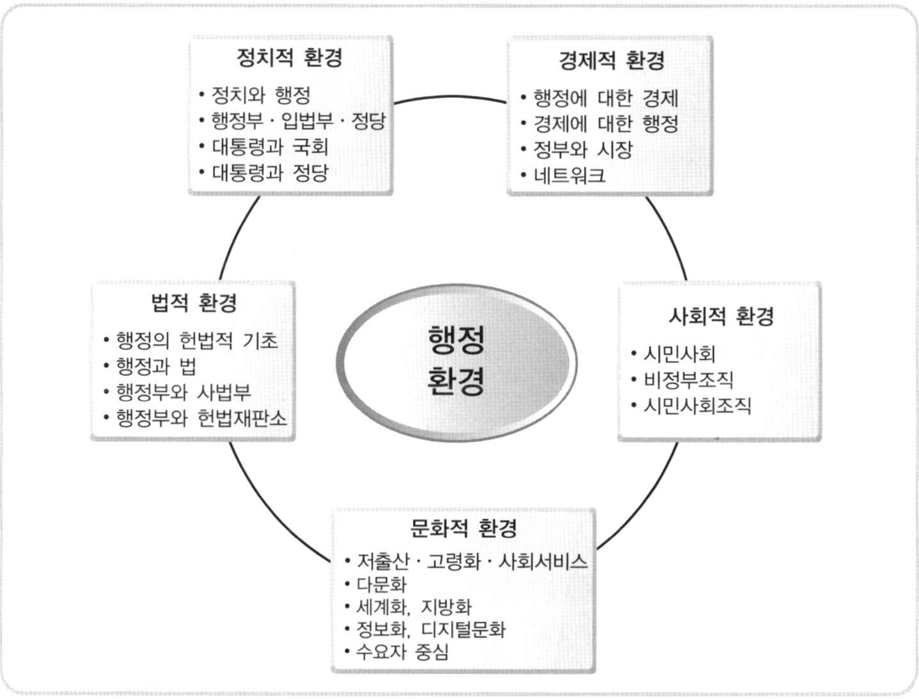

출처: 이종수 · 윤영진 외(2009) 재구성.

2. 행정환경의 유형

행정환경은 매우 복잡하고 다양하며, 시대적 흐름에 따라 변하기도 한다. 그렇다면 보편적으로 행정환경에는 어떤 것들이 있을까? 학자들마다 행정환경의 유형을 구분하는 것이 서로 다르기는 하겠지만 대체로 행정환경은 [그림 1-2]와 같이 정치적, 경제적, 사회적, 법적, 문화적 환경들로 구분될 수 있다.

첫째, 정치적 환경은 행정과 정치 또는 입법부 및 정당 간의 관계를 의미한다. 정치행정 이원론에서 정치행정 일원론, 그리고 행정의 적극적 정책결정 기능을 강조하는 1960년대 후반의 신행정론에 이르기까지 정치와 행정의 기능적 관계의 변화와 더불어 행정에 대한 입법부의 정치적 통제와 관료제의 자율성 확보 문제 등은 행정이 정치에 그리고 정치가 행정에 많은 영향을 서로 주고받도록 만들었다. 또한, 정당은 국민의 의견을 수렴하는 창구로써 정당의 일차적인 목표는 정권의 창출과 다수당의 지위를 확보하는 것이기 때문에 행정부에 직·간접적으로 많은 영향을 미치게 된다(이종수·윤영진 외, 2009). 우리나라의 경우 삼권분립과 복수정당제를 기반으로 하는 의회민주정치체제를 표방하고 있으며, 정부관료제는 궁극적으로 국민에 대한 책임을 져야 하며, 입법적·사법적 통제 및 대중통제를 받도록 되어 있다(오석홍, 2008). 그렇지만 여전히 중앙집권적이고 대통령중심의 행정운영은 오랜 정치부패의 뿌리를 가지고 있는 우리의 정치체제와 결합하여 매우 불안정한 모습을 보여주었다.

둘째, 경제적 환경은 경제발전 수준과 경제구조 및 경제상황과 행정 간의 관계를 의미한다. 과거 경제공항 문제를 해결하거나 자본주의의 역기능을 완화시키기 위해 정부는 민간경제에 보다 적극적으로 개입하여 조정자 역할을 수행할 수밖에 없어 행정에 대한 경제의 영향이 매우 컸었다. 그런데 그와 같은 과정에서 행정도 경제적 하부구조를 마련하고, 갈등 조정 및 해결, 필요한 공공재의 공급 및 이에 따른 외부효과 교정에 대한 개입, 보다 적극적인 사회복지정책 추진 등과 같은 역할을 수행하면서 경제에도 많은 영향을 미치게 되었다. 더구나 신자유주의의 등장과 함께 시장실패, 정부실패 등과 같은 문제점을 해결하기 위한 대안으로 뉴거버넌스, 신공공관리, 네트워크 거버넌스와 같은 패러다임이 형성되면서 정부와 시장간의 관계는 매우 급변하게 되었다. 이처럼 행정을 둘러싼 경제발전 수준 및 경제구조, 경제상황 등은 행정과 서로 영향을 주고받고 있음을 알 수 있다.

셋째, 사회적 환경은 변화하는 사회구조 및 조건들과 행정 간의 관계를 의미한다. 그 동안 우리사회는 산업사회를 거쳐 시민사회로 전환해 왔다. 참여민주주의의 확산과 신자유주의 등장 속에서 시민사회의 역할이 강화되었으며, 그 속에서 시민들은 다양한 자발적인 조직 및 결사체를 형성하여 그들의 이익을 대변하거나 사회발전 및 사회문제를 보다 적극적으로 해결하기 위해 노력해왔다. 따라서 시민사회조직과 사회운동은 시민사회를 활성화시켰고 그 결과 사회제도를 변경함으로써 궁극적으로 국가와 경제를 변화시키는 등 행정의 사회적 환경은 다양한 방식으로 행정에 영향을 미치고 있음을 알 수 있다.

넷째, 법적 환경은 행정이 법의 테두리 내에서 이루어짐을 의미한다. 즉, 행정은 헌법에 규정된 국민의 기본권 보장, 권력분립, 법치주의에 기초하여 이루어져야 하며, 법규는 행정에 합리적·법적 권위를 부여하는 원천이 된다(이종수 · 윤영진 외, 2009). 뿐만 아니라 행정은 주어진 절차에 따라 이루어져야 하며, 헌법재판소를 포함한 사법부는 행정의 결과로 피해를 본 피해자에게 사후적인 권리구제 역할뿐만 아니라 행정에 대한 감독자로서의 역할도 수행하고 있다. 아울러 사법 심사 및 판례들은 정부의 정책형성과 집행과정에서 중요한 영향력을 행사함으로써 행정에 영향을 미치게 된다.

다섯째, 문화적 환경은 우리사회의 문화와 행정 간의 관계를 의미한다. 그동안 우리 사회에는 저출산, 고령화, 사회서비스 확대, 다문화, 세계화, 지방화, 정보화, 디지털문화, 수요자중심의 문화 등이 깊숙이 자리 잡게 되었다. 이와 같이 과거와는 다른 문화적인 변화는 행정에 영향을 미치게 되고, 이러한 변화를 수용하는 정부의 정책들을 반영하도록 만들었다는 것은 자명한 사실이다.

이와 같은 정치적, 경제적, 사회적, 법적, 문화적 행정환경은 끊임없이 변화하며, 서로 영향을 주고받을 뿐만 아니라 행정과도 교호작용을 한다.

3. 행정환경의 불확실성과 변동성

행정가들이 정치적 역할을 하고 있는 정치환경은 매우 빠른 속도로 변화하고 있다. 1960년 당시 향후에 심각한 도시교통문제가 일어나리라고, 환경에 대한 관심이 일상생활의 일부분이 되리라고, 그리고 노동력의 상당부분이 여성이 되리라고 예견할 수 있었겠는가? 1970년대 우리 경제가 매우 불안정하고, 세계에너지 위기에 봉착하고, 지방정부의 자원이 매우 결핍하고, 또한 경기가 이렇게 나빠지리라고 생각한 사람은 거의 없었다. 1980년까지 우리는 급속한 변동에 잘 익숙해져 있었지만, 그러나 지금 우리는 보다 많은 지방참여, 선출되거나 지명된 관료들의 급속한 이직 그리고 어느 누구도 상상하지 못했을 정도로 규모가 큰 대도시 지역들을 대면하고 있다. 따라서 예측가들은 역사에 뒤떨어지지 않기 위하여 계속해서 그들의 예견과 추세예보를 수정해야만 할 것이다. 행정가들은 점점 더 불안정한 환경을 접하게 된다. 복잡하고, 애매하고 그리고 급속한 변동에 대한 전통적인 대응책들은 거의 유용하지 못하다.

행정이 불확실한 환경에서 운영된다는 관찰은 새로운 사실이 아니다. 적어도 1920년대 이래 정부와 비영리조직들의 역할에서 급속한 변동과 행정이 운영되는 환경에서 이에 상응하는 변동은 여러 곳에서 강조되어 왔다(Ogburn, 1922;

White, 1926). 급속한 도시화, 세계화, 자원개발 등과 같은 요인들이 금세기 동안 공공관리에 주도적으로 변동하는 환경을 형성했다. 보다 광범위하게 도시화 된 사회와 국제화 된 경제는 공공관리자들에게 보다 더 불확실한 환경을 제공했다. 최근의 환경은 과거의 환경과 판이하게 다르지만, 행정가들은 1890년대 말과 1900년대 초 공공서비스를 전문직업화 하려는 움직임이 시작된 이래로 계속 급속하고 복잡한 변동과 씨름해야만 했다.

행정은 금세기의 시작과 더불어 자신 있게 탄생하였다. 많은 사람들은 적절한 관리 원칙들, 충분한 자원 및 타당한 공동체 목표의 설정만 갖추어 진다면 행정가들이 성취할 수 없을 것은 거의 없다고 믿었다. 최근 정부와 정치에 대한 불신풍조 하에서는 이같은 낙관론은 잘못되고 비현실적인 것으로 보여진다. 그럼에도 불구하고, Frank Goodnow, Woodrow Wilson, Luther Gulick 등과 같은 선구자들의 높은 기대는 사회문제를 해결하기 위하여 인간의 지혜와 재능을 조직의 관리에 적용하는 데 심각한 한계들을 거의 인식하지 못한 채 전문직업을 추진하는 데 주안점을 두었다.

그 후 우리는 행정의 한계에 관하여 많은 것을 배웠다. 다른 많은 국가적 사업들 중에서도 국립공원체제의 개발, 건조한 서부지역의 관개, 대공황에서의 회복, 2차 대전의 수행, 핵에너지의 개발, 고속도로망의 설치 및 우주탐사 등에서 행정은 굉장한 성공을 거두었다. 이런 성공은 빈곤추방운동, 보다 안전한 무기체계, 가난하고 노약한 사람들에 대한 건강진료의 제공, 범죄의 감소, 정의 체제의 개혁, 시민들의 공평한 대우, 외국인 고용보호사업, 집 없는 사람들에 대한 주택공급, 수입의 재분배, 조세의 개혁 그리고 환경보호 등과 같은 부분적인 성공과 실패의 경우를 고려해 볼 때 상당히 퇴색하게 된다. 기술, 인간의 기교, 자연자원시스템, 조직의 능력, 경제자원 그리고 정치체제에는 한계가 있다. 더욱이 사회문제들의 수, 범위 및 복잡성은 사회문제들을 다루려는 인간의 능력보다 빨리 증가한다. 좋은 해결책이라고 생각했던 무료유아원사업(Head Start Program), 세입배분, 도시개발 보조금 및 자동차배기가스검사사업 등을 시행했었지만, 빈곤을 줄이고, 교육을 증가시키고, 도시를 소생시키고, 공해를 줄이려는 인간의 능력에 한계가 있다는 사실을 느끼게 하였다. 이 사업들 모두는 우리가 처음에 생각했었던 것보다는 더 비용이 많이 들고, 덜 효과적이며, 또한 문제점이 더 많다. 어떤 면에서는 모든 사업들이 적절한 성공이었지만, 어떤 것도 기대하였던 업무를 완전하게 성취하지는 못했다. 평범한 사실은 정치환경이 매우 복잡하고, 상호 연계되어 있고, 지식의 기초는 매우 제한되어 있어서, 사회사업들이 이처럼 제한적으로밖에 성공할 수 없는 인간의 기술과 재능의 한계를 입증해 주는 것이다. 우리는 조상들이 살았던 때와 같은 인지된 확실성의 시대가 아니라 공인된 위험과 불확실성의 시대에 살고 있다.

행정가들은 증가하는 불안정한 환경에 직면한다. 복잡성, 모호성 및 급격한 변화에 대하여 전통적 대응방법은 그리 유용하지가 않다. 공공관리자들은 그들이 대면하는 불확실한 조건들에 적응하기 위하여 점점 더 전략관리(strategic management)와 상황관리(contingency management)의 결합에 의존해야만 한다. 행정가들은 습지를 다루는 전술과 비교하여 보다 전략적이 될 필요가 있다. 관리자들은 흔히 하향식 소통통로를 강화하는 것처럼 단기적인 전술을 통하여 조직 외부의 소요에 즉흥적으로 반응한다. 그들은 조직을 보호하려고 노력할 것이지만, 그런 단편적인 반응은 흔히 상황을 더 악화시킨다. 관리자들이 외부의 수요을 기대하고 예측할 수 있는 보다 덜 즉흥적이고 보다 예견적인 전략적 자세는 스트레스 기간 하에서 외부와의 수평적 소통을 증가시키는 방향으로 유도할 수 있다. 이것이 관리자들이 정치적 갈등을 극복할 수 있는 외부 자원과 연계를 요구할 수 있기 때문에 습지에서 정치적 폭풍을 극복할 수 있는 기회를 제고할 것이다. 관리자들은 습지에 적응하고 통제 불가능한 것을 직접 통제하려는 노력을 중지할 수 있을 필요가 있다.

문제와 목표들은 한 때 그것들이 인식되었던 것처럼 명확하지 않다. 정부는 주된 방향과 목표들에 대하여 투쟁을 계속해 왔지만, 가까운 미래에 대한 합의나 합의의 전망은 거의 없다. 지역사회 수준에서는 목표들에 대한 합의가 종종 잘 이루어지지만, 목표를 어떻게 성취할 것인지 혹은 그 해결책에 대한 자원을 누가 공급할 것인지에 대하여는 합의가 없다. 과거의 조직이나 관리자들은 확실하게 고정되어 있는 목표 위에서 성공하였다. 이 확고한 지침에 대한 기대는 좋은 일이 아니다. 무엇이 사회적 형평(social equity)이며, 최근의 공공서비스의 범위를 받아들일 수 있느냐, 그리고 큰정부를 원하느냐와 같은 기본적인 의문들에 대하여 상당히 깊이 있고 심각하게 생각하고 있는 지역사회들이 있다.

전통적 관리는 실제로 목표의 설정을 요구할 뿐만 아니라 좋고 유용한 지식과 정보의 개발에 의존하고 있다. 지식은 끊임없이 팽창하고 우리는 인터넷을 통하여 모든 유형의 정보와 오보가 동시에 가능한 정보의 시대에 살고 있다. 그러나 우리가 효과적인 조직을 설계하고, 최적의 해결책을 선택하고, 일이 잘 진행되는지를 알기 위하여 사업집행을 모니터링 하는데 필요한 응용지식과 유용한 정보를 가지고 있는지에 대해서는 확신이 없다. 사회적 이슈를 다룬 최근의 경험에 비추어 보면, 우리에게는 정책대안들이 어떻게 작용할 것인지 혹은 작용하지 않을 것인지에 대한 근본적인 이해가 정말로 부족하다는 것이 사실이다.

고형 폐기물 처리장 혹은 초등학교 접종과 같은 지방의 문제들조차도 점점 더 처리하기 어려워진다. 우리가 모르고 알 수 없는 대량과 유용한 정보의 소량은 대다수 공공 관심들을 사악한 문제들로 전환하여 왔다. 사악한 문제들은 정신적인 의미에서 악은 아니고 대신 범위가 쉽게 잡히지 않고 해결책이 문제적인 처리하기 어려운 문제들이다(Rittel and Webber, 1973). 지난 수십 년 동안 마약중독, 학교포기, 대기오염 등과 같은 지속적인 사악한 문제들에 대한 평상적인 대응은 그 주위에 공공의 경계를 설정하거나 그것을 약화하기 위하여 어떤 공공조직에게 책임을 지우는 것이다(Harmon and Mayer, 1986). 이 전략은 해결할 수 없는 문제를 해결하는 책임을 일부 조직과 사람들의 잡단에 부여하도록 하는 것이다. 그런 다음 그들이 일을 잘 처리하지 못한 부분에 대하여 혼내 주어야 한다. 만약 사악한 문제들이 통제되기에 충분하지 않다면, 공공관리자들은 부과된 목표와 서비스 수준을 해결하기 위한 적절한 경제적·인적 자원이 부족하다는 것을 발견할 것이다. 예를 들어, 경찰, 법원, 판사, 검사, 교도관 등 사법시스템의 모든 구성원들은 법의 명령을 관철하기 위한 충분한 자원이 부족하고 업무가 과다하다.

공공기관들은 자기들에게 강요되고 기대되는 서비스 수준을 달성하기에는 충분한 경제적·인적 자원이 부족하다는 사실을 이미 알고 있다. 감축관리(cutback management), 인력축소, 비용절약 및 서비스축소들 모두는 공무원들 특히 지방정부의 공무원들에게 너무나 익숙한 일이다. 이런 조건 하에서 공공관리자들은 이중의 제약을 받게 된다. 그것은 점점 더 적은 오류의 허용과 오류로부터 회복에 필요한 자원의 희소이다. 잘못된 해결책이나 혹은 실제를 선택할 오류의 확률은 높은 위험 혹은 불확실성하에서는 증가할 것이다.

이처럼 불확실하고 급속하게 변동하는 공공관리가 처한 환경을 "행정습지에서의 생활"이라고 정의한다. 행정가들은 흔히 어둡고 불안정한 환경을 통과하는 최선의 경로를 모른다. 주위에서 위험이 도사리고 또한 안전한 곳으로 인도해 줄 수 있는 믿을 만한 단서도 거의 없다. 행정가들은 잘못된 경로를 선택하기 쉬울 것이며, 그래서 습지 속으로 가라앉거나 혹은 악어들에게 잡혀 먹힐 것이다. 현실적으로 불확실한 시대에서는 침몰하거나 아니면 헤엄치거나 둘 중 하나의 방법을 선택할 수밖에 없을 것이다.

이와 같은 습지를 만났을 때 분별 있는 전문직업적 관리자는 무엇을 할 수 있겠는가? 먼저 문제해결에의 기본적 접근법을 변경한다. 관리자들은 불확실성과 제한된 자원을 다룰 수 있는 새로운 관리방법을 개발하는 방향으로 나갈 것이다. 행정은 관리자들이 점점 더 정치적 환경에 민감해져 가고, 보다 적극적인 국민에 의하여 떠맡겨진 문제들을 해결하기 위해 다양한 방법을 가진 유동적인 접근법을 개발하려고 노력하는 새로운 시대로 진입하고 있다. 공공기관들과 관리자들이 생활하고 있는 변동의 정치적 환경 속에서 그들은 많고도 예기치 않은 악어들을 만날 것이다.

4. 행정의 갈등과 변화

행정이 접하고 있는 환경을 불확실하게 만드는 갈등의 요인들은 행정에 중요한 의미가 있다. 행정은 일반적인 사회문제를 다루는 정부의 핵심 기능이며, 주변 사회에 존재하는 어떠한 갈등 사이 혹은 속에 위치하게 된다. 그러므로 행정의 개념과 실제에도 갈등이 존재하고, 행정은 사회 속에 존재하는 다양한 세력이나 혼란의 영향을 받으면서 변화의 방향이나 정도를 조정하려고 시도한다. 정부가 무엇을 할 것이며, 행정기관과 공무원이 무엇을 해야만 하는가에 대한 국민의 다양한 기대 때문에, 이들 사이의 갈등에 의한 정치적 압력은 강력해지고 국민의 기대에 반응하는 것이 갈수록 어려워 질 것이다. 그럼 먼저 불확실성 속에서 적응해 온, 행정의 개념과 실제에서의 갈등과 변화를 살펴보기로 한다.

첫째, Max Weber가 정의한 관료제는 지난 수십년 동안 상당히 변화되었다. 공식적 구조, 계층제, 정규화, 능률성 등을 강조한 고전적인 Weber식의 관료제는 급속도로 많은 조직에서 그 효용성을 잃어 가고 있다(Mosher, 1971: 54). 특히 불확실한 환경에서 운영되고, 점점 더 복잡한 사업에 직면하고, 고도로 전문적이고 과학적인 직원들로 구성된 기관들에게는 관료제가 부적합하다. 필요한 융통성, 창조성 및 창의성을 유지하기 위하여 이러한 조직들은 영구적인 계층구조보다는 프로젝트나 문제 중심으로 구성되어야만 한다. 계층구조는 문서보관과 감사 그리고 최종 책임의 전가와 같은 다양한 행정목적을 위하여 유지될 것이지만, 업무자체는 팀을 중심으로 보다 총괄적으로 조직될 것이다. 조직의 구조뿐만 아니라 Weber의 관료제 모형의 기본 기능인 질서, 예견 및 통제도 행정의 불확실한 환경의 영향을 받아 급격히 변화하고 있다. 즉 증가된 시민참여는 어느 정도 예견을 감소시켰고, 통제기능은 민주적 리더십, 직원참여 그리고 전통적인 관료제의 수직적인 명령과 책임통로의 붕괴에 의하여 재정의 되었다. 또한 관료들의 보호막으로 간주되었던 관료적 비밀주의도 문서와 의사결정과정에 접근하려는 국민의 노력에 의하여 상당히 쇠퇴되었다(Synder, 1974). Weber식의 공식주의부터 덜 구조화되고 더욱 다양화 된 관료제 형태로의 움직임은 Weber의 영향이 점차로 쇠퇴해 가고 있음을 보여 주고 있다.

둘째, 행정의 합리성에 대한 요구는 적어도 세 가지의 저항에 부딪히게 된다(Mosher, 1971). 첫째는 비용, 편익, 사업의 현실성에 대한 정치적 사정을 의미하는 점증주의이다. 둘째는 직원들의 선호와 욕구에 대한 민감도와 참여적 의사결정을 합리성보다 상위의 가치로 간주하는 조직발전이다. 셋째는 대결의 정치이다. 1960년대와 1970년대의 대결접근법은 정부가 사회와 경제문제에서 다른 사람들의 잘못된 정의에 대항하여 스스로의 정의를 형성할 것을 요구하면서, 공공정책에서의 도덕적 가치를 강조하였다. “선(good)”과 “악(evil)”의 기준으로 사회현상을 측정하는 일련의 가치에 따라 대결정치는 정책문제와 해결에 실제를 보다 객관적으로 처리하려는 접근법을 대체하였다. 그러나 가치중립적인 태도에서 합리성과 능률성을 추구하려는 행정의 확고한 역할과 전통 때문에 앞으로 행정은 공공문제에 있어서 선악의 갈등에 직면하게 될 것이다.

셋째, 행정에서의 광범위한 참여의 허용이다. 행정과정과 정책형성과정에서의 적극적인 참여가 정부를 보다 확실하게 만드는 수단이다(Waldo, 1974). 즉 여기에는 정부기관의 직원들을 의사결정과정에의 참여를 허용하는 내적 참여와 행정의 의사결정으로부터 영향을 받는 고객들에 의한 외적 참여가 있다. 그러나 의사결정의 참여에서도 다양한 흔히 갈등적인 참여자들의 집단에 의한 광범위한 갈등의 문제가 있다. 이와 같은 집단에는 조직발전의 이념과 일치하는 참여관리를 추구하는 고객, 공무원조합 및 행정기관의 직원들이 있다. 어떤 경우에도 참여는 잠정적으로 합리성, 전문직업성, 리더십, 책임성의 가치에 역행한다. 또한 참여는 합리성과 대립한다. 왜냐하면 전자는 새롭고 다양한 이익의 정치적 관여에 기초하고 있는 반면, 후자는 특별한 정치적 이익이나 그것의 영향을 고려하지 않고 객관적으로 가장 좋은 비용－편익비율을 식별한다. 참여는 전문직업주의와 대립할 수 있는데, 참여는 전문가들이 가장 최선이라고 생각하는 것보다는 국민에 대한 결정의 영향력에 기초하여 결정을 내리려고 한다. 참여는 조직이나 정치시스템의 방향을 설정하는 지도자의 능력에 제한을 가함으로써 리더십과 대립할 수 있다. 즉 참여는 리더십을 지원하는 역할을 수행하기도 하지만, 지도자의 욕망에 잠정적인 제약이 될 수도 있다. 또한 참여는 책임성과 대립할 수 있다. 전자는 후자를 촉진하기 위하여 설계되지만, 의사결정에서 참여를 증가시킬수록 누가 결정을 제안하고 주도한 책임이 있는가를 밝혀내기가 더욱 어려워진다. 기술적인 지도자는 자기의 의도대로 참여적 의사결정시스템을 유도할 수 있을 것이다. 이러한 갈등에도 불구하고 분명한 사실은 이미 참여에 대한 선호가 조직의 현실로 나타나고 있다는 점이다.

넷째, 행정에서의 급진적인 변화는 보다 정교하고 체계적인 행정에 기여한 관리기법의 발전이다(Henry, 1992: 165－166). 그 중 하나는 계량적 방법과 컴퓨터의 사용, 즉 가장 능률적인 교통로의 결정, 특별한 업무에 대한 자원의 할당 등을 효과적으로 해결할 수 있는 관리과학(management science)의 발전이다. 또한 개별 프로젝트의 경로를 유도하기 위하여 설계된 기법인 프로젝트 관리 그리고 민간부문의 계약자를 통한 정부기관의 재화와 용역의 공급을 들 수 있다. 이와 같은 민영화(privatization)는 최근에 상당히 부각되고 있는 민간부문과 공공부문간의 중복의 예이다.[5)]

5) 민영화란 보편적으로 무료나 아주 저렴한 가격으로 정부에 의해서만 수행되던 기능을 완전한 생산비용과 시장가격을 반영한 가격으로 민간부문에 이전하는 것이다. 이러한 민영화 방법에는 주요 네 가지 유형이 있다. 1. 정부기업의 매각: 정부사업의 대표적인 민간이양방법이 사업의 일부 혹은 전부를 민간기업에 매각하는 것이다. 만약 기업을 모두 매각하는 것이 불가능할 경우에는 정부는 경영권만을 이전하면 된다. 2. 민간위탁(contracting out): 민간위탁은 공공서비스의 제공을 위하여 민간부문과 계약을 맺는 것으로, 정부가 계속적으로 서비스의 자금을 제공하고 서비스제공의 양과 형태를 통제하는 것이다. 그러나 정부 자신이 직원을 채용하거나 필요한 장비를 구매하는 것이 아니라, 정부가 대상이 되는 서비스를 계약서에 명세하고 민간기업의 입찰을 주선한다. 3. 사용료: 이 방법은 정부가 공공서비스를 판매하면서 그에 대한 사적인 요금을 징수한다. 여기서 정부는 계속적으로 서비스를 제공하면서 주민들은 사용료를 통하여 서비스에 대한 완전한 비용을 지불한다. 4. 보조

다섯째, 공무원의 노동조합화와 단체협상의 발전이다. 이 발전의 기반은 후기산업사회의 서비스 지향적인 경제였으며, 사회적 · 이념적 소란이 공공부문의 노동조합화를 금지하는 법과 규정을 느슨하게 하는 데 기여했다. 이와 같은 발전은 행정의 인사관리에 직접적으로 영향을 미칠 뿐만 아니라, 경제문제와 사회문제에서 정부의 역할과 고용주로서 정부 자체의 위치와 성격에도 영향을 미친다.

여섯째, 평가에 대한 강조이다. 조직들과 사업의 효과에 대한 정보는 행정이 불확실한 환경에 적응하는데 결정적인 역할을 한다. 급격하게 변동하는 상황에 적응하기 위해서는 업무의 진행에 대한 정보를 꾸준히 습득할 필요가 있다. 평가에 관한 연구들은 점차로 조직들과 불확실하고 끊임없이 변동하는 환경과의 관계에 필요한 정보를 제공해 주는 원천이 된다. 1970년대 중반에 와서 행정에서 평가연구의 사용을 추진하려는 노력이 시작되었다(Hatry, 1973).

일곱째, 전문직 영역이 개발됨에 따라 관료제의 전문직업화도 따라서 성장한다. 전문직업화는 동료 전문직업인들에 의하여 개발된 기준이나 헌장들에 일치하는 지식이나 전문성을 적용한다. 이 기준과 헌장들은 그것들이 타당하고 윤리적인 행위를 보장하는 범위 내에서 국민에게 수익적이지만, 전문직업을 외부통제로부터 보호막으로 사용할 때에는 국민에 대한 책임성을 약화시킨다(Newland, 1984). 전문직업인의 전문화에 대한 계속적인 강조에 따라 다양한 전문직업인들 사이의 보다 많은 접촉이 요구된다. 이것은 단지 특정한 프로젝트를 수행하기 위하여 전문가들이 팀을 구성하는 것이 아니다. 오히려 오늘날 사회의 많은 문제들은 많은 차원을 가지고 있기 때문에 범죄는 더 이상 경찰만의 문제가 아니고, 건강은 더 이상 의사만의 문제가 아니며, 고속도로는 더 이상 기술자만의 문제가 아닌 것이다(Mosher, 1971). 증가하는 전문직업인들 사이의 상호의존성은 과거보다는 미래의 행정을 정의하는데 필수적인 개념이 될 것이다.

여덟째, 집권화와 분권화에 대한 대립된 경향이다. 제2차 대전 이후로 국민의 여론은 점차적으로 광범위한 참여에 대한 열정과 더불어 행정의 분권화를 요구하기 시작했고, 1960년대에는 아무도 완벽하게 통제할 수 없는 인구증가, 이동, 기술 등의 요인 때문에 정부에서 상당한 집권화의 경향을 목격했다(Mosher,

---

금: 보조금은 민간서비스에 대한 정부의 자금지원이다. 이 경우에 소비자가 재화나 서비스를 민간기업으로 부터 구매하고 그 비용의 전부나 일부를 정부기관이 상환하는 것이다.

1971). 그러면 집권화하려는 세력에 대항하여 어떻게 분권화를 성취할 수 있을 것인가? 즉 동시에 어떻게 양방향으로 움직일 수 있겠는가 하는 것이 핵심적인 의문이다. 한 가지 가능성은 소수의 아주 본질적인 공공서비스 예를 들어, 토지, 전기, 교통, 수도 등의 공익적 속성이 강한 핵심서비스는 국가 전체적인 조정을 필요로 하기 때문에 집권화하고 나머지는 분권화 하는 정책을 추진하는 것이다.

5. 행정학에서의 혼란과 변화

행정학에 대한 근원적인 틀을 제공한 전통적인 접근법은 변화되고 있다. 모든 사회과학분야의 연구가 행정학의 강의와 행정학에서의 연구노력의 형태, 가정 및 행태에 중요한 영향을 미치고 있다. 따라서 행정학은 급속히 변화할 것이다. 행정학의 지식 습득은 수많은 새로운 이론과 연구결과에 의하여 불안정하며, 다른 학문분야와 마찬가지로 행정학도 많은 영향을 받을 것이다. 다양함과 불확실성이 지금의 행정학의 상태를 대표한다면, 이와 같은 경향은 미래에 더욱 심각할 것이다. 물론 이와 같은 특징은 행정의 실제에도 마찬가지이다. 이론과 실제 사이의 상호교환관계도 활발하고 예측 불가능할 것이며, 전문직업으로서의 행정에 상당한 혼란을 가져올 것이다. 행정의 개념과 실제에서의 광범위한 변화와 더불어 연구 분야로서의 행정학이 상당한 혼란을 경험하고 있다는 것은 놀라운 사실이 아니다. 여기서는 행정학의 학문적 미래의 형성에 도움을 줄 수 있는 상호 연관된 요인들을 살펴보기로 한다.

첫째, 1960년대와 1970년대 동안 행정학의 기본틀에 변화가 생겼다. 다른 학문분야와 마찬가지로 행정학에서도 교과과정의 적실성에 대한 문제가 제기되었다(Waldo, 1972). 즉 사회적으로나 정치적으로 의미 있는 것, 다시 말하면 현실의 주된 문제를 설명하는 것을 가르쳐야 한다는 것이다. 추상적이고 이론적인 문제보다는 응용된 문제를 다루고, 그 문제를 설명하기 위하여 학제간(interdisciplinary)의 노력을 기울일 것을 요구하였다. 결과적으로 다른 가치와 우선순위를 강조하면서 행정학의 학문적 · 지적 환경이 변화되었다.

둘째, 행정학의 많은 부분에 근거를 제공했던 정치학으로부터의 독립이다. 행정학은 정치학의 하위학문으로 간주되었고, 이에 대한 반발이 학제적인 프로그램의 형태를 통한 행정학의 독립을 추구하게 함으로써 많은 독립된 학문적 프로그램과 행정학과의 성립을 가져오게 하였다. 그러나 1960년대에 시작된 정치학에서의 후기행태주의(post-behavioralism)의 변화는 과거 어느 때보다 두 학문영역 간의 관계를 친밀하게 하는 계기를 마련하였다. 공공정책에 깊은 관심을 가지고 정책을 달성하는 수단을 무시하지 않는 정치학은 지금까지의 정치학보다 행정학에 많은 매력을 가져다주었다.

셋째, 정치경제학(political economy)이라고 알려 진 통합된 학문영역에로의 움직임이 있다. 이것은 보다 큰 이론적 통일성과 보다 나은 정책형성에 대한 관심에서 정치학과 경제학을 결합하는 것이다. 행정학 분야에서 대표적인 두 가지 예는 다음과 같다. 하나는 원래 경제학자인 Anthony Downs(1967)의 Inside Bureaucracy로서 이것은 공공관료제의 이론적 연구의 대표적인 책이다. 다른 예는 정치학보다는 경제학에 더 친근하고 정치학과 경제학의 시각에서 정부의 활동 즉 예산, 재정정책, 사업평가에 초점을 두고 있는 PPBS이다.

넷째, 경영대학원에서 대학원생들에게 공공부문과 연관된 분야에 대한 교육의 중요성이 증가하고 졸업 후에 공공부문에서 일하고 싶은 학생들의 숫자가 늘어나고 있음을 인식하여, 교과과정의 일부를 할애하여 공공부문의 관리에 관한 강의를 시작하고 있다. 또한 1960년대와 1970년대에 행정학 연구를 위한 다양한 특징을 가진 대학원, 프로그램, 연구소들이 급속히 생겨났다. 그들은 이미 정치학과로부터 분리되었고, 학부보다는 대학원 수준에서의 교육에 중점을 두었다. 그들은 가르치는 주제에서 융통성과 이질성을 분명히 반영하고 있으며, 그들의 명칭은 행정(public administration), 공공정책(public policy), 공공문제(public affairs), 공공관리(public management), 관리과학(management science) 등 다양한 특징을 반영하고 있다.

다섯째, 신행정(New Public Administration)은 행정학분야에 영향을 미쳤고 또 새로운 방향을 제시했다. "사회적 형평"의 가치에 기초하고 있는 이 움직임은 이전에 기존의 행정기관에 의하여 대표되지 못하고, 적절하게 서비스되지 못한 고객들을 대신하여 적극적인 행정가들에 의한 명백한 참여를 요구했다. 이 움직임이 행정학의 다른 경향과 어떻게 관련이 되는지는 분명하지 않지만, 한 가지 확실한 영향은 보다 많은 사회적 관심을 반영할 수 있도록 교과과정을 수정하고 있다는 점이다.

여섯째, 조직인간주의와 조직발전이 지속적으로 행정학에 영향을 미쳤다. 자아실현(self-realization)과 보다 포괄적인 조직 내의 민주주의를 강조하는 전자는 보다 많은 창의성과 독창성을 필요로 하면서 보다 덜 구조화 된 업무를 수행하는 조직에 큰 의미가 있다. 후자는 인간 상호간의 관계에 관심을 가지지 않고 하드웨어와 시스템에 대한 초기의 경향에서 조직의 인간적 요소에 대한 초점과 규범적인 조직목표에 대한 관심을 광범하게 지원하는 경향으로 발전하였다. 비록 이 두 접근법이 수많은 공공조직에 다소 제한적인 영향을 미쳤으나, 앞으로 이들의 영향은 점점 더 증가할 것이다.

일곱째, 사회세계는 갈등과 변동의 세계이며, 이 세계는 확고한 긴장상태를 나타내는 상반된 시각들이 존재한다. 미래의 행정은 다양한 가치들 사이의 긴장으로 특징 지워지며, 사회의 변동과 점점 더 복잡해지는 사회조직은 서로 관련성을 지닌 환경의 일부로 존재할 것이다. 관료적인 계선을 따라 정부활동을 조직화하려는 노력은 직무를 성취하기 위한 합리적 접근법을 필요로 했을 것이다. 시간이 흐름에 따라 관료적 합리성과 연관된 가치들은 민주제와 연관된 가치들, 즉 사회정의, 생활의 질, 참여, 창조성, 혁신 등과 갈등관계에 놓이게 되었다. 이와 같은 민주적 가치들은 1960년대 이후에 뚜렷이 표면화되고 중요성이 인식되었다. 관료제가 오랫동안 능률성의 가치를 추구하여 왔으나, 민주행정에서는 능률성 이외의 가치도 중요하다. 복잡한 사회 속에서 행정문제에 대한 완전한 해결책은 없으며, 모든 문제들을 해결할 수 없을 것이다. 따라서 추구하는 가치들 사이에 명백한 갈등이 존재하는 행정현상을 이해하기 위해서 또 학문적으로 보다 나은 지적 성장을 위해서 비판적인 접근법이 필요하다(제갈 돈, 1994).

제3절 | 행정이념과 행정문화

1. 행정이념

행정이념이란 행정업무를 처리하는데 지침이 되는 일련의 기준으로 흔히 '행정이 어떠해야 된다' 혹은 '바람직한 행정은 어떠한 것이다'와 같이 이상적으로 제시되는 기준을 의미한다. 행정이념은 행정체제가 특별히 추구하는 이데올로

기나 목표의 성격을 띠고 있지 않다는 측면에서 행정운영상의 길잡이일 뿐이지 특별히 추구되는 목적은 아니다(백완기, 2007).

1) 행정이념의 유형

행정의 최고가치, 이상적인 미래상, 행정철학 또는 행정의 지도정신을 의미하는 행정이념은 그 내용이 시대나 장소에 따라 강조되는 점이 다양하다. 이러한 행정이념으로 대표적인 것에는 합법성, 민주성, 능률성, 효과성, 중립성, 형평성이 있다.

(1) 합법성

합법성이란 행정의 모든 활동이 합법적으로 제정된 법령, 조례, 규칙 등에 따라야 하는 법치행정을 의미한다. 즉 합법성은 행정의 자의적인 활동을 규제하는 법에 의한 행정을 의미한다. 행정국가가 대두되기 이전 입법국가에서 행정권이 자의적인 활동을 법적으로 억제함으로써 행정의 합법성은 국민의 자유와 권리를 보장하고 법적 안정성을 확보하려는 규범이었다. 그러나 행정국가에서 합법성의 지나친 강조는 행정의 합목적성, 기술성, 전문성을 저하시킬 우려가 있다. 뿐만 아니라 행정이 법규만능주의로 흘러 형식만 강조하는 행정으로 유도되어 오히려 국민의 권익을 해치는 역할을 할 수도 있다.

(2) 민주성

민주성은 국민의 의사를 행정에 최대한으로 반영하여 국민을 위한 행정을 운영하자는 것이다. 이러한 민주성에는 국민에 대한 책임성과 대응성을 확보하려는 조직 외적 민주성과 조직 내 구성원의 의견을 조직운영에 최대한으로 반영하려는 조직 내적 민주성이 있다. 제갈 돈 외(2002)에 따르면, 조직 외적 민주성을 확보하는 방안으로는 행정책임・행정통제, 행정윤리, 주민참여, 행정의 공개, 대표관료제, 옴부즈만제도, 공평한 대우 등이 있고, 조직 내적 민주성을 확보하기 위해서는 권한위임, 비공식적 조직, 분권화, 인간적 관리, 참여관리, MBO, 조직의 평면성, 집단토론 등의 방안을 강구할 수 있다. 백완기(2007)는 행정에의 주민참여, 행정의 공개성, 행정과정의 민주화, 행정의 공익성, 공평한 대우 등을 행정의 민주성에 포함되는 속성으로 간주하였다.

(3) 능률성

능률성이란 행정의 투입에 대한 산출의 비율 또는 비용 대비 효과를 말한다. 즉 행정활동에 최소한의 인적·물적 자원을 투자하여 최대의 성과를 성취해야 한다는 것이다. 행정국가의 대두와 더불어 급격한 예산팽창과 그에 따른 납세자의 부담 증가로 인하여 예산 낭비를 줄이고 보다 많은 편익을 국민들에게 제공한다는 차원에서 행정의 능률성은 중요한 행정 규범으로 인식되기 시작하였다.

그렇지만 행정의 능률성을 확보하는 것이 민간부문의 경영에서처럼 용이하지 않다. 왜냐하면, 행정이 추구하는 효과는 화폐가치로 환산하기가 어려울 뿐만 아니라 행정의 목표를 가시적으로 측정하기 어려운 경우가 많기 때문이다.

(4) 효과성

효과성이란 투입과 산출의 비율에 관계없이 주어진 목표의 달성 정도를 의미한다. 효과성은 정태적이고 기계적인 능률성과는 달리 동태적이고 합목적적인 개념이라 할 수 있다. 1960년대에 들어오면서 행정은 전통적인 보호, 규제, 봉사 등과 같은 목표뿐만 아니라 변화와 발전을 주도하기 위하여 사업성을 띤 목표도 설정하여 그것을 달성하기 위해 많은 노력을 기울이기도 하였다. 그런 측면에서 볼 때 효과성은 발전도상국이나 후진국에서 강조하는 중요한 개념이기도 하였다. 그럼에도 불구하고 효과성은 선진국에서는 등한시되는 개념은 아니며, 새로운 정책목표의 달성 여부를 평가하는 것은 매우 중요한 개념이다.

(5) 중립성

중립성이란 행정의 정치적 중립성으로, 정치적 변동에 대한 행정의 안정성(stability)을 의미하기도 한다. 행정이 정치적 중립성을 지킴으로 인해 정치적 변동에도 흔들리지 않고 행정이 고유한 자기 영역을 지킬 수 있으며, 행정의 계속성, 인정성, 합리성, 능률성 등도 확보될 수 있다. 이처럼 행정이 정치적 중립성과 안정성을 확보하기 위해서는 공무원의 신분보장, 전문화, 실적주의 등이 확보되어야 한다(제갈 돈 외, 2002; 백완기, 2007).

(6) 형평성

형평성은 형식적인 자유와 평등의 이념을 넘어서 실제적인 평등을 강조하는 것을 의미한다. 가치중립적인 능률위주의 행정운영으로 인해 그 동안 상대적으로 사회·경제적 불평등을 받았던 계층에 대한 사회적 형평성을 실현한다는 취지에서 행정은 그들에게 보다 나은 서비스를 제공해 주어야 한다. 행정의 형평성은 그 동안 소외되었던 계층에 대한 사회정의의 실현과 인간다운 삶의 질적 향상을 주장한 신행정학이 1968년부터 발전하면서 새로운 행정이념으로 크게 관심을 받기 시작하였다.

2) 행정이념간의 갈등과 조화

행정이념은 합법성, 민주성, 능률성, 효과성, 중립성, 형평성 등 다양하게 존재한다. 그렇지만 이러한 이념들 사이에는 우선순위를 명확히 규정할 수 있는 것이 아니라 상호보완적 혹은 상호갈등적인 관계에 놓여있다. 즉, 한편으로는 행정이념들이 동일방향으로 가는 것도 있고 다른 한편으로는 서로 상충적인 갈등관계를 지니면서 반대방향으로 가기도 한다. 이때 행정이념들이 서로 같은 방향으로 나갈 경우에는 상호 조화를 이루게 되어 그다지 큰 문제가 없으나 서로 상충되어 갈등을 일으킬 경우에는 심각한 문제를 일으키기도 한다. 예를 들어, 과거 우리나라의 경우 고도의 경제성장이라는 목적을 달성하기 위해 개발일변도 정책을 펴 나가던 시기가 있었는데, 그 경우에는 능률성과 효과성을 중요시하였다. 그래서 민주성과 중립성, 형평성 등과 같은 행정이념들이 도외시되기도 하였다. 즉, 그때그때의 시대적 요청과 정신 또는 국가적 상황에 따라 보다 우선적으로 강조하는 행정이념이 있을 수 있으며, 나라마다 그 우선순위도 매우 다르다는 점을 이해할 필요가 있고, 시대정신에 비추어 강조되는 행정이념을 중심으로 서로 조화를 이룰 필요성이 있다(백완기, 2007).

2. 행정문화

1) 행정문화의 개념

행정문화란 특정 국가의 행정체제를 구성하는 사람들 즉 행정관료들이 공유하고 있는 의식구조·가치관·태도와 일반 국민의 행정에 대한 가치의식 또는 행동양식의 총체를 의미한다. 행정문화는 행정체제라는 집합체에 특수한 것이기 때문에 일반 문화에 대한 하위문화의 성격을 띠고 있으며, 일반 문화가 변하면 행정문화도 변화한다. 비록 행정문화는 그 나름대로의 독특한 특성을 지니고 있긴 하지만 일반 문화는 행정문화의 내용을 결정하는 중요한 환경적 요인으로서의 역할을 수행하게 된다(백완기, 2007).

2) 행정문화의 특성

행정문화의 주요 특성은 사고와 행동의 결정요인, 학습의 대상, 역사적 산물, 집합체적 특성, 통합성, 안정성, 고유성과 공통성 등이 있다(오석홍, 2008).

첫째, 인간은 문화의 영향을 받기 때문에 행정문화는 행정가들의 사고와 행동을 결정하는 요인이 된다.

둘째, 문화는 본질적으로 인간이 만든 것이기 때문에 행정문화는 사람들이 이를 학습하고 공유한다.

셋째, 행정문화는 현재를 과거와 미래에 연결시키는 역사적 산물이며, 그러한 문화는 후속세대에 전수된다.

넷째, 비록 개인들이 문화를 표현하지만 문화라는 것은 인간의 집합체인 제도나 체제의 승인을 받는 것이기 때문에 집합체적 특성을 지닌다.

다섯째, 행정문화는 정체성을 지닌 통합성을 유지하고 있으며, 다양한 하위문화를 포용하고 있다.

여섯째, 행정문화는 변화에 저항하는 성격을 지니고 있다 하더라도 기본적으로는 안정성을 유지하면서 계속적으로 변화한다.

일곱째, 행정문화는 행정이 지니고 있는 고유한 특성을 지니고 있으며, 행정체제들 사이에 어느 정도 공통의 문화적 특성을 지니고 있다.

3) 선진국과 한국의 행정문화

(1) 선진국의 행정문화

선진국의 행정문화를 살펴보면 일반적으로 합리주의, 성취주의, 상대주의, 모험주의, 중립주의, 사실정향주의 등을 들 수 있다(백완기, 2007).

첫째, 행정에 있어서 합리주의는 모든 동원 가능한 개관적 지식을 활용하여 최선의 정책결정을 추구하려는 태도를 말한다. 따라서 합리주의 행정문화 속에서는 주관의 객관화를 통해 감정과 편견이 정책결정에 끼치는 영향이 적으며 다양한 의견들 중에서 최선의 대안을 선택하는 정책결정이 이루어진다고 본다.

둘째, 성취주의는 출신성분이나 종교, 출신지역 등과 같은 선천적이고 귀속적인 요인에 기초하여 인간의 능력을 평가하는 것이 아니라 그 사람의 실적과 자격, 업적 등과 같은 객관화된 요인에 기초하여 평가하는 것을 의미한다. 성취주의 행정문화 속에서는 인사행정상의 불공평이 일어나는 경우가 상대적으로 적다.

셋째, 상대주의는 영속성, 불변성, 고정성을 띤 가치는 존재할 수 없고, 어떠한 가치라도 유동적이며 상대적임을 의미한다. 이러한 상대주의는 변화에 대한 적응력이 강하고 정책결정과정에서도 점증주의적인 성격을 지니게 된다.

넷째, 모험주의는 항상 보다 나은 것을 추구하기 위해 시행착오를 두려워하지 않고 새로운 어떤 것을 시도하는 것을 말한다. 즉, 모험주의는 시행착오를 통한 교훈은 새로운 문제해결을 위한 실마리를 제공해준다고 가정한다.

다섯째, 사실정향주의는 사실을 가치판단을 위한 제일의 기준으로 삼고 정책결정상의 객관적인 사실을 최우선으로 삼는 것이다.

여섯째, 중립주의는 행정이 특정 정당이나 입후보자의 편을 들어서는 안 된다는 것을 의미한다. 즉, 행정이 정치영역을 침해해서는 안 되며, 가치를 집행하는데 초점을 두어야 함을 의미한다.

(2) 한국의 행정문화

한국의 행정문화로는 권위주의, 가족주의, 연고주의, 형식주의, 정적인간주의, 운명주의, 일반능력자주의, 관인지배주의 등을 들 수 있다(백완기, 2007; 오석홍, 2008).

첫째, 권위주의는 유교문화의 영향에 의한 소산으로 인간관계를 평등하고 수평적인 관점에서 보기보다는 불평등한 수직적인 관점에서 보려는 의식구조를 의미한다. 조직에 있어서 상·하간의 위계질서를 강조하고, 관과 민의 관계를 지배복종의 관계로 보려는 행태를 말하며, 주로 나이, 직업, 계급, 신분 등으로 상대방을 지배·억압하려는 의식을 말한다.[6)]

둘째, 가족주의는 행정단위를 하나의 가족단위로 생각하여 혈연적 유대관계를 우선적으로 내세우는 의식구조를 의미한다. 이는 행정과 같은 공적인 사회도 가족의 일로 생각하려는 의식구조를 의미한다.

---

6) 특히 권위주의자들은 상위자 혹은 강자에게는 맹종하고, 하위자 혹은 약자에게는 군림하려 하며, 자신의 주장에 대한 하급자들의 이의를 용납하지 않으며 의사결정에서 타협하거나 절충하려 들지 않기 때문에 권한이 상층부에 집중하기도 하고, 관의 민에 대한 책임의식이 약화될 수도 있다(제갈돈 외, 2002).

셋째, 연고주의는 혈연, 지연, 학연 등 배타적이면서도 특수한 관계를 강조하여 일차집단적 유대를 다른 사회적 관계보다 더 중요시하는 행동양식을 의미한다. 연고주의는 가족주의에 뿌리를 두고 있으며, 사인주의(personalism)라고도 한다.[7)]

넷째, 형식주의는 내실보다는 외형과 형식에 더 치중하는 것을 의미한다. 일종의 의식주의(ritualism)도 여기에 포함되는데, 이것은 내용보다 선례, 의식, 절차, 형식 등에 지나치게 집착하는 태도를 의미하나 형식주의와 동일한 개념은 아니다.

다섯째, 정적 인간주의(또는 온정주의)는 인간관계를 이해타산이나 직무관계로 보지 않고 정적인 유대관계로 보려는 성향을 의미하는데, 주로 인정, 우정, 의리, 상호 신뢰 등과 같은 감성적인 유대관계를 중시한다. 정적 인간주의가 보편적인 사회에서는 객관적인 사실보다는 주관적인 감정 또는 편견에 따라 정책결정이 이루어지는 경우가 많이 나타난다.

여섯째, 운명주의는 성공이나 실패가 인간 이외의 초자연적이고 신비한 힘에 달려있다고 믿는 것을 의미한다. 따라서 합리적인 사고를 가지는 지도자보다 카리스마적인 지도자가 환영을 받으며, 창의적이고 혁신적인 업무처리를 기피하는 현상이 나타나기도 한다. 일종의 순응주의도 운명주의와 밀접한 관련성이 있다.

일곱째, 일반능력자주의는 전문가주의와는 구별되는 개념이며, 자기혼자 모든 것을 다 할 수 있고, 전지전능하다고 생각하는 의식구조이다. 일반능력자주의는 행정이 단순하고 생활관계가 미분화되었던 시대의 유산이며, 유교적 전통에서 비롯된 것이라 할 수 있다. 이러한 행정문화 풍토 속에서는 직업적 전문주의, 권한의 위임, 행정의 전문화가 이루어지기가 곤란하며, 기술직이나 전문직보다 일반 행정직을 더 우대하는 경향이 있다.

여덟째, 관인지배주의는 관직을 직업으로 생각하지 않고, 출세와 이권의 수단으로 생각하는 의식구조이다. 관료들 간의 이권개입 및 치부(致富) 등으로 인

---

7) 연고주의의 특성은 귀속성, 정의성, 특수성, 산만성이 높은 문화이며 잘 알고 친한 사람에게 특별배려를 해야 한다는 의리의식, 은혜를 갚아야 한다는 보은의식, 위계질서를 강조하는 서열의식 등도 연고주의의 속성이라 할 수 있으며, 이러한 연고주의로 인해 집단내의 갈등이 심해지고, 인사문제에 대한 불공평한 개입 내지 불공평한 인사처리 등과 같은 문제점을 유발하기도 한다(오석홍, 2008).

해 국민에 대한 봉사의식이 결여되기가 쉽다.

그런데 앞에서 언급한 한국의 행정문화를 유심히 살펴보면 자칫 부정적인 측면만 부각된다. 그렇지만 한국의 행정에 있어서 긍정적인 측면의 행정문화도 없는 것은 아니다. 즉 민본주의에 입각한 위민(爲民) 사상, 선비존중의 가치관 및 학문숭상의 가치관, 충효사상, 개인보다 전체를 중시하는 집합주의, 정신적 가치를 중시하고 도덕성과 예절을 강조한 문화유산, 근면성과 근검절약 및 청백리 존중가치관 등도 바람직한 행정문화라고 볼 수 있다. 그러나 부정적인 문화가 긍정적인 측면을 압도해 우수한 행정문화를 살리지 못했다는 점을 감안하여 앞으로 강화되어야 할 행정문화를 생각한다면, 국민중심주의, 인간주의, 임무중심주의, 보편주의, 적응성과 장기적 안목, 협동주의, 정직성과 청렴성, 과학주의 등이 현대 행정문화에 반드시 필요한 것으로 볼 수 있다. 〈표 1-4〉는 선진국과 한국의 행정문화를 정리한 표이다.

표 1-4 선진국과 한국의 행정문화 비교

선진국	한 국	
합리주의 성취주의 상대주의 모험주의 사실정향주의 중립주의	권위주의 가족주의 연고주의 형식주의 정적인간주의 운명주의 일반능력자주의 관인지배주의	위민(爲民)사상 선비존중의 가치관 학문숭상의 가치관 충효사상 개인보다 전체를 중시하는 집합주의 정신적 가치 중시 도덕성과 예절 강조 근면성과 근검절약 청백리 존중 가치관

제4절 현대행정의 기능과 특징

1. 현대행정의 기능

현대행정은 간단히 이야기하면 현대 행정국가 하에서의 행정을 말하며, 현대행정의 기능이란 바로 현대 행정국가의 정부가 '하는 일'이라고 볼 수 있다.[8] 과거에는 정부가 국방이나 치안 및 질서유지 등과 같은 소극적인 기능을 담당하였으나 현대사회로 오면서 정부는 사회변동을 촉진하고 환경에 적응하는 보다 적극적인 기능을 수행하고 있다. 이처럼 기존의 전통적인 행정의 기능과 더불어 현대행정의 주요 기능을 구분해 보면 다음과 같이 사회안정화기능, 국민형성기능, 경제관리기능, 사회복지기능, 환경 및 인구통제기능 등이 있다(제갈 돈 외, 2002).

첫째, 사회안정화기능은 전통적인 기능으로써 사회질서와 제도를 유지·안정화시키는 것이다. 주로 법과 질서의 유지, 공공사업, 과세, 외교활동, 국방 등이 이에 속한다.

둘째, 국민형성기능은 국민적 일체감을 갖게 하고 지역정책보다는 국가정책을 우선하는 것을 의미한다. 국민형성기능은 국민의 통일성을 촉진하고, 국민의 사회화, 공정한 배분, 국민생활의 실질적 향상 등에 기여한다.

셋째, 경제관리기능은 정부가 국민경제 변화에 대해 지도하고 관리하는 책임을 지는 것을 의미한다. 정부는 민간영역에 보조금이나 기술을 제공하고, 각종 원조 등을 제공하는 지원적인 업무뿐만 아니라 국민경제를 규제·관리하고, 공기업을 통한 공익사업 운영 등과 같은 기능 수행을 담당한다.

넷째, 사회복지기능은 정부가 모든 국민들이 빈곤을 느끼지 않고 편안하고 안락하게 살 수 있도록 해주는 것을 의미한다. 주로 보건후생시설의 확충, 국민복지서비스 제공, 보험, 연금, 주택 등 사회복지서비스를 제공하는 것이 이러한 기능에 해당하며, 정부는 이러한 복지혜택이 국민들에게 골고루 돌아갈 수 있도록 노력해야 한다.

다섯째, 환경 및 인구통제기능은 정부가 산업의 고도화, 도시화 등으로 인해 야기된 환경문제가 국민생활의 질을 떨어뜨리지 않도록 환경보호기능을 수행하는 것을 말하며, 아울러 인구의 성장과 감소가 적절히 조절될 수 있도록 통제하는 역할을 수행하는 것을 의미한다.

---

8) 현대정부의 기능을 내용별·분야별로 법과 치안유지, 국방과 외교, 사회복지, 경제·자연개발, 교육문화로 구분할 수 있으며, 이런 기능을 추구하는 과정에서 규제적 성격, 조장적 개발, 보조적 성격, 중재·조정적 성격, 기업적 성격으로 구분할 수 있다(제갈 돈 외, 2002).

2. 현대행정의 특징

행정권이 강화되고 행정관료들의 자유재량권이 확대된 현대행정의 특징은 양적인 측면에서의 팽창과 질적인 측면에서의 증대를 들 수 있다.

먼저 양적인 측면에서는 행정기구의 증설, 공무원의 증가, 재정규모의 팽창이 대표적인 특징이다.[9] 국민에게 양질의 서비스를 제공하고, 행정환경에 적응하기 위해 행정부서(조직)를 많이 만들면, 조직구성원인 공무원도 그만큼 늘어나는 것이 당연하며, 정부가 많은 인력으로 다양한 일을 하다보면 예산도 엄청나게 불어나게 마련이다. 그러나 공무원 수는 '업무량과 관계없이 증가한다'는 주장과 예산증가도 '관료들이 자기이익을 극대화시키기 위해서 엄청나게 팽창된다'라는 주장이 제기되었다. 이는 파킨슨 법칙(Parkinson's Law)과 니스카넨의 예산극대화 모형이론(Niskanen's Model of Budgeting Maximization)이 잘 설명하고 있다.

파킨슨 법칙을 한마디로 정의하면 '공무원의 수는 수행할 업무의 경중이나 유무에 관계없이 일정한 비율로 증가한다'는 것이다. 이에 대해 파킨슨은 두 가지 이유를 제시하고 있는데, 제1공리인 '부하배증의 법칙'(部下倍增의 法則)과 제2공리인 '업무배증의 법칙'(業務倍增의 法則)으로 설명한다. 전자는 A라는 공무원의 업무가 가중하게 될 때 동료인 B를 보충 받아 업무를 나누지 않고 그를 보조해 줄 부하 C를 보충 받기를 원한다는 것이다. 후자는 A가 원하는 대로 부하 C를 보충 받고 부하가 증가하게 되면 부하에게 지시, 보고, 승인, 감독 등 파생업무가 창출되어 본질적 업무의 증가 없이 업무량이 그 만큼 증가하는 현상이 나타난다는 것이다. 따라서 업무량 증가 → 부하증가 → 업무량 증가의 순환과정을 거침으로서 정부규모는 팽창된다는 것이다.

니스카넨은 관료들의 자기이익 극대화 가정을 도입하여 승진, 명성, 업적 등

---

9) 한국의 경우 1948년에 12부 4처였던 것이 2001년에는 여성부(1실 3국 7과)의 신설로 18부 4처 16청이었으며, 2013년 말 현재 2원 17부 3처 18청 5실 5위원회로 변화를 거듭하였다. 공무원 수가 1960년에 20만 명, 1980년에는 53만 명, 1990년에는 818,121명, 2000년에는 877,720명, 2009년에는 970,690명, 2012년에는 988,755명(행정부 공무원은 906,779명, 이 중 국가공무원은 622,424명, 지방공무원은 284,355명)으로 많은 수의 증가를 보였다. 한국의 경우 세출예산이 1949년에 9천만 원이었는데, 1992년에는 33조 원, 1993년에는 38조 원, 1999년에는 884,850억 원, 2001년에는 94조 원, 2008년에는 263조 원, 2010년에는 293조 원, 2012년에는 325조 원으로 재정규모가 확대되었다(행정자치부「통계연보」 각 년도).

의 자기이익 극대화를 위해서 관료들이 예산을 극대화한다고 보았다.

다음으로 질적인 측면에서는 행정이념과 철학의 변화, 행정 분야의 전문화·기술화 현상, 임시조직·동태적 조직 활용 경향 증가, 기획기능의 충실화, 다양한 예산관리기법의 개발·추진 등을 들 수 있다(제갈 돈 외, 2002).

첫째, 행정이념과 철학의 변화를 들 수 있다. 과거에 합법성, 능률성 이념을 우선시 하였으나 최근에는 민주성, 형평성, 대응성 등의 이념을 강조하게 되었다.

둘째, 행정 분야에서의 전문화·기술화 현상이 광범하게 나타나고 있다. 컴퓨터에 의한 행정의 전산화, 체제분석(SA: System Analysis), 관리과학적인 기법[10]의 행정에의 적용, 행정정보체계의 구축 등으로 행정의 효율화를 추구하고 있다.

셋째, 행정관리부문에서 조직의 경직화를 막기 위해 전통적인 관료제의 계층제에 구애받지 않고 태스크포스(task force), 프로젝트팀(project team) 등의 임시조직·동태적 조직을 활용하는 경향이 현저하게 증가하고 있다.

넷째, 기획기능이 충실화되고 있다. 급속한 국가발전, 경제개발 등의 목적을 달성하기 위해 행정기획의 중요성이 인식되었고, 이에 따른 행정의 조사·연구기능이 강조되고 있을 뿐만 아니라 자료나 정보·통계의 중요성이 부각되고 있다.

다섯째, 자원의 최적배분과 사업계획의 효율성을 높이기 위해서 성과예산뿐만 아니라 계획예산제도(PPBS), 목표관리(MBO), 영기준예산(ZBB) 등과 같은 다양한 예산관리기법이 개발·추진되어 왔다.

이와 같은 변화 이외에도 최근에는 신중앙집권화 현상 초래, 광역행정화, 행정책임 및 행정통제 강화, 국민의 고객화 등으로 행정이 질적으로 많은 변화를 겪고 있다. 행정국가 하에서 행정은 거대한 관료제를 통해 경제와 사회에 깊이 개입함으로써 국민의 행정 의존도가 매우 높아지게 되는데, 여기서 행정관료들의 역할은 매우 중요하다. 이들의 주요 역할은 공공성 증진, 공공정책의 개발과 집행, 행정민주화 구현, 행정수요의 대응, 행정관리의 효율적 집행, 행정윤리의 확보 등이다.

10) 관리과학적인 기법에는 PERT(Program Evaluation and Review Technique), CPM(Critical Path Method), OR(Operation Research) 등이 있다.

제 2 장 행정학의 발달과정

제1절 | 서 론

1. 행정학의 발달과정

행정학은, 첫째 "행정이 무엇인가? 그리고 행정학이 무엇인가?"를 규명하고 탐구하는 과정 속에서, 둘째 행정 실무에서 요구하는 지식을 산출하고 적용하는 과정 속에서, 마지막으로 공공문제를 인식하고 해결하는 방법을 탐구하는 과정 속에서 발전하였다고 할 수 있다.

따라서 행정학은 공공문제를 해결하는 데 도움이 되는 지식을 산출하기 위해 다양한 인접학문의 이론 및 방법론을 활용하는 다학문적(multidisciplinary) 성격을 가진 응용학문이라 할 수 있다. 또한 시대에 따라 요구되는 행정 역량 및 지식은 인접학문(정치학, 경영학, 경제학, 법학, 사회학, 심리학, 철학 등)의 영향을 받아 생성된 것이라고 할 수 있다([그림 2-1] 참조). 이에 행정학의 정체성에 대해 의문을 제기하는 학자들도 다수 존재하나, 여러 이론들을 접목하여 행정현상 및 공공문제를 인식·이해하고 보다 적실한 해결책을 제공하는 학문으로서의 존재 의의가 있다.

그림 2-1 행정학의 발달과정

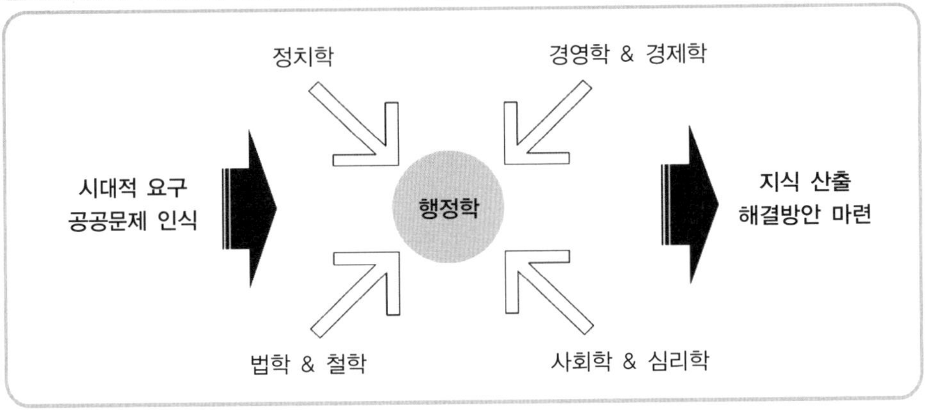

2. 행정 · 행정학의 시초

행정 및 행정학의 시초는 언제부터인가? 행정의 시초를 추적하면 고대 이집트 및 그리스에서 이미 행정조직이 존재하고 있었다. 또한 고대 중국의 경우에도 한나라(B.C. 206~220)에서 관료조직이 최초로 결성되고, 당나라 및 송나라를 거치는 동안 더욱 더 발전하였다. 따라서 비록 현대 행정학은 최근에 생겨난 것이라고 할 수 있지만, 행정의 역사는 매우 오래되었다고 볼 수 있다.[1)]

현대 행정학은 서구 유럽의 경우 16~17세기 독일과 오스트리아에서 발달된 절대주의 국가에서의 통치사상인 관방학이 그 시초라고 할 수 있다. 관방학은 국가목적과 이념을 실현하기 위한 합목적적 국가 활동에 관한 이론으로 간주되었다. 한편, 미국의 경우에는 1887년 *Political Science Quarterly*에 기고된 우드로 윌슨(W. Wilson)의 『행정에 관한 연구(The Study of Administration)』를 행정학의 시초로 보고 있다.[2)] 우리나라의 경우 조선시대에 실학이라는 이름 아래 행정학적 내용의 문서들이 발간되기는 하였지만, 하나의 학문적 틀을 완성하였다고 보기는 어렵고, 1955년 정인흥의 『행정학』 저서 출간 이후 한국의 행정학이 태동하였다고 보는 것이 정설이다([그림 2-2] 참조).

---

1) Mosher, F. C. (XXXX). Public Administration. Encyclopedia Britannica. Encyclopedia Britannica Inc.
2) 일반적으로 이 논문을 일종의 행정학의 독립선언문처럼 간주하고 있다. 왜냐하면 이 논문의 게재 이후 행정학이 정치학으로부터 독립하여 분과학문으로 발돋움했기 때문이다.

그림 2-2 현대 행정학의 시초

서구 유럽	미국	한국

16~17세기 독일 · 오스트리아의 관방학	1877년 윌슨의「행정에 관한 연구」	1955년 정인흥의「행정학」

현대 행정학은 미국이 주류를 형성하고 있고, 한국 행정학은 미국 행정학을 벤치마킹하면서 발전해 왔다고 볼 수 있기 때문에, 본 장에서는 미국 행정학의 발달과정에 대해서만 간략히 서술하도록 한다.

제 2 절 | 미국 행정학의 역사적 개관*

행정학 발전의 역사적 패턴을 통하여 볼 때, 사회현실과 문제해결에 관한 각기 다른 근본적인 가정에서 생성된 다양한 이론적 지향 혹은 견해가 있었다. 일부 견해는 행정의 능률성과 생산성을 확보하기 위하여 전통적인 원리와 관료적 합리성에 근거한 계량적 가치를 가정하였다. 반면 다른 견해는 민주적 가치와 민주사회를 확보하기 위하여 정치적 과정에 근거한 질적 가치들을 가정하였다. 그러므로 오늘날 많은 이론가들은 행정연구에 자기 자신의 인식론적 근거를 정당화하고 정체성 혹은 경계를 분명히 하기 위하여 "패러다임"이라는 용어를 사

* 본 절의 내용은 제갈 돈(1994).『행정학의 패러다임과 비판적 행정이론』을 참조하여 재구성하였음.

용하는 경향이 있다.

대다수 행정이론가들은 기본적인 이론의 패러다임 혹은 틀에 대한 일반적 합의인 "정상과학(normal science)"의 본질적인 특징을 강조한 T. Kuhn의 사고에 따르고 있다. Kuhn(1970)의 논의에 의하면, 과학적 학문영역이 지식과 이론을 축적함에 따라 지배적인 패러다임이 형성되고, 이 패러다임은 관련된 과학 공동체 내에서 일반적으로 수용된다. 이 단계는 정상과학 활동으로 특정되며, 이 단계에서의 이론은 문제해결책을 함축하고 있다. 이 단계는 과학자들이 지배적인 패러다임에 의문을 가지고 다양한 대안을 검토하는 과학적 혁명에 의하여 필연적으로 위기단계로 넘어간다. 만약 대체적 패러다임이 지금의 것보다 경험적으로 성공적이라고 증명되면, 과학 공동체는 새로운 패러다임이 기초하고 있는 일련의 가정을 재구성하는 데로 주의를 이동할 것이다. 이 같은 사고의 재구성은 또 다른 안정된 연구와 실험의 시기를 맞이한다.

변동하는 사회 상황에 대처하고 정책과정을 개선하기 위한 패러다임 이동에 관심을 가지고 이런 패러다임 개념을 행정에 적용하려는 몇 명의 학자들이 있었다. Henry(1986)는 행정학의 발전을 다섯 가지 승계적 패러다임으로 보았다: [패러다임 1] 정치 · 행정이원론, 1900~1926; [패러다임 2] 행정의 원리, 1927~1937과 행정에 대한 도전과 반응, 1938~1950; [패러다임 3] 정치학으로서 행정학, 1950~1970; [패러다임 4] 관리로서 행정학, 1956~1970; [패러다임 5] 자치적 행정학, 1971~. 그러나 Henry의 주장처럼 행정학분야가 이처럼 명백한 승계적 패러다임을 가졌느냐에는 의문이 있다. 행정학은 결코 이처럼 실질적인 과학 공동체를 형성하지 않았다. 오히려 행정학은 동시에 존재하는 단지 하나가 다른 것에 비하여 좀 더 보편적인 경향이 있는 패러다임은 가졌을 뿐이다.

Henry의 패러다임에 비하면 R. Golembiewski의 시도가 보다 적절하다. Golembiewski(1977)에 의하면, 하나의 패러다임이 필요한 해답을 제시하기에 부적합하다고 인식되기 때문에 보다 진보된 과학적 이해를 위해서는 포괄적이고 보다 광범위하게 수용 가능한 패러다임의 개발이 필요함을 주장한다.

Golembiewski(1977: 35-42)는 행정 역사상 적어도 세 가지의 패러다임을 목격했다고 주장하는 데, 이 세 가지 포괄적인 패러다임은 "전통적(traditional)", "사회 · 심리적(social-psychological)" 그리고 "인간주의적 · 체제적(humanistic · systemic)" 패러다임이다. 이 패러다임들은 절대적으로 승계하지 않았으며 다른 것을 제거하지도 않았다. 비록 지배적인 관심이 하나에서 다른 것으로 이동하지는 않았음에도 불구하고, 이 패러다임들은 학자나 실무자 개개인의 업무에 강력한 조건적 영향을 미친 것으로 볼 수 있다. Golembiewski의 패러다임에 덧붙여, 공공선택이론에 기초한 Ostrom(1973)의 "민주행정(democratic administration)" 패러다임과 해석이론에 기초한 Harmon(1981)의 "행동(action)" 패러다임이 최근 행정연구를 위한 새로운 패러다임으로 제시되었다.

이들 패러다임의 출현에 대하여 살펴보면 다음과 같다. Wilson 패러다임에서의 "하향적(top－down)" 편견 패러다임은 이에 대한 기본 명제들에 의하여 잘 증명된다. 즉 단일한 권력과 책임의 지배적 중심, 조직구조의 집권화된 특성, 정치 · 행정이원론 그리고 능률성을 극대화할 수 있는 전문직업적으로 훈련된 공무원의 계층적 위계의 완전함이다. 그러나 이에 대한 대체 패러다임으로써 Ostrom은 "민주행정"을 제시하였다. 이 대안은 민주행정 패러다임의 기본명제에서 증명된 바와 같이 "상향적(bottom－up)" 특성을 지니고 있다. Wilson식 패러다임에서 계층적 위계의 완전함은 대규모 행정체제의 능력을 감소시켜서 능률성을 극대화시키지 않은 반면에, 민주행정이 규정하고 있는 중복적 관할영역이나 권위의 분할은 공공서비스 경제에서 공공재와 서비스의 이질적 혼합의 생성을 촉진할 것이라고 새로운 패러다임은 주장한다.

Harmon의 "행동" 패러다임은 이해와 문제해결의 기초로서 직접담론에 중점을 두고 거시적 수준에서 미시적 수준에로의 이동을 주장했다. Harmon(1981)은 그의 행동 패러다임을 행정의 대체적 패러다임으로 생각하면서, 자아의 행동적인 사회본성, 분석의 일차적 단위로서 직접담론 그리고 행동 패러다임의 잠정적 이론의 주성분을 구성하는 간주간적 인식론을 제시하였다. 주관과 객관 사이의 상호작용과정을 통하여 조직은 재창조되고 지탱될 수 있다. 행동지향적인 행정은 다른 사람의 실새를 이해하고 공유할 수 있는 능력을 가신 행농지향적인 개인에 의해서만이 가능하다. 그러므로 행정의 실재가 경험적 사실만으로 구성되어 있다는 믿음을 행정가들은 포기해야만 한다. 사실과 가치 사이의 이원론은 정당화될 수 없는 것이며, 사실과 가치는 의사결정과정에서 항상 변동하고 얽혀 있는 것이다.

미국 행정학의 발달과정에 대해서는 Henry, Golembiewski 등 여러 학자들이 다양하게 시기 구분을 하고 있지만, 여기에서는 Henry의 시기 구분만을 소개한다. 그는 Golembiewski가 제시한 행정학의 초점(focus)과 소재(locus) 가운데 하나가 독특하게 부각되는 시기에 따른 패러다임(paradigm)을 중심으로 행정학의 발달과정을 구분하고 있다. 각 패러다임의 내용들은 후에 자세히 서술되므로 본 절에서는 설명을 생략한다([그림 2-3] 참조).[4]

그림 2-3 행정학의 패러다임

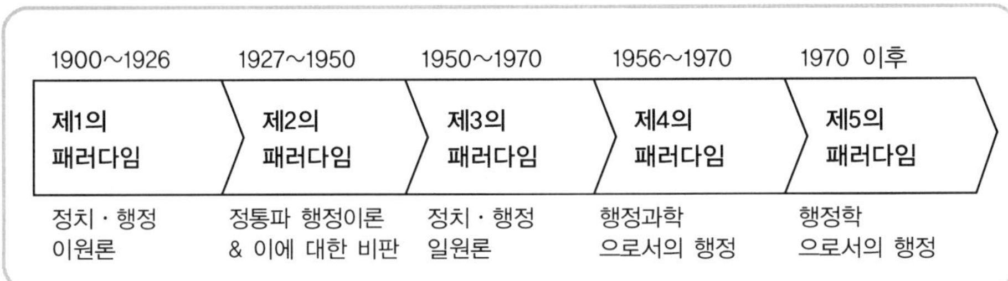

자료: Henry(1975).

그림 2-4 행정학 발전의 역사적 패턴

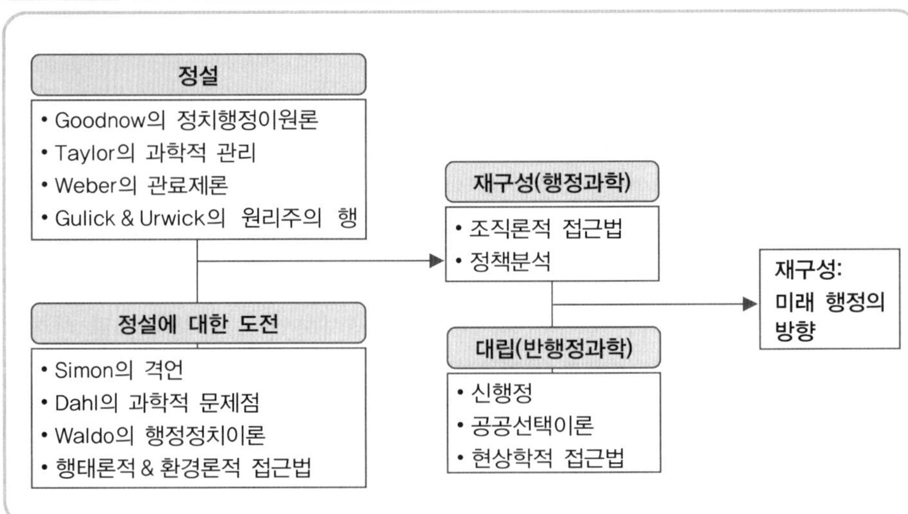

자료: 세릴 돈 외(2002).

---

4) "소재(locus)란 연구영역의 제도적 장소로서, 행정이 수행되는 영역 · 공간 · 소재 또는 행정의 연구대상 등을 의미한다(예: 정부관료제). 그리고 초점(focus)이란 연구영역의 특정한 대상으로서 행정의 전문화된 주제, 원리 등을 의미한다(예: 행정의 원리)"(방성은, 2012: 192).

한편 한국의 행정학자들도 미국 행정학 역사에 대해서 다양하게 시기를 구분하고 있다. 한 예로 제갈 돈 외(2002)는 『정부와 행정: 이론과 실제』라는 저서에서 미국 행정학의 발달과정을 ① 연방주의와 행정능률관념의 성립시기(1789~1801), ② 공화주의와 행정에서의 민주주의 성립기(1802~1829), ③ 분권적 정치체계의 행정이론 시기(1830~1921), ④ 행정학이론의 정착시기(1922년 이후) 등 4단계로 우선적으로 구분하고, 행정학 발전의 역사적 패턴을 다음 [그림 2-4]와 같이 ① 행정학의 정설, ② 정설에 대한 도전, ③ 행정과학, ④ 행정과학에의 도전(1960년대와 1970년대)으로 크게 구분하여 제시하고 있다.

시기를 구분함에 있어서 학자들마다 다양한 견해를 보이기 때문에, 이를 통합하는 것은 거의 불가능하다. 다만, 행정학의 발달과정에서 중요한 사건들을 중심으로 발달과정을 정리하면, ① 행정학의 태동기, ② 행정과학의 등장, ③ 신행정학과 정책학의 등장, ④ 신공공관리론의 확산, ⑤ 거버넌스 이론의 등장 등 5개 시기로 구분할 수 있다. 구체적인 설명에 앞서 미국행정학의 발달과정을 중요한 역사적 사건과 대비해서 제시하면 다음 [그림 2-5]와 같다.

그림 2-5 미국 행정학의 발달과정: 역사 개관

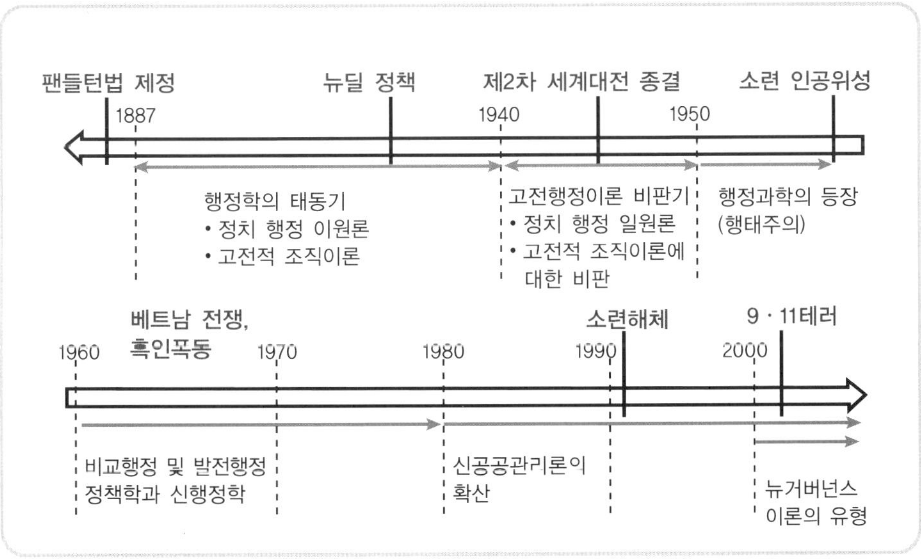

제3절 | 미국 행정학의 발달과정

1. 행정학의 태동 이전

미국의 행정조직은 미국의 독립 이후 계속해서 존재하고 있었고, 이러한 행정조직의 권한과 역할에 대한 철학적인 사상은 이미 존재하고 있었다. 초기에는 주로 능동적이고 효과적인 행정부를 유지하고, 재정력과 군사력을 강화하여 '강력한 행정수반을 중심으로 하는 집권적 정부', 혹은 '능동적 정부사상'이 강조되었다(연방주의와 행정능률관념의 성립시기: 1789~1801년). 이후 제퍼슨이 미국 제3대 대통령이 되면서 분권적인 정부가 강조되었다(공화주의와 행정에서의 민주주의 성립기: 1802~1829년). 이 시기에 가장 좋은 정부는 '제한된 정부, 가능하다면 보다 일반대중에게 접근하도록 정부를 운영하는 것이 중요하다'라고 하여, 권력분산을 극대화하고 행정행위를 단순화하며 행정권력에 대한 엄격한 법률적 제한

그림 2-6 미국 행정학의 태동 이전

초대 재무장관 해밀턴(A. Hamilton) (1755–1804)

제3대 미 대통령 제퍼슨(T. Jefferson) (1743–1826)

제7대 미 대통령 잭슨(A. Jackson) (1767–1845)

을 가해야 한다고 주장되었다. 이후 1829년에 잭슨(A. Jackson) 대통령이 당선되었고, 선거에서 승리한 정당이 관직을 차지하는 엽관주의가 도입되었다. 이러한 엽관주의는 진보주의 운동에 의한 행정부 개혁이 이루어지기 전까지 지속되었다.

2. 행정학의 태동기(1887~1930년대)

1) 배 경

1880년대까지 미국경제는 고도성장을 이룩하였고 농업사회에서 산업화된 도시 사회로 변화함에 따라, 도시에 필요한 상하수도 및 도로의 건설 등과 같은 공공사업에 대한 수요가 폭발적으로 증가되었다. 특히 연방정부의 경우 우편사업, 전보사업뿐만 아니라 남북전쟁 이후 본격화된 대륙횡단철도의 부설과 이에 따른 규제활동 등으로 인해 행정업무가 급격하게 증가하였다. 따라서 행정부는 과거와는 비교도 되지 않는 많은, 복잡한 그리고 어려운 업무를 담당할 수밖에 없게 되었다.

그러나 엽관주의를 통해 정부에 들어온 정당인들은 행정에 대한 전문성(행정조직, 재무관리 등에 대한 이론적 · 실무적 지식)이 부족하였고, 그에 따라 점점 복잡해지는 정부업무를 담당하기에 부적절했다. 뿐만 아니라 정당에 대한 충성을 기준으로 공직을 차지하는 과정 속에서 부정 · 부패가 초래되었다.

결국 이러한 문제를 해결하기 위해서는 정치와 행정을 개혁해야 한다는 진보주의 운동(progressive movement)이 전개되었다. 이 운동에 참여한 사람들은 정치적인 차원에서 일반 시민의 더 많은 참여를 보장할 수 있도록 정치제도를 개혁하고, 행정적인 차원에서는 기업 경영에서 유행하고 있던 능률성 위주의 업무 전문화 도모가 필요함을 주장하였다. 그 결과 1883년 팬들턴법(Pendleton Act)이 제정되었고, 정치적인 차원에서는 국민투표, 국민소환 등과 같은 직접 민주주의 제도가 도입되었다. 그리고 행정적인 차원에서는 행정의 정치적 중립이 천명되었고, 실적주의 인사제도가 도입되었으며, 행정의 전문성을 확보하기 위해 시험제도를 통해 공무원을 채용하기 시작하였다.

다른 한편으로 1870년대부터 시작된 시정개혁운동(Municipal Reform Movement)도 행정학의 태동에 영향을 미쳤다. 1894년에 시정개혁운동의 교류거점으로 결정된 전국도시연맹, 1906년에 설립된 뉴욕시정조사연구소 등은 시정개혁운동을 전개하는 데 큰 역할을 수행하였다. 특히 뉴욕시정조사연구소는 좋은 정부를 구현하기 위한 능률과 절약의 실천방안과 시정에 대한 과학적 연구를 수행하였고, 테일러의 과학적 관리법을 정부에 적용하는 일을 추진하였다.

이러한 배경으로 태동된 초기 미국 행정학은 정치학에 뿌리를 둔 '행정이론'과 테일러의 과학적 관리법(경영학)에 뿌리를 둔 '조직(관리)이론'을 중심축으로 하여 발전하였다.[5)]

2) 정치 · 행정 이원론

진보주의 운동의 일원이었던 우드로 윌슨(W. Wilson, 1887)은 『행정의 연구(The Study of Adminstration)』라는 논문에서 정치와 행정을 분리하는 정치행정 이원론을 주장하였다. 즉, 그는 정당정치의 폐해를 행정으로부터 추방시키고, 공

자료 2-1

윌슨의 공적

윌슨은 1913년에 제28대 대통령으로 백악관에 입성하였고, 제1차 세계대전을 종결하는데 큰 역할을 하였다. 또한 윌슨은 UN 수립에 기여한 공을 인정받아 노벨 평화상을 수상한 바 있다.

의회에서 세계대전 참전을 선언하는 윌슨	파리 강화회의에서 담소하는 로이드 조지 영국 수상, 오를란도 이탈리아 수상, 클레망소 프랑스 수상, 윌슨(왼쪽부터)

자료: 네이버캐스트(http://navercast.naver.com)

5) 행정이론이란 정치와 행정의 관계 혹은 정치 체제에서 관료제가 차지하는 위상에 관한 이론이라 한다면, 조직(관리)이론이란 관료제와 행정의 내부관리에 관한 이론을 의미한다.

공기관의 효율적인 운영을 담보할 수 있는 경영적(business-like)인 원리를 적용하기 위해서 다양한 정치과정으로부터 행정을 분리시켜야 한다고 주장하였다. 윌슨 외에도 굿노(Goodnow, 1900), 윌로비(Willoughby, 1927), 화이트(White, 1926)와 같은 학자들이 정치행정 이원론을 주장하였다.

3) 고전적 조직(관리)이론의 탄생: 조직구조 및 과업관리에 대한 관심

테일러(Taylor, 1911)는 『과학적 관리론(Principles of Scientific Management)』에서 과학적 관리의 기본 원칙으로 "① 노동자의 관리를 위한 진정한 과학의 발전, ② 노동자의 과학적인 선발과 능력 개발, ③ 과학과 과학적으로 선발되고 훈련된 노동자의 결합, ④ 관리자와 노동자의 계속적이고 밀접한 협력" 등을 제시하고 있다(이종수, 2009: 81). 그리고 이러한 네 가지 원리에 바탕을 둔 시간 및 동작 연구(time and motion study),[6] 공구의 표준화(standardization of tools),[7] 과업 관리법(task management),[8] 차별적 성과급제도(differential-piece-rate system),[9] 기능적 직장제도 등과 같은 기법의 도입으로 생산능력을 극대화하고자 하였다. 테일러의 과학적 관리론은 초기에 민간기업의 생산성 향상을 도모하고자 형성된 이론이지만, 이후 행정 운영상의 능률 및 합리화에 크게 기여하였다.

테일러의 과학적 관리론은 이후 행정원리학파에 영향을 미치게 되었다. 행정원리학파의 대표적인 학자라고 할 수 있는 귤릭과 어윅(Gulick & Urwick, 1937)은 『행정과학에 관한 논문집(Papers on the Science of Administration)』에서 조직의 최고 관리층이 담당해야 할 7대 기능(POSDCoRB)으로 기획(Planning), 조직화

---

6) "연구하고자 하는 과업에 특히 숙련된 사람을 10~15명 정도 찾아내서 이들에게 작업을 시킨 다음 각각의 기본적인 동작을 행하는 데 요하는 시간을 스톱워치로 측정하는데, 이때 잘못된 운동, 느린 운동 및 쓸모 없는 운동을 모두 제거하여 가장 빠르고 가장 좋은 작업방법을 골라내어 이를 기순으로 표준시간과 표준동작을 정한다"(김성국, 2000: 119).

7) "종래의 주먹구구식으로 만들어진 다양한 공구를 하나하나 상세히 조사하고 그 각 공구를 사용해서 낼 수 있는 스피드에 대해 시간연구를 행하여 그 중에서 좋은 점만을 발췌해서 하나의 표준공구를 만들어 낸다. 이 표준공구를 사용하면 보다 빠르고 편안하게 일을 할 수 있게 된다"(김성국, 2000: 119).

8) "시간과 동작연구를 통해서 각 근로자에 대해 매일의 과업을 정밀하게 계산해서 부여함으로써 제구실을 다할 수 있는 근로자에 대해서는 하루분의 일을 수행할 것을 요구하고, 이 과업을 실행한 근로자에 대해서는 충분한 할증 또는 보너스를 지급한다"(김성국, 2000: 119).

9) "일류의 작업자(first-class man)들이 양호한 작업조건하에서 달성할 수 있는 표준작업량을 정해 놓고 그 표준에 도달할 때까지는 낮은 비율의 성과급을 지급하고 그 표준을 넘어서면 보다 높은 비율의 성과급을 지급하는 임금제도를 말한다"(김성국, 2000: 119).

자료 2-2

테일러의 과학적 관리론(테일러에 대한 오해)

테일러는 기계공장의 일개 노동자에서 시작하여 관리자에 이르기까지 다양한 실무경험을 하였다. 그 과정에서 공장이 주먹구구식으로 관리되고 있음을 목격하고 과학적인 작업관리의 필요성을 통감하였다. 이에 시간-동작 연구 등과 같은 과학적 관리법을 창안하여 공장개혁 및 경영합리화에 큰 공적을 남겼다. 일부 학자들은 테일러에 대해서 인간을 한낱 기계부품으로밖에 여기지 않았다고 비판하기도 한다. 하지만, 테일러야 말로 당시 노동자들의 삶의 질을 향상시키는데 혁혁한 공을 세운 사람이라고 할 수 있다(테일러의 주된 저술인 과학적 관리의 원칙 서문은 "관리의 주된 목적은 노사의 최대 번영과 함께 종업원의 최대 번영을 만들어내는 데에 있다"라고 시작한다). 당시 민간기업들은 생산성 향상을 통한 이윤 창출보다는 노동자들의 임금을 되도록 삭감해서 이윤을 창출하는데 몰두하고 있었다. 반면, 테일러는 생산성이 높은 노동자들의 임금을 올려줄 때, 회사 전체의 생산성 향상이 이루어지고 결국 보다 많은 이윤이 창출될 수 있다고 주장하였다. 이러한 생각들이 지금은 상식이지만, 당시로서는 혁신적인 생각이라고 할 수 있다. 또한 1990년대 그리고 현재까지 유행하고 있는 신공공관리론의 철학적 기조라고 볼 수 있다.

(Organizing), 인사(Staffing), 지휘(Directing), 조정(Coordinating), 보고(Reporting), 예산(Budgeting)을 들었다.[10] 또한 그들은 조직화의 원리로, ① 명령의 통일, ② 통솔의 범위, ③ 전문성의 원리, ④ 부서편성의 원리 등 4가지를 제시하였다.[11]

이와는 별개로 1947년에 독일의 사회과학자 막스 베버(M. Weber)의 관료제론(bureaucracy)이 미국에 소개되었다. 베버는 합리적·법적 권위에 기초한 관료제의 개념형(Ideal Type)을 제시하였는데, 베버가 주장한 관료제는 다음의 여섯 가

10) 기획이란 "조직의 목표를 달성하기 위한 방법에 대하여 구체적인 윤곽을 세우는 일"을, 조직화는 "수립한 계획에 따라 업무를 효율적으로 수행할 수 있도록 구체적인 직무와 권한을 배분하여 공식적인 구조를 갖추도록 하는 일"을, 인사는 "신규직원들을 채용하고 훈련시키며, 알맞은 근무조건을 유지하도록 하는 일"을, 지휘는 "부하 직원들로 하여금 업무상의 명령이나 지시에 따르도록 하는 일"을, 조정은 "조직 내의 여러 부서 상호간에 협력과 원만한 관계를 유지하도록 하는 일"을, 보고는 "소속 상사나 관리자에게 부하직원에 맡긴 업무의 진행과정이나 결과 또는 연구 조사 등을 보고하도록 하는 일"을, 예산은 "조직의 목표나 업무를 수행할 수 있도록 기획이나 회계를 담당하는 일"을 의미한다(네이버 지식백과의 번역 참조: http://terms.naver.com).

11) 명령의 통일이란 "명령을 내리고 보고를 받는 사람이 반드시 한 사람이어야 함"을, 통솔의 범위란 "한 사람의 상관이 효과적으로 부하들을 통솔하기 위해서 부하의 수를 한정함"을, 전문성의 원리란 "전문화가 될수록 행정능률이 증대됨"을, 부서편성의 원리란 "목적, 과정, 고객, 장소를 기준으로 부서를 편성할 때 행정능률이 증대됨"을 의미한다.

지 특징을 가지고 있다. 첫째, 규정(rules)에 의해 공식적으로 규정된 관할권을 가진다. 둘째, 관할권을 체계적으로 배분한 계층제를 가지고 있다. 셋째, 관료의 직무수행은 문서에 기초한다. 넷째, 직무수행을 위해서는 심도 있는 전문가 훈련을 수반한다. 다섯째, 관료는 직무를 수행하는데 있어 전력을 투구해야 한다. 여섯째, 직무수행은 일반법칙에 의해 이루어져야 한다.

베버의 관료제는 법적·경제적·기술적 합리성을 유지하기 위한 필요조건 혹은 조직적 수단이라고 할 수 있다. 이와 같은 관료제의 합리적 특성은 행정의 발전에 중요한 영향을 미쳤고, 형태나 방법 면에서 전통적인 행정이론과 완전히 일치하는 특성을 가지고 있다. 또한 이러한 베버의 관료제는 미국 행정학이 최

그림 2-7 행정학의 태동기

고라고 여기던 당시 미국 행정학자들에게 신선한 충격을 주었을 뿐만 아니라 현재까지도 행정학에 많은 영향을 미치고 있다.

4) 종 합

윌슨을 위시한 여러 학자들은 자원의 능률적인 이용에 관심을 가지고 정치 · 행정 이원론을 언급하였다. 이러한 이원론을 통해 그들은 능률적이고 효과적인 행정이 행정학 초기의 가장 중요한 주제라는 데 확신을 가졌다. 한편 고전적 조직이론 또한 이 시기에 탄생하였는데, 고전적 조직이론은 조직의 공식적 · 기술적 수준에서의 구조적 측면을 강조하면서 "원리"(principle)의 과학을 추구하였다. 두 이론 모두 정부조직의 효율성을 강조하는 이론이라는 측면에서 일맥상통한다고 할 수 있고, 이상의 내용을 간략히 요약하면 [그림 2-7]과 같다.

3. 행정과학의 등장(1940년대와 1950년대)

1) 배경: 행정국가(Administrative State)의 등장

1929년에 세계 경제 대공황이 발생하였고, 미국의 제32대 대통령인 루스벨트(F. Roosevelt) 대통령은 이를 극복하기 위해 뉴딜정책을 수행하였다. 이러한 과정 속에서 정부의 역할은 더욱더 확대 · 강화되었고, 그 결과 행정국가(administrative state)가 등장하게 되었다(Waldo, 1948). 특히 행정부에 의한 위임입법의 급증, 행정재량 범위의 확대, 광범위한 정책결정권을 가진 각종 위원회의 설치 등으로 행정부의 정책결정권이 강화되고 확대되었다. 이로 인해 종래에는 정치가 결정의 역할을 맡고 행정은 이를 집행하는 역할에 머물고 있던 데에서 행정이 결정의 역할까지 떠안게 되었다. 그 결과 정통행정학의 토대가 되었던 정치 · 행정 이원론으로는 현실의 행정실태를 정확히 파악할 수 없다는 비판이 일제히 제기되었다.

한편, 고전적 조직이론에 대한 비판도 사이먼(H. Simon)을 선두로 일제히 제기되기 시작하였다. 그는 『행정의 격언(The Proverbs of Administration)』이라는 논문에서 행정관리론에서 주장하는 대표적인 행정 원리인 전문화의 원리, 명령 통일의 원리, 통솔 범위의 원리, 부성화의 원리[12]를 개별적으로 검토하여 원리 간의 상호 모순성을 지적하였다. 또한 이러한 원리들이 한 번도 과학적인 실험을 거치지 않은 격언(proverb)에 불과하고 기껏해야 기준이나 개념에 불과하다고 비판하였다.

2) 정치 · 행정 일원론

이 시기에는 행정의 정책결정(정치기능) 기능을 경시하였던 정치 · 행정 이원론이 행정현상을 설명하는 데 부적합하다는 것을 인정하고 행정이론을 다시 구축하고자 하는 정치 · 행정 일원론이 강조되기 시작하였다. 정치행정일원론은 능률적 기법에 대한 편협한 관심 및 관리에 대한 과다한 강조로부터 학자들의 관심을 돌리는데 그 목적이 있었다. 즉, 행정의 환경 및 고위직 행정실무자들의 정책역할에 중점을 두고 행정학과 정치학의 개념적 연계를 재정립하려는데 그 목적이 있었다.

뉴딜정책을 시행할 때 농무성에 근무했던 애플비(Appleby, 1949)는 『정책과 행정(Policy and Administration)』이라는 저서에서 정치 · 행정 이원론을 비판하고 정치 · 행정 일원론을 강조하였다. 그는 현실의 정부에서 정치와 행정의 관계는 정합적이고, 연속적이며, 순환적이기 때문에 양자를 구별하는 것은 적절치 않으며, 결합적 관계를 형성해야 한다는 주장을 하였다. 또한 그(1949: 170)는 이원론을 직접적으로 공격하면서, 정치과정을 의미하는 행정은 "입법, 사법 그리고 일반적인 정책결정체 하에서 발생하는 정책결정과 관리의 혼합"이며 "행정은 정책결정"이라고 지적하였다.

3) 행정과학의 등장

이미 언급하였듯이, 사이먼은 행정원리학파의 비과학성을 지적하고, 그 대안으로 1947년에 『행정행태론(Administrative Behavior)』 이라는 저서에서 행태론적 접근법을 주장하였다. 특히 그는 행정조직의 가장 중요한 부분이면서도 대다수 소홀히 되고 있는 사실은 행정조직이 의사결정구조이고 과정이라는 점을 강조하였다. 또한 의사결정은 행정의 핵심이며, 행정이론은 인간의 선택 논리와 심리로부터 추출되어야만 한다고 주장하였다. 행정과학으로서의 행정학은 ① 연

12) 부성화의 원리란 "행정조직의 구조는 일정한 기준에 따라 서로 기능이 같거나 유사한 업무들을 묶어 조직 단위를 구성해야 한다는 원리"를 의미한다(이종수, 2009: 235).

구의 대상을 원리주의와 유사하게 조직 및 구성원의 행태를 주된 연구대상으로 삼고, ② 연구의 초점으로 의사결정 측면을 중시하였으며, ③ 연구방법으로 철저한 논리실증주의적 방법을 따른다는 점이 주요 특징이라고 할 수 있다.

이후 그는 마치(March, 1958)와 같이 『조직론(Organization)』에서 제한된 합리성 모형(Bounded Rationality)을 제시하였고, 이 모형은 이후 린드블롬(Lindblom, 1959) 및 윌다브스키(Wildavsky, 1979)의 점증모형(Incrementalism)과 에치오니(Etzioni, 1967)의 혼합탐사모형(Mixed Scanning) 등 정책결정모형 형성의 기초가 되었다. 그들의 저서가 출간된 이후 조직이론은 조직의 내부질서와 구조에 관심을 둔 전통적 접근법, 조직구성원인 인간의 행태에 관심을 가진 행태적 접근법,

그림 2-8 행정과학의 등장

조직 외부의 활동에 초점을 두는 환경적 접근법을 모두 포괄하게 되었다.

4) 종 합

고전파 행정학의 주된 내용은 정치행정이원론을 전제로 하여 행정활동의 능률향상을 목표로 한 과학적 관리론과 인간관계론, 그리고 이들의 측면 지원을 받으면서 행정조직의 구조와 관리를 합리화시킬 수 있는 원리를 탐구하던 원리지상주의적 접근이었다고 할 수 있다. 그러나 행정국가의 등장으로 정치・행정이원론과 원리주의 모두 무너지게 되었다. 그러나 고전파 행정학이 붕괴되었다고는 하지만, 연구결과가 모두 버려진 것은 아니고 논란이 많았던 원리들도 조직관리론에서 여전히 거론되고 있다. 이상의 내용을 종합하면 [그림 2-8]로 요약할 수 있다.

4. 정책학과 신행정학(1960년대와 1970년대)의 부상

1) 배 경

정책학과 신행정학은 기존의 행정과학이 사회문제를 해결하지 못하는 현실에 대한 반성에서 등장하였다고 할 수 있고, 등장배경으로는 소련의 인공위성 발사 성공, 베트남 전쟁, 흑인폭동사건 등을 들 수 있다. 각 사건의 주요 내용을 살펴보면 다음과 같다.

첫째, 제2차 세계대전 후 미국은 경제・국방력・과학기술이라는 측면에서 모든 나라보다 월등하게 앞서 있었다. 그런데 1957년에 소련이 전세계 최초로 인공위성 발사에 성공하는 일이 발생하였다. 이 사건은 당시 세계 최고라고 자부하던 미국 국민들에게 큰 충격을 주었고, 그 결과 정부가 미국의 과학기술수준을 향상시켜야 한다는 생각이 미국사람들의 머릿속에 자리를 잡게 되었다.

둘째, 1960년부터 1975년까지 베트남전쟁이 있었는데, 이 전쟁은 미국이 민족주의자로서 국민들의 신뢰를 받아 온 호치민 정권(공산주의 정권)과 싸움을 함으로써 초기부터 명분의 문제가 있었다. 이에 세계의 지성인들은 미국이 베트남 국민들의 자주적 판단을 무시하고 자신의 세력 확장을 위해 민족주의자들을 억압하는 제국주의 전쟁을 하고 있다고 맹렬히 비난하였다. 한편 미국 내에서도 미국 청년들이 명분 없는 월남전에 반대하는 운동을 하였다. 결국 베트남 전쟁은 명분과 목적을 둘러싸고 미국사회를 분열시켰다. 뿐만 아니라 전쟁을 반대하는 사람이나 찬성하는 사람 모두 무엇인가 잘못되어 가고 있으며 여기에 대한 뚜렷한 대책이 없다는데 대해 불안감을 떨칠 수 없었다.

셋째, 흑인폭동사건(1965년과 1968년)을 들 수 있다. 비록 남북전쟁 이후 흑인들이 자유인이 되기는 하였지만, 100여년이 지난 1960년도까지도 흑인들은 여전히 미국 시민으로서 또는 인간으로서의 대우를 받지 못하고 있는 상황이었다. 이에 흑인들의 폭동이 발발하였고 많은 사상자를 내고서야 진압될 수 있었다. 이 사건은 미국을 국제적으로 매우 곤란한 입장에 몰아넣게 되었다.[13] 즉, 이 사건을 지켜본 아프리카 등 여러 나라들은 미국이 겉으로 미소를 띠고 상호존중과 인격적 대우를 떠들면서 뒤에서는 자신들을 인간이하로 생각하고 있었다고 짐작하게 되었다. 그 결과 아프리카나 중남미에서 반미운동과 공산화가 대대적으로 확산되었다. 미국 내에서도 지성인들과 정치지도자들이 그때까지 관심도 없이 방치하였던 인종차별문제를 자세히 살펴보기 시작하였다.

2) 사회과학자들의 혁명적인 학문적 전환

사회과학자들은 현실의 문제를 해결할 수 있는 학문의 필요성을 인지하였고, 그 결과 학문의 지향이 이론중심에서 실천적 문제해결 중심으로 변화되었다. 이러한 변화과정 속에서 정책학이 급부상하게 되었다. 또한 접근방법 측면에서 사실과 가치를 분리하고 사실의 문제에만 관심을 가지던 행태론적 접근법에서 탈피하여 가치문제를 연구하는 것의 필요성을 주장하였고, 신행정운동이 대표적인 전환노력이라고 할 수 있다.

3) 정책학의 폭발적 성장

1960년대에는 해결해야 할 수많은 정책문제가 한꺼번에 쏟아졌고, 이를 해결하기 위한 지식이 갑자기 필요해졌다. 그러나 기존의 학문에서는 이러한 지식

---

13) 그 당시까지 미국은 자신들이 인간의 자유와 평등을 실현시키는 가장 훌륭한 민주체제를 지니고 있다고 강조하면서, 소련의 전제주의적 공산체제가 인간의 기본권을 박탈하는 인류 공동의 적이라고 주장해 왔다. 그런데 미국 내에서 흑인들이 인간으로서의 기초적인 생활을 하지 못하고 있으며 백인들로부터 동물과 같은 취급을 받고 있다는 사실이 흑인폭동에 의해 세계적으로 널리 알려지게 되었다.

을 충분히 제공할 수 없었다. 특히 존슨 대통령은 위대한 사회 건설이라는 기치를 내걸고 다양한 공공사업들을 추진하였다. 이러한 사업들의 성과에 대한 관심이 높아지면서 정책연구의 붐이 일어났다.

가장 먼저 정책문제를 올바르게 파악하고 최선의 정책수단을 탐색하여 합리적인 정책을 결정하는 데 도움을 줄 수 있는 정책분석 연구가 획기적으로 진전되었다. 정책학은 합리적인 정책결정을 위한 처방적 연구에서 본격적인 출발을 하였기 때문에 체제분석(Systems Analysis) 및 운영연구(Operation Research) 계통의 관리과학(Management Science), 비용-효과분석 등의 경제성 분석을 핵심으로 하는 정책분석론이 견인차가 되었다.

그러나 정책분석에 따른 합리적·분석적 결정이 현실적으로 수용되지 못하는 상황이 전개됨에 따라 이러한 사태의 원인에 대한 연구가 추진되었다. 즉, 현실의 정책결정이 어떻게 이루어지는지에 대한 정책결정에 대한 연구가 추진되었는데 여기에 기존의 행태론적 정치학이 축적한 연구들이 커다란 도움을 주었다.

1960년대 말에는 대대적으로 추진되던 정책이나 사업들이 곳곳에서 실패하는 사태가 전개되어 이 원인을 탐색하는 연구가 커다란 주목을 받게 되었다. 왜 중요한 사업이 실패하는지를 판단하는 사업평가 또는 정책평가 작업이 대대적으로 진행되었는데, 여기에서 어떠한 평가방법이 최선인지를 연구하는 정책평가론이 등장하였다.

1970년대 초에는 정책실패의 원인을 정책집행단계에서 탐색하고 효율적인 정책집행방법을 찾으려는 정책집행론이 등장하였다. 특히 1970년대 초 프레스만과 윌다브스키(Pressman & Wildavsky, 1973)의 『집행(Implementation)』이라는 저서 출간 후 대단한 인기를 모았고, 그에 따라 무수히 많은 집행연구가 이루어졌다.

4) 신행정론의 등장

월남전의 충격, 소수민족문제의 확산, 신구세대간의 갈등, 빈부격차로 인한 사회계층간의 갈등, 인종갈등 등의 사회문제에 대한 원인으로 종래의 행정지향점이 능률성에 있었음을 성찰하는 움직임이 1960년대 말부터 확산되었다. 특히 가치문제에 대한 관심이 증대되었고, 그 결과 가치문제를 중시하는 신행정론이 등장하였다.

자료 2-3

존슨 대통령과 위대한 사회 건설

존슨 대통령은 1964년 봄부터 자신의 개혁안을 설명하면서 '위대한 사회'라는 표현을 즐겨 쓰기 시작했다. 그리고 이 표현은 그 해의 대통령 선거에서 공화당의 배리 골드워터를 압도적으로 누르고 당선된 뒤에는 더 큰 힘을 얻었다. 세금 감면을 성공적으로 밀어붙였고, 케네디가 처음 계획했던 가난구제사업을 발표했다. 그는 이렇게 말했다. "행정부는 지금 이 자리에서 미국 사회의 가난과 무조건적인 전쟁을 선포합니다."

가난한 사람들에게 직업 훈련의 기회를 제공했고, 다양한 지역사회 사업을 전개해서 가난한 사람들이 주택과 건강 그리고 교육 등의 사업에 스스로 의견을 내고 참여할 수 있게 했다. 그 다음은 의료 지원이었다. 이 분야와 관련해서는 트루먼이 이미 20여 년 전에 중앙집권적인 구조를 제안했다가 의회의 동의를 얻지 못한 적이 있었다. 하지만 존슨의 지도력 아래에서 노인을 위한 건강 보험 법안과 가난한 사람을 위한 건강 지원 사업 법안이 통과되었다.

존슨은 또 케네디가 시도했다가 실패한 초등교육과 중등교육 지원 법안도 통과시켰다. 이 법에 따라 연방정부는 저소득 가정의 어린이 수에 따라 각 주에 지원금을 배당했다. 이 지원은 공립학교뿐만 아니라 사립학교에도 똑같이 적용되었다.

존슨의 '위대한 사회'는 계속 전진했다. 새로운 주택법이 마련되면서 가난한 사람은 집을 빌릴 때 정부로부터 지원을 받을 수 있게 되었다. 이런 제반 업무를 담당할 기구로 '주택 및 도시개발국'이라는 새로운 조직도 설립되었다. 이민자의 수를 지역에 따라 할당하던 1924년의 이민법도 개정하였다. 연방 정부는 또한 예술가와 학자의 창작 활동과 연구 활동을 지원하는 법안도 마련했다.

이처럼 '위대한 사회' 정책은 뉴딜 정책 이래로 행정부 활동의 가장 왕성한 모범으로 꽃을 피웠다. 하지만 존슨 행정부의 정책에 대한 지원은 1966년부터 이미 악화되기 시작했다. 존슨이 벌인 사업 가운데 몇몇은 기대했던 것만큼 오래 유지되지 못했다. 수많은 사업들이 기금 부족으로 시달렸다. 하지만 그럼에도 불구하고 '위대한 사회'는 미국 사회에서 가난을 어느 정도 몰아냈다. 예를 들면, 1965년과 1968년 사이 흑인 가정의 소득을 백인 가정과 비교할 때 54퍼센트 수준에서 60퍼센트 수준으로 끌어올렸다.

자료: 네이버 지식백과 사전(http://terms.naver.com).

신행정론은 현실의 상황을 자세히 설명하는 실증적인 연구보다는 현실문제를 해결하는 처방적 연구를 중시하였다. 또한 신행정학은 광범한 아이디어 즉 윤리, 사회형평, 가치, 행정혁신, 고객중심, 참여, 반실증주의, 분권화, 도시화 문제, 개인의 성장 및 소용돌이 환경을 소개한 규범적·행동적 이론이다. 신행정학은 다가오는 후기산업사회의 요구와 연관된 정부의 연구와 실제를 제창하면서, 조직 질서의 기능적 가정에 의구심을 가지고 행정학에서 기능적 · 실증주의적인 지적 전통을 비판하였다.

신행정학은 현상학적 접근법을 도입하였는데 이는 행태주의 학파의 인식론과 방법론적 가정에 대한 반발에서 나온 것이라고 할 수 있다. 현상학 지향적인 이론가들은 엄격한 과학적 방법으로는 행정현상의 실질적 이해에 한계가 있다고 느끼면서, 사회 현실의 연구를 위하여 질적(qualitative) · 해석적(interpretive) 방법을 선호하였다. 또한 행정환경 내에서 가치, 의미 및 행동에 중점을 두고 행정의 인간적인 측면을 강조하였다. 즉, 조직을 객관적으로 존재하는 구조로 보는 대신에 인간의 산물로 보면서, 인간은 상호작용을 통하여 사회적 의미를 수정 · 변경 · 변형할 수 있다고 주장하였다. 요컨대, 관찰가능한 요소나 명백한 행태에 대한 인과적인 설명에는 관심이 없고, 대신 조직구성원들이 직접 살고 있는 세계의 사회질서를 어떻게 보고 기술하고, 설명하는가에 관심이 있었다.

5) 종 합

행태주의를 비롯한 행정과학은 1960년대 발생한 흑인폭동 등과 같은 여러 가지 사회문제, 즉 공공문제를 해결하는데 그 한계에 부딪쳤다. 즉 행정학자들은 사실과 가치의 분리를 강조하고 과거의 행정행태만을 분석하는 과학적 접근방식으로는 현실 또는 미래의 문제를 해결하지 못한다는 인식을 하기 시작하였다. 그 결과 한편으로는 가치 문제를 부각시킨 신행정학이, 다른 한편으로는 실천적 문제해결 중심의 정책학이 부상하게 되었다. 특히 신행정학은 기존의 능률 또는 효율성 위주의 사고에서 형평성이라는 중요한 가치를 부각시키는데 기여하였다. 이러한 가치는 사법부에서 주로 해결하였는데, 이후 행정에 있어서 사법부의 역할이 증대되기 시작하였다. 이상의 내용을 요약하면 [그림 2-9]와 같다.

그림 2-9 정책학과 신행정학의 등장

소련의 스푸트니크1호 발사 성공
(1957년)

베트남전쟁
(1960–1975년)

흑인폭동
(1960년대)

미국 사회 및 행정이 무엇인가 잘못되었다는 지식인들의 자성의 목소리가 커짐
과학적(과거 행정에 대한 행태주의적) 분석의 한계 → 현재 또는 미래의 문제 해결 못함

신행정학 운동
가치분리 → 가치문제(형평성)의 부각

정책학 부상
이론중심 → 실천적 문제해결 중심

5. 신공공관리론의 확산(1980년대 이후)

1) 배 경

1991년 소비에트 연방 공화국이 해산되었고, 그 결과 2차 대전 후 약 40여년간 이어져 오던 냉전이 종결되었다. 이에 미국은 국방산업에 타격을 입게 되었고, 그 결과 경제가 침체되었고, 이를 극복하기 위해 보다 효율적인 정부 그리고 작은 정부가 강조되었다. 이러한 사회적 배경 하에 민영화 또는 정부성과관리를 강조하는 신자유주의 및 신공공관리론이 급속히 확산되었다.

비록 신공공관리론은 영연방에서 1980년대에 시작되었다고 볼 수 있지만, 1990년대 미국 Clinton 대통령 시절부터 활발해지기 시작하였다고 볼 수 있다. 즉, 1992년에 Osboren과 Gaebler의 저서 『정부재창조(Reinventing Government)』

가 출간되고, 이의 영향을 받아 1993년에 『정부성과 및 결과에 관한 법』(Government Performance and Results Act of 1993, GPRA)이 제정됨으로써 미국 연방국가에 성과관리 개혁노력이 본격화되었다. 이후 미국의 성과관리 개혁 노력들은 OECD 국가들로 급속하게 확산되었다. 우리나라의 경우에도 1997년 IMF 이후 정부의 효율적인 운영이 강조되기 시작함에 따라 신자유주의 및 신공공관리론이 도입되기 시작하였다.

2) 전통적 행정과 신공공관리의 비교

신공공관리론은 일반적으로 신보수주의와 신자유주의를 사상적 토대로 한다. 전통적 행정과 신공공관리론은 몇 가지 점에서 차이를 가지는데, 오스본과 개블러(1992)에 따르면, 다음 〈표 2-1〉과 같이 정리할 수 있다.

표 2-1 전통적 행정과 신공공관리의 비교

기준	전통적 행정(관료제 정부)	신공공관리론(기업가적 정부)
정부역할	노젓기(rowing) 역할	방향잡기(steering) 역할
정부활동	직접 해줌(service)	권한 위임(empowering)
서비스 공급	독점적 공급	경쟁 도입
관리 방식	규칙 중심 관리	임무 중심 관리
예산제도	투입 중심 예산	성과 연계 예산
행정가치	관료 중심 지출 지향 사후 치료	고객 중심 수익 창출 미래 예측
행정주체	집권적 계층제	참여와 팀워크
행정방식	명령과 통제	협의와 네트워크
주요 운영기제	행정메커니즘	시장메커니즘

자료: Osborne & Gaebler(1992).

3) 신공공관리의 논점

신공공관리론의 핵심적인 주장은 관리주의와 계약주의의 결합으로 볼 수 있다. 관리주의(managerialism)는 관리자에게 재량권을 부여해야 조직(사업)성과가 향상된다는 입장이다. 즉, 업무 또는 사업을 담당하는 관리자가 자신의 업무 또는 사업에 적합한 인원을 채용하고 적재적소에 재원을 배분할 수 있는 권리를 줄 때, 조직 또는 사업의 성과가 향상된다는 것이다. 한편 계약주의(contractualism)는 신제도주의경제학, 공공선택이론, 거래비용이론, 대리이론에 기반하여 공무원에 대해 막연하게 신뢰하기보다는 분명한 성과계약관계를 통해서, 관

표 2-2 신공공관리론의 이론적 구성요소

이념		정당화 논리	전통이론의 대체	행정운영의 의미
공공부문의 독특성				
1	산출물에 기초한 조직분화	관리가능한 단위, 공급-생산 이해 분리, 책임소재 집중, 계약 및 분사에 따른 능률성	책임성의 중첩을 피하기 위한 통일적이고 내포적인 조직	단일 공직체계의 약화, 독립적 조직간 관계, 예산의 위임, 보다 많은 비용단위
2	경쟁 도입	경쟁에 따른 비용절감과 서비스질 향상, 계약에 따른 성과기준의 명시화	모호한 고용계약, 무제한적 공급, 공급-생산의 연계	일차적-이차적 공무원 인력의 구별, 비용구조에 대한 파악, 협력적 형태의 어려움
3	민간관리 기법수용	입증된 민간관리기법의 도입 필요성	공직윤리 강조, 고정급, 공식적 채용규정, 모범적 고용주, 집권적 인사구조, 종신고용	공무원 봉급의 이중적 불균형, 종신고용, 비금전적 보상, 공정한 절차의 피고용자 권한에서 탈피
4	자원이용의 규율과 절약	공공부문 자원수요의 견제 필요성, 적은 비용으로 많은 성과	안정적 예산토대와 제도화, 최소한의 서비스기준, 노조의 거부권	직업안정성 약화, 생산자 우호적인 방식 약화, 순수입 강조
규정 대 재량				
1	관리자율성	책임성에 따른 권한부여, 권력의 분산 방지	적극적 관리보다는 정책기술과 규정에의 강조	재량권한에 따른 권리자율성, 내부규제완화
2	공식적 성과기준	책임성을 위한 분명한 목표설정, 능률성을 위한 목표의 객관화	정성적이고, 묵시적인 성과기준 및 규범	전문가의 자율관리 약화, 성과지표와 감사
3	산출통제	절차보다는 결과 강조의 필요성	절차의 통제 강조	성과기준의 예산, 성과급, 포괄적 예산편성과 회계

자료: Hood(1991 & 1995), 김근세(2005: 806) 재인용.

리자가 결과에 대한 책임을 지고 성실히 업무를 수행할 수 있도록 해야 한다는 입장이다. 그러나 후드(C. Hood)에 따르면, 실제 거의 모든 나라의 정부에서 결과에 대한 책임을 강조하면서도 관리자에게 재량권을 부여하지 않았기 때문에 신공공관리론은 적절히 작동할 수 없었다.

후드(1991; 1995)는 신공공관리론의 이론적인 구성요소를 다음 〈표 2-2〉와 같이 7가지로 정리하고 있다.

4) 종 합

신공공관리론의 확산 배경 및 그 내용을 간략히 요약하면 다음 [그림 2-10]과 같다.

그림 2-10 신공공관리론의 확산

1979년, 1983년, 1987년 총선
마가렛 대처이 승리

1991년 12월 25일
소비에트 연방이 해산

1993년 정부재창조론 발간
1993년 정부성과 및 결과에 관한 법

재정적자 해소 및 파탄위기에
빠진 경제 살리기

민영화(신자유주의)

성과관리(정부개혁)

6. 거버넌스 이론의 유행(2000년대 이후)

1) 배 경

2001년 9월 11일 9.11테러가 발생하였다. 이 사건은 오전 9시부터 오후 5시 20분 사이에 일어난 항공기 납치와 동시 다발 자살테러로 인해 미국 뉴욕의 110층짜리 세계무역센터(WTC) 쌍둥이 빌딩이 무너지고, 워싱턴의 국방부 청사(펜타곤)가 공격을 받은 대참사를 말한다. 이 사건 이후 위기관리(Emergency Management)가 강조되었는데 이러한 위기관리는 행정부 또는 행정학자의 노력만으로 불가능하고 협력 및 협조가 필요하였다. 즉, 정부단독으로 공공문제를 해결하는 것이 불가능하였고, 이에 뉴거버넌스 이론이 유행하게 되었다.[14] 또한 1990년대에 인터넷의 등장으로 정보통신기술이 급속도로 발달하기 시작하였고, 이에 국가의 영향력이 점차 감소하게 되면서 국가와 행정의 존재양식에 대한 재검토 작업이 이루어졌다. 마지막으로 다양한 정책도구의 등장을 들 수 있다. 즉, 연방정부가 단독으로 수행하는 업무는 감소하고 그 대신 민간위탁, 민관파트너십 등 다양한 방식으로 정책이 집행됨에 따라 새로운 형태의 정책도구에 많은 관심을 가지게 되었다. 결과적으로 이러한 사회적 배경 속에서 정부가 단독으로 공공문제를 해결해야 한다는 입장에서 정부 · 시민사회 · 시장이 공동으로 문제를 해결해야 한다는 거버넌스 이론이 유행하게 되었다.

2) 주요 내용

일반적으로 거버넌스라는 개념은 "정부의 역할, 운영체제, 또는 사회문제 해결방식 등의 변화"를 의미하는데, 아직까지 거버넌스의 개념에 대한 학문적 합의가 존재하지 않는다고 할 수 있다(이명석, 2002: 322). 이명석(2002)은 거버넌스를 공통문제 해결기제로서의 거버넌스(최광의의 거버넌스), 정부 관련 공통문제 해결 기제로서의 거버넌스(광의의 거버넌스), 신거버넌스로서의 거버넌스(협의의 거버넌스) 등 세 가지 방식으로 정의할 수 있다고 주장한다. 그러나 여기에서는 살라몬(Salamon, 2002)의 정의를 따라 공공문제를 해결하는 다양한 방식을 거버넌스로 정의한다. 그리고 이러한 정의의 거버넌스와 이전의 전통적 패러다임 간

---

14) 물론 뉴거버넌스에 대한 논의는 이전에도 존재하고 있었지만 2000년대 들어와서 급속도로 유행하기 시작하였음을 의미한다.

차이를 비교하면, 다음 〈표 2-3〉과 같이 요약할 수 있다.

표 2-3 전통적 행정학과 뉴거버넌스 패러다임의 비교

기준	전통적 행정학	뉴거버넌스
분석 단위	사업/기관	정책도구
관심 대상	계층제	네트워크
정부와 다른 부문 간 관계	공공 vs. 민간	공공 + 민간
공공문제 해결 접근방식	명령 및 통제	협상 및 설득
공공관리자들에게 요구되는 기술(skill)	관리기술	네트워크 활성화 기술 화합능력(orchestration) 조정능력(modulation)

자료: Salamon(2002: 9).

뉴거버넌스 이론의 대표적인 학자 중 한 사람인 피터스(B. G. Peters)는 전통적 정부모형에 대한 대안으로 시장적 정부모형, 참여적 정부모형, 신축적 정부모형, 탈내부규제 정부모형 등 네 가지 모형을 제시한다. 각 모형의 특징을 살펴보면 다음 〈표 2-4〉와 같다.

표 2-4 거버넌스의 모형

구분	전통적 정부모형	시장적 정부모형	참여적 정부모형	신축적 정부모형	탈내부규제 정부모형
문제의 진단기준	전근대적 권위	독점	계층제	영속성	내부 규제
구조의 개혁방안	계층제	분권화	평면조직	가상조직	특정 제안 없음
관리의 개혁방안	직업공무원제 절차적 통제	성과급 민간부문의 기법	총품질관리 팀제	가변적 인사관리	관리 재량권 확대
정책결정의 개혁 방안	정치 · 행정의 구분	내부시장 시장적 유인	협의 협상	실험	기업가적 정부
공익의 기준	안정성 평등	저비용	참여 협의	저비용 조정	창의성 활동주의

자료: Peters(1996); 이종수 · 윤영진 외(2012: 146) 재인용.

3) 종 합

거버넌스 이론이 유행하게 된 배경 및 그 내용을 간략히 정리하면 다음 [그림 2-11]과 같다.

그림 2-11 거버넌스 이론의 유행

제4절 | 결론: 요약 및 종합

앞에서 살펴보았듯이, 미국 행정학은 시대적 상황의 변화에 따른 사회적 요구에 대응해 새로운 이론이 탄생하고 발전해 왔다고 할 수 있다. 초기에는 지배적인 패러다임(예: 정치행정 이원론, 고전관리학파, 행태주의 등)이 존재하였으나 현재는 다양한 패러다임이 공존하면서 상호 보완하고 있다고 볼 수 있다. 즉, 마치 낡은 것처럼 여겨지는 정치·행정 이원론 및 고전관리학파는 여전히 행정이론에 영향을 미치고 있다고 볼 수 있다. 따라서 이전의 이론들도 낡은 것으로 치부하기보다는 당시 시대적 상황에서 필요한 이론이었고, 여전히 설명력을 가지고 있다. 특히 사회가 복잡해지고 빠르게 변화함에 따라, 공공문제의 해결을 정부 단독으로 하는 단일한 방식보다는 다양한 방식(공공+민간, 공공+공공, 민간+민간 등)으로 공공문제의 해결이 이루어지게 되었다. 그 결과 행정학도 정부의 역할과 기능에 대해서만 관심을 가지던 데에서 공공문제 해결을 하는 다양한 행위자의 역할 및 기능에 대해서도 관심을 가지게 되었을 뿐만 아니라 조직 내부 관리에만 관심을 가지던 데에서 조직 간 관계를 관리하는 것에도 관심을 기울이게 되었다. 이상의 내용을 요약하면 [그림 2-12]와 같다.

그림 2-12 미국 행정학의 패러다임 변화

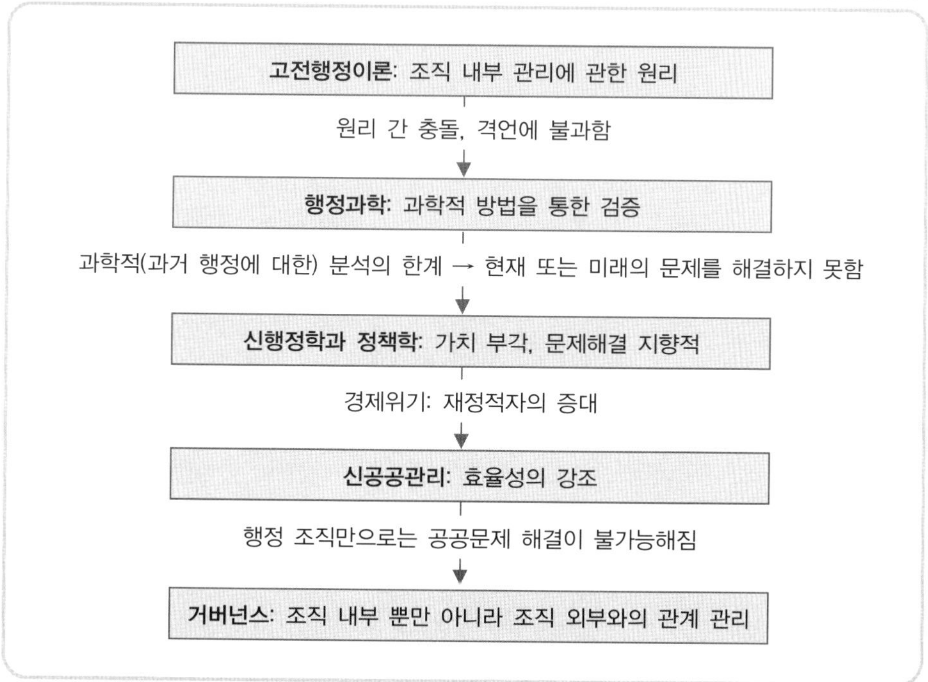

제 3 장 행정의 필요성(존재이유)

제 1 절 | 행정의 필요성

국민들이 생활하는데 행정은 불가결한 것이라는 말을 종종 한다. 이 말의 의미는 우리가 태어나서 출생신고를 하고 죽음에 이르러 사망신고를 할 때까지 알게 모르게 행정은 우리의 삶과 밀접한 관계를 가진다라는 의미일 것이다. 단적인 예로써 실제로 영유아기에 정부의 보건정책에 의해 예방접종을 하고 유아기에는 무상보육정책을 통해 어린이집에 보내고 의무교육정책에 의해 초·중·고를 보내고 국립대학을 가고 남자의 경우 국방의 의무로서 군대를 가야 하고 사회생활을 하는 동안 국민연금이나 공무원연금 등에 가입하고 각종 세금을 내며 노인이 되면 기초노령연금이나 국민연금과 같은 사회보장제도의 혜택을 받는 등 우리의 삶 자체가 행정과는 뗄 수 없는 관계이다. 그렇다면 왜 이렇게 정부의 역할인 행정이 필요할까?

첫째, 법철학적 관점에서 주장하는 것으로 성악설에 기반한 행정의 필요성인데 황윤원(2006)은 국민들이 스스로 도덕과 상식을 지키지 않기 때문에 행정이 필요하다고 한다. 만약, 국민들이 모두 선하다면 자생적 질서인 도덕률에 의해서 사회가 잘 돌아갈 것이기 때문에 행정의 개입은 필요없다는 것이다. 하지만 실제로 국민들은 다 선하지 않다는 것이며 그렇기 때문에 보다 바람직한 사회를 만들기 위해서 행정의 개입이 필요하다는 것이다.

둘째, 행정과 시장과의 관계에 바탕을 둔 관점으로 시장실패를 행정의 필요성의 근거로 들 수 있다. 이에 대해서는 아래에서 기술하며 시장실패와 정부개입(행정), 이에 따른 정부개입의 실패를 기술한다.

제2절 | 시장실패와 정부개입

1. 시장실패

시장은 완전경쟁조건하에서 가격에 의해 효율적인 자원배분을 할 수 있다. 즉, 시장을 통해 선한 사람들은 자생적 질서를 유지하고 자원을 효율적으로 배분할 수 있다. 그러나 실제로 시장기구를 통해 자원배분이 효율적이지 못하거나 형평성이 달성되지 못하는 상태를 시장실패라 한다. 이러한 시장실패의 원인은 공공재의 존재, 독과점 및 자연독점, 외부효과, 정보의 비대칭성 등을 들 수 있는데 이러한 시장실패의 문제를 해결하기 위해 정부의 개입이 필요하다.

2. 시장실패의 원인

1) 공공재의 존재

공공재는 비경합성, 비배제성을 가지고 있어 무임승차(Free ride)가 가능하여 시장에서 공급하기가 어렵다(시장의 수요와 공급의 법칙에 따른 가격이 형성되지 않는다). 그래서 정부가 조세를 징수하여 직접 공급하는 것이 바람직하다. 즉, 공공재의 존재나 부족이 시장실패의 원인이다.

* 비경합성: 다른 사람이 공공재를 소비해도 자신의 소비에 영향을 미치지 않는다
* 비배제성: 공공재의 소비자는 정당한 대가를 지불하지 않아도 소비에서 배제되지 않는다

자료 3-1

Tragedy of Commons(공유지의 비극), Hardin, 1968

공유지의 풀은 공유재로서 비배제성과 경합성을 가짐(산의 나물, 바다의 물고기) 따라서 방치하면 개인이 자기의 이익을 위해 가축을 많이 방목함으로써 이익을 가지게 되겠지만 다들 이렇게 한다면 결국은 공유지가 황폐하게 되고 모두가 비극(공멸)을 맞게 되므로 시장실패(개인의 이익과 사회의 이익의 부조화)를 가져오게 된다. 이를 방지하기 위해 정부의 규제, 즉, 정부개입이 요구된다.

(2) 독과점 및 자연독점

소수 또는 하나의 경쟁체제의 독과점체제 또는 기술적인 이유로 인한 자연독점(전화, 전력, 등)의 경우 소수 또는 하나의 기업이 가격을 좌우하게 되는데 이는 공정하고 자유로운 경쟁을 저해하고 독점기업의 이윤극대화는 사회후생의 손실을 초래한다. 이를 막기 위해 정부는 경쟁유지를 위해 노력하는 정부개입을 하게 된다(독과점금지정책, 경쟁촉진 등).

표 3-1 독점기업의 총수입, 평균수입, 한계수입

수량	가격	총수입	평균수입	한계수입
0	10	0	0	
1	9	9	9	9
2	8	16	8	7
3	7	21	7	5
4	6	24	6	3
5	5	25	5	1
6	4	24	4	−1
7	3	21	3	−3
8	2	16	2	−5

1, 2열−수요곡선, 3열−총수입, 4열−평균수입, 5열−한계수입: 상품을 한 단위 더 판매했을 때 발생하는 총수입의 변화

그림 3-1

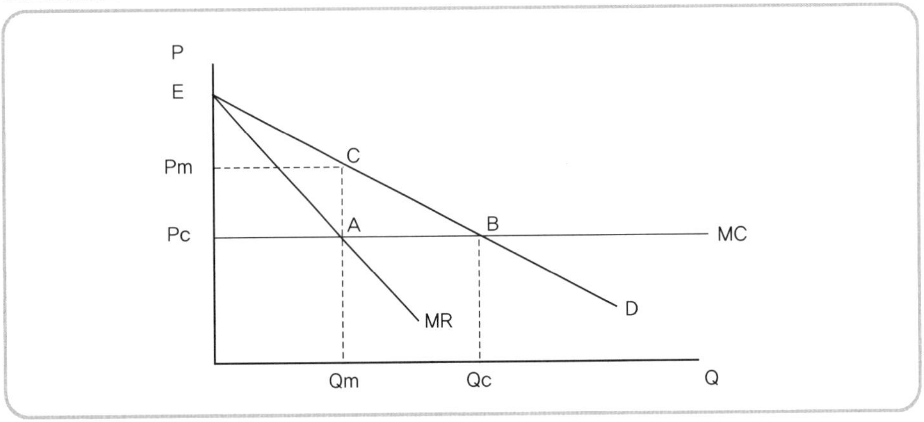

자원배분의 효율성 ⇒ B: 한계비용 = 한계효용
독점기업의 이윤극대화 ⇒ A: 한계비용 = 한계수익

3) 외부효과

(1) 외부효과의 개념

외부효과(External Effect)란 어떤 경제활동과 관련하여 비의도적으로 대가나 비용의 교환 없이 다른 주체(사람)에게 이익이나 불이익을 주는 것을 의미하며 이는 외부경제효과와 외부불경제효과로 구분될 수 있다.

① 외부경제효과(External Economy): 행동의 당사자가 아닌 사람(제3자)에게 편익을 유발하는 것을 의미한다.

예) 과수원 주인과 양봉업자

② 외부불경제효과(External Diseconomy): 행동의 당사자가 아닌 사람(제3자)에게 비용을 발생시키는 것을 의미한다.

예) 대기오염, 소음공해, 수질오염, 스팸메일, 불법주차 등

(2) 외부편익과 보조금(손희준 외, 2012)

외부편익은 사회적 한계편익(MSB)이 개인적 한계편익(MPB)보다 큰 경우를 말한다.

예를 들면, 대학교육은 개인적 소득증가와 사회적 신분상승과 동시에 사회적으로 과학, 기술, 사회, 문화, 사회질서 등 여러 측면에서 긍정적인 파급효과를 가져온다. 그러므로 교육수요자인 학생과 부모는 그들에게 직접적으로 귀속

되는 개인적 편익만을 기준으로 지불용의 가격을 결정하고 그들 이외의 지역사회나 국가에 파급되는 효과에 대해서는 지불하려 하지 않는다. 따라서 교육을 시장기능에만 맡겨두면 사회가 원하는 양만큼 공급되기가 거의 불가능해진다.

지방자치단체도 외부효과가 있는 재화의 공급을 확대하기 위해서는 보조금 지급 또는 직접공급 등의 방법을 사용하고 있다.

예) 국립대학, 상수도사업소, 지역연구소 등

(3) 외부비용과 조세부과(손희준 외, 2012)

외부비용이란 사회적 한계비용(MSC)이 개인적 한계비용(MPC)보다 높은 경우를 말한다.

사회적 비용은 개인적 비용과 외부적 비용의 합이다. 시장기구는 재화의 개인적 비용만을 계산하므로 그 재화의 생산비용은 사회적인 관점에서 진정한 비용보다 낮게 책정되어 과잉공급을 초래하는 현상 야기한다. 지방자치단체의 경우 외부비용이 발생하는 경우는 전염으로 인한 파급효과를 들 수 있는데 예로 쓰레기처리, 오폐수처리를 소홀하게 하는 개인이 있다면 1차적으로 자신이 피해를 입지만 이웃도 피해를 입는다. 사업활동의 결과 토질 · 수질 · 대기오염 · 소음 · 분진 등은 지역주민의 건강을 위협할 뿐만 아니라 어획고의 감소와 농촌주민의 수입을 감소시킨다. 이와 같이 외부비용을 발생시키는 경제행위를 감소시키기 위한 방법은 한계비용과 일치하는 적절한 요금(조세)의 부과이다(사회적 한계비용과 개인적 한계비용을 어떻게 일치시킬 것인가가 문제).

(4) 외부효과의 직접적 통제

외부효과의 해결을 위한 지방자치단체의 조치로 들 수 있는 것이 바로 직접적 통제이다. 오염물질 방출량에 대한 허용기준을 마련하고 준수케 하는 것이나 정화시설의 설치 의무화를 통한 오염의 사회적 비용을 기업이 내재화하도록 규제하는 것이 이에 해당한다.

4) 정보의 비대칭성(불균형)

공급자와 수요자 간에 또는 대리인과 주인 간에 정보의 격차(비대칭성)가 있는 경우 부적합한 대리인을 선택하거나(역선택) 대리인이 자신의 이익을 추구하거나 태만하는 현상(도덕적 해이)으로 인해 손실이 발생하고 이러한 손실이 커지게 되면 시장은 더 이상 공정하고 효율적일 수 없어 시장실패에 이르게 된다.

3. 시장실패에 대한 정부의 대응

표 3-2

원인	공적 공급	공적 유도(보조금)	정부규제
공공재의 존재	○		
자연독점	○		○
불완전경쟁			○
외부효과		○	○
정보의 비대칭		○	○

제3절 | 정부개입과 정부실패

1. 정부개입(규제)

정부가 바람직한 사회·경제질서를 확립하기 위해 기업이나 개인의 행위를 제약·통제하는 것을 정부개입이라 한다. 이러한 정부규제의 원인은 '시장실패'에 근거한다. 다시 말해 독점이나 외부효과로 인한 자원배분의 비효율성을 해결하고 소득분배의 공평성(형평성)을 달성하는 데 있다.

2. 정부규제의 유형

1) 영역별로 정부규제는 경제적 규제와 사회적 규제로 구분될 수 있다.

(1) 경제적 규제

① 개념

기업이나 민간경제주체의 활동을 정부가 개입하는 것으로 기업의 본원적 활동(설립, 판매, 퇴거 등)에 대한 규제이며 독과점금지 및 불공정거래규제, 가격규제, 진입규제 및 퇴출규제, 품질규제, 직업면허, 수입규제 등이 이에 해당한다.

② 목적

경쟁범위의 적정화를 통해 경쟁을 촉진(독과점규제)하거나 경쟁과열을 완화(진입규제: 협의의 경제규제 – 규제완화의 본질적 대상)하는 것을 목적으로 한다.

③ 특징

효과가 개별기업에 국한되므로 기업으로부터의 포획현상과 지대추구가 일어나고 이는 규제실패의 원인이 된다.

(2) 사회적 규제

① 개념

사회적 약자보호, 형평성 등의 사회적 질서를 보호하고 사회적으로 바람직하지 않은 기업의 행위를 통제하는 규제로 소비자보호규제, 환경규제, 산업안전규제, 사회적 차별규제, 식품규제, 근로규제, 보건규제 등이 이에 해당한다.

② 목적

국민의 삶의 질 확보, 인간의 기본적권리신장, 경제적 약자 보호 및 사회적 형평성의 확립을 목적으로 한다.

③ 특징

효과가 광범위하고 경제적 규제와 같이 포획보다는 규제자와 피규제자의 대립 및 갈등이 일어난다.

2) 규제수단별로 정부규제는 직접규제와 간접규제로 구분될 수 있다

① 직접적 규제: 명령지시적 규제, 강제적 규제라고도 하는데 명령에 의한 규제로서 행정처분(하명, 허가, 인가, 특허, 등록, 신고 등)과 기준설정에 의한 규제(고용기준 등), 규칙제정에 의한 규제 등이 있으며 위반하면 처벌이 따른다.

② 간접적 규제: 시장유인적 규제, 비강제적 규제라고 하는데 수단으로 정부지원, 행정지도와 행정계획, 각종 유인책(보조금, 금융지원, 세제지원, 관세 등)이 있으며 순응하면 인센티브를 제공하고 불응하면 처벌이 따른다(여기서 처벌은 주로 부담금).

3. 정부규제의 폐단

1) 경제적 규제(협의)를 중심으로

(1) 경제적 비효율과 기회의 불평등 야기

진입장벽과 같은 정부개입은 소비자의 선택권을 제약하고 기업이 사업에 참여할 기회를 제한함으로써 경제주체간에 불평등을 야기한다.

(2) 관료부패

정부규제는 이권과 관련되기 때문에 피규제 기업으로부터의 포획과 지대추구현상에 의해 부패가 발생할 수 있다.

(3) 경쟁결여와 기술혁신의 소홀

진입장벽과 같은 규제는 독점에 의해 지배되므로 경쟁을 유도하지 않아 진입한 기업으로 하여금 새로운 기술개발이나 소비자를 위한 노력보다는 기득권 유지에 노력하게 한다.

(4) 정부조직의 팽창

규제는 담당할 조직과 인력, 예산을 필요로 하므로 정부조직을 팽창시키는 원인이 된다.

(5) 공익의 저해

관료제가 소수의 이익집단이나 기업에 포획될 때 국민의 공익은 저해된다.

4. 정부실패와 정부실패의 원인

1) 정부실패

시장실패를 해결하기 위한 정부에 의한 개입이나 행정이 자원배분의 효율성이나 형평성을 달성하지 못하고 오히려 악화시키는 것을 정부실패라고 한다.

2) 정부실패의 원인

(1) 비용과 산출(수익)의 단절

정부서비스의 공급측과 수요측이 연결되지 않아 낭비가 발생하고 사회적 후생의 저하를 가져온다. 즉 공공서비스의 양과 질이 생산비용에 비추어 합당하지 않고 비용의 적정성을 판단하기 어렵다.

예)정부의 과잉생산과 국민의 과잉소비(최적화, 효율성 달성의 실패)

(2) 행정내부목표와 사회목표의 괴리

공익보다는 관료들이 개인의 이익이나 조직의 이익을 우선시함으로써 사회목표와 내부목표가 괴리되는 경우를 의미하는 것으로: i) 예산극대화, ii) 고객의 이익보다 관료의 이익추구, iii) 비용을 도외시한 서비스산출 iv) 파킨슨의 법칙 등을 들 수 있다.

(3) X의 비효율성

행정조직은 독점기업과 유사(경쟁에 노출되지 않음)하므로 한계비용이 한계효용을 넘어도 총비용이 총효용이 일치할 때까지 생산하려고 한다. 이는 효율적 자원배분 실패를 결과하고 낭비를 가져온다.

(4) 파생적 외부효과

시장실패를 수정하기 위한 정부개입의 예기치 못한 결과로 신도시 건설의 부동산 투기 유발, 쓰레기 투척의 사회적 비용 등과 같은 외부불경제효과를 가져오기도 한다.

(5) 권력의 불균형에 따른 자원배분의 불공평

보조금, 세제의 우대, 특정산입의 보호의 경우 정부가 로비 등에 의해 포획될 경우 분배의 불공평을 초래하기도 한다.

5. 정부실패에 대한 대응

표 3-3 정치체제, 환경 그리고 정책과의 관계

원인/대응	민영화	정부보조삭감	규제완화
사회적 목표달성	○		
외부효과		○	○
권력의 불평등	○		○
비효율	○	○	○

제4절 | 변화에의 대응*

1. 위험과 불확실성

많은 공공관리자들이 초창기 "행정의 황금시대(Golden Age of Public Administration)"를 매우 동경하고 있다는 데는 의심의 여지가 없다. 1960년과 1970년대의 관리자들조차도 정부와 관료제가 국민들에게는 여전히 긍정적으로 보여졌고, 대다수 행정가들 또한 높은 희망과 풍부한 자원을 가지고 있었던 과거 화려했던 시절을 회상한다. 불행하게도 오늘날은 심각한 한계의 시대이다. 흔히 행정가들에게는 정책을 집행하고 특정한 목표를 달성하는 것과 같은 업무를 적절하게 수행하기 위한 자원이 부족하다. 국민들은 보다 많은 양의 서비스를 요구하지만, 흔히 그 요구는 지지를 받지 못한다. 선출된 관료 역시 국민 못지않게 서비스를 요구하지만, 관료제로부터 지지를 더욱 더 받지 못한다.

불확실한 환경 변화의 효과는 결코 알 수가 없을 것이다. 더욱이 특정한 지역사회의 특정한 기관에 대한 세밀한 효과는 일반화할 수 없을 만큼 너무 특정적인 것 같다. 결국 개별 관료나 관료제의 반응 역시 이와 같은 변화의 기대효과를 변경할 것이며, 이와 같은 변화는 각기 다른 개별관료나 관료제의 반응을 생성한다. 예상과 반응이 창조적일수록 효과가 긍정적이거나 혹은 적어도 수용할 만한 것이 될 확률이 높을 것이다. 변화의 예상과 그에 대한 긍정적인 반응은 습지 속에서 생존할 수 있는 비법 중의 하나이다.

Lindblom(1959)은 수년 전에 우리의 문화는 "간신히 헤쳐나감(muddling through)"이 최선이라고 주장했다. 즉 조직은 목표를 가지고 있지만 그것을 성취하는 데 필요한 분명한 대안은 가지고 있지 않다. 또한 조직은 습지 속에서 생활하기 때문에 최초에 정의된 목표와 근사한 대체 목표를 점증적으로 대충 성취하려는 경향이 있다. 조직은 의도한 목표를 거의 달성하지 못하지만, 때로는 꽤 근사한 목표에까지 접근한다는 사실은 과장이 아니다. 환경이 습할수록 그리고

* 제갈 돈 외(2002). 「정부와 행정」 제9장(변화에의 대응)의 내용을 참조하여 재구성하였음.

목표가 포착하기 어려울수록 집행된 계획이 기대한 목표에 도달하도록 하기란 어렵다. 불행하게도 기획과 자원배분 노력 자체는 습지상황 하에서 진행된다.

습지에서 우리는 어떤 질서 의식을 가질 수 있을까? 이것은 미지의 상태를 설명하려고 노력함으로써 가능하다. 체제분석(systems analysis)은 항상 세 가지의 일반적인 환경 상태인 확실성, 위험 및 불확실성을 인식하고 있다. 확실성은 별 문제가 없다. 만약 우리가 앞으로 무엇이 일어날 것인가를 확실하게 알고 있다면, 정확한 대안을 선택하고, 자원을 적절한 수준으로 배분하고 또한 어느 정도의 명확성과 자신감을 가지고 목표를 성취하기가 쉽다. 대다수 관리자들은 항상 정규적인 업무만 수행하고 다른 업무는 다른 사람들에게 배정하거나 혹은 위임한다. 관리의 실질적인 상황은 장래가 확실하지 않고 또한 가장 적절한 선택이 무엇인지를 알기가 힘든 상황이다. 이같이 불확실한 상황이 바로 관리자들의 생계비를 보장해 주는 장소인 것이다.

위험은 관리자가 사건의 발생을 추정할 수 있는 상황이다. 위험한 상황 하에서는 두 가지 유형의 사건이 있는데, 하나는 목표를 달성할 수 있는 방법에 대한 선택이고 다른 하나는 선택된 대안의 산출물에 영향을 미칠 상황적 조건들을 변경시킬 수 있는 방법에 대한 선택일 것이다. 다음의 예는 선택이 어떻게 다른 상황적 조건들에 의하여 영향을 받을 것인지를 잘 보여 줄 것이다. 초등학교 교장선생님이 내년의 학급배정을 계획하면서 몇 명의 선생님을 3학년에 배정할 것인가에 대해 알기를 원한다고 가정하자. 선택은 한 명, 두 명 혹은 더 많은 선생님을 3학년에 배정하는 것이다. 그러나 교장선생님은 내년에 등록할 3학년 학생의 정확한 숫자나 혹은 추가로 선생님을 더 고용하는 데 필요한 자금과 지금 유용한 자금의 액수를 모르고 있으므로, 몇 명의 선생님을 배정할 것인가에 대한 선택은 위험성이 내포되어 있다.

위험한 상황 하에서 교장과 학교 기획가들은 상황적 조건을 추정하려고 노력한다. 그들은 학생의 숫자에 따른 선생님들을 배정하는 데 필요한 유용한 자원의 추가 수준의 근사치를 추측하려고 애쓴다. 만약 그들의 추정이 정확하다면 그들은 성공의 확률이 매우 높은 계획을 만들 수 있을 것이다. 확률이론과 운영연구(operation research) 교육을 받은 관리자들과 직원들은 선택이 내포하고 있는 위험을 추정하기 위하여 복잡한 계량적 방법들을 사용한다. 이와 같은 기법들은 다양한 대안 선택의 유효성에 미치는 상황적 조건의 영향을 추정할 수 있게 함으로써 의사결정자들을 도와준다. 또한 이 기법들은 어떤 상황적 조건의 발생확률을 추정하고 이 추정된 위험을 각 잠정적인 산출물에 부과하는 능력에 따라 그 이용의 유용성이 결정된다.

많은 관리 상황은 위험에 대한 추정을 필요로 한다. 관리의 경험과 훈련받은 사람들은 위험에 직면한 실제 상황에 쉽게 대처할 수 있게 해 준다. 그러나 관리자는 중요한 사건의 발생확률을 추정하기조차 힘든 습지 속에서 살고 있다고 가정했었다. 여기에서 관리자들은 상황적 조건이 확률적으로 발생한다고 가정하는 불확실성에 직면하게 된다. 실제적인 관리자이자 학자인 Warren Bennis (1969)는 이 불확실한 관리조건을 화살에 비유하였다. [그림 3-2]에서 화살은 목표를 향한 조직의 시간과 공간상의 움직임을 나타낸다. 이 그림에서 화살이 목표를 명중할 수가 없다는 사실에 유념하라. 유능한 관리자들은 화살이 목표를 향해 움직이게 하려고 시도하지만, 아마 성공할 확률은 그리 높지 않을 것이다. 그럼 왜 그런가?

그림 3-2 화살비유

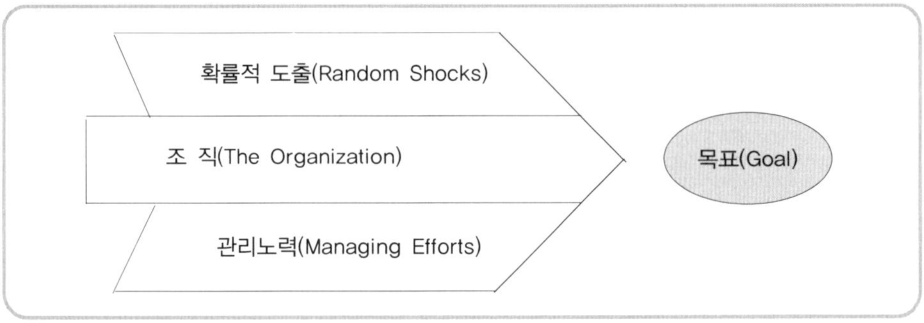

첫째, 목표는 아마 잘 포착되지 않을 것이다. 처음부터 목표는 잘 정의되지 못하였고 또한 희미하게 지각되었을 것이다. 더욱이 변화하는 유동적인 세상에서 목표는 아마 고정되어 있지 않을 것이다. 둘째, 조직을 나타내고 있는 생명력을 가진 화살의 몸체는 그 자신의 타성을 지니고 있다. 시간과 공간상으로 이동하는 화살 움직임의 대부분은 조직과 타협하는 개인들의 수백, 수천 혹은 수백만 개의 결정들에 의한 움직임이다. "나는 오늘 출근을 할 것인가"라는 세속적인 관심에서부터 "올해 정부 세입에 6%의 부족액이 있는데 과연 어디에서 감축을 할 것인가"라는 광범위한 관심까지를 포함하고 있는 이 결정들은 현실적으로 어느 하나의 통제에 의해서가 아니라 결합하여서 화살 자체의 타성에 따라 움직이도록 한다.

화살 밑의 귀는 관리자들이 관리하려는 노력을 나타낸다. 관리자들은 아마 이동하고 있을 목표에 보다 가깝게 접근할 수 있도록 화살의 방향을 유도하려고 노력한다. 귀의 크기는 조직 전체의 크기에 비하면 매우 작다. 이 사실은 조직 업무 중의 아주 적은 부분만이 조직의 공식적인 목표를 직접적으로 성취할 수 있도록 인도해 준다는 점을 일깨워 준다. 위의 귀는 화살의 방향을 변경하는 조직에서 외적인 확률적 돌출을 나타낸다. 위의 설명에서와 같이 이 귀의 크기는 화살 몸체에 비하여 매우 작지만, 다른 환경 하에서는 아마 그 크기가 변할 것이다. 외적 사건들은 흔히 화살이 목표로 움직이도록 하는 데 행정가들의 건설적인 노력만큼이나 중요하다.

돌출(shocks)은 확률적으로 발생하기 때문에 어떤 것은 조직이 목표에 접근하도록 해 주고 어떤 것은 목표에서 멀어지게 한다. 문제는 관리자들이 목표로 향하거나 혹은 멀어지는 과정 중의 어떤 순간과 어떤 장소에서 어떤 돌출이 조직에 영향을 미칠 것이며 그 돌출이 조직을 어떤 방향으로 인도하는지를 알아내야만 한다는 강한 압박감을 받고 있다는 사실이다.

2. 변화에 대처하는 능력

관리는 흥미 있는 일이지만 위험천만한 경기이다. 조직은 자체의 방법으로 진행하려는 경향이 있다. 관리자들은 도움이 될 사건들을 추정하여 그것을 이용하려고 노력하며 또한 해가 되는 사건들을 예상하여 그것을 추방하려고 노력한다. 동시에 그들은 타성을 극복하고 부정적 충격을 효과적으로 다룰 수 있도록, 조직능력 강화차원에서 조직내부 실무와 조직행태를 수정하려고 시도한다.

1) 조직에서의 반응: 보다 능률적인 관리

거의 모든 기관과 관리자들은 만약 그들이 보다 많은 자원을 가진다면 직무를 보다 더 잘 수행할 수 있다고 말할 것이다. 주어진 자원의 제약 하에서 이 이슈는 적은 자원을 가지고 보다 효과적으로 활용하자는 것으로, 관리자들은 자원의 삭감을 극복하기 위한 방편으로 흔히 감축관리(cutback management)를 제안한다(Levine, 1979). 삭감 노력의 주된 전략은 과거의 어떤 활동이 기관의 임무수행에 가장 필수적이 아닌가를 결정하여 세출액이 유용한 자원의 양과 같아질 때까지 이 필수적이 아닌 활동을 축소시키거나 혹은 제거하는 것이다. 심각한 자원감소의 상황 하에서 이와 같은 유형의 대응이 아마 최선의 접근법일 것이다. 그러나 대부분의 기관들은 그들이 보유하고 있는 자원을 완전하게 사용하지 못한다. 자원감소에 대한 보다 개선된 대응은 내부적으로 문제를 개혁하려는 기회를 가지는 것이다. 거기에는 적어도 네 가지 유형의 접근법이 있다.

첫 번째는 일반적인 감축전략의 변형이다. 이 변형은 행정가들이 기관의 현재 업무가 가능한 한 최대로 자신의 임무와 목표를 성취할 수 있도록 유도한다. 그러나 시간의 흐름에 따라 많은 행정가들은 자원의 배분과 성과의 평가에 소홀해진다. 자원은 종종 기관의 목표에 직접적으로 관련되지 않는 활동에 유용된다. 관리자들은 주기적으로 모든 현재의 활동이 필요한 것인지 그리고 보다 효과적인 방법으로 할 수는 없는지를 알아내기 위하여 내부재고와 성과에 대한 감사를 시행할 필요가 있다. 이와 같은 진지한 유형의 자율평가(self-evaluations)를 실행한다면, 제거 · 축소 혹은 변경해야 할 활동을 발견하지 못할 관리자들은 거의 없을 것이다.

두 번째 접근법은 다양한 결정의 시점에서 유용한 정보를 개선하는 것이다. 게으르고 만족한 조직은 거의 모든 결정을 어떤 고정된 틀에 따라 결정한다. 이것은 여유 없는 자원 상황이나 혹은 변동하는 환경 속에서는 비참한 접근법이다. 보다 생산적인 조직은 다양하고 유용한 정보를 확보하기 위하여 노력한다. 이것은 항상 정보를 모집하고, 관리하고, 해석하고, 또 사용하는 데 기관의 모든 분야의 직원들이 참여한다. 이같이 정보가 풍부한 조직은 어떤 형태로든 다양화되고 참여적인 기획과 관리를 적용한다. 참여관리를 실제로 사용하는 공공관료제는 거의 없지만, 사용하고 있는 극소수의 관료제는 모든 직원들의 정보와 지식수준을 알아내는 데 이점을 가지고 있다.

세 번째 대안은 내부훈련(internal training)을 증가시키는 것이다. 훈련은 종종 장식적인 것으로 취급되고 또한 예산절감에 있어서 첫 번째로 제외되어지는 것 중의 하나이기 때문에 이 대안은 의외로 받아들여 질 수 있다. 아직도 많은 직원들은 전체 조직을 위한 역할과 기여를 이해하지 못하고 있다. 많은 직원들은 현재의 직위에 필요한 적절한 기술을 지니고 있지 못하며, 또한 조직의 목표에 대한 신뢰와 지지를 지니고 있지 못하다. 단기적으로는 주된 생산 활동으로 부터 시간과 자원을 뺏어가지만, 훈련은 직원들 개개인과 노동단체를 보다 효과적으로 만들기 때문에 실질적으로는 자원을 절약할 수 있게 한다. 문제는 제약된 자원 하에서도 이와 같은 활동을 위하여 자원을 미리 예약해 놓는 기획이다.

군대조직과 군수계약자들 사이에서 유추된 마지막 접근법은 급한 문제를 해결하고, 특별한 지원을 하고, 주어진 업무에 유용한 자원을 임시적으로 증가시키기 위하여 조직 내에서 필요한 장소로 파견하는 이동성 "해결사(trouble-shooters)"팀을 구성하는 것이다. 제약된 자원조건 하에서 이 팀을 구성하기란 힘들지만, 스트레스 하에 있는 모든 조직은 강한 응집력을 가지고 조직의 많은 특별한 직무에 대응할 수 있는 해결사팀을 필요로 한다. 이 이동팀은 특별한 도움을 필요로 하는 정규업무 단위에 소환되며, 직무가 정시에 완료되는 것을 도와주기 위하여 업무들 사이를 이동한다.

2) 지역사회에서의 반응: 협조와 기여의 개발

통상적으로 관료제는 국회, 집행부 및 다른 기관들과의 로비활동을 통한 협조체제(supporting system)를 개발하는 데 익숙하다. 흔히 관료제는 집행부의 방해 공작에도 불구하고 매우 효과적으로 고객집단들과 강력한 관계를 형성한다. 자문위원회(advisory boards)와 시민단체들을 효과적으로 이용하는 관료제는 거의 없다. 아직도 관료제는 급격하게 변동하는 환경에 대처하기 위하여 보다 광범위한 기반을 가진 정보체제와 국민협조체제를 필요로 한다(Needleman and Needleman, 1974; Yin and Yates, 1974). 대다수 지방정부들 중에서 단지 몇몇 기관들만이 지역사회에 침투하여 일반 시민과 토론함으로써 기관들이 수행하려고 하는 사업에 관하여 국민을 교육시키고, 보다 넓은 긍정적인 협조를 형성하고, 또한 국민의 수용과 순응을 강화할 수 있다는 사실을 터득해 왔다. 이것을 "현장관리"라 부른다. 관리자들과 중간관리자들은 사무실 밖에서 지도자들 및 일반 시민들과 솔직하게 만날 필요가 있다. 일반 시민과 시민조직들에 의한 공식적·비공식적인 투입인 정규적인 권유는 행정가들에게 기관의 성과에 관한 귀중한 정보를 제공할 것이다.

정보의 제공이나 의사결정에의 참여 외에 일반 시민들은 행정기관의 공공서비스 생산과 전달에 정규적으로 관여하기도 한다. 이것은 서비스를 제공하고, 생산하고 또 전달하는 데 시민들이 공공관료제에 동참함으로써 일선관료제(street-level bureaucracy)의 일부분이 되기 때문에 "협동생산(coproduction)"이라고 한다(Bish and Neubert, 1977; Wilson, 1982; Rich, 1981). 경찰, 오락시설, 교육 및 도서관 시설운영 등과 같은 몇 가지 자치도시의 서비스 내용들 가운데, 행정기관들의 생산과정에 시민들의 직접적인 참여를 조장함으로써 서비스의 개선, 비용의 감소 그리고 관료제에 대한 보다 깊은 이해와 협조를 강화했다. 사실 협동생산은 매우 효과적이라고 증명되었기 때문에 지방정부들이 세출의 효용성 증대를 차원에서 흔히 이용하는 대안이다.

협동생산 활동은 아마 다양한 형태가 있을 것이다. 몇 가지의 예를 통하여 서비스의 생산에 이바지할 시민들의 다양한 기여를 설명할 수 있다. 한 가지 일반적인 예는, 주민들이 이웃의 재산을 감시해 주고 어떠한 의심나는 점이 발견될 때는 경찰서에 신고해 주기로 약정을 맺는 "이웃감시(neighborhood watch)"와 같이 공공서비스를 팽창하거나, 확장하거나 혹은 보완하려는 시민들의 노력이다. 다른 예로는, 특별한 수학이나 혹은 독서과목을 가르치는 데 무상으로 정규교사를 도와주는 자원교사 혹은 교사보조원을 들 수 있다. 이것은 충분히 사용되지 않고 있는 지역사회의 유휴자원을 공공의 목적에 이용하는 것이므로 특별한 관심을 가질 만한 예이다. 마지막 예는 자살방지용 비상직통전화인데, 이것은 자살할 가능성을 가진 사람들이 도움을 요청할 수 있도록 민간자원과 공공자원을 통신센터에 투자한 경우이다. 모든 정부에서는 수백 수천 가지의 이와 같은 협동생산의 사례가 있다. 새로운 것은 재정적인 압박 하에 있는 행정기관들이 서비스 생산을 위하여 직접적이고 자발적인 민간의 기여를 확보하기 위하여 새롭고 확장된 기회를 추구하고 있다는 사실이다.

지역사회 문제에 관료제를 보다 많이 관여시키고 서비스 생산에 시민들을 보다 많이 참여시키려는 노력은 대단한 비용의 감소와 서비스를 개선하는 데 유익한 효과를 가졌고, 또한 보다 깊은 공동의 이해와 보다 많은 국민의 협조를 가져왔다. 이와 같은 노력은 정부에 대한 국민의 적대감과 국민에 대한 관료적 냉소 모두를 감소시키는 경향이 있다. 그렇지만 협동생산에서 주의를 기울어야 할 몇 가지 점들이 있다. 중요한 이슈는 공공서비스의 어떤 정보가 민간부문으로 부터 공급되어지는 가이다. 관료제가 점점 더 기존 집단이나 혹은 시민단체에 의존하게 되면 될수록 서비스의 상대적인 배열과 분배는 왜곡되어 지기 쉽다. 따라서 역할을 가장 잘 수행하는 사람들이 주도권을 행사하는 경향이 있다.

또 다른 관심은 손쉬운 민간이나 혹은 자발적인 협조를 받는 서비스 영역이 상대적으로 공공예산의 지원이 거부당하는 정도이다. 거기에는 약간의 균형점은 있겠지만, 일차적으로 보충적인 서비스가 유용할 것이기 때문에 기존의 서비스 계약을 줄인다는 것은 굉장히 불공정하고 불공평한 것이다. 결국 공공부문과 민간부문 사이의 구별은 희미하게 된다. 공공기관의 공적인 임무는 아마 줄어들 것이고, 교육과 같은 몇 가지 서비스의 재분배 목적은 사라질 것이다. 공공기관들이 점점 더 특정한 집단들의 자원과 노력에 의존하게 됨으로써 이익들 간의 갈등은 더욱 심각하게 된다. 공공서비스가 사회복지의 기능을 가지면 가질수록, 이 세 가지의 관심은 점점 더 형평성에 관한 이슈가 될 것이다.

습지에서 살아남기 위한 행정가, 직원 및 조직의 능력을 개선하려는 실무행정가들의 노력은 효력이 있을 것이다. 그러나 장기적으로는 전문직업으로서 행정은 새로운 세대 관리자들의 교육에 지속적인 관심을 기울일 필요가 있다. 소용돌이 환경 속에서 공공서비스의 지속적인 우수함을 확보할 수 있는 진보된 관리이론과 방법을 배우고 훈련받은 사람들이 이 전문직업의 미래 구성원들이 될 것이다.

3. 행정교육의 개선

금세기 초반부의 개혁가들이 공공서비스를 촉진하는 데 성공한 비밀 중의 하나는 행정계층의 개발을 육성한 것이었다. 행정계층의 육성은 장점과 단점을 지니고 있으나 잘 훈련된 전문직업인들의 헌신적인 집단을 생성한 것은 사실이다. 성상하는 행정엘리트에 대한 몇 가지 부정적인 측면들은 잘 알려진 사실이다(McConnell, 1966; Lowi, 1979; Thayer, 1981). 오랜 기간 동안 특히 중상과 최고수준의 행정계층은 매우 동질적인 중상류 계층 남성들의 무대였다. 이 행정계층은 사회의 다른 부분들로부터 그 자신을 구별하기 위하여 전문성과 특별한 언어를 구사하였다. 이것은 자유주의와 보수주의 개혁에 대한 제동이었으며 또한 정책들이 완전하게 집행되지 못하게 했다. 이 행정가들 계층의 몇 가지 긍정적인 성취는 잘 시인되지는 않지만, 역사적인 관점에서 보면 매우 중요하다. 대체적으로 미국의 공무원은 정직하고 부패가 없다. 공무원을 거만하고 폐쇄적으로 만든 고도의 전문성은 특히 응용기술과 사회정책에서도 현저한 업적을 남겼다. 그리고 끝으로 대규모 정부를 인간화하려는 대부분의 부담은 아이러니컬하게도 관료들에게 현대 20세기 후반의 높아진 신분에 따른 도의상의 의무의 하나로 주어졌다.

일찍이 관료제와 조직행태에서 지적된 바와 같이, 관료제와 관료제 개혁의 순수한 가치에 대한 이해는 불완전하다. 행정가들에 대한 개선된 교육과 훈련을 통하여 행정계층이 관료제를 보다 민주적이고 효과적으로 만드는 데 수행하여야 할 몇 가지 사실들은 고려해 볼 만한 가치가 있다.

소수민고용증진사업(affirmative action)은 엇갈린 전례와 한정적인 성공을 가졌다. 핵심적인 문제는 소위 보호된 계층이라 불리는 여성, 소수민 및 장애자 풀(pool)은 기존의 고용구성 상에서 볼 때 부당하게도 매우 작다는 사실이다. 소수민고용증진사업을 개선하고 일반적인 공공서비스를 개선하기 위한 좋은 전략은 보호된 계층의 구성원들에 대한 교육과 훈련을 가속화함으로써 이 풀을 개선하려는 보다 조화된 노력일 것이다. 관리와 행정학 분야에서 최종학위를 취득하는 장애자, 소수민 및 여성의 숫자는 약간 증가되었지만, 기존의 큰 격차를 메우기 위해서는 충분하지 못한 것이었다. 이와 유사하게 기관들과 관할구역들 내부에서의 훈련과 교차훈련(cross-training)은 보다 나은 풀과 보호된 계층의 구성원들에게 약간의 원동력을 부여하기는 했지만, 행정계층의 성별・계층・인종 간의 분배 비율을 변경시키기에는 충분하지 못했다.

최근에 행정을 소용돌이의 환경에 보다 잘 조화시키려는 노력이 많이 행해졌지만, 행정은 억압받는 전문직업으로 그리고 급격하게 변동하는 연구의 분야로 남아 있다. 어떻게든 이 습지는 관리하기에 쉬워지지 않기 때문에 오늘날에 위기관리(crisis management)가 자주 필요한 이유이다. 행정과 행정가들은 어려운 선택을 할 수 있어야만 하고, 국민이 공공서비스가 쇠퇴하고 있다고 생각할 시점에서 도덕적인 리더십을 제공할 수 있어야만 한다.

4. 통합된 접근법

대규모 조직은 복잡한 사회생활의 진상을 보여 준다. 관료적인 계선을 따라 정부활동을 조직화하려는 노력은 직무를 성취하기 위한 합리적인 접근법을 필요로 했을 것이다. 합리성은 보다 질적인 관심을 희생하면서 계량적인 방법과 경험적인 증거를 강조했다. 시간이 흐름에 따라 관료적 합리성과 연관된 가치와 사회정의 · 생활의 질 · 참여 · 창조성 · 혁신과 같은 질적인 가치 사이에는 갈등이 생성되었다. 이와 같은 질적인 가치는 2차대전 후 특히 1960년대 이후에 뚜렷이 표면화되었고 그 중요성이 인식되었으며, 관료적인 전통과 관료조직은 이와 같은 새로운 가치와 경쟁관계에 있는 것으로 간주되었다.

전통주의자의 몇 가지 관심도 민주사회의 가치와는 경쟁관계에 있는 것으로 보일 것이다. 예를 들어, 책무성(accountability)과 대응성(responsiveness)은 항상 행정의 핵심적인 이슈였지만, 합리적 관료제의 많은 특징은 민주적인 충동에 대한 대응성에 역행하여 작용한다. 합리적 관료제는 능률성을 촉진하리라고 기대되지만, 정치적 민주제는 많은 정치적인 대가와 비능률성을 감수하면서 성립되었다(Karl, 1987). 견제와 균형은 정부의 어떤 한 사람 혹은 정부의 한 부분이 전체에 대하여 집권화된 통제를 절대로 할 수 없도록 하기 위하여 창안되었다. 비록 관료제가 오랫동안 능률성의 가치를 추구해 왔었지만, 민주정치에서는 능률성 이외의 가치가 매우 중요하다. 1960년대의 민권운동(Civil Rights Movement)과 연관되어 출현한 사회적 형평은 아마도 관료적 능률성에는 저해되는 정치적 민주제의 예일 것이다.

1960년대 동안 많은 행정학도들은 대응성을 모든 정부 활동을 이끌어 가는 일차적인 가치로 인정했던 것 같다. 사람들은 일반적으로 대응적인 정부를 선호한다. 그들의 견해를 지지해 주는 정치지도자들이 권력을 지니고 있는 한, 그들은 관료제가 고객 대응적이 되도록 원할 것 같이 보인다. 그러나 이념상 상반된 입장을 취하고 있는 사람이 리더십의 위치에 올랐을 때는, 옛날 지도부와 같은 이념을 가신 사람늘은 아마 관료제가 고객 대응적이 되는 것을 원하지 않을 것이며 새로운 정치 리더십에 대한 실질적인 방해자가 될 것이다(Price, 1975). 예를 들면, 1960년과 1970년대의 사회운동가들은 관료적인 대응성이 초기의 주된 관심사의 하나였음에도 불구하고, 관료제가 당시 레이건행정부에 대응적이 되는 것을 원하지 않았다. 물론 레이건행정부의 관점을 지지하는 사람들은 역시 대응적 관료제(responsive bureaucracy)를 원하며, 새로운 행정부가 완전히 다른 이념적인 입장을 취해야만 한다는 관점을 변경하려 할 것이다. 그러므로 사람들이 조직을 대응적으로 만들기를 원하는 열정은 부분적으로는 자기들의 이익이 서비스되어질 것인가 아닌가에 의하여 결정된다.

Sirianni(1984)와 Gulick(1987)의 지적에 의하면, 복잡한 사회 속에서 조직의 문제점들에 대한 완전한 해결책이란 있을 수 없으며, 또한 조직들도 모든 사회문제를 해결할 수 없을 것이다. 많은 조직이론가들이 실제로 모든 조직의 문제를 해결할 수 있는 모형을 개발하는 데 시간을 보냈다. 조직이론을 배우는 학생들도 잘 아는 바와 같이, 이같은 접근법은 이미 제시된 모형의 부적합성을 지적하고 있는 많은 문헌들을 유도했다. Sirianni는 조직이론이 현대사회의 다원론의 존재를 받아들이면서 많은 대안과 조화를 이룰 필요성을 인식하여야만 한다고 제안했다. 개개의 상황 혹은 문제는 무엇인가 다른 조직 접근법을 필요로 할 것이다. 이와 같은 사실의 인식은 욕구를 충족할 수 있는 대안적인 조직이론의 개발 노력을 유도할 수 있다. 조직연구시 안정성에 대한 욕구가 분명히 중요한 요소이지만, 조직의 적실성을 산출하는 데는 융통성과 적응성이 더욱 중요한 구성요소가 될 수 있다.

5. 현실성 있는 정책의 구현

트루먼 대통령은 그의 책상 위에 써놓은 "책임질 곳은 여기다(THE BUCK STOPS HERE)"라는 말로 유명하다. 이 말은 최고계층에 있는 사람의 생활에 대한 실증적인 교훈이다. 계층제의 반대 쪽 끝에 있는 사람들의 생활은 어떠한가? Michael Parenti(1974)는 재량의 최종점은 일선(street level)이라고 주장했다. 교사, 경찰, 생명구조원, 사회사업가, 도서관의 예약창구원 그리고 수백만의 다른 사람들이 재화와 서비스의 최종 전달자들이다. 그들은 정책의 제안에서부터 집행에 이르는 긴 공급과정의 맨 마지막에 위치한 의사결정자들이다.

매우 실질적이고 궁극적인 의미에서 이와 같이 일선에서 서비스 생산지향적인 직무를 담당하고 있는 사람들이 공공정책에서 큰 의미가 있는 사람들이다. 관료제가 비대응적이라는 통상적인 이미지에도 불구하고, 일선관료는 항상 공공재와 서비스 소비자의 욕구에 민감하며 또한 법적·합리적 질서를 확보하기 위한 규칙들 사이의 심각한 갈등을 해소시킨다. 역으로, 일선관료는 인간의 욕구에 대한 무감각한 반응 속에서 때로는 재량이 없고 규칙에 속박된 최종 의사결정자이다.

민주사회에서의 문제점은 정부조직 · 관료적 기대수요와 시민 · 소비자 기대요구 사이의 맞교환(trade-off)에 있다. 그러나 현실적으로 소비자인 일부 시민들이 결코 관료국가의 운영비용을 제공할 수 없는 무능력자로써 판정될 때, 맞교환의 문제는 사회이슈가 되는 것이다. 예를 들어, 특별건강진료, 영양섭취 및 오락시설에 대한 필요성은 절실하지만, 민간에 의하여 제공되는 이런 유형의 서비스에 지불능력이 불가능한 노인들을 생각해 보자. 많은 지역사회들은 공공자원이나 민간자원 모두를 경제적 능력이 부족한 이들 노인들을 위한 특별사업이나 시설을 제공하는 데 사용할 것이다. 예를 들자면, 지역사회에서 일반적으로 노인을 위하여 시행되는 사업들로써, 식사배급, 양로원, 버스할인권, 노인건강진료소 등은 노인들에게 특별한 보살핌과 서비스를 제공하려는데 목적을 두고 있다. 이와 같은 사업들은 노인들이 공공서비스를 이용하는데 필요한 소비비용의 확보문제를 어느 정도 대처할 수 있는 방안으로 강구되며, 사회적 맞교환 문제 또한 효과적으로 해결할 수 있게 한다.

지역사회에서 일반 시민과 특별한 대상집단들에게 공공서비스를 보다 광범위하게 이용 가능하도록 하려는 것이 몇 십 년 동안 공공정책과 행정의 목표였다. 1960년대와 1970년대의 많은 실험적인 사업들은 사업의 유용성을 높이기 위하여 공공서비스를 재조정하여 재전달하려는 시도들이었다. 소비비용을 절감하려는 데는 심각한 실제적인 문제점이 있다. 서비스를 재조정하고 재전달하려는 노력은 항상 서비스의 평균생산비용을 증가시킨다. 서비스 생산기관들과 납세자들 모두는 소비비용을 낮추기 위하여 추가적으로 더 부담을 해야만 한다. 많은 경우에서 최종소비자 비용의 감소와 생산단위나 관할구역의 비용 사이에는 역(inverse)의 관계가 있다.

소비비용을 줄이려는 노력은 종종 추가적인 생산비용을 초래한다. 바꾸어 말하면, 생산비용의 감소는 흔히 소비비용의 증가를 수반한다. 예를 들어, 번문욕례(red-tape)는 소비비용을 낮추려는 데 역으로 작용한다. 높은 계층제, 시간의 지연, 집권적인 전달체제, 특별한 형식, 규칙과 절차, 전문용어, 엄격한 법적제약 그리고 큰 규모조차도 소비자인 시민들의 비용을 증가시키는 경향이 있다. 정상적인 관료제에서는 생산비용에 보다 많은 관심을 가지고 소비비용에는 관심을 적게 가진다.

감축관리와 서비스에 대한 공공부문의 지원 감소 때문에 많은 서비스 소비자들은 공공부문에서 공급되는 서비스에 터무니없이 비싼 가격을 지불할 가능성이 크다. 오락이나 소방서비스가 좋은 예이다. 이 서비스들 양자는 잠정적인 사용자들에게 테니스장, 수영장 및 농구장과 같은 오락시설을 제공하기 위해서 관할구역에 지불하는 일반 세금에 덧붙여 추가 비용을 지불하거나 혹은 소방서비스에 특별한 요금을 지불하도록 요구하는 "사용료(user fees)"에 의존하고 있다. 비록 대다수의 경우에는 사용료가 명목적이지만, 그렇지 않은 경우도 많이 있어서 이 사용료는 가난한 시민들이 감당할 수 없을 만큼 서비스 비용을 효과적으로 상승시킨다. 계약공급, 높은 사용료, 민간 공급자들에의 보다 많은 의존, 대규모 생산체제의 경제성 등을 통하여 공공서비스를 경제화시키려는 노력은 점점 더 공공서비스의 실제비용을 효과적으로 소비자 개개인에게 전가시킬 것이다.

관료적 행위의 딜레마는 계층제의 중간이나 하층 구성원들이 능력이 부족한 고객들을 "보조(subsidize)"하거나 할 수 있는 정도 혹은 서비스의 비용이 전가되는 정도이다. 사회정의(social justice)의 궁극적인 조정자는 소비비용을 증가시키거나 혹은 감소시킬 수 있는 바로 그 사람인 것이다.

6. 복지국가와 자유시장경제의 한계

1960년대의 무료유아원사업(Headstart Program), 지역사회활동사업(Community Action Programs) 및 직업공단(Job Corps)과 같은 사회보조사업들은 복지국가를 확장시켰다. 그러나 재정적·정치적 보수주의의 부활은 1960년대와 1970년대에 활발했던 사회사업을 통제하게 되었다. 최근에 와서 과거 수십 년 동안 활발했던 사회복지정책, 시장통제 기구 및 환경규제의 실질적인 효과성과 지속적인 효과에 대하여 상당한 논란이 제기되었다. 많은 사람들은 뉴딜, 위대한 사회 및 신연방주의 정책들이 그리 성공적이 아니었다고 주장한다. 더구나 몇몇 사람들은 계속되는 빈곤, 나쁜 건강상태, 높은 범죄율, 부적합한 주택문제 그리고 불안정한 지역경제와 같은 문제들은 실패한 복지나 규제정책의 소산이라고 까지 생각한다. 또 다른 사람들은 우리가 성취한 것은 별로 없으면서 정부 노력의 감축에 의한 퇴보의 시대에 직면하고 있다고 주장하면서, 수입의 재분배, 개선된 교육

기회, 환경정화 등의 정책에서 얻어진 모든 이익들마저 잃게 될 것이라고 두려워한다.

이와 같은 주장의 일부는 이념적이며 단지 아직도 강한 보수주의와 자유주의 관념 간의 파당이 있다는 사실을 말해 준다. 이 관심의 일부는 정치적인 관념과 당파성을 초월한다. 한편으로 정책은 집요하게 개인주의, 사회주의 및 자유시장의 아이디어에 의존하고 있다는 사실이며, 다른 한편으로는 국가가 복지나 규제국가의 규칙, 활동 및 서비스에 종속적이라는 사실이다. 이 모순은 철학적·실제적인 구속을 나타낸다. 사람들은 개인이 협동적으로 함께 일하는 지역사회를 원하지만, 이것을 촉진할 수 있는 기본적인 관점과 제도가 부족하다. 시민들은 복지나 규제국가의 도움으로 성장하면서도 공공기관의 규모나 효과를 줄일 것을 강요한다.

관료는 진실로 중간에 위치하고 있다. 만약 관료와 관료제의 특별한 역할, 능력 및 권력이 이와 같은 모순을 해결할 수 있다면, 보다 더 좋고 인간적인 공공서비스를 약속할 수 있을 것이다. 수년 동안에 걸친 제도상·절차상의 개혁은 개인주의와 지역사회 가치 사이에 균형을 유지하려고 노력해 왔다. 정부개혁은 현대 사회의 새로운 이슈와 위기에 적응할 수 있도록 했지만, 이와 같은 개혁은 한정적이고 부분적인 효력밖에는 없다.

어려운 사실이면서도 어려운 선택은 사적권력의 사용과 마찬가지로 공권력의 사용이 모든 문제들을 해결할 수 없다는 사실을 수긍해야 한다는 것이다. 거기에는 정의 상 해결하기가 쉽지 않고 또 전혀 해결할 수 없는 "사악한 문제들(wicked problems)"이 있다(Harmon and Mayer, 1986). 범죄는 여러 방면에서 사악한 공공문제의 한 예이다. 범죄는 일반적인 단어 상의 의미에서부터 사악하다. 범죄는 사람들을 해치기 때문에 나쁘고 또한 어떻게 범죄를 막고 통제하느냐가 분명하지 않기 때문에 사악하다. 범죄는 그것을 감소시키려는 모든 노력에도 불구하고 증가하고 있다. 현재 우리 사회에서 범죄 문제에 대한 합리적인 해결책은 없다.

원인과 외부의 영향을 알아내기가 매우 어렵기 때문에 부분적으로밖에 해결할 수 없는 큰 규모의 문제도 있다. 공해가 바로 그 예이다. 전형적인 도시공해의 원인의 대부분은 알려져 있지만, 이것은 외부성을 내포하고 있는 전형적인 문제이다. 공해를 정확하게 규정하거나 또는 합리적인 해결책을 처방한다는 것은 매우 어렵다. 대다수의 공기정화규제 전략 특히, 자동차 매연검사, 석탄과 가스를 태우는 시설에 대한 규제, 유독 물질의 사용규제 등은 단지 공해발생에 대한 부분적인 해결 수단밖에 안 되는 것이다. 아마 미국에서 가장 완벽한 공해규제사업을 시행하는 남가주 해변에서조차도 단지 그 문제를 부분적으로 밖에 해결하지 못하고 있는 실정이다. 스모그(smog)를 생각할 때 사람들은 부분적인 해결책과 동시에 더불어 살아갈 수 있는 법을 배워야만 한다. 이러한 문제는 결국 어려운 선택 및 트레이드오프에 연계될 수밖에 없는 것이다. 즉 어떤 문제 혹은 일련의 문제 해결에 초점을 둔 거의 모든 노력은, 이를 위한 다른 문제의 공공자원 활용을 요구하고 있다. 그러므로 선택 사항은 많지도 않지만, 그러한 선택 또한 항상 제한되어 왔다.

행정의 황금시대는 끝났다. 황금시대에서 행정기관들은 여러 가지 해결책을 시도할 수 있는 충분한 자원을 가졌었다. 하지만 대다수 정부는 더 이상 광범위한 해결책에 투자할 수 있는 충분한 그리고 유휴자원을 가지지 못한다. 적어도 지방정부 수준에서는 이 점이 점점 강압적인 요인으로 작용되고 있다. 국가정부로부터의 유용한 자금의 삭감, 세입이나 세출에 대한 제한, 그리고 악화된 경제는 모두 지방정부들에 유용한 공공자금의 양을 감소시켰다. 그래서 많은 지역사회들은 공공서비스를 줄이고, 민간시장의 공급자들을 보다 많이 이용하고, 민간부문의 기업가들과의 공동생산에 관여하기 위한 방법을 적극적으로 탐구한다. 전통적인 공공부문과 민간부문 사이의 경계는 자치정부들이 보다 많은 민간부문 공급자들과 함께 새로운 것의 개발과 재개발로부터 생성되는 위험 · 투자 · 생산 · 전달 · 수입을 공동으로 부담하려는 움직임으로 인하여 희미해져 가고 있다.

"가장 새로운" 신행정은 아마 지방정부들이 재정적 · 제도적 · 정치적 제약들에 적응하려는 노력에서부터 생성될 것이다. 지방정부들에게는 흔히 조세 기본액 혹은 지방경제에 효과적으로 조세를 부과할 수 있는 권한이 결여되어 있다. 지방정부들의 유용한 자금에 대한 삭감 때문에 그들은 재정적으로 압박을 받는다. 성장하는 교외지역을 기존 도시구역 내로 편입시키려는 노력 혹은 민간과 공공부문의 공동사업에 관여하려는 노력에 대한 제도적인 제한은, 변동하는 조건에 적응하려는 지방정부들의 능력을 약화시킨다. 정치적인 제한은 불안정한 이익집단들 간의 연합과 재정상의 보수주의 등이다. 종합하여, 이와 같은 제한

요인들은 지방 공무원들에게 행정의 새로운 세계를 제시했다. 새로운 세계에서 행정가들은 적절한 자원의 지원 없이 복지국가의 많은 사업들을 수행하기 위하여 투쟁한다. 이와 같은 적응은 전반적으로 실용적이며, 무의식적이고 또한 잘 고안되어 있지 않은 것이다. 그럼에도 불구하고 관리자들이 후기 자유시대에서 복지와 규제국가를 관리하는 데 발생하는 상당히 많은 문제를 극복하려고 노력함으로써, 행정의 역할과 기능은 새롭게 재형성되어 가고 있다.

제5절 | 민주행정*

민주체제에서 행정은 여러 가지 이유에서 특별한 어려움을 지니고 있다. 민주정부는 기본적인 사법부 독립 및 자유선거와 더불어 참여와 법적 책임을 가정하고 있다. 이들 가치의 의미는 시간에 따라 변화하여 왔고 최근 수십년 사이에는 상당하게 확장되어 왔다. 특히 이전까지 행정에서 도외시되어 왔던 민주적 가치들에 대한 관심이 증가하고 있다. 이제 행정이 사회에서의 적절한 역할을 되찾기 위해서는, 정부와 행정을 통하여 민주적 가치에 대한 신뢰를 성취하고 유지해야 할 것이다. 행정에 대한 국민의 신뢰와 정부 활동에 참여하려는 국민의 의지는, 정치적이든 행정적이든 간에 공무원들이 공익을 추구하려고 하며 그들이 전문성과 책임성을 가지고 일하려고 한다는 점을 국민이 확신할 때에만 가능하다. 민주적 실제와 이상에 대한 신뢰가 분명할 때에만, 우리는 행정을 다시 우리 사회에서 가장 최고의 가치로 성립시킬 수 있을 것이다. 이를 위해서는 조직구성원들의 성장과 학습과정을 개방하고 조직구성원들이 의사결정과정이나 문제해결에 관여할 수 있도록 하는 민주행정의 개발이 필연적이다.

민주행정(democratic administration)의 주된 문제는 ① 시민참여, ② 관료적 대표성, ③ 관료적 대응성, ④ 관료적 책임성, ⑤ 윤리와 도덕, ⑥ 민주적 가치에 대한 행정가들의 신념, ⑦ 개인의 자유를 위협하는 행정력으로 요약될 수 있다.

첫째, 시민참여(citizen participation)는 처음 도시의 서민들이 자신들의 생활에

---

* 제갈 돈 외(2002).「정부와 행정」제6장 6(민주행정) 내용을 참조하여 재구성하였음.

영향을 미치는 정부결정에 목소리를 높이기 위한 노력에서 시작되었고, 지금은 여러 다른 집단들의 다양한 목적을 위하여 사용되고 있다.

둘째, 정부관료제의 대표성(representativeness)은 새로운 관심은 아니다. 대표성은 이미 오래전부터 정부관료제가 연령, 수입, 교육 등의 면에서 국회보다 일반 국민에게 더 대표적이었다. 대표성은 관료적 효과성과 대응성을 증가시킨다고 알려지고 있다. 최근에 와서 강조되고 있는 여성을 포함한 소수계층의 대표성 또한 완전하지는 않지만 공무원 사회에서 증가하고 있는 현상이다.

셋째, 관료적 대응성(responsiveness)수준은 정부의 행동, 정책결정자에 대한 효과적인 접근, 국민의 요구에 반응하는 기관의 능력 등이 무엇이며 무엇이 되어야 하는 가에 대한 보편적인 가정에 달려 있다. 국민의 기대는 정부가 어떻게 대응적이 되어야 하느냐에 영향을 미칠 수 있다. 때문에 정부는 사회에 존재하는 모든 이익 혹은 선호에 가급적 동등하게 대응하려고 노력하는 것이다.

넷째, 관료적 책임성은 국민의 감시에 정부가 개방되어 있을 것을 요구한다. 이런 맥락에서 정보자유법과 일조법의 제정이 1970년대에 두드러지게 나타났다. 일몰법(sunset laws)은 입법부가 행정기관의 책임성을 확보하는 데 도움을 준다. 최근 정부활동에 대한 책임성 확보문제는 정부에 대한 성과평가 및 생산성 증대와 그 맥을 같이 하고 있다.

다섯째, 부패(corruption) 이슈와 더불어 정부에서의 윤리와 도덕은 현재 많은 관심의 대상이 되고 있다. 어떤 면에서는 고정되고 분명한 기준에 따라 적절하게 행동하는 것이 간단한 일처럼 보인다. 만약 관료들이 의사결정에서 도덕적 문제점을 알고 있고, 만약 그들이 결정상황에서의 환경적 세력들을 파악하고 있으며, 만약 그들이 합리적인 절차의 중요성을 이해하고 있다면, 공공부문에서 윤리와 도덕성의 실현가능성은 높을 것이다. 낙천주의, 용기 그리고 자비가 윤리적 행위를 이끄는 도덕적 요소들이지만, 관료의 성격이 결정적 요인인 한 행정의 도덕성을 향상시키기 위해서는 법적·제도적 견제 또한 필요하다.

여섯째, 민주제에 대한 관료들의 태도는 많은 요인에 따라 다양하다. 국방과 관련된 기관들은 반민주적인 경향을 띠고 있고, 장기적인 서비스는 비민주적인 감정을 불러일으킬 가능성이 있다. 그러나 교육은 민주적 신념과 습관을 강화시키는 경향이 있다.

마지막으로, 강력한 정부기구는 비록 합법적이고 정당한 목적을 추구한다고 하더라도 개인의 자유에 위협적인 존재이다. 운영문제에 있어서 정부의 권력과 개인의 자유 사이의 균형의 파괴는 행정에 특히 중요하다. 이것은 가치문제로서 사회 전체의 관심에 속한다.

조직 내적으로 신행정과 조직인간주의자들은 민주적 가치와 실제를 조직의 운영에 반영시킨 행정체제를 제안했으며, 제안된 변화에서 신행정은 참여관리(participative management), 의사결정 과정의 민주화 그리고 근무환경의 인간화를 내세웠으며, 또한 고객들이 사업계획을 정의하고 집행하는 데 도움을 줄 수 있는 기회를 가질 것을 제안했다. 많은 조직이론가들은 증가하는 전문직업화, 교육 및 사회화 때문에 점차적으로 관료제가 민주화되어 질 것이라는 매우 낙관적 생각을 가졌다(Berkley, 1971; Bennis and Slater, 1968). 비록 그들의 기대는 성취되지는 않았지만, 공공부문에서 조직의 생활을 민주화하려는 많은 시도들이 있었고, 전통적인 계층적 구조가 아직도 압도적이지만 약간의 변화는 일어났었다.

대다수 민주행정의 주도자들은 참여관리의 논의에서부터 시작한다. 관리과정에서의 직원 참여에 대한 견해는 인간은 책임을 질만한 능력과 욕망을 지니고 있다는 조직인간주의자들의 주장에 따른 것이다. Michael Smith(1976)는 조직이 참여적 접근법을 적용해야만 하는 데는 많은 이유가 있다고 했다. 그 이유들 중에는 참여관리가 국민과의 보다 나은 상호관계를 조장할 수 있으며, 직원들의 인간적 관점뿐만 아니라, 사회적 그리고 정치적 측면의 기술을 촉진시킨다는 사실이다. 또한 조직구성원들이 만약 자신들을 통제하게 될 결정을 내리는 데 참여한다면 자신들의 행동에 보다 큰 책임감을 느낄 것이며, 그들에 대한 책임과 법적 의무를 회피하려고 하지 않을 것이다. Smith는 참여관리는 우두머리를 설득하기 위하여 낭비되는 시간과 정력을 줄일 수 있다고 믿었다. 의사결정과 책임이 분산되어 있기 때문에 국민과의 접촉 또한 분산되어 있으며, 이는 보다 유효한 행정의 내응성 제고를 가능케 한다. 덧붙여 조직구성원들의 참여는 보다 좋은 결정을 창출할 것이다. 예를 들어, 승진을 위한 사람을 선발하는 과정에 구성원의 참여는 자격, 능력 및 실적에 기초한 결정을 유도할 것이다. 물론 이런 유형의 참여는 조직규범에 적합한 사람들만이 선택되고 따라서 조직의 침체를 초래하는 부정적인 효과가 있다는 것도 사실이다.

비록 이와 같은 주장들 모두가 민주행정의 수용에 대한 설득력 있는 주장임에도 불구하고, 조직에서의 극적인 변화를 초래하지는 못했다. 성공하지 못한 이유를 Smith(1976)는 권력의 포기에 대한 관리층의 저항, 독립성, 표준운영절차의 경직성에 두고 있다. 최고행정가들 역시 그들 자신이 일반 조직구성원들과는 다른 엘리트들이라고 인식하고 있다. 행정가들 사이에서는 외부세계의 불확실성으로부터 조직을 보호하려고 하는 경향이 있고, 이와 같은 경향은 업무를 수행하는데 전통적인 방법을 강화하게 한다. Smith는 약간의 민주적 실제에 의한 몇 가지 실질적인 적용이 실행되긴 했지만, 공공부문의 조직에서 완전한 참여관리의 증거는 발견하지 못했다고 인정했다.

Stewart and Garson(1983)은 설사 중복되기는 하지만 참여관리의 다른 세 가지 저해 요소들을 제시했다. 그들은 공공조직들의 정치적 환경에 대한 책임은 보호주의를 낳았고, 그로 인하여 전통적인 접근법들에 대한 신뢰를 형성했다고 지적했다. 덧붙여 그들은 공공부문 조직들의 목표는 때때로 불명확하고 측정하기 어렵다는 사실이 참여관리 혹은 다른 대안이 보다 효과적이라는 사실을 증명하기 어렵게 만든다고 했다. 마지막으로 그들의 주장에 의하면, 공공기관들은 선출된 정치지도자들이 정책을 결정할 것이라는 일반적인 믿음 때문에 참여관리에 저항한다. 관료제의 직원들이 정책을 집행할 것이라고는 생각하나, 정책이 어떤 것이 되어야 한다고 결정하지는 않을 것이라고 생각한다.

참여관리 접근법은 공공기관들보다는 민간부문에서 훨씬 더 보편적이지만, 정부관료제에서 사용된 몇 가지 참여적 접근법들도 있다. 유명한 접근법들 중의 하나는 각 정부기관들에서 사용되어 온 목표관리(Management by Objectives: MBO)이다. 기본적으로 MBO는 목표를 성취하려는 계획 하에서 목표달성에 조직구성원들의 참여를 허용하는 것이다(Drucker, 1954). 완전한 MBO프로그램에서는 직원들도 자원을 어떻게 최선으로 사용하느냐를 결정하는 것과 활동이 잘 되어가고 있는가를 감사하는 데 참여한다. MBO는 또한 조직의 목적과 효과성의 일치에 대한 결과의 평가를 함축하고 있다. 궁극적으로 평가과정은 의사결정 과정에의 환류를 제공하는 데 이용된다. 그러나 Newland(1976)의 지적에 의하면, 국가정부 수준에서 대다수 MBO의 실행은 단지 목표의 설정, 진행의 조종 및 결과의 평가만을 포함하는 과정의 쇄신판이었다는 사실이다.

영기준예산제도(Zero Base Budgeting: ZBB)는 1970년대 후반에 상당한 인기를 얻은 제도로 MBO와 동일한 주제에 대한 약간의 변형이었다. ZBB는 예산의 건축용 벽돌이고 그래서 정부단위의 정책인 결정패키지(decision packages)를 형성하는 데 조직 하층의 참여를 허용했다.

최근에 대두된 참여관리의 다른 접근법은 업무관리분임집단(Quality Circle, QC)이다. QC는 실제로 1940년대 미국에서 유래되었지만, 일본에서 성공을 거두기까지는 산업체 혹은 정부로부터 호평을 받지 못했다. 제2차 세계대전 후 일본인에 의하여 품질관리(quality control) 수단으로 수용되어 1960년과 1970년대에 일본에서는 매우 보편적인 수단이 되었다가 1970년대에 미국으로 재수입되었다. QC는 조직의 문제를 해결하려고 시도하는 업무집단(work group)으로 구성되어 있다. 업무를 설계하는 데 QC는 이제 품질관리뿐만 아니라 모든 유형의 조직문제들을 포함하게 되었다. QC는 문제를 해결하기 위한 방법을 발견하려는 의도 하에서 업무에 관한 이슈를 논의하려고 만나는 여덟 사람으로 구성된다. 감독자나 혹은 근로지도자들이 QC에 포함된다. 비록 일본에서 QC의 성공에 많은 찬사가 주어졌음에도 불구하고, 몇몇 연구들은 QC를 사용하지 않은 일본의 다른 조직들도 QC를 사용한 조직들과 마찬가지로 성공적이었다고 주장했다(Cole, 1979). QC에 대한 중요한 점은 QC가 참여관리의 형태를 취하면서 많은 곳에서 효과가 있었다고 보고되었다는 점이다. 그럼에도 불구하고 다른 유형의 혁신과 마찬가지로 QC도 모든 상황에서 다 효과적으로 적용되지는 않을 것이다.

QC와 유사한 제도로 품질의 개선과정에 모든 구성원의 참여를 장려하는 제도로 TQM(Total Quality Management) 즉 총체적품질관리가 있다. 공공서비스의 품질과 생산성을 향상시키기 위한 경영기법인 TQM은 1930년대 Walter Shewhart와 그의 동료에 의하여 개발되었으나, 일본인들이 세계대전 후 산업을 복구하고 상품과 서비스의 질을 높이기 위하여 TQM의 이론과 기법을 응용하였다. 국제사회의 경쟁이 강화되기 시작하면서 1980년대 초에 와서 TQM은 공공부문에서의 적용가능성이 검토되기 시작하였다. TQM에서 품질은 핵심적인 단어로 공공서비스 조직과 서비스의 최종사용자에게 가치의 모든 것을 부여한다. 또 총체라는 단어의 의미에서 이것이 조직의 모든 부분에 적용됨을 알 수 있다. 따라서 TQM은 조직 전체의 성공을 증가시키기 위한 유인을 제공함으로써 참여와 팀워크를 촉진할 것이다.

조직발전(Organization Development, OD)은 업무 조직들에서 문제 해결을 위하여 사용되어 온 인간적 접근법이다. 조직인간주의자들의 모형 위에서 형성된 OD는 효과적인 업무에 역행하는 조직의 장애를 제거하려고 시도한다(Golembiewski and Eddy, 1978). 특히 OD는 의사소통 과정을 개방하고 조직의 결정에 모든 구성원들의 참여를 촉진하는 데 중점을 둔다.

이 접근법은 만약 모든 구성원들이 공개된 문제해결 분위기에서 참여한다면, 그들은 보다 좋은 직원들이 될 것이라는 가정에 근거하고 있다. 공개된 의사소통에서 사람들은 미래의 집단 활동에 보다 큰 신뢰와 수용을 가질 수 있는 알찬 자각(self-awareness)과 다른 사람들에 대한 인식을 개발할 것이다. 많은 공공부문의 조직들이 OD를 사용하고 있지만, 어떠한 혁신도 방해하는 외부 정치와 재정적 제약들 때문에 OD의 사용에는 실질적인 한계가 있다. 또한 OD와 같은 프로그램의 효용과 윤리에 대하여 많은 논쟁이 있기 때문에 많은 관리자들이 신중하게 사용하고 있다.

Z이론은 조직인간주의에 바탕을 두고 조직화하려는 또 다른 접근법이다(Ouchi and Jaeger, 1978). 본질적으로 Z이론은 기본적인 가정에서는 Y이론과 같고 OD에서와 같은 장치를 통하여 조직의 성과를 개선하려고 시도한다. 기본적으로 OD와 다른 점은 Z이론이 단기고용이나 직업행로(career path)의 고려와 같은 것보다는 영구적인 개념을 추가한다는 사실이다. 그러나 내적 과정(internal processes)이 관심의 대상인 한 Z이론은 OD와 같은 유형의 지침에 따른다.

민간부문의 조직뿐만 아니라 공공부문의 조직에서도 광범위하게 사용된 또 다른 형태의 참여관리는 협상이다. 종종 노사관리인 단체협상은 근로자의 이익을 대변하는 대표를 인정하는 정도로 민주적 참여를 허용한다. 단체협상은 양자에게 다 중요한 이슈에 대하여 직원들의 대표와 관리층이 교섭하여 합의에 도달하는 공식적인 과정으로 합법화되어 있다. 직원 개개인에 대한 임의의 행동을 규제하고, 어느 일방에 의하여 제시된 불평을 해결하기 위한 절차도 개발되었다. 불평은 항상 외부의 중립적인 제3자에 의하여 처리되기 때문에 임의성으로부터의 보호를 강화할 수 있다. 많은 관리자들은 협상모형이 그들의 권위를 손상시킨다고 불평하지만, 노동조합의 리더십이 의사소통의 장치가 됨으로 해서 협상모형이 관리자들과 직원들의 의사소통을 원활하게 해 줄 것이다. 비록 협상이 작업장에서의 민주화 형태라고 생각됨에도 불구하고, 협상은 매우 형식적인 것이 될 수 있으며 개인의 참여는 무시되어 버릴 수도 있다. 종종 구성원 개개인은 노동조합의 리더십에 의하여 통제되어서 일반 직원들의 이익은 고려되지 않는다고 느낀다.

협동결정(codetermination)은 유럽 특히 유고나 독일의 노동조직들에서 직원들의 공식적 의견을 반영하기 위한 장치로 개발되었다. 기본적으로 이것은 최고관리자위원회(boards of directors)에 근로자와 관리자가 동등한 자격으로 참여한다. 흔히 직원들의 노동위원회(work councils)가 창설되기도 한다. 최고관리자위원회와 노동위원회는 근로 조건에 대하여 상당한 권한을 가지고 있다. 협동결정이 독일에서는 매우 보편적이다. 미국에서는 민간기업에서 최고관리자위원회에 근로자 대표들을 참여시키는 것이 점차 보편화되어 가고 있으나 정부조직에서는 거의 사용되고 있지 않다.

행정의 민주제는 문헌에서는 보편화된 개념이지만, 실제적인 적용은 매우 제한적이라고 지적되고 있다. 대다수의 공공관료제들은 의사결정에 직원들의 참여가 제한되어 있는 계층제 조직에 아직도 압도되어 있다. 그럼에도 불구하고 정부조직들은 지난 20년 혹은 30년 동안에 직원의 욕구와 행태적 관심에 귀를 기울여 왔었다. 참여의 기회가 보다 많아졌고 많은 직원들은 그들 직업의 일부분으로 재량, 독립성 및 창조성을 발휘하는 것이 가능하다는 사실을 알게 되었다.

1960년대 동안 민주행정은 의사결정과정에 일반 국민을 참여시키는 데까지 확장되었다. "빈곤추방운동(War on Poverty)"과 다른 많은 사회사업들은 서비스의 수혜자들 혹은 이와 같은 사업들에 의하여 영향을 받는 지역 주민들의 참여를 요구했었다. 이익을 가진 사람들의 위원회나 회합들은 정책의 집행에 동반자가 되었다. 이와 같은 실행은 많은 곳에서 잘 운영되었지만, 이 과정에서 소외되어 졌다고 느꼈던 선출된 공무원들의 저항을 불러일으키기도 했다. 행정가들은 조직을 통하여 그들의 활동을 실행하며, 국민과 선출된 대표들은 그 조직으로부터 산출되는 결과를 기대한다. 이런 결과를 산출하기 위하여, 공공기관들은 사람들과 더불어 일하는 것 외에 그들을 보조해 줄 수 있는 자원과 과정을 필요로 한다. 다음 장은 이와 같은 자원과 과정에 대하여 검토할 것이다.

제 2 편

정 책

제 4 장 정책과 정책학

제 1 절 | 정책과 정책환경

1. 정책의 의의

모든 국가는 정부를 통해 각 국가의 '바람직하지 못한 상태'를 '바람직한 상태'로 바꾸기 위하여 정책을 결정하고 집행하고 있다. 그렇지만 정책이 무엇인가에 대해 학자들 간의 의견일치는 이루어지지 않고 있다. 왜냐하면, 연구자가 실제 사회현상을 바라보는 관점에 따라 다양한 사회현상 중에서 강조되는 측면이 조금씩 달라질 수밖에 없기 때문이다. 아울러 이와 같은 문제는 비단 정책분야에서만 발생하는 문제가 아니라 정도의 차이는 있을지라도 대부분의 사회과학들이 이와 비슷한 문제점을 안고 있다. 이 책에서는 정책을 다음과 같이 정의하기로 한다. "정책이라는 것은 다양한 사회문제로 인해 야기된 현재의 문제상태에서 벗어나 바람직한 사회상태에 도달하려는 정책목표와 이를 달성하기 위해 정부가 사회 구성원들에게 영향을 미치게 될 필요한 정책수단을 공식적으로 결정한 기본방침"이라고 볼 수 있다. 좀 더 간단히 말하자면, 정책은 "사회가 안고 있는 공공의 문제를 해결하거나 목표달성을 위해 정부(정책결정자들)에 의해 공식적으로 결정된 행동방침"이라고 볼 수 있다.

2. 정책의 구성요소

정책의 개념정의를 구체적으로 살펴보면, 그 속에는 정책을 구성하는 핵심 구성요소들이 포함되어 있음을 알 수 있다. 정책목표, 정책수단, 정책대상집단 등과 같은 요소들이 바로 정책의 구성요소들이다. 먼저, 정책목표는 정책을 통해 궁극적으로 도달하고자 하는 바람직한 사회상태, 즉 '실현하고자 하는 장래의 바람직한 상태'를 의미한다. 예를 들면, 복지정책의 목표는 국민들의 복지수준 향상이며, 환경오염방지정책의 목표는 환경오염을 예방하고 쾌적한 환경을 유지 · 개선하는 것이다. 이러한 측면에서 정책목표는 향후 미래에 도달하고자 하는 바람직한 사회상태를 추구하기 때문에 미래성과 방향성을 지니고 있다(정정길 외, 2011).

정책수단은 정책목표를 달성하기 위한 수단이라고 볼 수 있는데, 이는 정책의 실질적인 내용으로 정책목표를 달성하기 위해 만들어진 프로젝트나 프로그램을 의미하며 중요한 요소이다. 예를 들어 대기환경오염을 개선하기 위하여 만들어진 차량배기가스의 배출량 규제나 대도시의 교통문제를 해결하기 위한 지하철건설 등이 이에 해당한다. 정책수단은 직접적으로 국민들에게 영향을 미치기 때문에 이를 둘러싸고 정책과정의 참여자들은 자신들의 이해관계를 충족시키기 위해 다양한 노력을 기울이게 된다. 그렇기 때문에 정책수단 선택을 둘러싸고 다양한 정치적 갈등과 타협의 연속과정이 일어나게 되며, 그러한 과정 속에서 정책대안은 관련 당자사들의 이해관계 조정의 산물이라고 볼 수 있다.

정책대상집단은 정책이 시행됨으로 인해서 영향을 받는 집단이나 사람들을 의미하는데, 여기에는 정책수혜집단과 정책비용부담집단이 있다. 정책수혜집단은 실질적으로 정책의 혜택을 받는 집단을 의미하는데, 구체적으로는 정책에서 제공하는 재화와 서비스를 제공받는 집단이나 개인을 의미한다. 반면에 정책비용부담집단은 정책 시행에 따른 비용이나 희생을 부담하는 집단을 의미하는데, 이러한 비용부담은 사회 전체적으로 볼 때 정부정책 실시에 따른 불가피한 상황이라고 볼 수 있다. 그럼에도 불구하고, 정부입장에서는 도덕적, 윤리적으로 희생이 당연한 경우라고 하더라도 가급적 이를 회피하거나 줄이는 것이 바람직할 뿐만 아니라 희생이 따를 경우에는 국가가 보상을 해 줄 필요성이 있다. 예를 들어 국민들에게 대중교통의 편의를 제공하기 위해 버스의 노선을 확대하거나 배차간격을 줄인다면 비용부담이 늘어나는 버스회사에 대한 지원책이 동시에 강구되어야 할 것이다.

결과적으로 정책은 우리사회에 존재하는 다양한 문제들을 해결하기 위해 정책수단을 동원하며, 어떤 정책수단이 선택되는가에 따라 정책의 편익을 누리게 되는 집단과 비용을 지불해야 하는 집단이 존재하게 된다. 그렇기 때문에 정책과정의 참여자들은 사회 전체적으로 볼 때 바람직한 정책이 만들어질 수 있도록 노력해야 한다. 여기서 한 가지 고려해야 할 점은 그와 같은 정책과정 속에서 정책은 다양한 정책참여자들의 자발적 또는 비자발적 참여가 이루어질 수 있는 정치제도나 정책시스템의 특성뿐만 아니라 다양한 경제, 사회, 문화, 자연환경 등과 같은 정책 환경의 끊임없는 영향 속에서 정책이 도출된다는 점이다.

3. 정책과 환경과의 관계

정책과 정책을 둘러싼 환경은 서로 끊임없이 영향을 주고받는다는 사실은 주지한 바와 같다. 그렇다면 구체적으로 양자 간의 이러한 상호작용관계는 어떻게 이루어질까? 이스턴(D. Easton)의 체제이론(system theory)[1]은 정책과 정책을 둘러싼 환경간의 상호작용 관계를 이해하는데 상당히 유용한 이론이다. 그 이유는 이스턴 이후 대부분의 학자들은 정책을 정치체제의 산출물로 간주하고 있기 때문이다. [그림 4-1]은 구체적으로 정치체제, 환경 그리고 정책과의 관계를 비교적 잘 나타내주고 있다.

이스턴의 체제이론에 의하면, 사회문제 해결에 대한 국민들의 요구와 이를 뒷받침해 줄 수 있는 인적·물적 자원이 정치체제에 투입되면, 정치과정 즉 정치적 의사결정과정과 같은 전환과정을 거치게 되고, 그 결과 정책과 같은 결과물이 도출되어 사회문제를 해결하는데 기여하게 된다. 뿐만 아니라 정치체제의 산출물인 정책은 다시 환류과정을 거쳐 정치체제에 투입되는 끊임없는 순환과정을 거치게 된다. 결과적으로 정책은 정치체제와 이를 둘러싼 환경과의 상호작용을 통한 사회적 가치의 분배를 초래하며, 이 과정에서 편익과 비용을 부담하

1) 이스턴(D. Easton)은 1950년대 초에 정치란 사회적 가치의 권위적 분배라고 정의하였으며, 정치학에 있어서 체제이론을 만들어낸 학자이다. 특히, 근대 정치학을 관념과 이상이 아닌 현상과 과정으로 이해하는데 상당한 기여를 하였다.

그림 4-1 정치체제, 환경 그리고 정책과의 관계

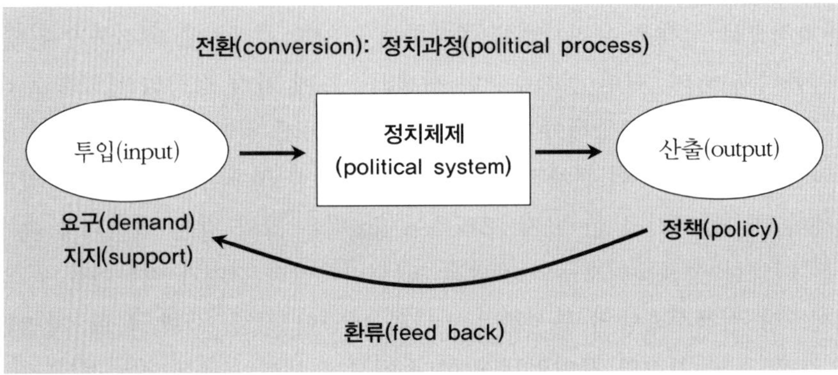

는 집단이 발생하게 됨을 알 수 있다.[2] 그러나 이스턴의 체제이론에 기초해서는 특정한 정책형성이나 구체적인 과정을 이해하는 데에는 상당히 제한적이다. 환경적인 투입이 정치체제의 성질과 정책의 내용에 미치는 영향이나 환경의 정치세력 요소가 정치체제에 어떻게 제시되는가 등에 대해서는 체제모형으로 이해하기는 곤란하다. 그럼에도 불구하고 정책과 환경과의 관계를 서로 영향을 주고받는 관계라고 보면, 이 관계는 크게 두 가지로 구분할 수 있다. 하나는 정책이 환경에 미치는 영향이고 다른 하나는 환경이 정책에 미치는 영향이다.

1) 정책이 환경에 미치는 영향

정책이 환경에 미치는 영향은 정책이 실질적으로 집행되어 의도된 정책 목표들을 달성함으로써 나타날 수 있는 '정책효과'와 정책목표를 달성하기 위해 선택된 정책수단을 실현하는 과정에서 사회가 지불한 희생을 의미하는 '정책비용'이 있다. 예를 들면, 환경오염이 심할 때 환경오염 감축을 목표로 하는 환경정책의 추진 결과로 환경오염이 완화되는 것이나 복지수준 향상을 목표로 하는 복지정책의 추진 결과로 국민의 복지수준이 향상되는 것 등이 정책효과[3]에 해

2) 이스턴의 체제이론의 단점은 전환과정을 블랙박스(black box)로 이해하여 투입이 어떻게 산출로 전환되는지에 대한 명확한 설명을 하지는 못했다는 점이다.

3) 정정길 외(2011)의 논의에 따르면, 정책의 효과는 의도된 효과와 부수효과가 있는데, 의도된 효과는 좁은 의미의 정책효과로써 정책의 핵심적 내용이 된다고 한다.

자료 4-1

히로시마 원자탄 투하 및 쿠바 미사일 사태

정책은 개인뿐만 아니라 국가 전체, 나아가 인류의 운명을 좌우할 정도로 중요하다고 볼 수 있다. 1945년 8월 6일 일본 히로시마에 원자탄이 투하됨으로써 수많은 인명피해는 발생했지만, 2차 대전은 종결되어 더 이상의 살상은 없었다. 1962년 10월 소련이 쿠바에 미사일을 설치하였을 때 하마터면 3차 대전으로 이어질 뻔하였지만 케네디(J. F. Kennedy)의 해상봉쇄(blockade)라는 정책결정으로 전쟁의 위기를 모면하였다. 이렇듯 정책은 인류전체에 운명을 좌우할 정도로 대단히 중요하다. 정책이 잘못 결정되어 집행되고 평가되면 국민생활의 곤란은 물론이고 인류운명에 큰 위협이 될 수 있지만, 반대로 합리적인 정책은 국가발전을 조기에 달성할 수 있는 초석이 된다.

당한다. 이 과정에서 발생하는 환경오염 감축 또는 복지수준 향상을 위해 정부가 지불하는 비용이나 오염감축 정책 및 복지정책 집행에 따른 기타 비용부담집단의 희생 등이 정책비용에 해당한다고 볼 수 있다.

2) 환경이 정책에 미치는 영향

정책이 환경에 영향을 미치듯이 정책환경도 정책에 영향을 미치는데, 여기에는 환경이 정치체제의 특성을 변화시켜 궁극적으로 정책의 내용에 영향을 미치는 경우와 환경이 직접적으로 정책의 내용에 영향을 미치는 경우가 있다. 이때 정책환경 속에는 이스턴의 체제이론에서 투입에 해당하는 사회구성원들의 요구(demand)와 지지(support)가 포함되어 있다. 산업화, 도시화, 정보화, 세계화, 지방화, 글로컬화[4] 등과 같은 환경요인의 변화는 다양한 사회문제를 초래해 왔고, 이러한 사회문제 해결에 대한 사회구성원들의 정치체제에 대한 요구는 결국 사회구성원들의 정신적 지지와 순응, 인적·물적 자원의 공급 등을 정치체제에 공급해 줌으로써 해결될 수 있다.

정책의 내용에 영향을 미치는 정치체제의 특성은 정치체제의 담담자나 분위

4) 좀 더 정확하게는 글로컬라이제이션을 의미하는데, 이는 세계화를 의미하는 글로벌라이제이션(globalization)과 지방화를 의미하는 로컬라이제이션(localization)의 합성어로서 소니(SONY)의 창업자 모리타 아키오(盛田昭夫)가 만들어낸 신조어이다. 글로컬화는 세계화를 추진하면서 동시에 지역의 문화와 의식, 행동양식을 존중하여 시너지 효과를 극대화하려는 조직 운영 방향이라고 볼 수 있다.

기와 규범, 그리고 정치체제의 구조 등으로 요약할 수 있다(정정길 외, 2011). 먼저, 정책담당자가 지니고 있는 정치적 능력과 전문성, 신념, 가치관, 태도 등은 정책 결정, 집행, 평가과정에 중요한 영향을 미친다. 즉, 정책담당자의 정치적 능력과 전문성이 우수하다면 정책의 각 과정에서 보다 나은 정책수단을 선택함으로써 궁극적으로 정책목표를 잘 달성할 수 있는 정책이 만들어 질 수 있을 것이다.

다음으로, 자유주의, 법치주의, 경제성장주의, 복지주의 등과 같은 정치이념이나 권위주의, 분파주의, 극단주의 등과 같은 정치 · 행정문화 또한 정책의 각 과정을 크게 좌우하게 된다. 우선 정치이념은 정부가 가장 우선적으로 달성해야 할 가치가 무엇이며, 정부가 무엇을 해야 하고, 국민과의 관계는 어떠해야 하는가 등 정치적 가치에 대한 일관성 있는 사고체계를 의미하는 포괄적인 개념으로 간주할 수 있다. 특히, 한국의 중요한 정치이념을 고찰해보면 다음과 같다(정정길 외, 2011).

첫째는, 자유주의 이념으로써 경제적인 환경에서의 자본주의와 밀접히 관련되어 있는 정치이념이다. 17~18세기 자유방임주의는 산업자본주의 당시의 정치적 상황과 결부되어 절대군주와 그를 지탱하던 국가의 횡포로부터 시민의 생명, 재산 및 신체의 자유 등을 보호하기 위한 사상적 기반이 되어, 국가는 시민생활에 간섭하지 않아야 하는 것으로 발전하였다. 그러나 이 이념은 사회복지정책을 추진하려는 복지국가개념이 등장하면서 수정자본주의로 전환하게 된다. 경제에 대한 불간섭, 불개입의 이념에서 복지국가의 이념으로의 움직임은 사회정책과 규제정책의 등장을 정당화시킨 원동력이 되었다.

둘째는 경제제일주의이다. 이 이념은 1960~1970년대 우리나라 국가정책의 기본방향을 좌우한 통치이념이다. 1980년대에는 경제안정과 경제성장의 조화를 정부의 가장 중요한 목표로 추진하도록 하였다. 경제제일주의에 따라 경제성장을 위한 정부의 노력은 모든 부문에서 진행되었는데, 특히 산업자본의 축적과 수출증대를 위해 필요한 재원의 조달과 관리를 정부가 직접 담당하였다. 그러나 이러한 원리는 급속한 경제성장이라는 성과는 달성했지만, 빈부격차 및 환경문제의 발생, 사회저소득계층의 소외 등으로 정치발전의 후퇴를 초래하는 결과를 낳았다.

셋째는 정부주도주의이다. 이것은 경제개발을 위한 논리로 확산되기 시작했고, 정책담당자들의 권위주의적 행태, 국민의 의식 속에 뿌리박힌 관존민비(官尊民卑)사상과 더불어 모든 부문에서 가속적으로 확산되었다. 그러나 이러한 정부주도주의는 정책과정의 폐쇄성, 정치행정적인 부패, 정치권력의 집중 및 장기집권, 광범위한 사회적 비능률 등의 위험을 내포하고 있어 탈피해야 하는 이념 중의 하나이다. 따라서 정책담당자의 의식변화, 사회 각 분야의 수용태세 확립, 국민들의 정치의식의 민주화 등이 이루어질 때 정부주도주의를 벗어날 수 있다.

넷째는, 안보 우선주의이다. 안보 우선주의는 안보문제에 대한 논의를 비공개로 진행케 함으로써 정책과정을 폐쇄화시키고 자유민주주의 정치이념을 지나치게 경직화시키거나 국방의 대외의존을 불가피하게 만들 수 있다.

아울러 우리나라의 중요한 정치·행정문화 또는 행정풍토를 살펴보면, 권위주의, 분파주의, 정적 인간관계, 흑백논리, 극단주의 등을 들 수 있다. 이와 같은 정치이념과 행정풍토는 결국 우리나라의 정책을 결정하는데 중요한 요인들로써 작용될 수 있는 것이다.

정책의 내용에 영향을 미치는 정치체제의 특성 중 마지막 요소인 정치체제의 권력구조가 중앙집권이냐 지방분권이냐, 행정부와 입법부 간의 관계는 어떠한가, 행정부 내부에서도 각 부처 간의 상호관계가 어떠한가에 따라 정책의 내용이 달라지게 된다.

결국, 환경이 정책에 영향을 미치는 경우에는 환경이 정치체제의 특성에 영향을 미치지 않고 정책의 내용에만 영향을 미칠 수도 있으나 실제에 있어서는 환경이 정치체제에 전혀 영향을 주지 않는 경우는 거의 없다. 사회구성원들의 요구와 지지가 정치체제에 투입됨으로써 정치체제는 영향을 받게 되고, 그로 인해 정책의 내용은 바뀔 수 있다.

제2절 | 정책학의 의의

1. 정책학의 정의

정부정책에 대한 연구는 그렇게 오래되지 못했다. 현대 정책학의 효시(嚆矢)

라고 할 수 있는 학자는 라스웰(H. D. Lasswell)인데, 그는 1951년 "정책지향(Policy Orientation)"이라는 글에서 정책학은 그때그때의 눈앞에 닥친 문제보다는 사회 속에서 인간이 부딪치는 근본적인 문제에 초점을 두고자 하였다. 아울러, 그는 정책학을 공공부문과 민간질서의 의사결정과정에 관한 지식과 내용에 관해 연구하는 학문으로 간주하였다.5) 정책학을 체계화시킨 드로어(Y. Dror)는 정책형성체계를 이해하고 개선시켜 보다 나은 정책을 형성하고 그 정책을 통하여 바람직한 목적을 달성하기 위한 것에 관한 학문이라고 하였다. 여러 정책학자들의 의견을 종합하여 정책과 정책학을 정의하자면, '공공문제를 해결하거나 목표달성을 위해 정부에 의해 결정된 행동방침을 정책이라 하고, 이를 연구하는 학문'을 정책학이라고 정의할 수 있다(제갈 돈 외, 2002).

1960년대 미국사회는 인종차별이 빚어낸 흑인 폭동 사건, 월남전 참전거부 및 시민 저항운동 등 많은 문제들이 노출되었고 정부는 이러한 문제를 해결하기 위해 정치・행정학자들에게 도움을 요청하였는데, 그 당시 유행했던 행태주의(behavioralism) 학문연구는 이러한 사회문제 해결에 도움을 주지 못했다. 즉, 1960년대 말 행태주의론자들은 일정한 가정 및 통제된 상황 내에서 사람들의 행태를 경험적으로 분석하고 설명할 수 있는 탐구능력을 증대시켜 주었다. 더 나아가 그들은 방법론적 중요성과 명확한 개념 적용의 필요성을 인식시켜 주었으며, 주어진 일정한 상황 하에서 사람들의 행태를 보다 더 자세하게 설명하고, 예측하는 데에도 기여하였다. 그렇지만 이와 같은 행태주의는 학문의 과학적 연구에는 도움이 되었지만, 문제해결을 위한 처방제시가 미흡했다는 비판이 제기되었다.

행태주의에 대한 비판가들은 사회문제의 정확한 진단과 그 문제에 대한 실질적인 해결책을 수립하기 위해서는 인간행태중심의 연구가 아니라 사회문제중심의 연구가 필요하다고 주장하였다. 이를 위해서는 오직 사실판단에 입각한 순수이론적 연구가 아니라 사실판단과 가치판단을 종합한 처방적인 지식이 요구된다고 주장했다.6) 이스턴(D. Easton, 1969)은 "정치학에서의 새로운 혁명"이라는

---

5) 라스웰(L. D. Lasswell)은 정책학의 연구방법으로 1-2차 세계대전시 개발된 계량적 방법을 강조하였다. 그러나 1950년대의 행태주의(behavioralism) 혁명으로 Lasswell의 이러한 주장은 한 걸음 물러설 수밖에 없었다.

6) 행태주의자들은 연구대상에서 가치의 문제를 제외시킨 데 대해 비판을 받아왔다.

글에서 “후기행태주의(post-behavioralism)”를 선언하였고, 왈도(D. Waldo)는 “신행정학(new public administration)”이라는 새로운 학문적 지향을 통해 사회문제에 대한 현실적인 처방을 강조했다. 한편 1971년 라스웰(H. D. Lasswell)은 「정책학의 재현(A Preview of Policy Sciences)」이라는 책을 통해 정책학의 재출발을 선언하기에 이르렀다. 이러한 일련의 과정들을 통해 우리는 궁극적으로 정책학이 추구하는 목적이 있음을 분명히 알 수 있다. 정책학의 궁극적 목적은 인간의 복리증진에 있으며, 보다 나은 생활을 위하여 여러 가지 다양한 방법을 제공하고 문제를 해결하는 것이다. 뿐만 아니라 여러 가지 정책에 공통되는 원리나 법칙을 발견하는 것 또한 정책학의 중요한 목적이라고 볼 수 있다.

2. 정책학의 특성

정책학은 다양한 특성을 가지고 있는데 정리하면 문제지향성, 상황성, 방법론의 다양성, 인도주의 등을 들 수 있다(제갈 돈 외, 2002). 이에 대해서 좀 더 구체적으로 설명하면 다음과 같다.

첫째, 문제지향성(problem orientation)은 사회문제를 해결하는데 필요한 대안을 모색하고 평가하는 것으로 근본적인 문제의 규명이 매우 중요하다. 이러한 문제지향적인 탐색은 누가 무슨 목적을 가지고, 어떠한 방법으로 그 목적을 달성하느냐에 관한 것이므로 문제의 원인과 치유 및 대책, 그리고 대책의 적용에 따른 결과를 명확하게 규명해야 하는 것이다.

둘째, 문제의 상황성(contextuality)은 문제가 엄격히 아무 조건이나 환경여건이 없는 상태에서 야기되는 경우는 없고, 반드시 문제를 둘러싼 환경과 조건이 있다는 것이다. 그러므로 문제를 환경 및 조건과 분리해서 이해할 수 없고, 전체와 부분간의 관계를 연구해야 하며, 또 시간의 경과에 따라 그 문제에 대한 인간의 생각과 가치가 바뀌어서 문제가 되기도 하므로 역사적 관찰, 환경변화에 대한 인식 및 고찰이 필요하다.

셋째, 방법론의 다양성(methodological complexity)은 사회문제라는 것이 사회의 다양한 원인과 결과의 상호작용 속에서 빚어지는 것이므로 이를 치유하는 방법도 다양해 질 수밖에 없다는 의미이다. 순수학문처럼 일반적인 모델이나 이론보다는 문제의 성질을 정확하게 파악해야 하며, 복잡한 성질을 가진 사회문제를 해결하기 위해서는 여러 학제간(interdisciplinary)의 융합된 연구방법이 필요하다고 볼 수 있다.

넷째, 인도주의(humanism)는 정책학의 궁극적인 목적이 인간의 존엄성을 실현하고, 복리를 증진시키는데 있다는 것을 의미한다. 인간의 생활조건과 환경을 개선하고 정책수혜자들의 기대와 요구를 반영함으로써 궁극적으로 인간의 복리를 증진시키기 위해 정책을 연구한다는 측면에서 볼 때 정책학은 하나의 인위적인 학문이라고 볼 수 있다.

이와 같이 다양한 특성을 지닌 정책학을 우리가 계속 연구하고 이해해야 하는 이유는 과학적인 이유, 정치적인 이유, 전문적인 이유가 존재하기 때문이라고 볼 수 있다. 하나의 학문으로써, 그리고 다양한 사회문제들 중에서도 특히 정치적 과정을 거친 중요한 이슈로써의 사회문제를 과학적이고 합리적으로 해결하는데 필요한 전문성을 제공할 수 있기 때문에 정책학에 대한 연구는 계속될 필요성이 있다.

제3절 | 정책유형과 정책이론

1. 정책유형

1) 실질적 · 기능적 분류

정책은 여러 가지 기준에 따라 다양하게 분류되는데, 보편적으로 정부조직과 각 기관이 담당하는 기능에 따라 정책 유형을 분류하는 실질적 · 기능적 분류가 많이 쓰인다. 이 기준에 따르면, 정책은 문화정책, 경제정책, 교육정책, 통일정책, 외교정책, 국방정책, 복지정책, 산업정책, 환경정책, 에너지정책, 여성정책 등 다양하게 분류할 수 있다. 그렇지만 이 기능에 따라 정책을 유형화할 경우에는 정부조직이 담당하는 기능과 정책의 실질적 내용이 일치하지 않는 경우가 발생할 수 있다는 단점이 있다. 뿐만 아니라 실질적 내용이 서로 다른 수많은 정책들에 관한 보편적인 원리를 발견하고자 하는 정책학의 목적에도 적합하지 않다는 단점도 있다. 이와 같은 단점들을 보완하고 모든 정책에 보편적인 특징만을 고려하여 정책을 분류하는 방법으로는 국내정책과 국외정책으로 나누고, 국내정책을 다시 경제 · 사회 · 문화정책 등으로 분류하는 것이다(정정길 외, 2011).

기존의 대표적인 학자들의 정책유형분류를 살펴보면 다음과 같다.

2) Lowi의 분류

지금까지 많은 학자들이 정책을 분류하였지만 그 중에서도 로위(Lowi, 1972)가 분류한 정책의 유형은 이후 학자들에게 많은 영향을 미쳤다고 볼 수 있다. 로위(T. Lowi)는 정책을 성격에 따라 배분정책, 규제정책, 재분배정책, 구성정책 등으로 분류하고 있는데, 이를 구체적으로 설명하면 다음과 같다.

첫째, 배분정책(distributive policy)은 개인, 집단, 기업 및 지역사회 등으로 분할된 특정 부류의 사회구성원들에게 재화나 서비스 또는 편익을 배분하는 것과 관련된 정책을 말하는 것으로 사회간접자본구축, 공원조성, 지방자치단체에 대한 국고보조금의 지급, 택지분양 정책, 주택자금대출, 보건진료 등을 들 수 있다. 이와 같은 분배정책은 국민들이 필요로 하는 재화와 서비스를 정부가 적극적으로 제공하는 것을 그 내용으로 한다.

둘째, 규제정책(regulatory policy)은 개인이나 집단의 행동에 제한을 가하는 것과 관련된 정책이다. 규제정책하에서는 정도의 차이는 있지만 그 대상이 누구든지 간에 규제 받는 사람 또는 집단의 자유 내지 재량권은 제한받게 된다. 규제정책이 가지고 있는 특징에는 정책 불응자에게 강제력을 행사한다는 점과 국민의 자유와 권리를 제한하기 때문에 의회의 의결을 거친 법률의 형태를 취한다는 점 등이 있다. 대표적인 규제정책으로는 환경오염과 관련된 규제, 독과점 규제, 공공요금규제, 소비자보호법, 식품위생법, 기업활동규제 등을 들 수 있다.

한편, 리플리(Ripley)와 프랭클린(Franklin)은 규제정책을 경쟁적 규제정책과 보호적 규제정책으로 구분하였다(Ripley & Franklin, 1980). 경쟁적 규제정책은 경쟁을 통해 많은 경쟁자들 중에서 선택된 몇몇 개인이나 집단에게 소비자나 일반 국민들에게 필요한 재화와 서비스를 제공하는 사업을 운영할 수 있는 권리를 제공해 줌과 동시에 이들이 운영하는 사업의 일정 부분에 규제를 가하는 것을 의미한다. 대표적으로 TV나 라디오 방송권 부여나 버스노선 운행권 부여 등이 여기에 해당한다고 볼 수 있다. 보호적 규제정책은 소비자나 일반 국민들을 보호하기 위해 사적인 활동을 하는 개인이나 집단의 자유나 권리행사에 제약을 가하는 것을 의미하며, 거의 대부분의 규제정책이 여기에 해당된다.

셋째, 재분배정책(redistributive policy)은 정책에서 가진 자와 가지지 못한 자 또는 무산계급과 유산계급과 같이 포괄적으로 분할된 인구집단간 또는 인구계층간에 기존의 부, 소득, 재산 또는 권리 등의 분포상태를 포함한 조세구조에서 재원을 조달하여 그 일부를 저소득층에 교부하거나 저소득층에 유리한 각종 사회적 급부를 제공하는 것을 의미한다. 이러한 재분배정책으로는 누진소득세, 종합부동산세, 영세민 취로사업, 임대주택건설, 세액공제나 감면 등을 들 수 있다.

넷째, 구성정책(constituent policy)은 정치체제의 구조와 운영과 관련된 정책으로써 정부기관의 신설과 변경, 선거구의 조정, 공직자의 보수와 연금에 관한 정책, 군인들을 위한 퇴직연금 등과 관련된 정책이 이에 해당한다.

3) Almond와 Powell의 분류

정책을 성격에 따라 배분정책, 규제정책, 재분배정책, 구성정책 등으로 분류한 로위(T. Lowi)의 정책 분류법과 비슷하게 알몬드(Almond)와 포웰(Powell)은 정책을 정치체계의 산출성과(performance)로써, 배분정책, 규제정책, 추출정책, 상징정책으로 구분하였다(Almond & Powell, 1978). 배분정책과 규제정책은 로위(Lowi)의 분류법에서 설명한 내용과 거의 같기 때문에 설명은 생략한다.

알몬드(Almond)와 포웰(Powell)이 분류한 정책의 유형 중에서 추출정책(extractive performance)은 민간부분에서 자원을 추출하는 정책으로 국민에게 인적·물적 자원의 부담을 지우는 정책이다. 정부의 조세정책, 징병, 토지수용, 조세징수, 각종 성금 등과 같이 민간부문에서 필요한 자원을 추출하는 정책을 말한다. 그리고 상징정책(symbolic performance)은 정치지도자들이 국가의 각종위기(전쟁, 에너지위기, 홍수 등) 시 국민들의 지원 및 국민들의 단결된 일체감을 조성하기 위한 정책을 말한다. 이것은 정치지도자가 이념에 호소하거나 미래의 업적 및 보상을 약속하는 것이며, 정부의 정통성을 주장하여 정책에 대한 순응을 확보하기 위한 것이다. 올림픽과 FIFA월드컵의 개최, 국경일 지정, 애국심을 함양할 수 있는 위인의 동상제작 등이 이에 해당한다.

2. 정책이론

정책현상과 과정을 설명하는 정책이론들은 무수히 많다. 이 책에서는 그 중에서도 정책현상을 이해하는데 도움이 될 수 있는 주요 정책이론들을 소개하는데, 여기에는 정치체제이론, 집단이론, 엘리트 이론, 제도이론, 신제도주의 이론, 문화이론, 시차이론, 딜레마 이론에 대해서 설명한다.

1) 정치체제이론

정치체제이론(political system theory)에서 정책은 정치체제의 산물이라고 본다. 이스턴(D. Easton, 1965)에 의하면 정치체제란 사회생활에 구속력을 갖게 되는 권위에 의하여 가치배분을 결정하는 구조, 절차 및 제도와 활동으로 구성되어 있다고 보았다. 정치체제이론은 가치판단의 문제, 정책형성의 전반적인 활동을 이해하는데 매우 유용하고 정책과정의 일반적인 특성을 잘 묘사한 것으로 판단된다. 그러나 특정한 정책형성이나 구체적인 과정을 이해하는 데에는 상당히 제한적이다. 환경적인 투입이 정치체제의 성질과 정책의 내용에 미치는 영향이나 환경의 정치세력 요소가 정치체제에 어떻게 제시되는가 등에 대해서는 체제모형으로 이해하기 곤란한 부분이다.

2) 집단이론

집단이론(group theory)에서 정책은 경쟁관계에 있는 집단 간의 투쟁의 산물로 보며 다원론이라고도 한다. 엘리트이론과 대비되는 이론으로 권력이 소수의 엘리트에 집중되어 있는 것이 아니라 다양한 이해관계집단에 분산되어 있으며 정책은 주어진 시간에 대립하는 집단 간의 투쟁에서 이루어진 평행상태이고, 또 경쟁되는 집단이나 당파들이 선호하는 가치에 대한 균형이라 한다. 트루먼(Truman)에 의하면, 개인들은 정치적 세력을 확보하기 위하여 집단을 형성하고, 이들 이익의 일부 혹은 집단이익을 대표하여 활동할 때 정치적으로 중요한 의미를 지닌다고 본다. 집단이론에서의 집단의 힘을 강화시키기 위해선 구성원의 수, 재정력, 조직력, 리더십, 정책결정자의 접근능력 및 단결력 등이 중요한 요소가 된다.

3) 엘리트 이론

엘리트 이론(elite theory)에서는 일반 대중이 정책을 결정하는 것이 아니라 정책과정에 참여하는 소수의 엘리트 계층이 정책을 결정하며 그 결과 엘리트와 대중의 이해는 일치하지 않으며 대중의 대표성을 가지지 못하는 것으로 본다. 또 관료들과 행정기관에 의하여 이러한 정책이 집행된다는 것이다. 엘리트이론은 정책형성에서 리더십 역할을 중시하며, 다원적인 민주국가보다는 공산주의 국가의 정치제도를 설명하는데 효과적이다.

4) 제도이론

제도이론(institutional theory)에서는 정책을 정치제도 내에서 정부의 권위에 의하여 결정된 정부제도의 직접적인 산물로 본다. 법적인 권력, 절차적 규정, 기능과 활동에 대한 관심이 점차 정치적인 제도 내에서 일어나는 정치적 과정에 대한 관심으로 바뀜에 따라 제도이론은 정치과정에 참여하는 정치가들의 행태와 공식적인 구조보다는 정치적인 현실에 더 치중하는 경향이 있다. 정부제도의 공식적인 구조나 절차와 같은 양상도 정책을 이해하는데 중요하지만 제도의 관행이나 행태의 동태적인 과정도 중요한 것이다. 따라서 신제도이론이 등장하면서 제도는 개인의 행위와 사회적 현상을 설명하는데 더욱 더 중요한 요소로 간주되어 왔다.

5) 신제도이론

신제도이론(neo-institutional theory)에서도 정책을 정치제도 내에서 정부의 권위에 의하여 결정된 정부제도의 직접적인 산물로 본다. 그렇지만 신제도이론에서는 인간의 행위와 사회적 현상을 설명하는 과정에서 제도의 중요성을 강조하며, 제도 자체가 수행하는 독립적인 기능이나 제도가 인간의 유인체계에 미치는 제약을 분석한다. 또한, 신제도이론에서는 제도가 구제도이론에서 주장하는 바와 같이 인간의 행동이 나타나는 장(locus)일 뿐만 아니라 더 나아가 제도는 인간의 선호나 유인에 영향을 미쳐 궁극적으로는 인간의 행태에도 영향을 미친다고 주장한다(정정길 외, 2011). 〈표 4-1〉은 구체적으로 구제도이론과 신제도이론을 비교한 내용이다.

표 4-1 정치체제, 환경 그리고 정책과의 관계

구제도이론	신제도이론
특정 제도의 개념과 속성을 단순히 기술하고 묘사	제도 자체가 수행하는 독립적인 기능이나 제도가 인간의 유인체계에 미치는 제약을 분석
제도는 인간의 행동이 나타나는 장(locus)이라는 측면만 파악	제도가 인간의 선호나 유인에 어떤 영향을 미치고 궁극적으로 인간의 행태에 어떤 영향을 미치는가를 분석→좀 더 '제도' 중심의 분석을 강조

출처: 정정길 외(2011: 731-732)를 참조하여 재구성.

이와 같은 신제도이론은 이후 합리적 선택 신제도주의, 역사적 신제도주의, 사회학적 신제도주의7) 등으로 분화가 되며, 각각의 접근방법과 방법론, 그리고 강조점 등은 매우 다르게 나타나게 된다.

6) 문화이론

문화이론에서는 문화적 편향에 따라 정책의 선호가 달라질 수 있다고 가정하면서 정책현상을 이해하는데 있어서 문화의 중요성을 강조한다. 정책의 각 과정에서 정책참여자들은 자신들이 가지고 있는 문화에 기초해서 정책문제를 정의하게 되고, 실제로 결정된 정책을 정책대상집단들이 수용하는 과정에 있어서도 그들이 소유한 문화의 차이에 따라 수용의 범위와 수준이 달라질 수 있다. 따라서 이러한 문화는 정책문제를 정의하는 기본 인식 틀의 차이를 가져오며, 그렇기 때문에 정책현상과 과정을 설명하는데 있어서 중요한 요인이 된다.

7) 딜레마 이론

딜레마 이론은 딜레마 상황에서의 정책결정을 다룬다. 딜레마는 두 가지 대안 가운데 한 가지를 선택해야 함에도 불구하고 선택이 매우 곤란한 상황으로 정의할 수 있다. 따라서 정책결정자가 만일 이러한 딜레마 상황에 처해있다면 어떤 선택을 하더라도 높은 기회비용이 뒤따르기 때문에 이러지도 못하고 저러지도 못하는 곤란한 상황에 빠지게 된다. 딜레마 이론은 바로 이와 같은 딜레마 상황이 발생하는 조건은 무엇이며, 그러한 상황하에서는 정책결정자는 어떻게

7) 합리적 선택 신제도주의를 주장한 학자로는 Coase, Williamson, North, Ostrom 등이 있고, 역사적

행동하고 어떤 선택을 해야 하며, 그러한 선택행위로 인해 발생할 수 있는 문제점을 극복하기 위해서는 어떤 전략을 펼쳐야 하는지에 대한 것을 탐구하는 이론이다. 현실적으로 시급하게 처리해야 할 정책문제를 첨예한 이해관계의 대립으로 정책문제를 해결해야 할 정부가 딜레마상황에 빠져 정책문제가 표류하고 있을 때 딜레마 상황의 체계적 분석을 통해 합리적인 정책결정을 모색하려는 딜레마 이론[8]은 상당히 큰 의미가 있다.

8) 시차이론

비교적 최근에 등장한 시차이론은 정책현상과 정책과정을 설명하는데 있어서 시간의 중요성을 강조한다. 시차이론과 관련하여 정정길(2002)이 제시한 예를 살펴보면, 나트륨에 염소를 첨가하면 소금이 되고, 이를 물에 집어넣으면 소금물이 되지만 나트륨에 물을 먼저 첨가하면 폭발이 일어나고, 그런 후에 염소를 첨가하면 전혀 다른 결과물이 발생한다고 한다. 이는 동일한 원인변수들도 원인변수들의 변화과정과 성숙단계의 차이에 따라 결과변수에 미치는 영향은 크게 다르게 나타남을 잘 보여준다(정정길, 2002; 최종원, 2003). 따라서 정부의 동일한 개입전략도 제도와 정책의 성장 시기에 따라 전혀 다른 결과를 초래하게 되며, 그렇기 때문에 우리는 정책현상이나 과정을 설명할 때 시간의 중요성을 고려해야 한다.

신제도주의를 주장한 학자로는 Hall, Taylor, Immergut 등이 있다. 그리고 사회학적 신제도주의 주장한 학자로는 Meyer, Rowan 등이 있다.

8) 딜레마 이론에 대한 보다 구체적인 내용은 김태룡(2007), 염재호 · 박국흠(1992), 박통희 · 김동환(1992), 이종범(1992), 이종범 외(1992) 등의 연구를 참고하기 바란다.

제 5 장 정책과정

제 1 절 | 정책과정의 의의 및 특성

1950년대에 정책 연구가 시작된 이후 많은 정책연구자들은 다양한 관점에서 정책과정(policy process)을 논의해 왔다. 학자들마다 정책과정에 대해 상이한 견해를 가지지만, 종합하면 다음과 같은 몇 가지 공통된 특성을 지니고 있다.

첫째, 정책과정은 합리적으로 선택되고, 실현되고, 평가되는 과정이므로 정책과정의 모든 단계는 동태적인 성격을 띤다. 둘째, 정책과정은 갈등과 타협이 존재하는 정치적 과정이므로 각 단계별 참여자는 크든 작든 상관없이 정책과정에 영향력을 서로 행사한다. 셋째, 정책과정은 순환적 과정이다. 각 단계는 단선적인 연계를 통해 서로 관련을 맺는 것만이 아니고, 각 단계에서의 결과는 나머지 단계로의 환류과정을 통해서 정책변동을 이끌어내는 순환적 과정이라 할 수 있다. 넷째, 정책과정에 참여하는 집단은 다양하며 조직적으로 연대하여 참여하는 경우도 있다. 한 집단이 활용 가능한 다른 집단의 지지를 얻음으로써 유리한 여론을 형성하고 동조적 집단시위 등을 전개하여 정책당국에 압력을 행사하기도 한다(제갈 돈 외, 2002: 110).

정책과정의 특성에 대해서도 학자들마다 견해가 다양하듯이, 정책과정의 단계를 분류하는 것도 학자들마다 다양하다. 예로 정책학을 창시한 라스웰(H. Lasswell)은 정책과정을 ① 정보 수집 및 처리, ② 동원, ③ 처방, ④ 행동화, ⑤ 적용, ⑥ 종결, ⑦ 평가의 순으로 분류한다. 한편 정책학을 체계화한 드로어(Y. Dror)는 정책과정을 ① 기본방침결정단계(meta-policymaking stage), ② 정책결정단계(policymaking stage), ③ 정책결정이후단계(post-policymaking stage)로 분류하였다. 그 밖에도 앤더슨(J. Anderson)은 ① 정책의제설정, ② 정책형성, ③ 정책채택, ④ 정책집행, ⑤ 정책평가 단계 등 5단계로, 존스(C. O. Jones)는 ① 문제정의, ② 형성, ③ 집행, ④ 평가, ⑤ 종결 등 5단계로, 팔럼보(D. J. Palumbo)는 정책과정을 ① 의제설정(agenda setting), ② 정책결정(policy formulation), ③ 집행(implementation), ④ 평가(evaluation), ⑤ 정책종결(policy termination) 등 5단계로 구분한 바 있다. 이상의 내용을 정리하면 〈표 5-1〉과 같다.

표 5-1 정책과정에 관한 학자들의 구분

단계	H. Lasswell	Y. Dror	J. Anderson	C. Jones	D. Palumbo
1	정보수집 · 처리	기본방침결정	정책의제설정	문제정의	의제설정
2	동원	정책결정	정책형성	형성	정책결정
3	처방	정책결정이후	정책채택	집행	정책집행
4	행동화		정책집행	평가	정책평가
5	적용		정책평가	종결	정책종결
6	종결				
7	평가				

〈표 5-1〉에서 보는 바와 같이 정책의 각 과정은 학자들에 따라 서로 다른 용어로 표현되고 있기는 하지만, 이를 종합하면 정책의제설정, 정책결정, 정책집행, 정책평가 및 환류, 정책종결 등 5단계로 구분할 수 있다.

제2절 | 정책과정의 단계

1. 정책의제설정

1) 정책의제설정의 의의

정책의제설정(policy agenda-setting)은 특정 사회문제가 선택되어 정부가 해결 또는 교정해야 할 정책의제로 설정되는 과정을 말한다. 이는 단순한 정부의 견해표명이 아니라 사회문제를 정책문제로 바꾸는 정부의 공식적인 의사결정 행위라고 볼 수 있다. 그리고 정책문제가 공식적인 정책참여자에게 도달하여 공식적으로 해결해야 할 필요성이 인정되면 정책의제(policy agenda)가 된다.

일상에서 우리는 모든 사회문제가 정책문제로 채택되지는 않는다는 점을 너무나도 잘 알고 있다. 즉, 사회문제는 관련 당사자 집단 간의 협력과 갈등을 통한 정치적 과정을 거쳐 정책문제로 전환이 될 수 있다. 콥(Cobb)과 엘더(Elder)는 이러한 측면을 고려하여 정책의제설정과정은 사회문제→사회적 쟁점→공중의제(체제의제)→정부의제(제도의제, 결정의제) 단계를 거친다고 주장하였다.

사회문제(social problem)는 동일한 문제로 고통 받고 있는 사람들이 많은 문제를 의미하며, 문제가 한 개인에게 국한된 사적문제와는 다르다.

사회적 쟁점(social issue)은 일반대중들이 관심을 가지고 있지만 그 문제의 정의나 해결방법에 대한 사회구성원들 간의 이해관계가 대립되어 갈등을 일으키고, 문제해결을 위한 방법에 대한 합의점을 찾을 수 없어 논쟁의 대상이 되는 문제를 말한다. 특히, 오늘날과 같이 사회구성원들의 다양한 가치관이 존중되는 다원주의 사회에서는 과거의 권위주의 시대보다 훨씬 더 다양한 사회적 쟁점이 등장하게 된다.

공중의제(public agenda)는 사회적 쟁점이 일반 국민들에게 확산되어 많은 정치적 논란을 불러일으키는 대상이 되는 정치적 의제들 중에서 정부가 개입하여 문제를 해결하는 것이 정당한 것으로 인정되는 이슈를 말한다.[1] 사회적 쟁점이

---

1) 아이스톤(Eyestone)은 체제의제(systematic agenda)를 공중의제(public agenda)라도 불렀다.

공중의제로 전환되기 위해서는 많은 사람들이 그 문제에 관심을 가지고 있어야 하고, 어떤 방식이든 정부의 조치나 개입이 필요하며, 그러한 조치나 개입은 정부의 권한 범위 내에 있다고 사람들이 생각하고 있어야 한다.

정부의제(governmental agenda)는 특정한 시기에 정부나 정치체제가 주목할 만하다고 인식하여 공식적인 의사결정을 통해 문제를 해결하기로 명확히 밝힌 문제를 말한다.[2] 이렇게 사회문제가 정부의제로 채택되도록 하기 위해서는 관련 집단들이 일반 국민들의 관심을 불러일으킬 수 있도록 다양한 전략들을 사용한다.

결국 정책의제라는 것은 정치적 논쟁거리가 된 사회문제들 중에서 특정한 시기에 정치체제가 주목할 만하다고 인식하여 공식적으로 해결하여야 하는 범주로 간주하는 문제를 의미하며, 사회문제의 정책의제화는 해결가능성이 있는 문제를 해결하고자 하는 정부 당국의 의도적인 활동이라고 볼 수 있다.

2) 정책의제설정모형

Cobb, Ross & Ross(1976)는 선진국과 후진국의 비교 정치적인 관점에서 정책의제설정과정을 설명하는 3가지 모형을 제시하였는데, 여기에는 외부주도모형과 동원모형, 내부접근모형이 있다.

(1) 외부주도모형

외부주도모형(outside initiative model)은 외부집단 즉, 비정부조직(nongovernmental organization)의 주도하에 정책의제의 채택이 정부에 강요되는 모형이다. 외부주도형은 주로 이익집단이 발달하고 정부가 외부의 요구에 민감하게 반응하는 민주화된 선진국에서 나타나는 유형이다. 예로 미국의 "낙태반대(abortion controversy) 운동", "재산세 거부(proposition 13)운동", "한국의 6・29 민주화 선언" 등이 동 모형에 의해서 설명 가능하다.

(2) 동원모형

동원모형(mobilization model)은 정부 내 정책결정자들의 주도하에 정책의제가

2) 정부가 문제의 해결을 위해 심각하게 고려하고 있다는 점에서 정부의제는 단순히 정부가 불만세력을 무마하기 위해서 겉으로만 관심이 있는 것처럼 보이게 하는 위장의제(pseudo agenda)와는 다르다고 볼 수 있다.

채택되는 모형이다. 비록 정부 내 정책결정자들에 의해서 문제가 제기되어 곧 공식의제로 채택이 되기는 하지만, 거기서 그치지 않고 대중의 지지 · 협조 · 순응을 얻기 위해 정부가 적극적으로 활동함으로써 공식의제를 공중의제로 형성하는 모형이다. 주로 민간부문이 취약한 계층사회나 권위주의 사회, 즉 후진국 사회에서 많이 볼 수 있는 모형이다. 예로 미국의 경우 1964년 존슨(L. B. Johnson)대통령의 "빈곤퇴치운동(War on Poverty)", 한국의 경우 새마을운동, 사회정화운동, 금융실명제, 공직사회부정부패척결운동, 제2건국운동 등이 동원모형에 의해서 설명 가능하다.

(3) 내부접근모형

내부접근모형(inside access model)은 정부기관 내 정책담당자들에 의해 자발적으로 정책의제화가 이루어지는 모형이다. 동원모형과 달리 정책결정자가 아닌 고급관료가 주도적 역할을 하며, 의도적으로 공중의제화 되는 것을 막기 때문에 음모형이라고도 불린다. 일반적으로 후진국에서 주로 나타나지만, 미국과 같은 선진국에서도 무기구입계약과 같은 경우 나타나기도 한다. 한국의 경우에도 국방부 차세대전투기 사업 등과 같은 무기구매계약 등이 내부접근모형에 의해서 설명 가능하다.

표 5-2 내부접근형과 동원형의 비교

기준		동원형	내부접근형
차이점	의제형성 주도자	• 최고 통치자 • 고위정책결정자	동원형의 의제형성 주도자보다 지위가 낮은 고위 관료
	공중의제화 과정	이미 만들어진 정부의제를 정부 PR을 통해 공중의제화 함	정부가 공중의제화 하는 것을 꺼림
	정책의 내용 및 집행	의제형성 주도집단이 미리 결정하였으나 대중의 지지와 순응을 확보하려함	의제형성 주도집단이 미리 결정하고 최소한의 수정으로 집행하려 함
유사점		쉽게 정부의제화할 수 있음	

정책의제설정과정과 관련하여 Cobb, Ross & Ross(1976)가 제시한 외부주도모형과 동원모형, 내부접근모형은 살펴보면, 궁극적으로 의제의 선후관계에 있

어서 그 차이가 두드러지게 나타나는데 이를 그림으로 나타내보면 다음의 [그림 5-1]과 같다.

그림 5-1 정책의제 설정과정의 세 가지 모형: 의제의 선후관계

유형	1단계	2단계	3단계
외부주도형	사회문제 ⟶	공중의제 ⟶	정부의제
동원형	사회문제 ⟶	정부의제 ⟶	공중의제
내부접근형	사회문제 ⟶	공중의제 ⟶	

출처: Cobb, Ross & Ross(1976); 정정길 외(2011) 재구성.

2. 정책결정

1) 정책결정의 의의

정책결정(policy making)이란 "행정기관이 국가 목표를 설정하고, 그것을 달성하기 위한 정책대안을 작성해 그 결과를 예측 · 분석하고 채택하는 동태적인 과정"을 의미한다(이종수, 2009: 419). 이러한 정책결정은 의사결정(decision making)과 다음과 같은 차이를 가진다:

첫째, 의사결정은 정부기관과 민간부문에서 이루어지는 모든 결정을 말하지만, 정책결정의 주체는 정부기관에 한한다.

둘째, 의사결정은 어느 계층, 어느 단계에서도 사용될 수 있는 일반성을 가진 개념이지만 정책결정은 공공문제 해결이라는 한정된 분야에만 사용되는 특수성을 가진 개념이다.

셋째, 정책결정은 의사결정보다 상위의 개념으로 1회에 한하여 선택되지만, 의사결정은 계속적인 일련의 선택과 수정을 거치는 과정이다. 그러나 양자는 여러 대인들 중에서 최선의 대안을 선택하는 과정이라는 점에서 공통점이 있다(제갈 돈 외, 2002: 116).

2) 정책결정기준

정책결정자는 여러 가지 기준에 의거하거나 영향요인에 기초하여 정책을 결정하는데, 이러한 기준이나 요인에는 정책결정자의 가치, 정당에의 충성심, 지역주민들의 이해관계, 여론, 경청, 의사결정규칙 등이 포함된다.

첫째, 정책결정자의 가치이다. 가치는 개인 신념 내지 판단으로, 이러한 가치에는 정치적 가치, 조직적 가치, 개인적 가치, 정책적 가치,이념적 가치 등이 있다. 둘째, 정당에의 충성심으로, 정책결정자가 어느 정당과 어떠한 관계를 가지는지에 따라 집단적인 의사결정 과정에서 정책결정자들의 행태를 예측할 수 있다. 셋째, 지역구 주민들의 이해관계로, 다원주의 사회에서 정책결정자들은 지역구 주민의 이해에 충실할 수 있도록 노력하므로 정책결정자의 지역구가 어디인지가 중요한 영향요인이 된다. 넷째, 여론도 정책결정자의 정책결정에 영향을 미칠 수 있다. 다섯째, 정책결정자들은 경청 즉 남의 의견을 많이 참조한다. 여섯째, 의사결정규칙(decision rule)에 따라 정책결정의 내용이 달라질 수 있다.

3) 정책결정모형

정책결정모형에는 합리모형, 점증모형, 혼합주사모형, 최적모형, 쓰레기통모형, 엘리슨모형 등이 있다.

(1) 합리모형

합리모형(rational modcl)은 "인간과 조직의 합리성, 완전한 정보환경 등을 전제로 하여, 목표 달성의 극대화를 위한 합리적 대안의 탐색 · 선택을 추구하는 규범적 · 이상적 정책결정 모형"을 의미한다(이종수, 2009: 539). 즉, 합리모형은 인간의 합리적 사고방식을 강조하고, 포괄성(comprehensiveness)에 중점을 둔다. 정책결정에서의 합리모형은 정책결정자가 모든 가치 또는 정책문제에 대해서 인지하고 이에 대한 우선순위를 결정할 수 있으며, 모든 정책대안을 탐색할 수 있으며, 각 대안 간 비교 분석을 통해서 최적의 대안을 선택할 수 있다고 가정한다. 이러한 합리모형은 매우 이상적이고 규범적으로 가장 바람직하지만, 완전한 합리모형은 현실에서 거의 불가능하다고 할 수 있다. 즉, 시간과 비용의 부족, 정보의 제약, 불확실성의 존재 등으로 인해 인간의 합리성이 제약되기 때문에 합리모형에서 가정하는 전제들이 실제 실현되기 불가능하다. 사이먼(H. A.

Simon)은 이러한 한계를 인지하고 완전한 합리성이 아닌 '제한된 합리성'을 제시하면서 만족모형을 제시하였다. 따라서 만족모형은 합리모형에 반하는 것이라기보다는 현실적인 가정에서 출발한 또 하나의 합리모형이라고 볼 수 있다.

(2) 점증모형

점증모형(incremental model)이란 "정책결정은 기존 정책을 토대로 하여 그보다 약간 향상된 대안을 추구하는 점증적 방식으로 이루어진다는 정책결정의 이론모형"을 의미한다(이종수, 2009: 409). 이에 대해 린드블롬(Lindblom)은 "간신히 헤쳐나가는 모형(the science of muddling through)"으로 칭하였다. 점증모형은 현실적합성을 중시한 모형으로 합리모형에 비해서 보다 현실을 잘 설명하기는 하지만 다음과 같은 비판을 받기도 한다. 즉, 점증모형은 소폭의 변화로 설명하기 때문에, 혁신을 추구하는 신생국이나 급진적인 정책결정에 대해서는 설명하지 못하는 한계가 있다.

(3) 혼합주사모형

혼합주사모형(mixed-scanning model)은 에치오니(A. Etzioni)가 합리모형과 점증모형의 단점을 모두 비판하면서 두 개의 장점을 병합해서 제시한 정책결정모형이다(Etzioni, 1967). 즉, 그는 현실에서 합리모형과 점증모형을 상호 보완적으로 혼용할 때 현실적이면서 합리적인 결정을 할 수 있다고 주장한다. 정책결정을 근본적인 결정(fundamental decision)과 맥락적 · 부분적인 결정(contextual decision)으로 구분하고, "근본적인 결정에서는 중요한 대안의 중요한 결과만을 고려하고, 그 기본적 결정의 테두리 안에서 세부적인 결정을 하는 것이 바람직하다고 주장한다"(이종수, 2009: 570). 예로, 기상관측을 통해 태풍발생을 예측하는 것을 살펴보자. 합리모형에 따른 방법은 세세한 관측이 가능한 정밀 카메라로 기상상황을 모두 정밀하게 관찰한다. 그러나 점증모형에 따른 방법은 최근에 기상현상이 나빴던 지역 및 그 주변 지역만 관찰을 실시한다. 그러나 혼합모형은 카메라 2대를 활용하여 한 개의 카메라는 대기권 전역 조사용으로 활용하고, 이상 지역 발생 시 다른 정밀카메라로 그 지역을 집중 · 정밀 조사하는 것이다.

(4) 최적모형

최적모형은 드로어(Y. Dror)가 제시한 정책결정모형으로, "정책결정에 합리적 요소와 초합리적 요소를 모두 포괄해 정책결정 체제의 성과를 최적화하려는 의사결정 모형"을 의미한다(이종수, 2009: 491). 이 모형은 정책결정에 있어 합리적 분석뿐만 아니라 정책결정자의 직관 또는 초합리적 요소도 강조한다. 즉, 드로어는 정책학은 정책결정의 개선을 목적으로 가치지향적 응용연구와 사실지향적 순수연구가 복합된 것으로 초합리적 · 비합리적 과정까지도 연구대상에 포함시켜야 한다고 주장한다.

(5) 쓰레기통모형

쓰레기통모형(garbage can model)은 "정책결정이 일정한 규칙에 따라 이루어지는 것이 아니라, 문제, 해결책, 선택 기회, 참여자의 네 요소가 쓰레기통 속에서와 같이 뒤죽박죽 움직이다가 어떤 계기로 서로 만나게 될 때 이루어진다고 보는 정책결정 모형"을 의미한다(이종수, 2009: 313).

(6) 엘리슨 모형

엘리슨 모형(Allison model)은 집단적 의사결정을 성질별로 분류하여 국가의 정책결정에 적용한 모형 중 가장 널리 알려진 것으로, 현실적인 정책결정이 결정과정에 참여하는 관료들의 흥정(bargaining), 타협(compromise), 협상(coalition), 갈등(conflict)을 통해서 이루어진다고 본다.

Allison(1969)은 1960년 초 쿠바가 소련의 미사일을 도입하려고 했을 때 미사일이 운반되지 못하도록 미국이 해상봉쇄라는 대안을 선택한 이유를 설명하는데 엘리슨 모형을 적용하였다. 엘리슨 모형은 정부의 정책결정과정을 설명하기 위해 합리적 행위자모형, 조직과정모형, 관료정치모형이라는 세 개의 상호배타적인 모형을 제시한다. 엘리슨 모형의 이 세 가지 모형을 종합하여 비교해 보면 〈표 5-3〉과 같이 나타낼 수 있다.

엘리슨(Allison)이 이와 같은 정책결정모형을 제시하면서 의도했던 바는 실제 정책결정과정에서는 이 세 가지 모형 중의 어느 하나가 아닌 세 가지 모형 모두가 적용될 수 있다는 점이다. 엘리슨 모형은 원래 쿠바 미사일 사건과 같은 국제정치적, 위기 사건에 대응하는 정책결정을 설명하기 위해 고안되었으나 점차 보편적으로 활용되어 오늘날 일반정책의 경우에도 적용가능하다.

표 5-3 엘리슨의 세 가지 모형의 종합·비교

	합리적 행위자모형	조직과정모형	관료정치모형
조직관	조정과 통제가 잘된 유기체	느슨하게 연결된 하위조직들의 연합체	독립적인 개인적 행위자들의 집합체
권력의 소재	조직의 두뇌와 같은 최고지도자가 보유	준독립적인 하위조직들이 분산소유	개인적 행위자들의 정치적 자원에 의존
행위자의 목표	조직 전체의 목표	조직전체의 목표+하위조직들의 목표	조직전체의 목표+하위조직들의 목표+개별행위자들의 목표
목표의 공유도	매우 강함	약함	매우 약함
정책결정의 양태	최고지도자가 명령, 지시	표준운영절차(SOP)에 대한 프로그램 목록에서 추출	정치적 게임의 규칙에 따라 타협, 흥정, 지배
정책결정의 일관성	매우 강함 (항상 일관성 유지)	약함 (자주 바뀜)	매우 약함 (거의 일치하지 않음)

출처: 정정길 외(2011: 498-499).

3. 정책집행

1) 정책집행의 의의

정책집행(policy implementation)은 "정책지시를 실행에 옮기는 과정"으로 (Nakamura & Smallwood, 1980: 1), 정책의 내용을 실현하는 과정이라고 할 수 있다. 정치행정이원론의 입장에서 정책집행은 정책결정자에 의해서 결정된 정책목표 및 정책수단을 기계적으로 처리하는 활동으로 행정 고유의 영역이라 할 수 있다.

정책집행은 정책결정 과정에서 달성하고자 의도했던 정책목표를 실현하는 과정으로 중요한 과정이라고 할 수 있다. 뿐만 아니라 정책집행과정에서 추상적이고 모호했던 정책내용이 좀 더 구체화되어 실질적인 정책내용을 구성한다는 측면에서 정책집행에 관심을 기울일 필요가 있다. 궁극적으로는 정책집행이 이루어져야 정부의 활동이 일반국민들에게 직접적인 영향을 미칠 수 있기 때문에 정책집행과정은 국민생활과 직결되는 정부활동이라는 측면에서 매우 중요하다 (정정길 외, 2011: 513).

2) 정책집행의 특징

정책집행의 특징은 복합적인 과정, 순환적 과정, 정책결정과의 상호작용이라는 측면에서 설명할 수 있다. 즉, 정책과정은 순환성의 원칙(principle of circularity)에 기초를 두며, 정책집행과정은 정책형성, 정책결정과정, 정책평가과정 및 환류과정과 서로 영향을 주고받을 뿐만 아니라 상호 교류작용을 하는 특징을 지니고 있다.

3) 정책집행자의 유형

나카무라(Nakamura)와 스몰우드(Smallwood)는 정책결정자와 집행자 사이의 역할관계를 설명하는 유형으로, 고전적 기술관료형, 지시적 위임형, 협상형, 재량적 실험형, 관료적 기업가형 등 5가지 유형을 제시하였다(Nakamura & Smallwood, 1980). 각 유형의 특징을 살펴보면 다음 〈표 5-4〉와 같다.

표 5-4 정책집행자의 유형

정책집행자	설 명
고전적 기술관료형 (classical technocrats)	정책결정자와 정책집행자를 엄격히 구분하여, 정책결정자는 구체적인 정책목표와 세부정책내용을 결정하며, 하위집행자들의 활동을 엄격히 통제하고, 집행자는 결정자들이 만들어 놓은 정책내용과 목표를 실행하는 업무만을 담당한다.
지시적 위임형 (instructed delegates)	정책결정자들에 의해 목표가 수립되고 대체적인 방침만 정해진 뒤 나머지 부분은 집행자들에게 위임한다. 집행자들은 이 목표와 방침에 합의한 상태에서 구체적인 정책집행을 실시할 때 재량권을 갖게 된다.
협상형 (bargainers)	정책결정자가 목표를 수립하고 대체적인 정책을 결정하나, 실제 집행과정에서 정책결정자는 정책집행자들과 많은 협상을 벌인다. 따라서 권력과 협상력에 따라 의도한 정책이 만들어지고 집행된다.
재량적 실험형 (discretionary experimenters)	정보, 기술 등 현실여건들 때문에 정책결정자들이 구체적이지 못한 추상적인 정책목표만 설정한다. 따라서 정책결정자는 정책에 대한 확신이 없고, 대부분 집행자에게 위임을 하는 유형이 이에 해당한다.
관료적 기업가형 (bureaucratic entrepreneur)	정책집행 관료들이 큰 권한을 소유하고 정책과정 전체를 좌우하는 행태로서 정책결정권까지 행사한다. 따라서 모든 실권은 집행자가 보유하고 있다.

출처: 제갈 돈 외(2002: 120).

4) 성공적 정책집행을 좌우하는 요인

성공적인 정책집행을 좌우하는 요인으로는 정책의 특성과 자원, 정책결정자 및 관련 집단의 지지, 집행조직과 담당자, 정책집행에 대한 순응 등이 포함된다.

(1) 정책의 특성과 자원

정책집행은 달성해야 할 정책목표와 수단이 명확하고, 정책내용이 바람직할수록 쉽게 성공할 수 있다. 뿐만 아니라 정책집행에 소요되는 자원이 충분이 확보된다면 성공적인 정책집행이 이루어질 가능성이 훨씬 더 높아지게 된다.

(2) 정책결정자 및 관련 집단의 지지

정책집행과정에서 정책결정자의 계속적인 지지와 관심, 대중 및 언론의 지지 등이 있으면 집행에 필요한 인적, 물적 자원을 획득하거나 어려움을 극복하는데 상당히 도움이 되므로 성공적인 정책집행이 가능해진다. 뿐만 아니라 정책집행으로 인한 수혜집단의 강력한 지지와 비용부담집단의 저항이 약하면 상대적으로 성공적인 정책집행 가능성이 높아지게 된다.

(3) 정책집행조직과 담당자

성공적인 정책집행을 위해서는 집행자의 능력이 뛰어나야 하고, 집행에 대한 강한 의욕과 적극적인 태도를 지니고 있어야 한다. 이는 집행 담당자의 경우에만 국한되는 것이 아니라 집행조직 전체가 강한 의욕과 능력을 보유하고 있어야 하며, 집행에 도움을 줄 수 있는 필요한 제반 활동들에 대한 표준화된 절차가 집행조직 내에 갖추어져 있어야 한다.

(4) 정책집행에 대한 순응

성공적인 정책집행을 위해서는 정책집행에 대한 순응 확보가 필요하다. "정책집행에 대한 순응이란 정책결정자의 의도나 정책내용에 대해 정책집행자나 정책대상집단이 일치된 행동을 하는 것을 의미하며, 일치된 행동을 보이지 않는 것을 불응이라 한다"(제갈 돈 외, 2002: 120). 일반적으로 완전히 순응하거나 불응하기보다는 부분적으로 순응 또는 불응하므로, 극단적인 순응 또는 불응이 존재한다기보다 연속선상에서 상대적인 차이로 파악된다.

연구결과에 따르면, 일반적으로 정책이 권위가 있고 정당하며 합리적일 때, 정부의 정통성이 인정될 때, 개인적인 이익이 있을 때, 정책에 대한 평판이 좋을 때 정책집행에 순응할 확률이 높은 것으로 나타났다. 반면, 현존하는 가치, 관습, 신념에 모순되거나 갈등을 일으킬 때, 정책이 모호할 때 정책집행에 불응하기도 한다. 또한 어떤 법이 다른 법보다 개인에게 구속감을 덜 주는 경우, 개인이 구속감을 덜 주는 법에 대해 선택적으로 불응하는 경우도 있다. 순응을 확보하기 위한 수단으로는 교육 및 홍보 활동, 정책 수정, 법에 의한 제재, 보상 등이 있다.

이와 같은 성공적 정책집행 요인들 중 중요한 일부가 빠지게 되면 정책집행이 실패할 가능성이 커지기 때문에 '정책집행의 실패요인'이라고 부르기도 한다.

4. 정책평가 및 환류

1) 정책평가 및 환류의 의의

정책평가는 "정책의 내용과 집행 및 그 영향 등을 추정하거나 평정하는 것"을 의미한다(이종수, 2009: 424). 다시 말해, 정책평가는 정책이 실제로 효과가 있었는가를 살펴보는 것이다. 이러한 정책평가과정을 통해 정책 입안자(또는 정책결정자)나 일반시민들과 언론에 정책의 결과를 보여줄 수 있다. 결국 정책의 결과에 대해 관련 당사자들의 환류(feedback)과정이 이루어질 수 있게 되어, 새로운 정책을 입안하거나 기존 정책의 수정을 통해 현재의 정책 결과를 개선할 수도 있다.

2) 정책평가의 목적

정책평가의 목적은 다음과 같다. 첫째, 정책평가의 가장 중요한 목적으로 정책결정과 집행에 필요한 정보를 제공하는데 그 목적이 있다. 구체적으로 우선 현재 진행 중인 정책의 존치, 수정 또는 종결여부를 결정하고 앞으로 채택될 정책에 대한 비판적인 안목을 제공해 줄 수 있다. 또한 정책평가를 통해 목표의 달성 여부를 판단하고 그 원인을 제시함으로써, 목표달성을 위한 수단 및 하위목표를 수정 및 보완하는데 도움을 줄 수 있다. 뿐만 아니라 과정평가를 통해 좀 더 효율적인 집행절차와 활동을 설계하는 것을 가능케 해 줄 수 있다. 둘째, 정책과정상의 책무성 확보에 도움을 줄 수 있다. 즉, 정책평가결과는 언론, 시민, 이해관계자 등이 정책을 결정하고 집행하는 담당자가 법적 책임, 관리적 책임, 정치적 책임을 다하고 있는지를 살펴보는데 유용한 정보를 제공해 주고, 그에 따라 담당자들이 보다 성실히 정책을 결정 및 집행하게끔 한다. 셋째, 정책평가는 정책수단과 정책결과간의 인과관계를 검토함으로써 좀 더 효율적인 정책수단을 찾는데 기여할 수 있다.

3) 정책평가의 기준

정책평가의 기준으로는 효과성(effectiveness), 능률성(efficiency), 적정성(adequacy), 형평성(equity), 대응성(responsiveness), 적절성(appropriateness) 등이 있다.

4) 정책평가의 유형

정책평가는 평가시기와 목적, 평가주체, 평가기준 등에 따라 다양하게 유형화할 수 있다. 구체적으로 살펴보면 첫째, 평가시기에 따라서 형성적 평가(formulation evaluation)와 총괄적 평가(summative evaluation)로 구분할 수 있다. 형성적 평가란 사업계획을 형성 및 계획하는 과정에서 이루어지는 평가를 의미하고, 총괄적 평가는 정책 집행 후 초기에 의도한 목적이 달성되었는지 여부를 평가하는 것을 의미한다. 둘째, 평가목적에 따라 과정평가와 총괄평가로 구분된다. 과정평가는 정책이 의도했던 대로 집행되었는지를 확인하고 점검하는 것을 의미하고, 총괄평가는 정책이 의도한 효과를 달성하였는지를 평가하는 것을 의미한다.

한편, 미국 정책평가연구회(Evaluation Research Society)는 사전분석(front-end analysis), 평가성 사정(evaluability assessment), 과정평가(process evaluation), 효과성 또는 영향평가(effectiveness or impact evaluation), 사업감시(program and problem monitoring), 메타평가 또는 평가합성(meta evaluation and evaluation synthesis)으로 구분하기도 한다. 각각 살펴보면, 첫째, 사전분석은 새로운 사업을 기획하거나 형성할 때, 사업기획 또는 정책수단이 적절한지 등을 평가하는 것을 의미한다.

둘째, 평가성 사정(evaluability assessment)은 "본격적인 평가에 앞서 실시하는 '평가를 위한 평가'로서 주로 ① '프로그램이 의도하는 결과를 가져오도록 관리할 수 있는 준비가 되어 있는지(평가의 가능성)', ② '평가가 프로그램의 성과를 향상시키는데 공헌할 수 있는가(평가의 소망성)' 등을 검토하는 평가이다"(김중규, 2010: 357). 셋째, 과정평가(process evaluation)는 정책이 집행되고 난 후 사전분석

그림 5-2 정책평가의 유형

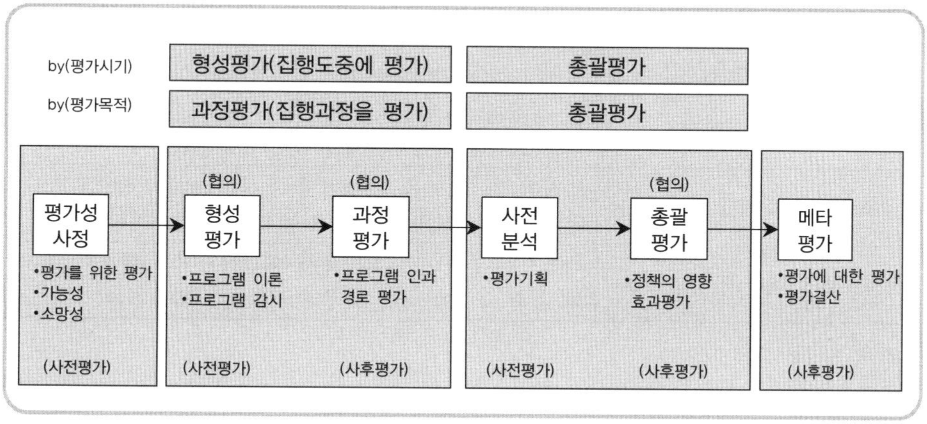

자료: 김중규(2010: 355).

에서의 예측이 집행과정에서 차이가 있는지를 조사하는 것을 의미한다. 넷째, 효과성 또는 영향평가(effectiveness or impact evaluation)는 앞서 살펴본 총괄평가와 유사한 개념으로서 정책이 실제 의도한 효과를 달성하였는지를 평가하는 것이다. 다섯째, 사업점검(program and problem monitoring)으로 정책 형성부터 종료까지 지속적으로 사업의 문제점을 진단하고 이를 개선하는 작업을 의미한다. 여섯째, 메타평가 또는 평가합성(meta evaluation and evaluation synthesis)은 앞에 제시된 모든 평가를 결합하여 재평가하는 것을 의미한다.

5. 정책종결

정책종결은 "종결의 대상을 정책, 사업, 법령, 정부의 기능 및 조직까지 광범위하게 포함하며, 이에 수반되는 종결의지를 실현하려는 인위적이고 의도적인 노력"으로 정의할 수 있다. 간단히 설명하면 기존의 정책을 없애는 것을 정책종결이라고 할 수 있다. 이러한 정책종결의 원인은 다음 〈표 5-5〉와 같다.

표 5-5 정책종결의 원인

원 인	설 명
문제의 고갈 및 정통성의 상실	문제나 행정수요의 고갈로 정책을 존치시킬 정당성 상실
환경의 엔트로피	현 정책이나 조직을 뒷받침해 주는 환경의 능력이 저하되어 조직을 현행수준에서 유지할 수 없을 때
조직의 위축이나 취약성	조직이 제 기능을 수행하지 못하는 위축현상으로 기구 및 인원과 예산의 감축은 기능적인 종결에 해당함
정책종결에 대한 저항의 약화	내부적 종결요인의 하나로서 예산삭감이나 환경으로부터의 감축 요구에 대한 조직의 저항력 약화를 의미

자료: 김중규(2009: 373).

제 3 편

조 직

제 6 장 조직이론: 조직구조를 중심으로

제1절 | 조직의 개념

고대 그리스 철학자인 아리스토텔레스가 "인간은 사회적 동물이다"라고 말했듯이, 사람들은 개인으로서 존재한다 하더라도, 끊임없이 타인과의 관계 속에서 존재한다. 즉, 인간은 오래전부터 집단, 사회를 형성하며 존재해왔고, 그 중심에는 조직이 있다고 볼 수 있다. 그럼 조직이란 무엇인가?

> "조직이란 인간의 집합체로서 일정한 목표를 달성하기 위하여 의식적으로 구성한 사회적 체제이다. 조직은 대규모의 복잡한 형태를 갖고 어느 정도 공식화된 분화와 통합의 구조 및 과정 그리고 규범을 내포하며, 상당히 지속적인 성격을 갖는다. 또한 조직은 경계를 가지고 있으며, 경계 밖의 환경과 교호작용을 한다"(허중경 외, 2005: 162).

이러한 정의에는 다양한 특징들이 내포되어 있고, 이를 각각 살펴보면 다음과 같다.

1. 인간으로 구성되는 사회적 실체

조직은 인간과 집단(인간의 모임)으로 구성되어 있다. 인간이 없는 집단을 우리는 조직이라고 부르지 않는다. 예를 들어 공장이나 건물, 기업체의 무인공장 그 자체는 조직이라고 하지 않는다.

비록 조직이 개인으로 구성되어 있지만, 일단 조직이 형성되어 정착되면, 조직구성원들의 존재와는 별도의 실체를 갖게 된다. 즉, 구성원들이 사망하거나 변경되더라도 조직은 계속적으로 유지된다. 예를 들어 로마교황청의 경우 몇 대에 걸쳐서 존재해 왔다.

또한 조직 내 개인들은 조직에서 부여된 각자의 역할이 있으며, 조직의 목표 달성을 위해서 상호작용한다.

2. 목표지향성

조직은 목표 지향적이다. 여기에서 조직의 목표라는 것은 조직이 달성하려는 미래의 바람직한 상태를 의미한다. 그리고 이러한 조직목표는 한 가지일 수도 있지만 복수로 존재할 수도 있고, 목표달성을 위해서는 조직구성원들의 집단 노력이 요구된다. 때로는 조직 내 구성원 개인의 목표와 조직의 목표가 상충될 경우도 있기 때문에, 이를 잘 조정 및 통합하는 것이 매우 중요하다. 공공조직의 경우 그 목표가 모호한 경우가 있지만(예: 국민들의 삶의 질 향상), 모호하더라도 목표가 없는 것이 아니므로 조직은 목표를 가진 존재라고 정의해도 무방하다.

3. 구조화된 활동체제

조직이 목표를 달성하기 위해서는 조직이 수행해야 할 업무를 여러 하위 부서에 분담시키고, 분담된 업무에 대한 구성원들의 역할을 규명하는 등 분화가 이루어져야 한다. 또한 이렇게 분화된 활동은 다시 조직목표 달성을 위해 조정 및 통제되어 통합되게 된다. 이러한 분화 및 통합은 역할과 책임에 대한 규정 및 절차에 따라 이루어지게 된다.

4. 조직의 경계

조직의 경계는 조직의 내부와 외부(환경)를 구분 짓는 역할을 한다. 조직의 경계는 조직을 바라보는 관점에 따라서 다소 상이한 모습을 지닌다. 조직을 폐쇄된 체제(closed system)로 보는 경우 조직의 경계는 뚜렷하고 고정적인 반면, 조직을 개방된 체제(open system)로 보는 경우 조직의 경계는 흐릿하고 유동적인 모습을 지닌다. 환경의 변화속도가 매우 빠르고, 이러한 환경변화가 조직에 많은 영향을 주는 오늘날에는 조직을 개방된 체제로 보는 것이 일반적인 통설이라고 할 수 있다.

5. 환경과의 상호작용

조직은 환경과 항상 상호작용을 한다. 조직은 외부환경으로부터 생존하는데 필요한 인적·물적 자원을 얻기 때문에 환경은 조직의 생존 및 번영에 많은 영향을 미친다. 한편, 조직은 환경을 자신에게 유리한 방향으로 이끌어 감으로써 환경에 영향을 미치기도 한다.

제2절 | 조직의 유형

현대 사회에는 무수히 많은 조직들이 있고, 이러한 조직들은 다양하게 분류할 수 있다. 가장 흔하게는 조직의 목적이 영리를 추구하는지 여부에 따라 영리조직과 비영리조직으로 구분할 수 있다. 이러한 조직 유형의 구분은 조직을 이해하는데 많은 도움을 줄 수 있고, 이러한 조직에 대한 이해는 다시 조직을 보다 능률적으로 관리하는데 도움을 줄 수 있다. 많은 학자들은 다양하게 조직을 분류하고 있고, 몇 가지 유형을 간략히 정리해서 제시하면 다음 〈표 6-1〉과 같다.

표 6-1 조직의 유형

학 자	분류기준	유 형	내 용
파슨스	조직이 수행하는 기능	정치적 조직 (적응기능)	사회의 목표가치를 창설하고 권력을 형성하며 배분하는 조직(예: 행정기관 및 관료조직)
		경제적 생산조직 (목표달성 기능)	사회의 적응기능을 수행하는 조직으로 경제적 생산과 분배에 종사하는 조직(회사 또는 공기업)
		통합조직 (통합기능)	사회의 갈등을 조정하고 사회의 일탈을 방지하며 안정을 추지하는 기능을 수행하는 조직(예: 사법기관, 경찰서 등)
		형상유지조직 (잠재적유지 기능)	사회체제의 유형을 유지하고 사회의 문화적·교육적 기능에 종사하는 조직(예: 교육기관, 종교기관 등)
블라우 & 스콧	조직으로부터 혜택을 받는 주요 수혜자	호혜적 단체	조직의 일반구성원들이 주된 혜택을 받게 되는 조직(예: 정당, 노동조합, 재향군인회, 직업단체, 종교단체 등)
		기업체	조직의 소유자나 관리자가 주요 수혜자인 경우(예: 회사, 은행 등)
		봉사조직	조직과 정기적으로 접촉하는 특정 고객이 주요 수혜자인 경우(예: 사회복지기관, 병원, 학교, 법률사무소 등)
		공익조직	일반 공중이 주요 수혜자인 경우(예: 군대, 행정기관, 경찰서, 소방서 등)
에치오니	복종관계의 기초가 되는 조직관리자의 권력과 조직구성원의 자기연계(involvement)	강요적 조직	강제력이 주된 통제의 수단이 되며 대부분의 조직구성원들이 높은 소외감을 갖는 조직(예: 강제수용소, 교도소 등)
		효용적 조직	임금·봉급이 주된 통제의 수단이 되며 대부분의 조직구성원들이 타산적인 동기에 의해 행동하는 조직(예: 공장, 사무실, 연구 및 계획부서 등)
		규범적 조직	사랑·신앙·애국심·정치적 신념과 같은 상징적 수단이 통제의 주된 원천이며, 조직구성원이 높은 소속감을 갖는 조직(예: 종교단체, 이념정당, 자발적 사회단체 등)

자료: 허중경 외(2005: 164-168) 수정.

제3절 | 조직구조의 의의 및 구성요소

1. 조직구조의 의의

구조의 사전적인 의미는 "부분이나 요소가 어떤 전체를 짜 이룸. 또는 그렇게 이루어진 얼개"이다.[1] 따라서 구조는 전체를 구성하는 부분들이 어떻게 서로 연결되어 있는지를 보여준다. 예를 들어 [그림 6-1]에서 볼 수 있듯이, 건물(아파트)의 평면구조도는 각 부분들(침실, 거실, 주방, 화장실, 발코니, 창문, 문 등등)이 어디에 배치되고 어떻게 연결되는지를 보여준다.

그림 6-1 아파트 평면구조도면

1) 네이버 사전: 구조

조직구조도 건물구조와 마찬가지로 조직을 구성하는 각 요소 또는 부분들이 서로 어떻게 연결되고 배치되는지를 보여준다. 조직구조에서 각 부분들은 조직의 구성원들이 맡고 있는 직무이다(일, 역할, 권한). 따라서 조직구조란 직무가 서로 연결되어 있는 짜임이라고 할 수 있다. 이러한 조직구조를 잘 보여주는 것은 조직도(organization chart)이고, 여기에서는 행정자치부의 조직도를 [그림 6-2]와

그림 6-2 행정자치부 조직도

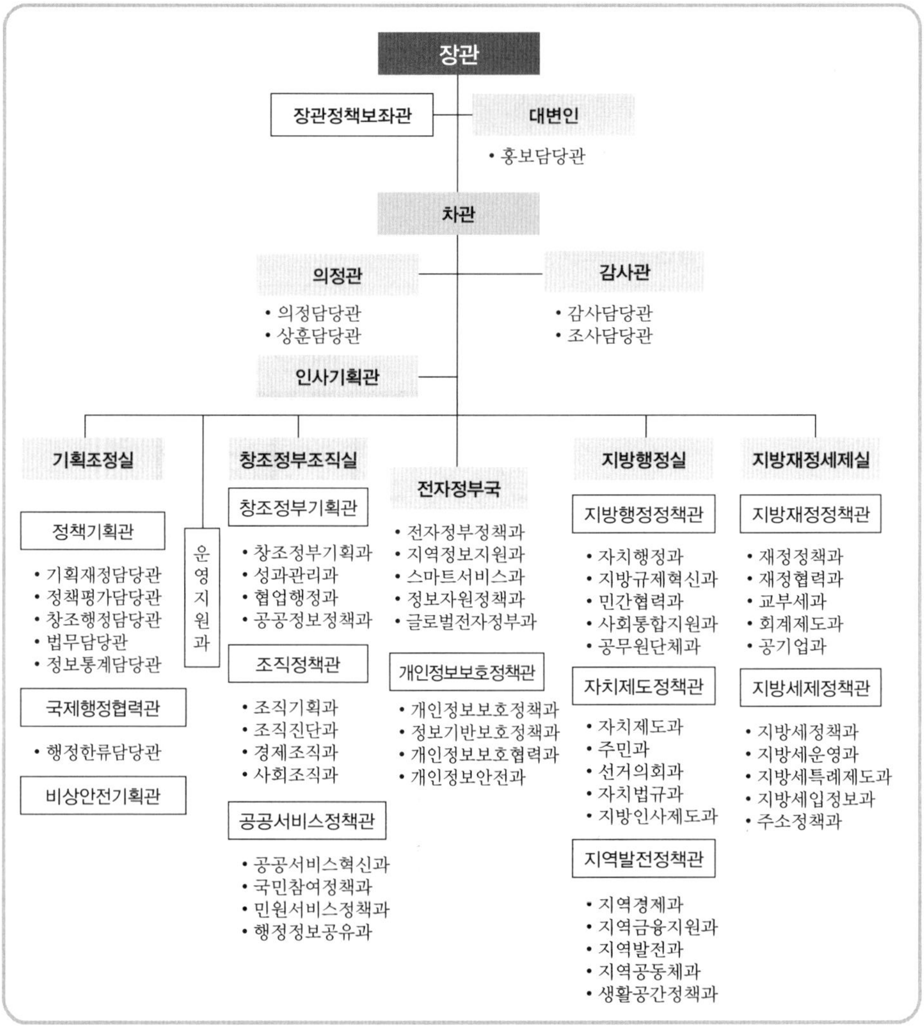

자료: 행정자치부 홈페이지(http://www.moi.go.kr), 2017.1.11

같이 예로 제시한다. 그림에서 볼 수 있듯이 장관 밑에 차관이 존재하고, 차관 밑에는 다시 기획조정실, 창조정부조직실, 전자정부국, 지방행정실, 지방재정세제실 등이 존재한다. 즉, 조직도에서의 각 상자는 "그 위치에 따라 각각의 사람이 담당해야 할 직무, 권한, 책임, 지위, 통제 등을 함축하고 있고 선은 이들의 공식적인 관계(명령 및 보고 체계)를 보여준다"(유민봉, 2010: 371). 따라서 종적으로는 지배구조(권력 · 권한 등)로, 횡적으로는 역할구조(역할 · 지위 등)로 구성된다.

이러한 조직구조의 정의는 조직구조를 업무나 권한 체계로 보는 것으로 정태적 측면이 강조된 정의라고 할 수 있다. 반면, 조직구조를 조직 내 구성원들 간의 교호작용으로는 보는 조직 내부의 동태적 측면을 강조하는 견해도 있다. 이러한 견해에 따르면, 조직구조는 "조직구성원의 유형화된 교호작용의 구조로 정의할 수 있다. 즉, 조직구성원들은 조직 목표를 달성하기 위해 서로 협동하면서 끊임없이 상호작용을 계속하는 바, 이러한 계속적인 교호작용 속에서 조직구성원들의 행위의 유형이 형성된다"(이종수, 2009: 438).

위에서 언급된 두 견해는 모두 조직구조의 한쪽 면만을 강조해서 조직구조를 온전히 이해하는데 한계가 있다. 따라서 현재는 이 두 견해를 모두 종합한 정의가 통설로 받아들여지고, 이를 종합해서 민진(2012: 112)은 조직구조를 "조직구조의 기본 변수인 복잡성, 공식성, 집권성이 배열되어 있는 조직 내부의 동태적 형상"으로 정의하고, 여기에서는 이러한 정의를 따른다.

조직을 이해하는 데 있어 조직구조는 매우 중요한 역할을 한다. 이러한 역할은 크게 이론적인 측면과 처방적인 측면으로 구분해서 살펴볼 수 있다. 첫째, 조직을 이해하는 데 있어 조직구조를 분석하지 않을 수 없다(이론적인 측면). 왜냐하면 조직현상을 이해할 때 개인을 단위로 해서 설명하기보다는 조직 그 자체를 단위로 해야 제대로 설명이 될 수 있기 때문이다. 둘째, 조직구조는 목표달성을 위한 도구이므로 구조를 중시할 수밖에 없다(처방적인 측면). 조직구조는 조직성과에 막대한 영향을 미치고 있고, 많은 조직 문제는 조직구조의 개선을 통해서 해결할 수 있기 때문이다.

2. 조직구조의 구성요소 및 차원

1) 조직구조의 구성요소

조직의 구조는 무엇으로 구성되는가? 조직구조도는 크게 지배구조와 역할구조로 구성되고, 이들 하위 구조는 다시 지위, 역할, 권력, 규범 등으로 구성된다. 즉 이들 네 가지 구성요소들은 조직구조의 기본 구성단위로서 역할을 하고 있고, 각각의 정의를 살펴보면 다음과 같다. ① 지위(status)는 조직 내의 구성원이 점하고 있는 위치의 상대적인 가치 또는 존중도이다. 지위는 직위와 구별되는데, 지위는 조직 내에서의 개인의 등급 또는 계급(예: 4급)이라는 점에서 개인적이고 수시로 변동될 수 있는 반면에, 직위는 조직업무의 소재지(예: 총무과장)라는 점에서 비개인적이고 영구적이다. 지위에 기반을 둔 것이 계급제이고, 직위에 기반을 둔 것이 직위분류제이다. ② 역할(role)은 일정한 지위를 점유하고 있는 사람들이 해야 할 것으로 기대되는 행동의 범주이다. ③ 권력은 타인의 의지와 관계없이 강제적·규범적 방법에 의하여 타인의 행태에 영향을 미치는 능력을 의미한다. ④ 규범은 사람들의 행동에 대한 일방적 처방으로서 지위, 역할, 권력의 실체와 상호관계에 대하여 규정한 것이다.

2) 조직구조의 차원

위에서 살펴본 조직구조의 구성요소들은 각각 개별적인 것으로 볼 경우 조직구조 전체의 특성(복잡성 및 다양성)을 충분히 설명할 수 없다. 즉, 조직구조의 특성을 적절히 이해하기 위해서는 구성요소들이 서로 어떤 관계를 지니는지에 대한 이해가 필수적이다. 따라서 조직구조의 구성요소들 간 연결된 구조적 특성인 조직구조의 차원을 이해할 필요가 있다. 학자들마다 다양하게 조직구조의 차원을 분류하지만, 공통적인 차원으로는 복잡성, 공식성, 집권성을 들 수 있다.

(1) 복잡성

복잡성은 조직 목적을 달성하기 위한 활동이 분화(differentiation)되어 있는 정도를 의미한다. 이러한 복잡성은 주로 하위단위, 계층, 분업화의 수로 측정되고, 다음 〈표 6-2〉에서 보는 바와 같이 수직적 분화, 수평적 분화, 장소적 분화로 분류할 수 있다.

표 6-2 분화의 종류

분화	내 용
수평적 분화	조직에 의해서 수행되는 과업이 하위단위로 세분화된 상태를 의미함. 즉, 횡적으로 부서 및 직위가 많아지고 업무가 전문화된 정도임
수직적 분화	조직 내 계층의 수를 의미함. 즉, 장관-차관-실장-국장-과장으로 이어지는 종적인 분화로서 책임과 권한의 계층적 분화를 의미함
공간적 분화	공간적 분화는 조직 내 물리적 시설과 구성원들이 지역적으로 분산되어 있는 정도를 의미함

자료: 허중경 외(2005: 194-195); 방성은(2012: 738-739).

(2) 공식성

공식성은 조직구조 및 절차가 문서화된 규칙 및 규정에 의해 공식적으로 구축되어 있는 정도를 의미한다. 일반적으로 문서의 쪽수를 계산하여 측정한다. 이러한 문서에는 구성원에 대한 지시와 통제에 관련된 각종 규정이나 지침, 직무기술서, 구체적인 정책 및 절차 등이 포함된다.

(3) 집권성

집권성은 권력 및 권위가 조직의 상층부에 집중되어 있는 정도를 의미한다. 예를 들어, 최고관리자가 하위계층으로부터 어떠한 조언도 듣지 않고서 조직의 주요 의사결정을 내릴 수 있는 권한을 가지고 있다면 이 조직은 전형적으로 집권화된 조직이다. 반면 하위계층의 관리자들에게 조직의 주요 의사결정에 많이 참여할 수 있는 권한을 부여할 뿐만 아니라 자신의 업무와 관련된 의사결정에 대해 폭넓은 재량권이 주어져 있으면 분권화된 조직이다.

제4절 | 조직구조의 설계

조직의 목표를 가장 효율적으로 달성할 수 있는 조직구조가 무엇인지를 찾는 작업은 조직이론이 탄생한 시점부터 지속적으로 이루어져왔다. 초기이론(고전적 조직이론)에서는 행정원리학파를 중심으로 하나의 가장 효율적인 조직구조를 탐색하고 이러한 구조를 설계하기 위한 원리를 제시하는 것이 주를 이루었다. 그러나 이후 Simon을 필두로 고전적 조직이론의 모순성 및 한계에 대한 비판이 제기됨에 따라 상황론적 접근법이 대세를 이루게 되었다. 본 저서에서는 초기 고전적 조직이론의 입장을 원리론으로, 후자를 상황론으로 칭하고자 한다.[2)]

1. 원리론

원리라 함은 조직구조를 어떻게 설계하는 것이 가장 바람직한지를 제시한 관점, 기준, 가정을 의미한다. 따라서 원리는 과학적 방법에 의해서 도출되었다기보다는 조직구조의 설계 경험이 있는 학자들의 직관에 근거하여 제시되었다고 할 수 있다. 조직구조의 원리란 조직구조를 수평적으로 어떻게 분화하고 수직적으로 어떻게 계층화할 것인지에 대한 기준 또는 규범이라고 할 수 있다. 이러한 조직구조의 원리로는 분업화의 원리, 계선과 참모의 구분, 계층제의 원리, 통솔범위의 원리, 명령통일의 원리 등을 들 수 있다.

1) 분업의 원리

원리론의 대표적인 학자 중 한 사람인 귤릭(Gulick)은 『Notes on the Theory of Organization』이라는 논문에서 분업화의 원리를 가장 먼저 소개하면서, 분업을 실시해야 하는 이유를 다음의 세 가지로 제시하고 있다. 첫째, 사람들은 본성, 역량, 기술이 다르고 분업에 의해서 그 솜씨를 최대로 발휘할 수 있다. 둘째, 같은 사람이 동일한 시간에 두 장소에 있을 수 없다. 셋째, 한 사람이 같은 시간에 두 가지 일을 할 수 없다.

분업의 가장 기본적인 원리는 동질적인 업무는 하나로 묶고, 이질적인 업무는 서로 나누는 것이라고 할 수 있다. 여기에서 제기되는 질문은 어떤 기준에 따라 나누는가이다. 이에 대해 행정원리학파는 전문성의 원리와 부서편성의 원리에 따라 답을 제시한다. 전문성의 원리라는 것은 전문화가 될수록 행정능률이 향상된다는 원리로 주로 하위 단위의 업무를 나눌 때 전문성을 기준으로 분류해

2) 『한국 행정학』을 저술한 유민봉(2010)도 전자를 원리론으로, 후자를 상황론으로 구별해서 설명하고 있다.

야 한다. 그리고 부서편성의 원리란 목적, 과정, 고객, 장소를 기준으로 부서를 편성할 때 행정능률이 증대된다는 것을 의미하는 것으로 주로 상위 단위의 업무를 분류할 때 활용된다.

2) 계선과 참모의 구분

분업의 한 형태인 계선(line)과 참모(staff)는 기능이 다른 경우 이를 구분해야 한다. "즉, 계선은 부하에게 업무를 지시하고 직접 실행하는 책임선상에 있는 반면, 참모는 그 선상에서 비켜나 정보제공, 자료분석, 기획 등의 전문지식으로 계선의 관리활동을 돕는 조언자의 역할을 한다"(유민봉, 2010: 375). 따라서 계선관리자가 관리행위에 대한 책임을 지고, 참모는 계선상의 부하에 대해 직접 명령을 내릴 수 없다. 위의 [그림 6-2] 안전행정부 조직도에서 공무원노사협력관, 인사기획관 등이 참모에 해당한다.

3) 계층제

분업으로 인해 나누어진 업무는 다시 조정 및 통제를 위해 상하 계층을 만들고 서열화하여서 지시 · 보고 · 감독 관계를 만들어야 할 필요가 있다. 계층제(hierarchy)에서 서열을 매기는 가장 중요한 기준은 권한과 책임이라고 할 수 있다. "상위계층은 하위계층에 일부 권한을 위임하고 결과에 대한 책임을 지우며 이들 계층간의 이해를 조정한다. [서열]화는 사람이 아니라 직무에 수반되는 책임과 권한을 기준으로 나누는 것이 원칙이다"(유민봉, 2010: 375).

4) 통솔의 범위

사람이 관리하고 통솔할 수 있는 부하의 수는 한정적이다. 통솔의 범위는 한 사람이 효과적으로 통솔할 수 있는 부하의 수를 정할 수 있다는 가정에서 출발한다. 통솔의 범위라는 것은 상관에게 직접 보고하는 부하의 수이기도 하고 계층제의 원리와 밀접한 관련이 있다. 통솔의 범위가 좁을 경우 계층의 수가 늘어나고 통솔의 범위가 넓을 경우 계층의 수가 줄어들기 때문이다.

5) 명령 통일의 원리

원리론에서는 하위계층에서 상위계층으로의 명확한 보고 및 책임 체제를 강조한다. 이러한 체제를 유지하기 위해서는 반드시 부하는 한명의 상관에게만 보고하고 명령을 받아야 하는 명령의 통일 원리가 강조된다. 즉, 여러 상관으로부터 명령을 받을 경우 명령 간 충돌이 발생할 수 있고 이는 곧 부하의 업무의 효율성에 저해된다는 것이다.

2. 상황론

사이먼의 비판[3]으로부터 시작된 상황론은 조직의 효과성을 극대화하는 하나의 조직구조는 존재할 수 없고 조직이 처한 상황에 따라 조직의 효과성을 극대화할 수 있는 조직구조가 다 다르다는 것이다. 원리론이 효과적인 조직의 구조적 특성을 규범적으로 제시하는 반면, 상황론은 그러한 특성이 정해져 있지 않고 조직이 처한 상황(변수)에 따라 효과적인 조직구조가 달라진다고 설명한다. 주로 제시되는 상황변수로는 규모, 기술, 환경, 전략, 권력 등이 있다.

1) 규모(size)

조직규모는 조직의 크기를 의미하고, 조직규모를 측정하는 지표로는 인적 자원, 재정적 자원, 물적 수용능력(예: 병원의 경우 병상 수), 고객의 수, 순자산, 매출액, 시장점유율, 산하기관의 수 및 시설의 수 등이 있다. 조직의 규모는 조직의 구조적 특성(복잡성, 공식화, 집권성)에 다양한 영향을 미칠 수 있고, 연구결과에 따라 그 효과는 상이하게 나타났다. 조직의 규모가 조직의 구조적 특성 각각에 미치는 영향에 대해서 간략히 설명하면 다음과 같다.

첫째, 일반적으로 규모와 복잡성 간에는 정(+)의 상관관계가 존재한다. 왜냐하면, 규모가 커지면 직위 및 구성원의 수가 증가하므로, 수직적·수평적 분화가 촉진되기 때문이다. 그러나 일정규모 이상이 되면 그 분화되는 속도가 감소한다(Blau & Schoenherr, 1971).

둘째, 일반적으로 규모와 공식성 간에는 정(+)의 상관관계가 존재한다. 왜냐하면 조직의 규모가 커지면 계층의 수 및 통솔범위가 증대되고, 그에 따라 직접감독 비용이 증가하므로 공식화를 통한 통제조치가 더욱 효율적이기 때문이다.

---

3) 제2장 행정학의 발달과정에서 사이먼의 비판을 참조하기 바란다.

셋째, 일반적으로 조직규모와 집권성은 부(−)의 상관관계가 존재한다. 왜냐하면 조직규모가 커질수록 통제가 어려워지고 관리층의 업무량이 확대되므로 분권화의 필요성이 커지기 때문이다. 따라서 조직규모가 커져 분화가 될수록 통합의 노력이 더욱더 필요하다.

2) 기 술

기술이란 일하는 방법, 즉 조직 내에서 투입물을 산출물로 전환시키는 지식, 기법, 과정을 의미한다. 조직에서 다루는 기술은 대상 영역에 따라 조직 전체, 하위 수준의 조직 단위 그리고 개인적 직무의 수준으로 구분할 수 있고, 각 영역에서 요구되는 기술은 차이가 있을 수 있다. 예를 들어 대학교 조직의 경우 교육이 기본 임무이지만 여러 단과대학, 교무처, 학생처, 사무처, 국제교류처, 도서관, 생활관, 기타 후생조직 등이 있다. 이 중 단과대학이 교육이라는 기술을, 도서관은 도서의 대출과 열람 등의 기술을, 사무처 등은 행정관리라는 기술을 각각 사용한다. 이외에도 기술은 다양하게 유형화할 수 있고, 상황이론(Contingency Theory)을 주장하는 여러 학자들은 조직의 기술 유형에 따라서 적합한 조직구조가 다르다고 주장하였다. 여기에서는 주로 언급되는 Woodward의 기술유형, Perrow의 기술유형, Thompson의 기술유형 등 세 가지 유형만을 살펴본다.

(1) Woodward의 기술유형론

우드워드(Woodward, 1965 & 1980)는 상황이론을 처음으로 제창한 학자로, 〈표 6-3〉과 같이, 제조업체의 생산기술을 기술적 복잡성에 따라 단위소량생산체계(small batch and unit production), 대량생산체계(large batch and mass production), 연속공정생산(continuous process production) 등 3가지 유형으로 분류하였다. 그리고 이러한 3가지 생산기술유형과 조직구조의 특성 간 관계를 분석하였다. 분석 결과, 대량생산체계는 공식화·집권화가 높은 반면, 단위소량생산체계·연속공정생산은 낮은 것으로 나타났다.

표 6-3 Woodward의 기술유형

기술유형	내 용
단위소량생산체계	• 고객의 주문에 맞는 소량의 단위 주문생산을 하는 것 • 제품의 규격, 주문량, 주문횟수, 발주 요구사항 등이 다르므로 생산공정의 통제와 일정계획이 어렵게 됨 ⇒ 전문화된 생산절차와 정교한 일정계획보다는 경험에 입각한 노하우를 지닌 숙련된 기능인의 생산방법과 일정계획이 중요하게 됨 (예: 소규모 기계상, 의원, 치과, 항공기 생산기술 등)
대량생산체계	• 동일하고 표준화된 제품을 보다 효율적으로 대량생산하는 것 • 전문화된 조업, 규격화된 생산물을 생산하기 위해 개인의 직무는 일상적이며 표준화되고 반복적인 업무성격을 가지게 되므로 생산일정계획과 통제가 용이함 ⇒ 생산인력의 숙련도가 단위소량생산의 생산인력보다 떨어지고, 또한 그들 스스로의 의사결정보다는 공장라인의 진척상황에 의하여 업무처리가 규제됨 (예: 자동차, 가전제품 생산 등)
연속공정생산	• 기술적 복잡도가 가장 크며 이 생산기술에는 연속적으로 연결된 변환공정을 거쳐서 표준화정도가 매우 높은 제품이 생산됨 • 대량생산체계와 비교: 표준화된 제품과 반복공정의 측면은 대량생산체계와 유사한 특성을 갖지만 연속공정생산이 자동화와 프로그래밍의 정도가 훨씬 앞서며, 개수(個數)로 측정되기보다는 부피나 무게로 측정되는 제품을 생산하는 것이 차이점임 (예: 정유, 화학처리 공정기술 등) • 종업원당 자본설비의 투자가 급증하고 반면에 중간 숙련 기술인력의 수가 줄어들게 되고 기술적 숙련도가 높은 인력이 증가함. 이들 숙련 기술인력은 기술공정의 유지, 서비스에 많은 시간을 투여하게 되고, 따라서 주로 개념적인 문제해결기법을 활용함 ⇒ 대량생산체계에서의 숙련 기술인력보다는 많은 업무의 재량권을 갖게 되며 업무수행과정에 대한 규제의 정도도 적게 됨

자료: Woodward(1980); 김영배(2000: 40-41) 재인용.

(2) Thompson의 기술유형론

탐슨(Thompson, 1967)의 기술유형론을 이해하기 위해서는 그가 말하는 기술의 의미를 명확히 이해하는 것이 중요한데, 그는 "사람들이 원하는 결과를 가져올 것으로 믿고 행한 어떤 행위들이 바라던 결과를 가져오는 한 우리는 기술(technology) 또는 기술적 합리성(technical rationality)이 나타난 것으로 말할 수 있다"라고 말하면서 기술을 매우 포괄적으로 정의한다(김주엽: 2000: 196 번역 참조). 그는 업무를 수행할 때 개인 · 부서 · 단위작업 간에 나타나는 상호의존성을 기준으로 기술을 〈표 6-4〉에서 보는 바와 같이 장치형 기술, 중개형 기술, 집약형 기술 등 세 가지로 유형화한다.

그는 "합리성 규범을 따르는 조직은 목적을 제한적이나마 합리적으로 달성하기 위해서는 부문화(departmentation)를 수행하고 이들 사이의 관계를 엮는 과정이 필요한데, 이러한 조직의 내적 분화과정과 분화된 부문 사이의 관계정립 유형이 조직구조로 나타난다"고 설명한다(김주엽, 2000: 197). 그와 동시에 그는

표 6-4 Thompson의 기술유형

기술유형	내 용
장치형 기술 (long-linked technology)	과업이 순차적으로 상호의존관계에 의해 수행되는 경우로 한 부서의 산출이 다른 부서의 투입이 되는 일련의 대량생산 일관체계임 투입 → □ → 산출/투입 → □ → 산출/투입 → □ → 산출
중개형 기술 (meditating technology)	직업소개소나 전화회사와 같이 상호의존 상태에 있는 고객들을 서로 연결시켜 주는 기술 고객 A↔□↔고객 B
집약형 기술 (intensive technology)	병원에서의 환자 치료처럼 여러 분야에서 다양한 기술이 한 사람을 중심으로 집중되지만 분야별 협력은 미약한 상태 ↓ →□← ↑

자료: 유민봉(2010: 379).

표 6-5 Thompson의 기술유형과 조직구조

구 분	구 조	조정방법	조정 용이성	의사소통 빈도	업무 성격
중개적 기술	집합적 상호의존성	표준화에 의한 조정 (규칙, 절차)	쉽다	적다	정형적
길게 연결된 기술	순차적 상호의존성	계획에 의한 조정 (정기적 회의, 계획 등)	중간	중간	중간
집약적 기술	교호적 상호의존성	상호적응에 의한 조정 (부정기적 회의, 상호적응)	어렵다	많다	비정형적

자료: 방성은(2012: 744).

기술이 조직구조에 영향을 미치는 하나의 원인변수라고 설명한다(〈표 6-5〉참조). 탐슨의 조직행동론을 소개하고 있는 김주엽(2000: 198)은 기술과 조직구조 간 관계에 대해서 다음과 같이 정리하고 있다:

> 그는 조직이 장치형 기술을 채용하고 있을 때에는 수행되는 과업이 연쇄적 상호관련성(sequential interdependence)을 가지게 되기 때문에 이들 간의 조정은 사전계획에 의해 이루어지는 것이 바람직하다고 보며, 조직이 중개형 기술을 채용하고 있을 때에는 조직의 과업이 연합적 상호관련성(pooled interdependence), 즉 과업끼리는 직접적인 의존관계를 가지지 않으나 중개자를 통해서 연결되어 있기 때문에 이들은 표준화에 의해서 조정이 가능하다고 본다. 예를 들어 은행은 양쪽의 고객에 제공하는 서비스를 표준화(standardization)함으로써 이 두 가지를 효과적으로 연결할 수 있다는 것이다. 조직이 집약형 기술을 채용하고 있을 때에는 조직의 과업이 환류의 형태로 서로에게 직접적인 영향력을 행사하고 있으므로 이들은 왕래적 상호관련성(reciprocal interdependence)을 가지게 되고, 이러한 경우에는 상호적응에 의한 조정(mutual adjustment)이 효과적일 것이라는 것이다. 그런데 왕래적 상호관련성을 가진 과업들을 조정하는 것이 가장 비용이 많이 들기 때문에 합리성 규범을 따르는 조직은 이 과업들을 한 부문(department)으로 묶어서 상호적응에 의한 조정을 쉽게 하고, 각 부문들 사이의 관련성은 연쇄적이거나 연합적인 것으로 가져가려한다고 Thompson은 주장한다.

(3) Perrow(1967)의 기술유형론

페로우(Perrow)는 부서수준의 기술에 초점을 두었는데, 그는 과업의 다양성

표 6-6 Perrow의 기술 유형

분석 가능성 / 과업의 다양성	높 음	낮 음
낮 음	**일상적(routine) 기술** 계획 및 규칙을 통해서 업무가 이루어짐	**장인(craft) 기술** 업무가 꽤 일상적으로 일어나기는 하지만 지침이 거의 없음
높 음	**공학적(engineering) 기술** 업무의 변화가 꽤 일어나기는 하지만 그 업무 담당자들이 체계적으로 대응할 수 있음	**비일상적(engineering) 기술** 권한 및 재량권이 널리 분산되고 단위들 및 사람들 간에 상호의존 및 상호조정이 많이 일어남

(예외의 빈도)과 문제의 분석 가능성(예외를 분석할 수 있는 정도) 2가지 차원에 따라 조직의 기술을 일상적 기술, 장인기술, 공학적 기술, 비일상적 기술 등 4가지 유형으로 분류하였다.

각 기술 유형의 특징 및 각 기술에 적합한 조직구조에 대해 살펴보면, 첫째, 일상적 기술은 수행하는 과업의 내용이 분명하고, 발생하는 문제는 대부분 분석이 가능하기 때문에 집권화된 의사결정이 이루어진다. 또한 과업이 거의 변화하지 않음으로 인해 일상성과 공식화 정도가 높다. 따라서 관리의 효율을 높이기 위해서는 표준화된 통제와 정해진 규정과 절차를 사용하게 된다.

둘째, 공학적 기술은 과업에 상당한 다양성이 존재하기 때문에 복잡성이 높다. 업무수행 과정에서 다양한 문제들이 발생하지만 분석 가능성이 높기 때문에 일반적 탐색과정에 의해 해결될 수 있다. 이러한 기술을 사용하는 분야의 사람들은 발생되는 문제를 효과적으로 해결할 수 있게 하기 위하여 상당한 지식을 가지고 있어야 한다. 의사결정은 대부분 집권화되어 있으며 공식화의 정도는 낮으나 조직의 유연성을 유지할 수 있어야 한다.

셋째, 장인기술의 경우 과업은 다양하지 않지만 발생하는 문제가 일상적이지 못하므로 문제해결이 매우 어렵다. 따라서 과업을 해결하는데 지식과 경험이 풍부한 사람들에게 크게 의존하므로 집단간 상호의존도는 낮고 분권화된 의사결정을 한다. 이러한 부서의 과업을 수행하기 위해서 관리자는 지혜나 직관, 그리고 경험을 토대로 하는 무형적 요소에 의존해야 하므로 다양하고 광범위한 훈련과 경험을 쌓아야 한다.

넷째, 비일상적 기술의 경우 과업의 다양성이 높고, 이를 해결하기 위한 성공적인 방법을 발견하는 탐색절차가 매우 복잡하다. 이러한 기술은 유연한 조직구조를 필요로 한다. 유연성을 가진 조직구조는 기본적으로 분권화되어 있고, 조직구성원들 사이에는 상호작용이 이루어지며, 공식화의 정도는 최소화되는 특징을 가지고 있다.

3) 환　경

환경은 조직 외부를 둘러싸고 있는 모든 요소를 포함한다. 이러한 모든 요소들이 복합적으로 작용하여 만들어내는 불확실성의 정도가 조직구조의 차원에 영향을 많이 미치고 일반적인 영향정도는 다음과 같다. 첫째, 환경이 불확실할

수록 상황에 유연하고 신축적으로 적응해야 하므로, 조직구조의 복잡성(수직적 분화)은 낮아진다. 둘째, 환경이 불확실할수록 적응능력과 신출성이 요구되므로, 조직구조의 공식성도 낮아진다. 마지막으로 환경이 불확실할수록 현장관리자가 신속한 의사결정을 통하여 적응을 잘 할 수 있도록 권한이 위임되므로, 집권성도 낮아진다.

제5절 | 조직구조의 모형

1. 기계적 구조와 유기적 구조

조직구조의 대표적인 모형은 기계적 구조와 유기적 구조를 들 수 있다(Burns & Stalker, 1961). 관료제모형이 대표적인 형태인 기계적 구조는 많은 규칙과 규정(공식화가 높음), 집권적 권한(집권화가 높음), 분명한 명령체계, 좁은 직무 및 통솔범위(복잡성이 높음) 등을 특징으로 한다. 이러한 조직구조는 내적 통제에 따른 예측가능성이 높은 장점이 있다. 학습조직으로 대표되는 유기적 구조는 적은 규칙과 규정(공식화가 낮음), 분권적 권한(집권화가 낮음), 광범위한 직무 및 넓은 통솔범위(복잡성이 낮음) 등을 특징으로 하며 외부환경에 대한 적응력이 뛰어나다는 장점이 있다. 이러한 두 개 구조의 특성을 정리하면 다음 〈표 6-7〉과 같다.

표 6-7 기계적 구조와 유기적 구조

구 분		기계적 구조(전통적 구조)	유기적 구조(현대적 구조)
조직 특성	직무범위	좁다(한계가 명확)	넓다(한계가 불명확)
	공식화	높다(통제 중심, SOP)	낮다(재량과 신축성 중심)
	책임성	분명한 책임	모호한 책임
	의사소통	계층제	분화된 채널
	구성원 간 관계	공식적 · 몰인간적 대면관계	비공식적 · 인간적 대면관계
	계층의 수	고층구조(수직적 분화 높음)	저층구조(수직적 분화 낮음)

	통솔범위	좁다(6명 정도)	넓다(30~40명 정도)
	업무지시방식	명령과 지시	정보제공과 권고
	환경에의 적응	낮음	높음
	의사결정방식	일방적 결정	참여에 의한 결정
	권위의 근거	공식적 지위	정보 및 문제해결능력
	대표적 조직	관료제	학습조직
상황조건	조직목표	명확한 조직목표와 과제	모호한 조직목표와 과제
	과제의 성격	분업적 과제	분업이 어려운 과제
	성과측정	가능	곤란
	동기부여	금전적 동기부여	복합적 동기부여
	권위	권위의 정당성 확보	도전받는 권위
	환경	안정적 상황	불안정한 상황

자료: 방성은(2012: 747).

2) Daft(2001)의 조직구조 모형

위에서 언급된 두 개 구조는 이론적인 구조로서 어떤 조직도 완전히 배타적으로 기계적 또는 유기적 구조에 해당하는 것은 아니다. 대프트(Daft)는 다음 [그림 6-3]에서 보는 바와 같이, 기계적 구조와 유기적 구조를 양 극단에 위치시키고, 그 사이에 기능구조, 사업구조, 매트릭스 구조, 수평구조, 네트워크 구조 등 5개 조직 구조를 위치시켜서 조직구조 모형을 설명하고 있다.

그림 6-3 조직의 전략과 구조

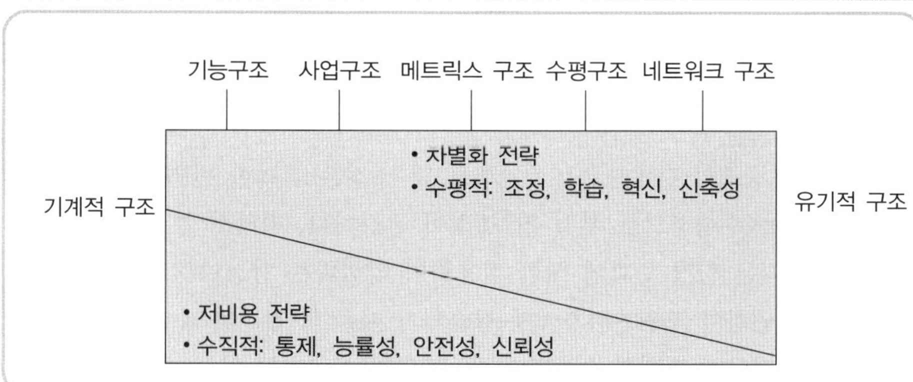

자료: Daft(2001: 116); 이종수 · 윤영진 외(2012: 306) 재인용.

위의 그림에서 제시된 저비용 전략이란 내부지향적이고 안정성 위주의 전략으로 효율적 시설관리, 비용절감, 생산비용 통제 등 경제성과 효율성을 적극적으로 추구하여 가격경쟁력을 확보하고자 하는 전략이다. 그리고 이러한 전략을 가진 조직은 일반적으로 기계적 구조가 적합하다. 반면, 차별화 전략이란 외부지향적이고 모험을 취하는 전략으로 시장에 독특한 혁신적 산출물을 개발하고 경쟁자와 차별화를 추구함으로써 시장점유율을 높이고자 하는 전략이다. 이러한 전략을 가진 조직은 일반적으로 유기적 구조가 보다 적합하다.

각 구조유형별 모형을 예시로 제시하면 다음 [그림 6-4]와 같고, 지금부터는 각 모형에 대해서 간략히 설명하도록 한다.

(1) 기능구조(functional structure)

기능구조란 고전적 조직이론에서 중시된 기계적 조직으로 계서제적 구조와 전문화의 원리를 기준으로 조직 전체의 업무를 공동 기능별로 부서화한 조직구조이다(U형 구조). 이러한 조직구조는 기본적으로 수평적 조정의 필요가 낮을 때 효과적인 조직구조라고 할 수 있다.

이러한 기능구조의 장점으로는 ① 시설 및 자원을 공유하는 기능별로 부서화를 하기 때문에 일관성 있고 합리적인 직무분업이 가능하다. 또한 이러한 기능별 부서화는 일의 중복과 낭비를 막아 효율성을 높일 수 있으므로 규모의 경제를 실현할 수 있다. ② 유사한 기능을 수행하는 조직구성원들이 한 부서 내에서 지속적으로 업무수행을 하기 때문에, 지식과 기술이 통합적으로 활용될 수 있고, 관련 전문지식 및 기술의 깊이가 더욱 더 발전될 수 있다. ③ 부서가 유사한 기술 및 경력을 가진 인력으로 구성되기 때문에, 응집력이 강하여 부서 내 의사소통 및 조정이 유리하다. ④ 높은 공식화에 따른 내적 통제로 예측가능성이 높다.

반면 기능구조의 단점으로는 ① 부서 내 조정은 유리한 반면, 부서 간에는 상이한 기능을 수행하므로 부서 간 조정이 곤란하다. 따라서 부서 간 조정 및 협력이 요구되는 환경 변화에 대한 적응력이 약하다는 단점이 있다. 그 외에도 ② 의사결정 권한이 고위관리자에게 집중되기 때문에, 업무의 과부하가 걸려 환경의 변화에 빠르게 대처하지 못한다. ③ 고도의 분업화로 인해, 하위 직원의 경우 일상적이고 반복적인 업무수행이 대다수이므로 직무에 만족감을 느끼기 어

그림 6-4 조직구조 유형

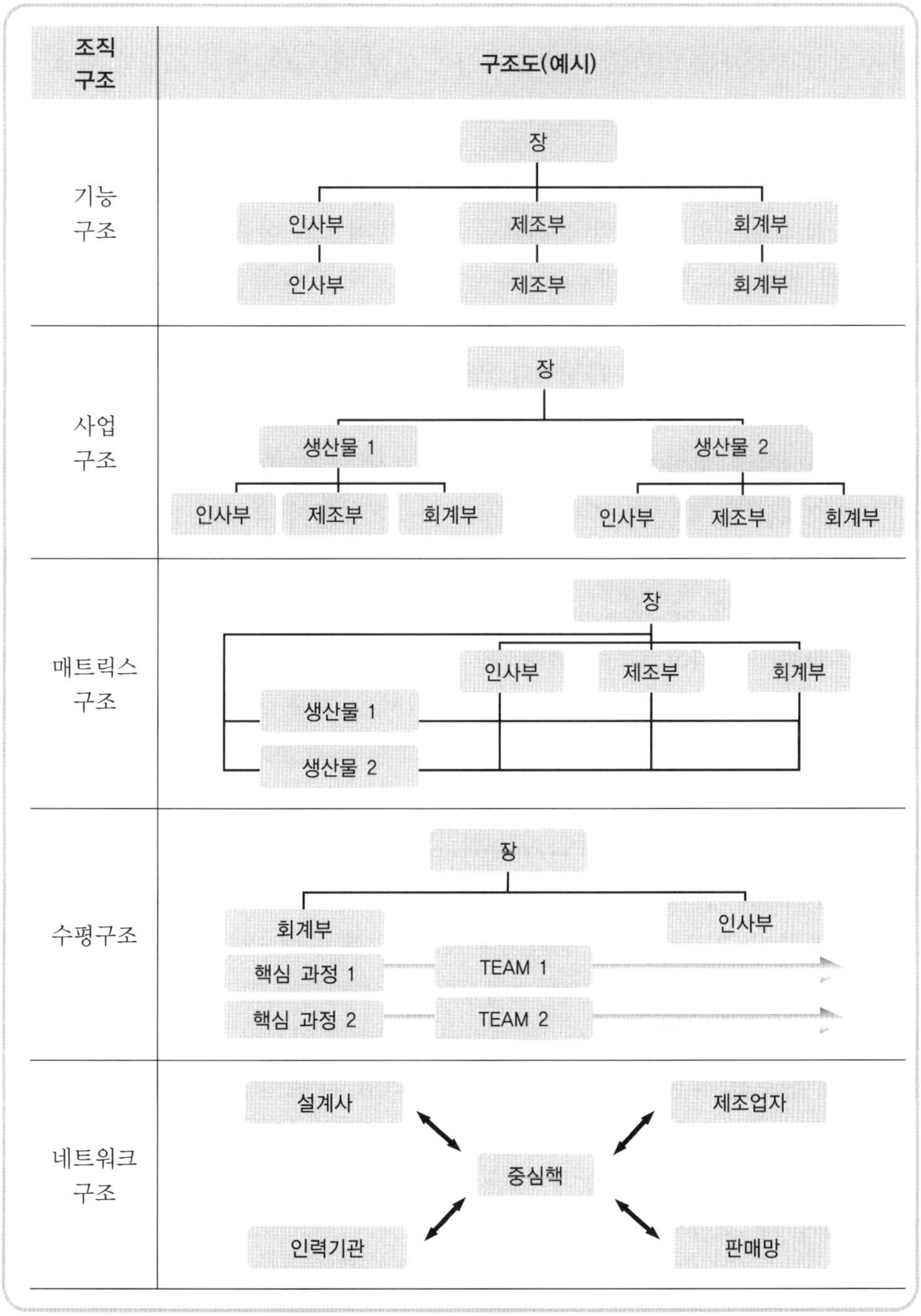

자료: 이종수 · 윤영진 외(2012: 310)

렵고 동기부여가 잘 되지 않는다.

이러한 기능구조는 일반적으로 ① 안정적인 환경과 일상적 조직기술의 경우, ② 수직적 계층제에 의한 통제의 필요성이 있을 때, ③ 수평적 조정의 필요성이 적을 때, ④ 내적 능률성이 중시될 때 적합하다.

(2) 사업구조(divisional structure)

산출물(또는 사업)에 따라 부서화를 하는 방식으로 산출물구조 또는 전략사업단위로 불리기도 한다(Williamson의 M형 구조). 이 구조는 위의 그림에서 볼 수 있듯이, 모든 기능적 직위들이 각 사업부서 내로 배치되어 있는 자기완결적 구조라는 점이 가장 중요한 특징이다. 또한 각 사업부서는 자율적으로 운영되며 사업관리자가 사업수행에 필요한 전권을 가지고, 각 기능의 조정은 사업부서 내에서 이루어진다. 따라서 사업구조는 기능구조에 비해 분권적이라고 할 수 있다.

장점으로는 ① 각 사업부서 내에서 기능 간 조정이 유리하므로, 기능구조보다는 환경변화에 대한 적응력이 높다. ② 각 산출물별로 운영되므로 다양한 고객만족도를 제고할 수 있고, 성과에 대한 책임소재가 분명하다. 따라서 성과관리에 유리한 구조라고 할 수 있다. ③ 각 사업부서별 목표설정 및 목표달성에 따른 성과보상을 할 경우 기능구조와 비교해서, 조직구성원이 동기부여될 수 있다. ④ 사업부서별로 분권화가 용이하므로 조직의 최고결정자가 전략적 업무에 집중할 수 있다.

단점으로는 ① 산출물별 기능요원과 생산라인이 중복되므로 규모의 불경제(비효율성)가 초래된다. ② 기능직위가 부서별로 분산되어 있으므로, 각 기능 관련 전문지식 및 기술 발전이 곤란하다. ③ 사업부서 내 기능 간 조정은 증진되지만, 부서 간 조정은 더욱 더 어려워진다. ④ 사업부서 간 경쟁이 지나치게 될 경우, 조직 내 갈등을 초래하는 등 부정적인 결과를 양산할 수 있다. ⑤ 각 사업부서별로 산출물 생산이 이루어지므로 제품라인 간 표준화가 어렵다.

이러한 사업구조는 일반적으로 ① 조직의 환경이 불확실할 때, ② 비일상적인 기술이 사용될 때, ③ 기능부서 간 상호의존성이 높을 때, ④ 조직목표가 외부지향적일 때 적합하다.

(3) 매트릭스 구조(Matrix Structure)

매트릭스 구조는 조직의 외부환경이 복잡해짐에 따라 등장한 조직구조로서,

종적인 기능구조와 횡적인 사업구조를 화학적으로 결합시킨 조직구조이다.[4] 기능구조의 경우 전문요원의 집합으로 전문성을 살릴 수 있지만 통합과 조정이 어려우며, 사업구조(프로젝트 팀)는 전문요원의 통합적인 활용은 가능하나 비용이 중복된다는 문제가 있다. 따라서 매트릭스 구조는 양자의 단점은 제거하면서 장점만을 채택한 조직형태라고 할 수 있다. 매트릭스 구조의 대표적인 예로는 종합병원을 들 수 있다. 종합병원의 경우 진료부, 수련교육부, 진료지원부(간호과 · 약제과 · 영양실 등), 행정부(총무 · 원무 등) 등의 기능구조가 존재하고, 내과, 외과, 소아과, 방사선과, 치과 등의 사업구조가 존재하면서 이들 두 개 구조가 상호 협조하는 형태로 운영된다.

매트릭스 구조의 장점으로는 ① 신규직원 채용 및 장비 구매 없이, 기존의 전문요원 및 장비를 공유하므로 자원의 효율성이 제고된다. ② 매트릭스 구조는 기능적 · 사업적 권한 체계가 동시에 존재하고 이들 간 조정이 핵심이므로, 잦은 대면과 회의가 필요하다. 그리고 이러한 행위들은 의사소통(정보흐름)을 활성화시키므로 예상치 못한 문제 파악 및 해결책 마련에 기여한다. ③ 구성원들은 기능별 · 사업별 전문기술을 개발할 수 있는 다양한 경험을 할 수 있는 기회를 가지게 된다. 그리고 이러한 기회는 곧 자아실현욕구의 충족으로 이어지므로 구성원들의 동기부여에 유리하다. ④ 급변하는 환경 속에서 새로운 조직의 별도 구성 없이 고객의 요청에 신속하게 대처할 수 있다.

단점으로는 ① 이중구조로 인해 발생하는 명령 통일의 위배(두 상관에게 보고하고 지시받음)로 인해 정체성 약화 및 역할갈등을 초래함으로써 개인의 스트레스를 유발할 수 있다. ② 기능부서와 사업부서 간 권력의 다툼으로 인해 조직 내 혼란 및 무질서가 초래될 수 있다. ③ 이러한 갈등 및 혼란을 조정하는데 별도의 시간 및 노력이 낭비된다. ④ 기존의 일원적 명령복종체계보다 예측가능성이 떨어진다. ⑤ 조직구성원들은 두 상관의 갈등적인 요구사항을 동시에 해결해야 하므로 다양한 인간관계 기술이 필요하고 이에 대한 별도의 교육이 요구된다.

매트릭스 구조는 일반적으로 ① 생산라인 간 부족한 인력 및 자원을 공유해야 할 필요가 있을 때, ② 2개 이상 핵심적 산출물에 대한 기술적 품질성 및 수시적 제품개발 압력이 있을 때, ③ 환경이 복잡하고 불확실할 때 적합하다.

---

4) 매트릭스구조는 종종 복합구조, 행렬구조, 주형구조라고도 불린다.

(4) 수평구조(horizontal structure): 팀제, 프로세스 조직

수평구조는 핵심업무(과업)의 과정(프로세스) 중심으로 재설계한 매우 유기적인 조직구조이다. 즉, 수직적 계층 및 부서 간 경계를 실질적으로 제거한 구조로 팀 구조가 대표적이라고 할 수 있다.[5] 팀은 일반적으로 소수의 인력으로 구성되고, 그들은 공동의 목표를 달성하기 위해 책임을 공유하고 문제해결을 한다.

수평구조를 사업구조와 비교하면, 다양한 업무 또는 기능이 하나의 부서에 모여 있다는 점에서 양자 간 구조상 차이를 발견하기 어렵다. 다만 시간적인 측면에서 차이가 존재하는데, 사업구조는 보다 영속적인 반면, 수평구조는 임시적이고 임무가 완수되면 해체되는 것이 일반적이다. 수평구조를 매트릭스구조와 비교하면, 두 조직구조 모두 환경변화에 신축적인 적응을 하기 위한 조직이라는 점에서 유사하지만, 매트릭스 구조가 이원적 지휘명령체계를 띠는 반면, 수평구조는 일원적 지휘명령체계를 띠게 된다는 점에서 차이가 있다.

수평구조의 장점으로는 ① 고객 수요 변화에 신속히 대응할 수 있으므로 조직운영의 경직화를 방지하고 신축성에 기여한다. ② 일반적으로 하나의 팀은 소수의 팀원으로 구성되므로, 팀원 간 원활한 대면관계가 형성되고, 팀 내 의사소통이 원활히 될 수 있다. ③ 조직 내 구성원들은 다양한 팀의 팀원으로 훈련·활동할 수 있는 기회가 주어지므로 조직 전체적 관점에서 업무를 이해할 수 있다. ③ 의사결정권한과 책임을 부여하는 자율관리체제로 구성원들의 단결심 및 주인의식 고취와 사기진작 및 동기부여가 가능하다. ④ 돌발과제 발생 시 임시팀조직을 구성함으로써, 신속히 대응할 수 있다. ⑤ 인력을 신축적·탄력적으로 운영할 수 있다.

단점으로는 ① 지속적인 팀 형성 및 해체로 구성원들의 소속감이 결여될 수 있고, 이는 곧 구성원들의 심리적 안정감을 저해할 수 있다. ② 전체 조직차원보다는 팀 내에서 의사결정이 주로 이루어지며 업무가 자주 바뀌는 경향이 있으므로, 의사결정의 일관성 및 안정성이 저해될 수 있다. ③ 팀 내 구성원이 책임을 공유하므로 무임승차자가 존재할 경우 업무의 공동화 현상이 발생한다. ④

5) 팀은 다양한 형태로 존재하게 되는데, 몇 가지 형태를 들면, ① 존속기간이 정해진 잠정적 팀(temporary team), ② 존속기간이 영구적인 지속적 팀(permanent team), ③ 자기전문영역 내에서 활동하는 단일기능적 팀(inact team), ④ 여러 영역과 관련된 교차기능팀(cross-functional team), ⑤ 의사결정권을 갖는 자율관리팀(self-managed team), ⑥ 정보기술을 활용한 공간적 제한을 받지 않는 가상팀(virtual team) 등이 있다.

핵심프로세스의 규정이 쉽지 않고 구성원들이 복합적 업무를 수행하게 되므로 전문적인 기능을 개발하는데 한계가 있다.

(5) 네트워크 구조

네트워크 구조[6]는 하나의 조직이 모든 기능을 수행하던 방식에서 탈피해, 조직 내 자체 기능은 전략·계획·통제 등 핵심역량 위주로 합리화하고, 여타 부수적인 기능들은 외부기관들과의 계약관계(아웃소싱)를 통해 수행하는 구조이다. 따라서 네트워크 구조는 각기 높은 독자성을 지닌 조직 내부와 조직 간 연결망(network)으로 구성된다. 정보통신기술의 확산으로 생겨난 대단히 유기적인 조직구조로서, 네트워크 조직의 경우 대부분의 집행·생산기능을 다른 조직에 위임하기 때문에 공동조직(hollow organization) 또는 느슨하게 연결된 조직(loosely-coupled organization)이라고도 불린다. 일반적으로 네트워크 조직은 유연성과 신속성이 강조되므로 보통 임시체제(adhocracy)의 특징을 지니며, 구성원들이 주로 전산망을 통해 실시간 상호작용하기 때문에 가상조직(virtual organization)의 특징을 가진다.

네트워크구조의 장점으로는 ① 최고의 품질의 자원을 최저 비용으로 활용하면서도, 동시에 매우 간소화된 조직구조를 갖출 수 있다. 정보통신망에 의해 조정되기 때문에 직접감독 비용이 절감되는 반면, 좋은 성과를 창출할 수 있으므로 생산성이 높다. ② 환경변화에 신속하면서도 신축적인 대응이 가능하다. ③ 초기에 부수적인 기능들을 아웃소싱하기 때문에 막대한 투자비용이 필요 없다. ④ 구성원들은 높은 자율성을 가지고 도전적인 과업을 수행하기 때문에 동기가 유발된다. ⑤ 지속적인 수평적 연대 및 파트너십은 구성단위 간 권력균형화와 신뢰구축에 기여한다.

네트워크 구조의 단점으로는 ① 계약관계에 있는 외부기관의 지점적인 통제가 어려우므로 주인-대리인 문제가 발생할 수 있다. 또한 외부기관으로부터 품질 좋은 재화 및 서비스를 안정적으로 공급받는 것이 어려울 수 있다(조정 및 감

---

6) 네트워크 구조의 유형으로는 중심-주변형(core-peripheral model)과 군집형(cluster model)이 있다. 중심-주변형은 관리를 담당하는 핵심부문과 업무를 수행하는 주변부문들로 구성된다. 재벌기업처럼 하나의 중심조직이 여러 계열사를 거느리는 연방형 조직(federal organization)과 유사하다. 군집형은 다수의 독자적인 구성단위들이 잠정적으로 연계하여 이루는 형태로서 준독립적인 조직들의 군집이 시장적 요청에 협동적으로 대응한다.

자료 6-1

IT 기업의 조직구조도

아래에 제시된 6개 IT 그룹의 조직도를 살펴보자.

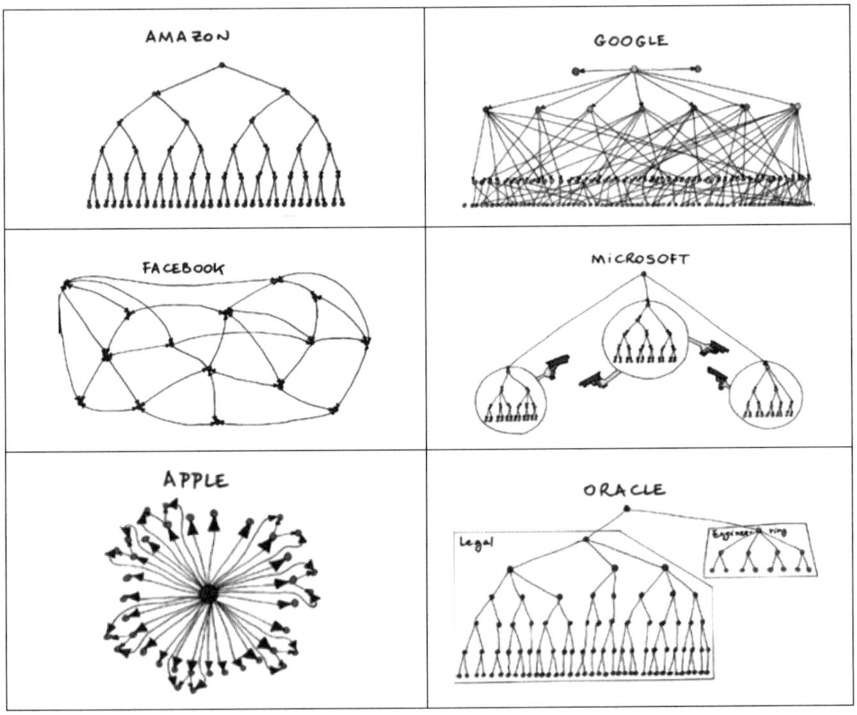

동일한 IT 조직임에도 불구하고 다양한 조직구조를 띠고 있다. Amazon은 피라미드형태로, Facebook은 네트워크형태로, Apple은 방사형으로 개별 조직의 특성에 맞게 다양한 조직구조를 띠고 있는 것을 확인할 수 있다. 여기서 우리가 주목해야 할 점은 지금까지 본 무수히 많은 조직이론들이 때로는 상충될 수 있고 일부 조직에만 적합할 수 있다는 사실을 잊지 말아야 한다는 것이다.

시비용). ② 모호한 조직경계로 인해 조직 정체성이 약하다. 그 결과 응집력 있는 조직문화의 형성이 어렵고 구성원의 충성을 기대하기 어려우며 이직이 빈번하다. ③ 자칫 고도기술과 경제적 영향력이 외부조직으로 넘어갈 경우 공동조직(hollow organization)으로 전락할 우려가 있으며, 외부와의 협력이 원활히 이루어지지 않을 시 조직전체가 위험해질 수 있다. ④ 각 조직 간 갈등이 발생할 경우 이를 해결할 수 있는 최고권위가 존재하지 않으므로 갈등이 장기화될 수 있고 자칫 조직 전체의 위험을 야기할 수 있다.

제 7 장 조직행태론

조직은 사람들로 구성된 사회적 집단이라는 속성을 가지고 있다. 따라서 인간에 대한 이해 없이 효과적인 조직 관리를 한다는 것은 불가능한 일이라고 할 것이다. 조직행태론(Organizational Behavior)은 조직 내 개인과 집단의 행동과 상호작용에 대한 이해를 바탕으로 조직의 효과성을 높이고자 하는 연구이다. 여기에서는 조직행태론의 주요 내용인 인간관과 동기부여, 리더십, 의사전달을 살펴보기로 한다.

제 1 절 | 인간관과 동기부여

인간의 본질을 어떻게 이해하느냐에 따라 조직의 관리방식이 달라질 수 있다. 어떻게 조직구성원들이 조직목표 달성에 기여하도록 할 것인가의 문제는 인간의 본성을 어떻게 전제하느냐에 달려 있기 때문이다. 일반적으로 동기부여이론은 동기를 유발하는 요인의 내용에 초점을 두는 내용이론(content theories)과 동기유발의 과정에 초점을 두는 과정이론(process theories)으로 구분된다.

1. 내용이론

내용이론은 인간의 행동을 에너지화하고 유발하는 것이 무엇인가에 초점을 두고, 인간의 욕구와 욕구에서 비롯되는 충동, 욕구의 배열, 유인 또는 달성하려는 목표 등을 분석한다(오석홍, 2003: 151). 대체로 인간은 욕구를 충족시키기 위해 동기부여가 이루어지기 때문에 내용이론을 욕구이론(needs theory)이라고도 한다.

1) A.H Maslow의 욕구계층론

Maslow는 동기부여를 개인으로 하여금 어떤 종류의 행동을 하게 만드는 내적 동기를 가지게 하는 상태라고 본다. 그래서 인간의 내부에서는 목표를 달성하고자 하는 끊임없는 충동이 일어나며, 그로 인해 일정한 행동을 유발하게 된다고 보았다.

Maslow에 따르면, 인간의 욕구는 5단계의 욕구계층제(생리적 욕구, 안전의 욕구, 사회적 욕구, 존경의 욕구, 자아실현의 욕구)를 형성하며, 하위의 욕구가 충족되

그림 7-1 Maslow의 욕구계층 모형

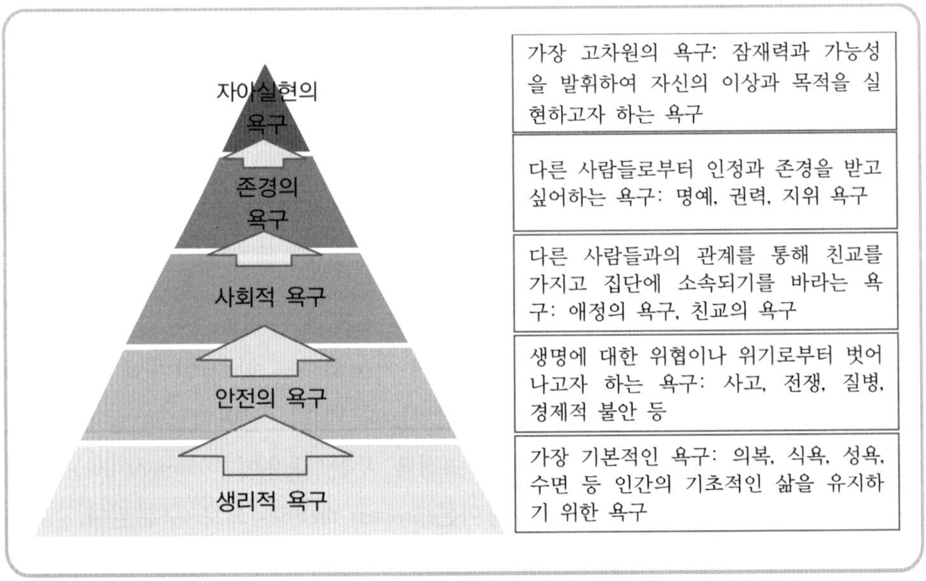

면 상위의 욕구로 단계적으로 상승하게 된다. 동기로 작동하는 욕구는 충족되지 않은 욕구이며 충족된 욕구는 동기를 유발하지 못한다고 보았다.

자료 7-1

ERG 이론

Alderfer는 Maslow의 욕구 5계층론을 수정하여 존재욕구(existence needs: E), 관계욕구(relatedness needs: R), 성장욕구(growth needs: G)로 제시하였다. 그는 인간의 욕구란 항상 단계적으로 성장하는 것이 아니며, 욕구가 충족되면 상위단계 욕구로 진행하지만(만족-진행 접근) 좌절되면 하위단계 욕구로 퇴행한다(좌절-퇴행 접근)고 주장하였다.

2) F. Herzberg의 2요인 이론

Herzberg는 불만족을 주는 요인과 만족을 주는 요인은 상호 독립되어 있다는 2요인 이론을 제시한다. 인간은 이원적 욕구구조를 가지며, 만족의 반대는 불만족이 아니라 만족이 없는 상태라는 것이다. 그래서 불만족을 느끼게 하는 요인을 위생요인(hygiene factors)으로, 만족을 주고 직무 수행을 위해 동기를 유발하는 데 작용하는 요인을 동기요인(motivators)으로 구분하였다.

위생 요인은 일 자체보다도 작업환경이나 조건과 관계되는 요소로서, 조직의 정책과 관리, 감독, 기술, 근무조건, 대인관계, 임금, 지위나 신분, 안전 등이 여기에 속한다. 위생요인의 개선은 불만족을 감소시켜 손실을 줄일 수는 있지만 생산성을 높이는데 기여하지는 못한다. 동기 요인은 조직구성원들로 하여금 업무에 몰입하도록 하여 작업성과를 높여 준다. 여기에는 보람이 있고 자신의 능력을 활용할 수 있는 일을 통해 느끼는 성취감, 인정, 승진, 직무 그 자체, 전문직업인으로서의 성장 능 사람늘에게 만속감을 수는 요인이 포함된다(오세덕 외 2013, 185).

3) D. McGregor의 X·Y이론

McGregor는 인간관을 X와 Y형으로 대별하고 그에 따른 관리전략을 제시하였다. 그는 전통적 관리체제를 정당화시켜 주는 인간관을 X이론으로, 이에 대응한 새로운 현대적 인간관을 Y이론으로 불렀다. X이론의 가정은 인간이란 게으

그림 7-2 Herzberg의 위생요인과 동기요인

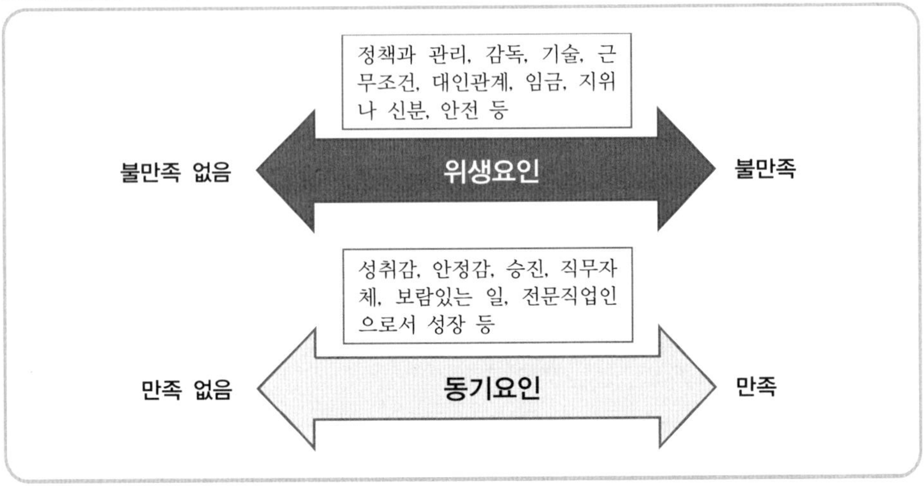

그림 7-3 X이론의 관리전략과 Y이론의 관리전략

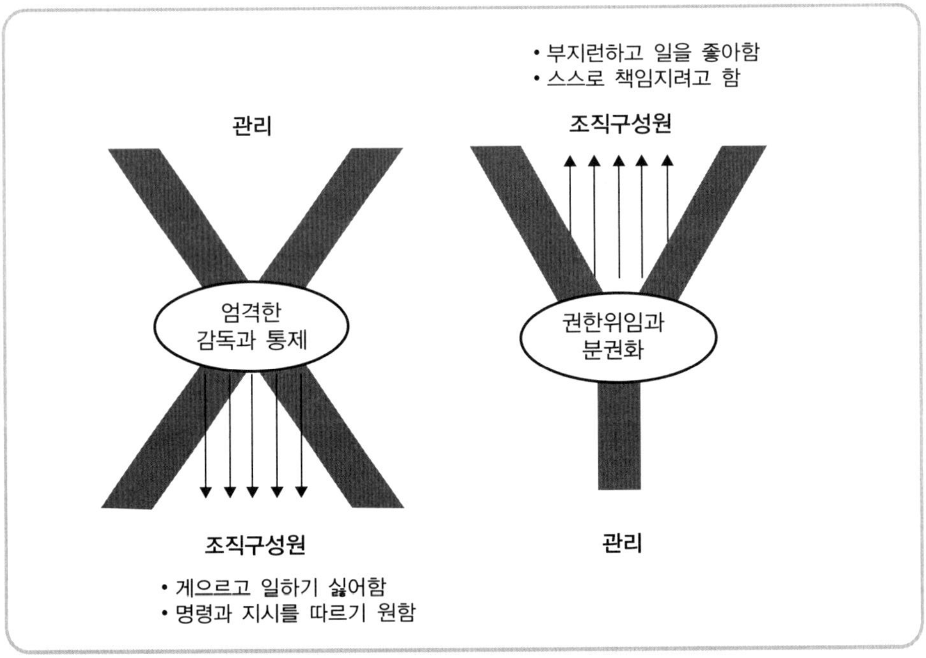

르고 일하기를 싫어하며, 대부분 명령과 지시받기를 선호하고 책임을 회피하려 한다는 것이며, 따라서 관리자는 조직구성원을 엄격하게 통제해야 한다는 것이다(권위주의적 관리전략). Y이론의 인간관은 부지런하고 일하기 좋아하며, 적절한 동기부여만 되면 기꺼이 책임을 받아들이고자 하는 자율성을 가진 창의적 존재라는 것이다. 따라서 관리자는 분권화와 권한위임을 통해 조직 구성원의 고차원적 욕구를 충족시켜 줌으로써 그들의 잠재력이 능동적으로 발휘될 수 있도록 해야 한다는 것이다(민주적 관리전략).

자료 7-2

D. McClleland의 성취동기이론

McClleland는 모든 사람이 비슷한 욕구계층을 가지고 있다는 Maslow의 입장을 비판하고, 개인의 행동을 동기화하는 욕구는 학습되는 것이기 때문에 사람마다 차이가 있다고 보았다. 특히 그는 무엇인가를 이루고자 하는 성취욕구의 중요성을 강조하면서, 조직이 성과를 높이기 위해서는 성취욕구가 높은 사람을 선발하거나 기존 구성원의 성취 욕구를 높여야 한다고 주장하였다.

2. 과정이론

동기부여의 과정이론(process theories)은 사람들이 어떠한 방법으로 자신들의 욕구를 충족시키고, 여러 가지 행동대안 중에서 어떻게 욕구충족을 위한 행동을 선택하게 되는가를 설명하고 있다.

1) V. Vroom의 기대이론

Vroom의 기대이론(expectancy theory)은 개인의 선택 행태에 초점을 두고, 행위와 보상이 어떻게 연결되는지를 살펴봄으로써 동기부여 과정을 설명하고 있다. 그에 따르면, 개인은 어떤 행동을 할 때 다수의 행동 대안들을 평가해서 자신에게 가장 큰 이득을 줄 것으로 기대되는 대안을 선택한다는 것이다. 이처럼 기대이론은 욕구와 만족 그리고 동기유발 사이에 "기대"라는 개념을 활용한다는 점에서 내용이론과 구별된다.

Vroom의 기대이론은 VIE 모형이라고 부르기도 하는데, 이는 개인의 동기부여 강도는 결과에 주어지는 보상에 대한 선호도인 유의성(valence: V), 노력의 결과(성과)에 보상이 주어질 것이라고 믿는 수단성(instrumentality: I), 어떤 행동을 하면 어떤 성과를 거두게 될 것이라고 믿는 주관적 확률로서 기대감(expectancy: E)에 의해 결정된다고 설명하기 때문이다.

그림 7-4 Vroom의 VIE 모형

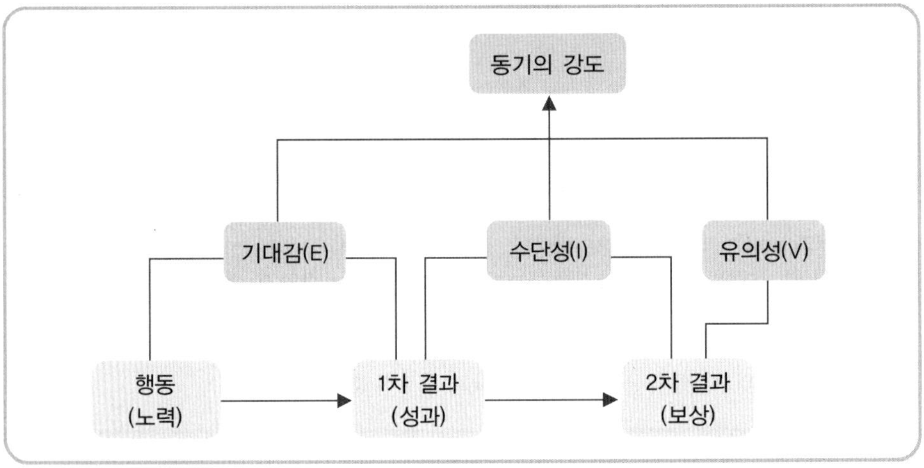

Vroom에 따르면, 개인이 열심히 노력하면 일정한 성과를 거둘 수 있다는 자신감을 지니고 있고 그러한 성과가 승진이나 보상 등 개인이 원하는 결과를 반드시 가져오리라는 믿음이 강할 때 개인의 동기는 강하게 작용한다. 반면에 아무리 노력해도 성과를 거둘 수 있을 것이라는 자신감이 없고 일정한 성과를 거두더라도 조직이 제대로 보상을 해주지 않을 것으로 판단할 경우 개인의 동기는 약해진다.

자료 7-3

아르바이트냐, 공부냐?

A대학교 행정학과에 입학한 길동이는 집안 형편이 넉넉하지 못하다. 1학기 등록금은 냈지만, 2학기 등록금이 벌써부터 걱정이다. 어머니는 열심히 공부해서 장학금을 받으라고 하신다. 그런데 등록금 전액 면제를 받을 수 있는 장학생은 1명

밖에 없기 때문에 과 수석을 해야만 한다. 물론 과 수석을 한다면 나중에 지역인재 추천제를 통해 7급 공무원으로 특별채용될 수 있는 기회도 생길 것이다. 그러나 중간 정도의 성적으로 입학한 길동이가 과 수석이 되는 것은 결코 쉬운 일이 아니다. 차라리 아르바이트를 해서 등록금을 버는 것이 현실적일 수도 있다. 하지만, 높은 보수를 받을 수 있는 좋은 일자리가 별로 없는 현실을 생각하면, 새벽까지 아르바이트를 계속 해야만 등록금을 겨우 마련할 수 있을 것이다. 그렇게 되면 제대로 수업을 따라가지 못하고 낮은 성적을 받을 가능성이 크다. 결과적으로 나중에 졸업을 하더라고 취업에 큰 장애가 될 것이다. 아르바이트냐, 공부냐? 길동이는 지금 심각한 고민에 빠져 있다.

☞ Vroom의 기대이론을 이용하여 길동이가 어떤 행동 선택을 할 수 있는지를 생각해 보자.

2) L. Porter와 E. Lawler의 기대이론

Porter와 Lawler는 성과뿐만 아니라 보상에 대한 만족감을 주요 변수로 선택하였다. 이들은 만족도가 성과 향상을 가져온다는 전통적 동기부여 이론과는 달리, 성과의 수준이 만족도를 결정짓는다고 보았다. 또한 성과에 영향을 미치는 요인으로서 노력을 중시하고 있다는 점이 특징이다. 성과와 여기에 결부된 보상의 가치와 노력이 보상을 가져올 것이라는 기대감이 업무수행 노력을 좌우한다는 것이다.

그림 7-5 Porter와 Lawler의 기대이론(EPRS 모형)

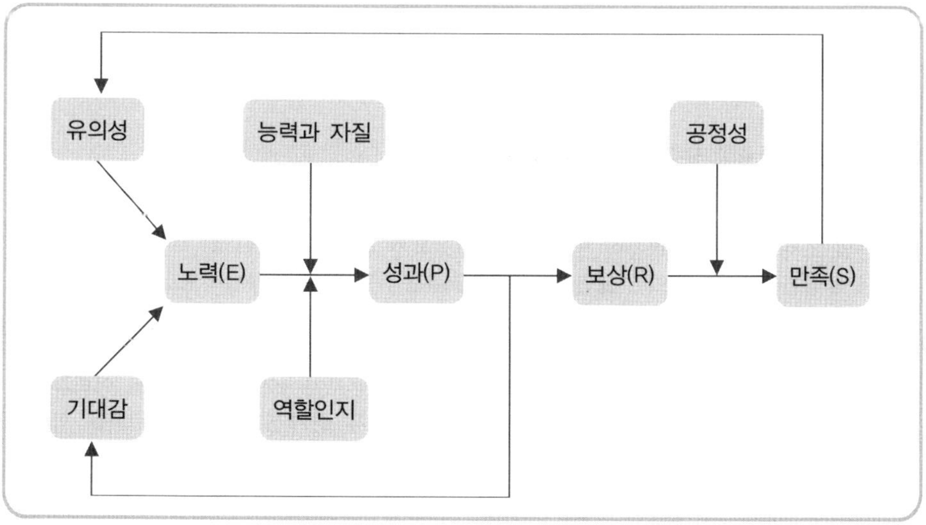

개인의 노력이 일정한 성과를 낳고 그러한 성과에 따른 적절한 보상이 주어질 때, 직원의 만족도가 높아지게 된다. 그리고 보상에 대한 만족도는 다시 그러한 보상에 대한 가치에 영향을 주고, 노력에 따른 실제 성과는 앞으로 노력하면 성과가 있을 것이라는 기대감에 영향을 주면서 동기부여의 과정이 다시 반복된다.

따라서 관리자는 조직구성원들에게 열심히 일하면 성과를 거둘 수 있다는 믿음을 주고, 성과와 보상의 연계를 명확히 해야 한다. 그리고 조직구성원들의 보상에 대한 가치를 증대시키고 개개인의 역할을 명확히 해 주는 것이 필요하다.

3) Adams의 공정성이론

공정성이론(equity theory)은 처우의 공정성에 대한 지각과 신념이 조직구성원들의 직무행태에 영향을 미친다는 이론이다. Adams는 개인의 행위는 다른 사람과의 관계에서 공정성을 유지하는 방향으로 동기부여가 된다고 주장한다. 개인이 인지하는 자신의 투입(노력, 성과, 기술, 생산량, 제품과 서비스의 질) 대 산출(보수, 승진, 인정, 칭찬, 지위)의 비율이 타인의 투입 대 산출의 비율과 비교해 양자 간의 대등함이 인지되면 공정성을 느끼고, 대등한 투입에 비해 자신의 보상이 적거나 많다고 인지되면 불공정성을 느끼게 된다는 것이다.

불공정성을 느끼게 되면, 그에 따른 심리적 불균형 · 긴장 · 불안감 등을 해소시키기 위해 자신을 행동을 수정하려고 하는데, 그러한 노력의 강도는 불공정성의 인지 정도에 따라 결정된다(오세덕 외, 2013: 192). 일반적으로 조직 내에서

자료 7-4

K시교육청 승진 인사 불공정 논란

K시교육청이 최근 사무관(5급) 승진 인사 탈락자들의 연대 서명 등 '집단행동 경위 조사'에 착수해 파문이 일고 있다. 시교육청 감사실은 21일 최근 승진 인사에서 탈락한 뒤 집단적으로 불만을 표출한 교육공무원 17명을 개별적으로 불러 서명 참여 경위 등을 조사하고 있다고 밝혔다.

시교육청에 따르면 최근 교육행정직 5급 사무관 승진 예정자 10명을 발표했다. 시교육청은 부서별 근무성적평정(근평) 상위자 중 후보자 35명을 대상으로 인터뷰 평가를 거친 뒤 근평 30%, 보고서 작성 35%, 인터뷰 평가 35%의 평점 비율로 합격자 10명을 승진 예정자로 선발했다.

그러나 탈락자 25명 중 17명이 면접평가가 불공정하게 이뤄졌다는 의혹을 제기

하며 최근 연대서명부를 작성, 장휘국 시교육감에게 전달했다. 이처럼 교육 공무원이 승진인사에 집단 반발한 것은 극히 이례적이다. 이들은 "면접심사에서 본청 근무자들이 비상식적으로 우대를 받고, 일선 학교에 근무하는 자신들은 불이익을 당했다"고 주장했다.

이에 대해 시교육청 관계자는 "본청 근무경력자가 승진인사에 많이 포함됐다고 해서 본청 위주 면접이 이뤄졌다는 주장은 설득력이 없다"고 밝혔다. 이어 "면접(평가)위원 선정도 공정성과 투명성을 높이기 위해 전원 타 시·도 출신으로 위촉한 만큼 영향력, 관여, 청탁 등이 절대 이뤄질 수 없었다"고 덧붙였다.

(서울신문, 2013년 11월 21일)

동일한 업무를 수행하는 개인들이 상이한 대우를 받을 때 불공정성을 인지하게 된다. 불공정성의 인지는 흔히 높은 결근율이나 이직률로 이어지기 때문에 관리자들은 조직구성원의 행태나 성과에 따른 보상과 처벌을 명확히 해야 한다.

제2절 | 리 더 십

1. 리더십의 의의

효과적인 리더십은 조직의 성과를 높이는 핵심 변수이다. 조직내 모든 하위조직이 각각의 임무를 완벽하게 수행하도록 잘 구조화된 시스템이 갖추어져 있다면 별도의 리더가 필요하지 않을 수도 있지만 현실은 그렇지 못하기 때문이다. 일반적으로 리더란 조직목표의 달성을 위해 앞장서서 추종자인 구성원들의 협동적 행동을 유도하는 사람을 말하며, 리더십은 그러한 리더가 갖추어야 할 자질이나 능력을 말한다(황윤원, 2010: 304). 좀 더 구체적으로 리더십은 조직목표 달성의 극대화를 위하여 구성원들이 자발적으로 적극인 행동을 하도록 동기를 부여하고 영향력을 미치며 개인과 집단의 조정을 통해 협동적 행동을 촉진·유도하는 쇄신적·창의적인 능력으로 정의되기도 한다(Dimock & Dimock, 1969: 296).

리더십은 추종자들의 자발적 헌신을 얻어내는 영향력이라는 점에서 민주적 성격을 가지며, 따라서 공식적 지위권한에 의존하는 헤드십(headship)과는 구별

될 수 있다. 리더십의 중요성은 조직설계의 불완전성을 보충하고 급속한 환경변화에 대한 조직의 유통성과 대응성을 확보할 수 있도록 한다는 점에 있다. 또한 리더십은 조직 내 다원적 집단의 노력을 조정하고 조직구성원의 일체감과 욕구충족에 기여할 수 있다(오세덕 외, 2013: 119). 따라서 성공적인 조직관리란 관리자들이 얼마나 리더십을 효과적으로 행사할 수 있느냐에 달려 있다.

2. 리더십 이론

리더십 연구는 조직의 효율적 관리를 위한 중요한 과제로 다루어졌다. 그동안 리더가 갖추어야 할 자질 요건, 행태 요건, 상황요건의 경험적 분석을 바탕으로, 바람직한 리더는 어떠해야 하는가에 대한 초점을 두고 다양한 리더십 이론과 모델이 제시되었다(황윤원, 2010: 305). 현대의 리더십 이론은 크게 자질이론과 과정이론으로 구분될 수 있다. 자질이론에서는 리더십을 높은 지능, 유창한 언변, 사회적 통찰력 등 리더 개인이 가지고 있는 선천적 특성으로 파악하는 반면, 과정이론에서는 리더십을 리더와 부하간의 상호작용 과정을 강조한다. 과정이론은 다시 행태이론과 상황이론으로 구분할 수 있다. 최근에는 변혁적 리더십과 팔로우십 등이 강조되고 있다.

1) 자질이론

전통적인 자질이론에서는 리더가 되는데 필요한 속성을 가진 사람이라면 상황의 변화에 관계없이 성공적인 리더가 될 수 있다고 보았다. 그래서 성공적인 리더의 특성이 무엇인지를 경험적으로 분석하는데 집중하였다. 초기 리더십 연구에서 가장 많이 다루어진 리더의 특성은 신체적 특성(키 또는 용모), 성격 특성(자존심, 지배성, 공격성, 정서적 안정성), 능력(지능, 언변, 사회적 통찰력, 판단력) 등이다. 그렇지만 수많은 연구결과에도 불구하고 성공적인 리더가 갖추어야 할 자질이나 특성에 대한 명확한 결론에는 이르지 못하였다.

자질이론은 리더의 특성 분석에서 성좌적 자질이론으로 발전하였다. 성좌적 자질이론은 리더에게는 고유한 리더십 능력을 구성하는 자질의 유형이 있다고 전제하고, 단일의 통일적 특성이 아니라 여러 가지 자질의 결합에 의해 리더의 성격을 파악하려는 입장이다.

그림 7-6 리더십의 자질이론과 과정이론

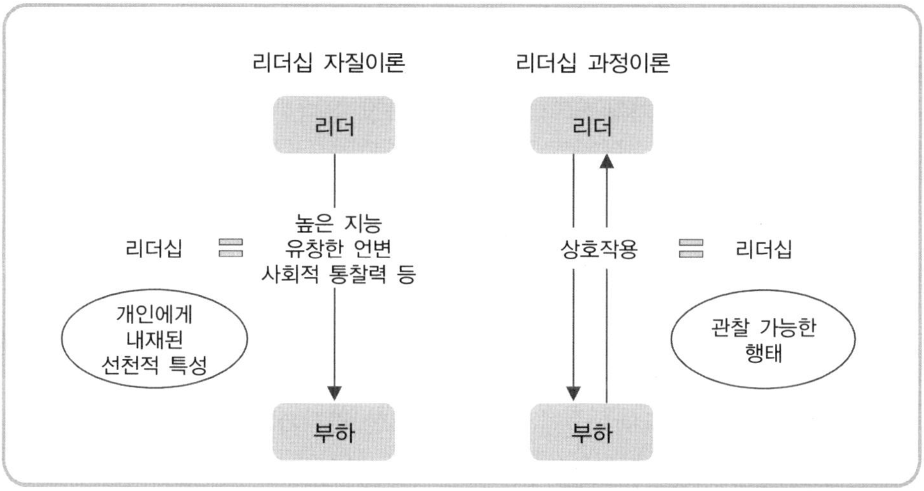

2) 행태이론

자질이론의 한계로 인해 학자들의 관심은 지도자의 실제 행동을 분석하는 행태이론으로 옮겨졌다. 행태이론은 리더의 자질을 선천적인 것이 아니라 후천적으로 만들 수 있다고 전제한다. 눈에 보이지 않는 능력 등 리더의 자질보다 지도자들이 실제 어떤 행동을 하는가에 초점을 맞추었다.

(1) 미시간대학의 연구

리더십 유형을 생산지향형(production-oriented leadership)과 직원지향형(employee-oriented leadership)으로 나누었다. 생산지향형은 임무 완성을 위한 철저한 감독, 작업계획의 수립, 지도권의 행사, 실적의 엄격한 평가를 강조하는 것이며, 직원지향형은 인간관계의 강조, 권한위임, 직원의 복지와 개인적 성장에 초점을 두는 것이다. 리더십 유형에 따른 효과성을 측정한 결과, 직원지향형이 생산지향형보다 사기와 생산성이 모두 높아 전체적으로 효과적이라고 결론을 내렸다.

(2) 오하이오주립대학의 연구

Stogdill을 중심으로 한 오하이오대학 연구팀은 리더의 특성을 구조주도(initiation structure)와 배려(consideration)를 기준으로 4가지 리더십 유형을 분류하였다. 구조주도는 역할, 지위, 공식적 의사전달체계, 업무달성방법 등에 관심을 두는 것이고, 배려는 구성원의 사기, 우정, 감정존중, 신뢰, 정서적 공감 등을 강조하는 것이다. 연구결과 구조주도와 배려의 수준이 모두 높을 때 구성원들의 불평 수준과 이직률이 가장 낮고 생산성은 가장 높다는 점을 발견하였다.

(3) Blake와 Mouton의 관리격자 모델

Blake와 Mouton은 관리격자(managerial grid) 모델에서, 생산에 대한 관심(concern for production)과 인간에 대한 관심(concern for people)의 두 차원을 기준으로 5가지 리더십 행태 유형을 제시하였다. 이들은 무기력형(impoverished style), 친목형(country club), 권위・복종형(authority-obedience style), 조직인형(organization man), 팀형성형(team builder) 중에서 생산에 대한 관심과 관심이 모두 높은 팀형성형을 상호신뢰와 존경의 인간관계의 종성 및 작업조건에 대한 지대한 관심을 기울이는 가장 바람직한 유형으로 보고 이를 위한 리더십 훈련 방안을 설명하였다.

그림 7-7 Blake와 Mouton의 관리격자 모델

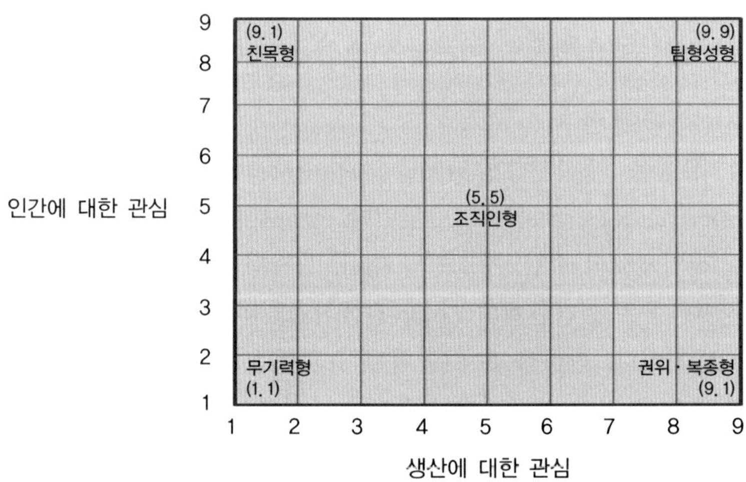

3) 상황이론

상황이론은 리더의 속성과 행태뿐만 아니라 상황적 요인이 리더십의 효과성을 결정한다고 보았다. 즉, 리더는 그가 처한 상황적 요인에 적합한 행태를 보일 때 조직 효과성이 제고될 수 있다는 것이다.

(1) F. Fiedler의 상황이론

Fiedler는 리더가 처한 상황적 유리성(favorableness)에 따라 리더십의 효과성이 달라진다고 보았다, 여기서 상황적 유리성은 리더와 구성원의 관계(leader-member relationship), 업무의 구조화 정도(task structure), 리더의 지위권력(position power)의 세 가지 변수에 따라 8가지 유형으로 구분된다. 리더십 유형은 과업지향형(task-oriented)과 관계지향형(relationship-oriented)으로 나누었다. Fiedler는 과업지향형 리더는 상황이 매우 유리하거나 불리할 때 효과적이며, 상황이 유리하지도 불리하지도 않은 중간 정도일 때는 관계지향형 리더가 효과적이라고 하였다.

그림 7-8 Fiedler의 LPC척도 모델

리더와 부하 관계	좋음				나쁨			
과업 구조	구조화		비구조화		구조화		비구조화	
직위권력	많음	적음	많음	적음	많음	적음	많음	적음
상황적 유리성	1	2	3	4	5	6	7	8
	매우 유리			중간			매우 불리	
효과적 리더십 유형	과업지향형			관계지향형			과업지향형	

(2) Hersey와 Blanchard의 3차원 모델

Hersey와 Blanchard는 리더십의 유형을 과업수행지향성과 관계지향성을 기준으로 설득형(telling), 지시형(telling), 참여형(participating), 위임형(delegating)의 4

가지로 나누고, 부하의 성숙도(maturity)를 상황변수로 채택하여 효과적인 리더십을 분석하였다. 여기서 부하의 성숙도는 성취동기 수준, 책임있는 일에 대한 의욕과 능력, 교육과 경력으로 측정된다. 성취동기가 강하고 기꺼이 책임을 지려하고 교육과 경험이 증가할수록 성숙도가 높아진다.

Hersey와 Blanchard에 따르면, 가장 미성숙한 상황에서는 지시형 리더십에서 시작하여 성숙도가 높아짐에 따라 설득형, 참여형, 위임형의 순으로 이동하는 것이 바람직하다는 것이다.

그림 7-9 Hersey와 Blanchard의 3차원 모델

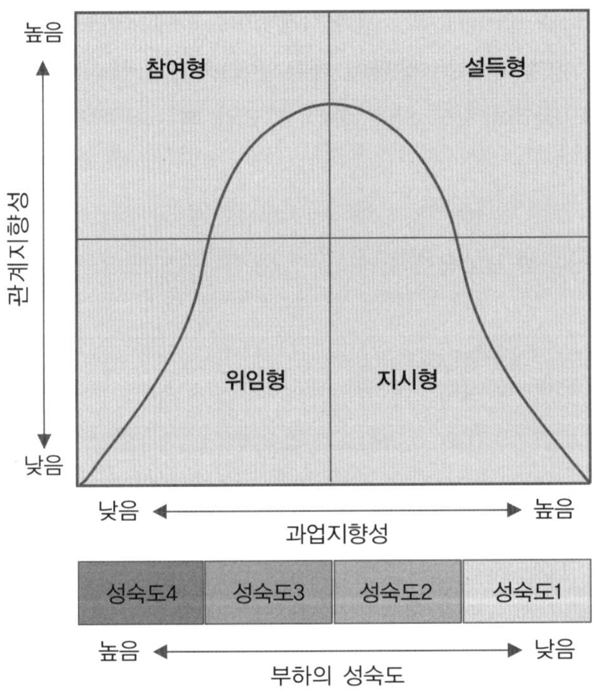

자료 7-5

변혁적 리더십과 팔로우십

새로운 비전과 미션을 창출하는 변혁적 리더십

변혁적 리더십(transformational leadership)은 부하에게 자긍심을 심어주고, 개인적 차원에서 부하를 존중한다는 것을 보여주며, 창조적인 사고를 할 수 있는 여건을 마련해 주고, 부하에게 영감(inspiration)을 제공함으로써 조직성과를 이끌어 내고자 하는 리더십이다. 그래서 변혁적 리더는 단순히 직권력에 의존하는 관리자와는 구별된다. 변혁적 리더는 높은 목표를 가지고 부하들과 함께 이를 공유하며 혁신과 실험을 통해 목표를 실현한다. 공식적 권한이 없는 것은 아니지만 열정과 개인적 역량이 변화를 일으키는 가장 중요한 힘인 것이다.

변혁적 리더십의 구성요소에는 ① 난관을 극복하고 현상에 대한 각성을 확고하게 표명함으로써 부하에게 자긍심과 신념을 심어주는 카리스마, ② 부하로 하여금 도전적 목표와 임무, 미래에 대한 비전을 열정적으로 받아들이고 계속 추구하도록 격려하는 영감적 동기부여, ③ 부하에게 특별한 관심을 보이고 각 부하의 특정한 요구를 이해해 주는 개별적 배려, ④ 전통적 관례와 사고를 다시 생각하게 함으로써 새로운 관념을 촉발시키는 지적 자극이 강조되고 있다.

성공하는 리더를 만드는 힘, 팔로우십

효과적인 리더십은 리더에 의해서 결정되는 것만은 아니다. 성공적인 리더가 되기 위해서는 훌륭한 부하와 헌신적인 부하가 필요하다. 팔로우십(followship)은 리더와 효과적인 추종자들 간의 상호작용을 강조하는 것이다. Kelly(1992)는 부하의 유형을 양(sheep), 예스맨(yesman), 소외적 추종자(alienated follower), 효과적 추종자(effective follow)로 구분하면서, 리더와 조직에 가장 유익한 부하는 효과적인 추종자라고 하였다. 효과적인 추종자들은 적극적이고 책임감이 강하고 자율적이며 비판적인 부하들이다.

제 3 절 | 의사전달

1. 의사전달의 의의

의사전달(communication)은 전달자와 피전달자들 사이에 정보와 의견 등의 교환을 통해 공통의 이해를 이룩하고 피전달자 측의 의식이나 태도 및 행동에 변화를 일으키는 상호작용 과정이라고 할 수 있다(권기헌, 2011, 330; 박연호, 2000: 283).

Barnard(1938)는 공통의 목표와 구성원의 협력 의지 및 의사전달을 조직의 3개 요소로 제시하면서, 그 중에서 의사전달이 가장 중심적인 위치에 있다고 하였다. 그것은 의사전달은 조직을 하나의 단일체로 작용할 수 있도록 전체를 통합하는 불가결의 요소이기 때문일 것이다. 일반적으로 조직 내에서 의사전달은 다음의 기능을 수행한다.

표 7-1 의사전달의 기능

조정의 효율화	의사전달을 통하여 조직목표나 사업계획에 대하여 이해하고 헌신할 수 있는 태도를 가지게 될 때 조정이 효율화될 수 있다.
합리적 의사결정	정확하고 신속하며 우수한 의사전달체제는 의사결정의 합리성을 높일 수 있다.
동기부여의 촉진	구체적 목표 설정과 진전 상황의 환류를 통해 바람직한 행동을 강화시키는 동기부여의 과정에서 촉매제 역할을 수행한다.
효과적인 리더십 발휘	의사전달을 활성화시키고 효과적으로 활용할 수 있을 때 효과적인 리더십이 발휘될 수 있다.

2. 의사전달의 과정모형

의사전달은 전달자(송신자, sender)가 메시지를 특정의 경로(channel)를 통해 피전달자(수신자, receiver)에게 전달하는 과정이다. 그런데 의사전달의 중요한 요소는 누가, 어떠한 채널을 통해, 누구에게, 어느 정도의 효과(effect)로 전달하는가이다. 따라서 의사전달은 단순히 메시지를 전달하고 수신하는 것에 그치는 것이 아니라 피전달자의 반응에 따른 상호영향 과정으로 이해하는 것이 필요하다. 이런 점에서 의사전달의 과정은 전달자(송신자) · 경로 · 피전달자(수신자) · 전달효과 · 환류의 요소로 구성된다고 할 수 있다.

① 전달자: 의사전달은 생각이나 정보를 가지고 있는 전달자의 의도에서 비롯된다. 전달자의 의도는 송신을 위해 적당한 메시지로 전환하는 부호화의 과정을 거치게 된다.

그림 7-10 의사전달의 과정모형

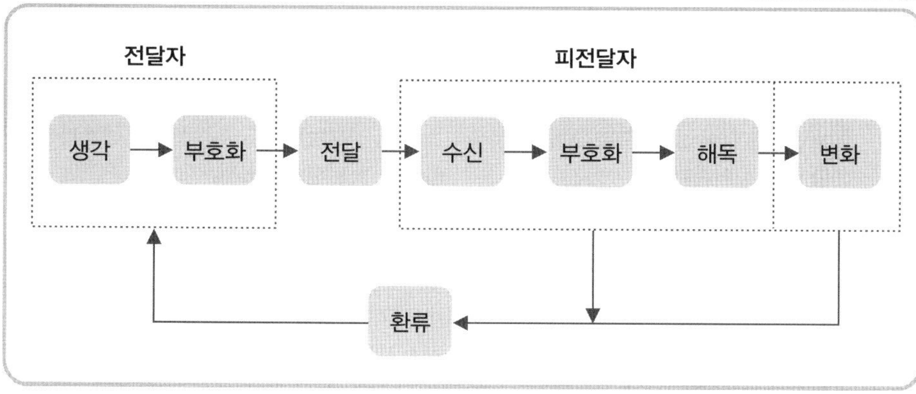

② 경로: 경로는 메시지가 전달자에게서 수진자에게 전송되는 통로 혹은 수단을 말한다. 조직의 구조는 의사전달의 공식적 경로라고 할 수 있다.

③ 피전달자: 피전달자에게 수신된 메시지는 해독화과정을 거치게 된다. 정확한 의사전달이 이루어지기 위해서는 전달자와 피전달자가 모두 부호에 대한 동일한 의미를 부여할 수 있어야 한다.

④ 전달효과: 의사전달의 효과는 메시지 송신의 결과로서 수신자의 지식, 태도, 행동의 변화가 발생하는 것을 의미한다. 의사전달의 목적은 피전달자의 행태 변화에 있다는 점에서 전달효과의 중요성이 있다.

⑤ 환류: 환류는 피전달의 반응으로서 의사전달의 효과성을 평가하는 데 필수적인 요소이다. 환류를 통해 의사전달 결과 어떠한 변화가 발생하였는지를 확인할 수 있으며, 의사전달을 쌍방향적 과정으로 만들 수 있기 때문이다.

3. 의사전달의 유형

1) 의사전달의 목적에 따른 분류

공식직 의사전달(formal communication)은 조직목표를 성취하기 위하여 목표와 정책을 공유하고 전달하는 것인 반면, 비공식적 의사전달(informal communication)은 개인 간의 친분이나 인관관계 등을 통해 사적인 대화나 감정의 표현을 위해 행해지는 것을 의미한다. 흔히 비공식적 의사전달체계는 구조화되어

표 7-2 공식적 의사전달과 비공식적 의사전달의 비교

구분	공식적 의사전달	비공식적 의사전달
장점	의사전달이 객관적이고 상관의 권위가 유지될 수 있다. 책임 소재가 명확하고, 의사결정에 활용이 용이하다.	의사전달이 신속하고 적응성이 강하며 행동의 통일성을 확보한다. 공식적 의사전달을 보완하고, 배후사정을 자세히 전달할 수 있다. 관리자에게 조언 역할을 하며, 긴장과 소외감 극복 및 개인적 욕구를 충족시킨다.
단점	의사전달의 신축성이 없고 형식화되기 쉽다. 배후 사정을 전달하기 곤란하고, 변화에 신속하게 대응하기 어렵다.	조정과 통제가 곤란하고, 책임소재가 불분명하다. 공식적 의사전달체계를 마비시키고, 의사결정에 활용할 수 없다. 상관의 권위를 손상시킬 우려가 있다.

있지 않고 조직 전체에 어지럽게 퍼져 있기 때문에 포도넝쿨망(graprvein)으로 불린다. 이러한 비공식적 의사전달은 개인들 간의 네트워크 형성을 통해 조직구성원을 결속시키는 역할을 한다. 하지만 비공식적 의사전달로서 소문이나 풍문은 조직에 역기능적이거나 파괴적인 결과를 가져올 수도 있다.

2) 의사전달의 방향에 따른 분류

의사전달의 방향을 기준으로 할 때 수직적 의사전달(vertical communication)과 수평적 의사전달(horizontal communicaition)로 구분된다.

수직적 의사전달은 다시 상의하달(top-down)과 하의상달(bottom-up)로 나누어진다. 전통적 관리접근법에서는 조직에 중요한 의사전달은 계층제에 따른 상의하달로 이루어진다고 가정했다. 흔히 상의하달은 새로운 정책 및 규칙과 규정의 적용에 대한 지시 또는 정보제공 기능을 수행한다. 하의상달은 보고, 제안, 의견조사, 면접 등을 통해 이루어진다. 하의상달은 조직의 상하급자 사이에 쌍방향적 의사전달을 가능하게 하고 상의하달에 따른 오류를 시정할 수 있다는 장점을 가진다.

수평적 의사전달은 동일한 수준에 있는 구성원 또는 상하관계에 있지 않은 상이한 수준의 구성원들 사이 또는 부서 간에 이루어지는 의사전달을 의미하며, 회의방식이 대표적이다. 수평적 의사전달은 공동체의식을 함양하고 구성원 간 및 부서 간 갈등을 관리하고 조정활동을 강화할 수 있다는 점에서 그 중요성이 강조되고 있다.

4. 의사전달의 장애와 개선방안

효과적인 의사전달을 어렵게 하는 장애 요인은 전달자와 피전달자의 인적 측면, 전달 매체의 측면, 조직 구조적 측면에서 발생할 수 있다. 따라서 의사결정의 개선을 위해서는 이러한 장애요인에 적절히 대응할 필요가 있다.

1) 인적 장애

전달자와 피전달자 간의 가치관과 사고방식에 차이가 있거나 편견이나 상호불신이 있을 경우 정확한 의사전달이 어렵게 된다. 또한 지위상의 차이는 의사전달의 내용을 왜곡시킬 수 있으며, 특히 하의상달의 경우 전달자는 자기방어를 위해 불리한 사실을 은폐하거나 유리한 정보는 과장하는 경향이 있다.

이러한 장애를 개선하기 위해서는 효과적인 의사전달의 원칙을 준수해야 한다. 나아가 인사교류 등을 통한 상호접촉의 촉진 및 대인관계의 향상과 민주적 리더십을 확립해야 할 것이다.

자료 7-6

의사전달의 원칙

① 명료성(clarity): 피전달자가 전달내용을 정확하게 이해할 수 있도록 명확하고 평이한 언어를 사용해야 한다.
② 일관성(consistency): 조직의 목표와 부합 · 일치되고 전후에 모순이 없으며 일관성이 있어야 한다.
③ 적시성(timeliness): 의사전달의 행위와 정보 교환, 명령 하달과 제안 행위 등은 알맞은 시기를 선택해야 한다.
④ 적정성(adequacy): 전달 내용이 과다하거나 과소하지 않는 적정한 분량이어야 한다.

2) 매체 장애

매체 장애는 매체의 수용범위를 초과하는 정보과다(overload)와 매체의 불완전성으로부터 야기된다. 따라서 의사전달의 향상을 위해서는 과다한 한 정보의 송신에 따른 오류가 발생하지 않도록 적정성의 원칙을 지키고, 명료성의 원칙에 따라 매체의 정확성을 높임으로서 전달과 해석상의 혼란을 방지해야 한다.

3) 구조 장애

집권적인 계층구조는 의사전달이 수직적으로만 이루어지고 유동성을 저하시켜 효율적인 의사전달을 어렵게 만들며, 비공식적 의사전달의 역기능을 야기할 수 있다. 또한 할거주의와 전문화의 경우 편협한 사고방식에 빠지기 쉽고 부서간 갈등과 대립을 유발하여 의사전달을 저해한다. 따라서 정보채널의 다양화를 통해 정보왜곡에 대비하고, 계층제의 완화와 분권화를 통해 조직을 동태화시키고 정보를 분산하는 것이 필요하다.

자료 7-7

화성에서 온 남자, 금성에서 온 여자

존 그레이의 책, 〈화성에서 온 남자, 금성에서 온 여자〉는 남녀의 심리적 차이에 관한 가장 설득력 있고 널리 인용되는 모델이다. 그레이는 남자와 여자는 마치 서로 다른 행성에서 온 외계인들처럼 매우 상이한 인지구조를 가지고 있다고 주장한다. 남자는 기본적으로 목표지향적 존재로서 문제해결에 온 힘을 쏟고 일에 대한 성취를 통해 자기 존재를 확인한다. 여자는 관계지향적 존재로서 일보다는 감정과 느낌을 공유하는 관계를 통해 만족을 느낀다. 남녀의 차이는 대화방식에서도 나타난다. 남자는 대개 사실전달 위주의 대화를 하는 반면에, 여자는 과장과 은유를 통한 감정을 교류하는 대화를 주로 한다. 이러한 차이 때문에 사랑하는 남녀간에도 소통이 이루어지지 않고 전혀 뜻하지 않은 갈등에 빠지게 된다는 것이다.

남자가 보내는 사랑의 메시지를 여자는 자신을 모욕하는 것으로 받아들여 감정이 상하거나 화를 내기도 한다. 예컨대, 문제 상황에 처하면 남자는 즉각적으로 해결책을 찾으려 골몰하지만 여자는 자신의 감정을 나눌 수 있는 관계를 간절히 원한다고 한다. 그래서 여자에게 문제가 생기면 남자는 그 문제의 해결책을 찾음으로써 자신의 사랑을 표현하고자 한다. 그러나 여자는 자신이 얼마나 힘이 드는지를 남자가 헤아려 주며 감정을 공유하기를 원한다. 그래서 자신의 마음을 보듬어 주기 보다는 일방적인 해결책을 제시하는 남자에게서 사랑의 메시지를 읽는 것이 아니라 자신에게 관심도 없고 신경도 쓰기 싫다는 메시지를 읽게 된다. 결국 남자의 진정한 의도와 정반대로 여자는 감정 공유를 거부당했다고 느껴서 분노하게 된다는 것이다.

(김정수, 2011: 91-92)

제 4 편

인 사

제 8 장 인사행정론: 인적 자원의 관리

제 8 장 인사행정론: 인적 자원의 관리

제 1 절 | 인사행정의 기초

1. 인사행정의 의의

인사행정은 정부활동의 수행에 필요한 인적 자원(human resourse)을 충원하고 유지하며, 근로 의욕을 고취하고 통제하는 일련의 활동을 의미한다. 인사행정은 그 자체가 목적이기 보다는 정부의 목적 달성에 기여하도록 유능한 인력을 확보하여 이들의 능력을 최대로 유지하고 활용하기 위한 수단적 성격을 가진다.

또한 인사행정은 조직 목표의 실현을 위한 인적 자원의 관리 활동이라는 점에서 기업의 인사관리와 비슷하다. 그렇지만 정부조직 목표의 실현이라는 공공성을 가지기 때문에 따라야 할 규범이나 절차가 다르며, 채용, 교육훈련, 근무성적평정, 사기관리 등 인사행정의 과정에서 기업의 인사 관리와 달리 여러 가지 제약을 받게 된다.

2. 인사행정의 발달

1) 엽관주의

근대 민주주의 발달과정에서 과거 절대 군주에게 봉사했던 관료들은 시민을 대표하는 의회와 의회정치의 주역을 담당하는 정당에 의해서 지배를 받고 그들에게 충성을 바쳐야 했다. 이것이 영국에서는 정실주의(patronage system)로 발전되었고, 미국에서는 엽관주의(spoils system)로 나타났다. 정실주의는 공직의 임명을 업적보다는 정치성, 금력, 문벌, 학벌 등을 기준으로 하는 반면, 엽관주의는 정당에 대한 공헌도와 충성도를 기준으로 하는 인사행정제도이다. 특히 선거에서 승리한 정당이 전리품(spoils)처럼 모든 공직을 임의로 처분할 수 있도록 하는 엽관주의는 미국 정당정치의 발전과정에서 민주주의를 실현하기 위한 인사행정의 원리로 등장하였다.

그러나 엽관제도는 정권 교체시마다 공무원이 바뀌고 능력이나 자격보다 정치적 이념이나 정당 충성심을 우선시함으로써 행정의 전문성과 계속성을 확보하기 어렵고, 정치적으로 임명된 공무원들에 의한 부패가 만연되는 문제를 가져온다는 비판을 받고 있다.

자료 8-1

공직교대제

엽관주의 발달에 기여한 미국의 제7대 대통령 A. Jackson(1829－1837)이 1829년 첫 의회 연두교서에서 밝힌 내용을 보면, '공직교대제'의 의미를 엿볼 수 있다. 그는 "공직에서 수행하는 모든 일은 평범하고 간단한(plain and simple) 것들로서 기본적인 지적능력을 갖춘 사람이면 누구나 행정을 수행할 수 있도록 되어 있고, 한 사람이 공직에 오래 근무하면서 오는 폐해가 그 사람이 경험의 축적을 통해 공직에 기여하는 것 보다 훨씬 크다고 생각"하여 공직교대의 원칙을 제시하였다.

2) 실적주의

실적주의(merit system)는 개인의 능력, 자격, 성적 등을 기준으로 공직 임용을 결정하는 인사제도이다. 실적주의가 등장하게 된 이유는 초기 민주정치의 발전과 관련하여 발전한 엽관주의는 시간의 변천에 따라 본래의 의미는 망각하고,

정당정치의 부패를 조장시키는 결과를 초래하였기 때문이다.

실적주의의 주요 내용은 다음과 같다.

① 기회균등: 국민은 누구나 인종, 종교, 지방, 학벌 등의 이유로 공직에 취임하는데 차별을 받지 않는다.

② 능력 · 자격 · 실적 중심: 인사행정의 기준으로 개인이 가지고 있는 능력, 자격, 실적을 중시한다.

③ 정치적 중립: 공무원이 어떤 특수한 정당을 위한 정치활동 또는 그 정당에 대한 적극적인 충성의 표시를 통한 당파적 행동을 금지한다.

④ 신분보장: 공무원은 법령이 규정하는 바에 따라 근무하는 한 그의 공무원으로서 신분을 위협받는 일이 없이 보장되어야 한다.

그렇지만 실적주의는 인사행정의 소극성 · 비융통성 · 집권성에 대한 비판을 받고 있다. 실적주의는 정실의 배제에만 몰두하고 유능한 인재를 확보하기 위한 적극적인 방법을 고려하지 않으며, 능률적 · 합리적 인사행정을 요구하지만 융통성이 부족하고 표준화로 인한 경직성이 강하고, 엽관주의 극복을 위해 인사권을 중앙인사기관에 집중시킴으로써 각 운영기관의 실정을 무시하였다는 것이다.

3) 대표관료제

대표관료제(representative bureaucracy)란 그 사회를 구성하는 인적 · 계층적 특성을 반영하여 정부관료제를 구성하는 것을 말한다. 이는 1944년 영국 학자 Kingsley가 "공무원이 국민을 대표하기 위해서는 현재 공무원을 구성하는 집단이 아닌 소외된 계층도 공무원이 될 수 있어야 한다"고 주장하면서 제기되었다. 그는 한 국가의 사회경제적 계급, 즉 신분, 지역, 종교 등의 요소에서 인구비례로 공무원을 충원하고, 이들은 국가의 정책결정과정에서 적극적으로 자신들의 출신계급, 지역, 부모를 위해 일하거나 의견을 개진할 수 있어야 한다고 보았다.

관료제가 국민의 대표성을 확보할 수 있는 방법에는 다음의 세 가지가 있다 (Krislov & Rosenbloom, 1981).

① 공무원 개개인에 의한 대표성 확보: 공무원 지위에 의한 대표성을 가지며, 개개인의 책임을 중시한다.

② 조직구조와 과정을 통한 대표성 확보: 공무원 업무의 수행에 있어 적법절차를 따르게 한다.

③ 주민참여를 통한 대표성의 확보: 공청회 등을 통해 주민들과 논의를 함으로써 대표성을 가진다.

대표성을 확립하기 위한 방안으로는 고용평등조치, 임용할당제 등을 고려할 수 있다. 그러나 이러한 조치는 실적주의를 훼손할 수 있다는 우려가 있다. 왜냐하면 능력과 관계없이 특정 계층에 일정비율을 할당함으로써, 보다 뛰어난 자들의 채용기회를 박탈하는 역차별의 문제가 있기 때문이다.

4) 직업공무원제

직업공무원제(career civil service system)란 공직이 유능하고 젊은 남녀에게 개방되어 매력적인 것으로 여겨지고, 업적과 발전에 따라 명예롭고 높은 지위에 올라갈 수 있는 기회가 부여되어, 공직이 생애를 바칠만한 보람있는 일로 생각할 수 있도록 하는 공무원제도를 말한다. 직업공무원제의 발달여부는 정치 사회적 필요성과 시대적 요청에 따라 국가마다 배경과 양상을 달리한다. 그러나 복잡하고 급격한 사회변동에 대응하기 위해서 전문관료의 육성과 유지를 핵심으

자료 8-2

지역인재추천채용제

지역인재추천채용제는 공직 내 인재등용의 기회 균등과 지역균형을 도모하기 위해 지난 2005년 도입된 제도이다. 상위 10% 이내의 학과 성적과 토익 성적 775점 이상이면 지원할 수 있으며, 각 대학의 추천과 공직자적격성평가(PSAT), 면접을 거쳐 최종 합격이 결정된다.

지역인재추천채용제의 최종합격자는 견습직원으로 견습근무기관(중앙행정기관)에서 고유 업무를 부여 받아 1년간 견습근무를 수행한 뒤 근무성적 평가결과 등에 따라 일반직 7급 공무원으로 특별 채용되는 절차를 거친다.

〈지역인재추천채용제 지원현황〉

구분	2005년	2006년	2007년	2008년	2009년	2010년	2011년	2012년
추천대학 수	93	111	109	114	119	122	135	125
지원자 수	245	295	295	310	335	366	371	368
경쟁률	4.9	5.9	5.9	6.2	6.7	6.1	5.3	4.6
채용인원	50	50	50	50	50	60	70	80

(출처: 행정안전부 보도자료 편집 · 재작성.)

로 하고 있는 직업공무원제의 확립이 필수적이라고 할 수 있다.

이러한 직업공무원제가 성공적으로 운영되기 위해서는 다음과 같은 전제조건이 선행되어야 한다.

① 실적주의 확립: 실적주의가 적용되고 있다고 해서 직업공무원제가 저절로 확립될 것이라고는 할 수 없으나, 직업공무원제가 확립되고 발전되기 위해서는 먼저 실적주의가 전제되어야 한다.

② 공직에 대한 높은 사회적 평가: 공직이 개인의 치부나 특권의 발판이 아니라 공공봉사의 명예로운 직업으로서 높은 사회적 평가를 받아야 한다. 그러기 위해서는 공직에 대한 부정적인 인식을 없애고 적절한 보수 지급 등 신분보장을 우선적으로 고려하여야 할 것이다.

③ 유능한 젊은 인재의 채용과 합리적 인사관리: 젊은 사람을 채용함으로써 이들이 고위직까지 올라가기 위해 일생동안 공직에 머무를 가능성이 많기 때문이다. 이와 아울러 승진의 기회보장, 합리적인 인사절차와 사회변동에 적응 · 대처하고 공무원 개인의 잠재적 소질을 개발할 필요가 있다.

④ 적정한 보수 및 연금제도의 확립: 아무리 공직에 대한 사회적 평가가 높다 하더라도 경제적 생활안정이 없이는 공무원의 장기근무를 기대할 수 없다. 따라서 적정한 보수제도가 마련되어야 하고, 사기업체와 보수차이를 줄이고 적절한 연금을 보장해야 한다.

⑤ 인력수급계획의 수립: 유능한 공무원을 유치하고 미래의 불확실한 인력난을 극복하기 위해 장기적인 인력수급계획을 수립해야 한다. 이는 인사행정상 불공평과 장기근무로 인한 무사안일주의와 침체를 방지하는데 도움을 준다.

그러나 직업공무원제는 공무원이 사회변동이나 발전에 보수적인 경향을 띠고 저항할 우려가 있으며, 폐쇄적인 성격으로 전문가의 흡수를 허용하지 않아 관료집단이 특권집단화가 될 수 있으며, 정치적 성격을 띤 고위공무원까지 직업화할 수 없다는 문제점을 가진다. 이에 따라 직업공무원제가 발달한 유럽에서는 실적주의와 개방형의 요소를 도입하고 있으며, 반대로 실적주의가 강한 미국에서는 직업공무원제 요소를 첨가함으로써 양자가 서로 접근해 가는 경향을 보이고 있다.

3. 공직의 구조

1) 계급제와 직위분류제

행정의 다양화와 복잡성의 증가에 따라 정부의 업무도 매우 세분화되었다. 합리적인 인력관리를 위해서는 이러한 세분화된 공직을 일정한 기준에 따라 체계적으로 분류할 필요가 있다.

공직을 분류하는 대표적인 방식은 계급제와 직위분류제이다. 계급에 따라 분류하면 계급제, 직위에 따라 분류하면 직위분류제가 된다.

계급제는 업무의 성격보다는 공직을 수행하는 사람의 자격과 능력을 기준으로 하여 공직을 몇 개의 계급(rank 또는 staus)으로 분류하는 것이다. 신분상의 자격과 지위를 중시하기 때문에 조직의 행정구조와 별도로 존재하는 계층구조를 형성한다.

직위분류제는 직무의 난이도와 책임의 경중에 따라 공직을 분류하는 것이다. 이는 사람보다는 업무를 중심으로 차등을 두려는 합리적 사고에 기반한 것으로서, 직무의 과학적 분석을 전제로 하며 업무의 효율성과 전문가를 중시하는 분류방식이다.

계급제와 직위분류제는 각기 서로 다른 기본전제에서 출발하기 때문에 여러 가지의 차이점이 있으며, 어느 쪽이 더 우월하다고 말하기 어렵다. 현실적으로

자료 8-3

직위분류제의 주요 용어

직위(position): 한 사람에게 부여되는 직무와 책임
직급(class): 직무의 종류, 곤란성, 책임도가 유사한 직위의 군
등급(grade): 직무의 종류는 다르지만 직무의 곤란성과 책임도가 유사한 직위의 군 (동일 계층상의 모든 직급을 총칭)
직렬(series): 직무의 종류는 유사하지만 곤란성과 책임도가 서로 다른 직급의 군
직류(sub-series): 직무의 종류가 유사한 소단위 무리로서, 동일 직렬 내에서 담당 분야가 동일한 직무의 군(수직적 단위의 최소 분류)
직군(group): 직무의 종류가 유사한 대단위 무리로서, 직무의 성질이 유사한 직렬의 군

나라에 따라 양 제도를 상호보완적으로 채택하고 있으며, 우리나라는 계급제를 기본으로 하면서, 채용 · 승진 · 전직 등에서 직위분류제 요소를 가미하고 있다.

2) 경력직과 특수경력직

공직을 일반성에 따라 분류하는 방식으로, 경력직과 특수경력직으로 구분된다. 경력직 공무원은 직업공무원으로서 실적주의의 적용대상이 되는 일상적인 의미의 공무원을 말한다. 즉, 경력직 공무원은 '자격과 실적'에 의해 임용되고 신분이 보장되며 특별한 사유가 없는 한 정년에 이르기까지 근무할 수 있는 공무원이다. 특수경력직 공무원은 국가공무원법이나 실적주의의 획일적 적용대상에

표 8-1 경력직 공무원과 특수경력직 공무원

구 분		대 상
경력직	일반직	행정일반 또는 기술 · 연구 업무를 담당하며 직군과 직렬별로 분류되는 공무원. 1급에서 9급까지의 계급으로 분류
	기능직	체신현업, 토목건축, 전신, 기계, 화공, 선박, 농림, 보건위생, 사무보조, 방호업무 등의 기능적 업무에 종사하는 공무원
	특정직	법관, 검사, 외무공무원, 경찰공무원, 소방공무원, 교육공무원, 군인, 군무원, 헌법재판소 헌법재판관, 국가정보원 직원과 특수 분야의 업무를 담당하는 공무원으로서 다른 법률에서 특정직 공무원으로 지정하는 공무원
특수 경력직	정무직	선거에 의해 취임하거나 임명할 때 국회의 동의가 필요한 공무원(대통령 · 국회의원 · 지방자치단체의 장 · 지방의회의원 · 대법원장 · 헌법재판소장 · 국무총리 · 감사원장 · 대법관 · 헌법재판소 재판관 · 중앙선거관리위원회 위원 등) 고도의 정책결정업무를 담당하거나 이러한 업무를 보조하는 공무원 중앙정부의 차관급 이상 공무원 및 차관급 이상의 보수를 받는 비서관, 감사원 사무총장 이상 국회 사무차장 이상, 헌법재판소 사무차장 이상, 중앙선거관리위원회 사무차장 이상, 국가정보원 사무차장 이상
	별정직	특정한 업무를 담당하기 위하여 별도의 자격 기준에 의하여 임용되는 공무원으로서 법령에서 별정직으로 정한 공무원 국회수석전문위원, 감사원 사무차장, 광역자치단체 선거관리위원회 상임위원, 국가정보원 기획조정실장, 비서관 · 비서
	계약직	국가와 채용계약에 의하여 일정한 기간동안 전문지식 · 기술이 요구되는 업무에 종사하는 공무원

서 제외되는 정치적 임용이 필요하거나 특수한 직무를 담당하는 공무원을 말한다.

우리나라는 경력직 공무원을 일반직 · 기능직 · 특정직으로 나누고, 특수경력직 공무원은 정무직 · 별정직 · 계약직 등으로 나누고 있다.

제2절 | 인사행정의 과정

인사행정은 공직자가 공직에 들어와서 나가는 순간까지를 관리하는 전반적인 사람관리활동이다(황윤원, 2010: 3040). 따라서 인사행정의 과정은 정부조직에서 필요한 사람을 채용하여 적재적소에 배치하고, 지속적으로 능력을 개발하고, 직무수행에 충실하도록 동기를 부여하고 통제 관리하는 일련의 과정으로 구성된다.

1. 임　용

임용은 정부조직에 필요한 사람을 선발하여 활용하는 충원과정이다. 임용의 형태는 외부임용과 내부임용으로 구분된다. 외부임용은 신규채용을 의미하며, 이는 공개경쟁채용과 경력경쟁채용 방식으로 이루어진다. 내부임용은 수직적 이동(승진, 강임)과 수평적 이동(전직, 전보, 겸임, 파견)으로 행해진다. 그렇지만 일반적으로 임용은 신규채용에 중점이 두어진다. 신규채용은 인력기획, 모집, 시험, 선발의 과정을 거치게 된다.

1) 인력기획

인력기획은 행정환경의 변화에 따른 정부조직의 인적자원에 대한 중장기적 수요를 예측하고 이를 충족시키기 위한 인력공급과 관리계획을 수립하는 것이다. 과거 정부는 공직에 대한 매력 때문에 인력공급이 무한하게 탄력적일 것이라는 가정 하에 인력기획에 별로 관심을 기울이지 않았다. 그러나 정부조직에 필요한 다양한 전문 인력을 적시에 안정적으로 공급하기 위해서는 인력기획은 필수적인 인사활동이 되고 있다. 특히 정부조직은 모든 직업분야를 망라하는 복잡한 인력집단을 형성하고 있고 인력 확보에 있어 사회 여러 조직들과의 경쟁을 하고 있어 효율적인 인적 자원관리를 위한 인력기획의 중요성이 더욱 커지고 있다.

2) 모 집

모집(recruitment)은 공직희망자를 유치하는 활동을 말한다. 그러나 모집에는 두 가지 의미가 내포하고 있다. 하나는 가장 뛰어난 인재들을 유인 선발한다는 적극적 모집이고, 다른 하나는 공직의 대표성을 띠도록 각계각층의 사람들이 참여하도록 민주적·개방적 모집 정책을 펼친다는 것이다.

적극적 모집(positive recruitment)은 유능한 젊은 인재들이 공직에 지원하도록 유도하기 위한 여러 가지 유인을 제공하는 것을 말한다. 우리나라는 적극적 모집을 시행하지 않고, 공고를 통한 소극적인 모집을 시행되고 있다. 이것은 공직에 대한 사회적 평가가 높아 유능한 공직 지원자를 충분히 확보할 수 있기 때문이다. 그러나 유능한 전문 인력의 유치를 위해서는 적극적 모집이 모색되어야 한다.

모집은 일정한 자격요건을 기준으로 적격자를 선발하는 활동이기도 하다. 이에 따른 자격요건에는 학력·연령·거주 요건 같은 소극적 요건과 공직자로서 가치관, 전문지식과 기술 등 적극적 요건이 있다. 우리나라의 경우 원칙적으로 학력 제한이 없으며 연령요건도 2009년 이후 상한선이 폐지되었다.

3) 시 험

시험(examination)은 지원자들 중에서 적격자를 선발하기 위한 방법이다. 시험은 공직취임의 기회를 균등하게 보장하고, 정부업무의 효율성을 높이고 국민에 대한 봉사성을 높일 수 있는 인재를 선발할 수 있어야 한다.

시험의 효용성을 확보하기 위해서 갖추어야 할 요건은 다음과 같다.

① 타당도(validity): 측정하고자 하는 요소를 정확하게 측정하는 정도

② 신뢰도(reliability): 측정도구가 측정대상을 일관성 있게 측정하는 정도

③ 난이도(difficulty): 시험의 어려운 정도

④ 객관성(objectivity): 시험결과가 채점자의 주관적 편견이나 시험 외적 요인에 의해 차이를 나타내지 않는 정도

⑤ 실용성(practicality): 경제적 측면에서 시험의 관리비용이 적고 시험의 실시 및 채점의 용이함

4) 선 발

선발(selection)은 합격자가 결정되고 나면 시험실시기관이 채용후보자명부(eligible lists)를 작성하는데서 시작한다. 채용후보자명부가 작성되면 시험실시기관의 장은 각 기관의 결원 및 예상 결원 인원을 감안하여 후보자를 시험성적, 훈련성적, 전공분야, 경력, 적성 등을 참작하여 임용권자에게 추천한다. 임용권자는 추천된 임용후보자 가운데 적격자를 선발하여 일정기관 동안 시보(probationer)로 임명한다.

시보임용기간이 끝나면 정규 공무원으로 임용된다. 임명이 되면 초임보직을 부여한다. 임명은 공무원의 신분을 획득하는 하는 것이며, 보직은 특정한 직위에 배치하는 것이다. 따라서 시보임용 기간 중에는 공무원의 신분보장 규정이 적용되지 않는다.

2. 능력발전

공무원이 공직을 효율적으로 수행하기 위해서는 직무에 필요한 지식과 기술을 향상시키고 발전적인 가치관 및 태도를 확립하는 것이 매우 중요하다. 능력발전의 대표적인 것으로 교육훈련과 근무성적평정제도를 들 수 있다.

1) 교육훈련

교육훈련은 새로운 지식 및 기술습득, 공직에만 있는 직책훈련, 사기앙양 및 적응을 위한 것으로 관료제의 역기능을 극복하기 위해서도 매우 필요하다. 교육훈련의 목적 내지 효용은 공무원이 현재 담당하고 있는 직책 혹은 앞으로 담당할 직책에 대한 지식 · 기술 · 태도 등을 습득하는 것은 물론이고, 공무원의 자기개발, 경력발전, 행정발전 및 생산성 향상, 관료제의 병폐시정, 사기의 제고 등 다양하다.

교육훈련에는 신규채용자훈련(orientation training), 일반재직자훈련(refresher and extension course), 감독자훈련(supervisory training) 등이 있다. 신규채용자훈련은 신규채용된 공무원이 앞으로 담당할 직무에 적응하기 위해서 하는 훈련이고, 일반재직자훈련은 재직 공무원을 대상으로 하여 새로운 규칙, 법령, 내용습득을 위해 실시하는 훈련으로 정기 및 수시로 실시한다. 감독자 훈련은 부하의 직무수행을 지휘, 이에 대한 책임을 지는 감독자의 감독능력향상을 위해 실시하는 훈련이다.

2) 근무성적평정

근무성적평정은 공무원의 근무실적, 직무수행 능력, 직무수행 태도 등을 일정한 기준에 따라 체계적 · 장기적으로 평가하는 인사행정의 과정으로, 평가결과는 승진, 전보, 보수 지급, 훈련 및 퇴직 등 인사행정자료로 활용된다. 근무성적평정제도의 운영은 근무성적평정계획의 수립 → 평정의 실시 → 평정결과의 분석 및 조정 → 평가결과의 공개 및 소청의 단계로 이루어진다. 평정의 횟수가 너무 잦으면 평정이 소홀히 되고 평정의 신뢰성이 저하될 우려가 있을 뿐만 아니라 피평정자의 사기를 떨어뜨릴 수 있다. 평정의 횟수가 적고 기간이 길면 평정의 일관성이 유지되기 힘들며 평정의 효용성이 떨어진다.

근무성적 평정에는 다음과 같은 오류가 발생한다.

① 연쇄효과(halo effect): 한 평정요소에 대한 평정자의 판단이 연쇄적으로 다른 요소의 평정에도 영향을 주는 현상

② 집중화 경향(central tendency): 평정자가 모든 피평정자들에게 대부분 중간 수준의 점수를 주는 심리적 경향

③ 관대화 경향(tendency of leniency): 평정결과의 분포가 우수한 쪽에 집중되는 경향

④ 엄격화 경향(tendency of strictness or severity): 관대화 경향과는 정반대로 평정결과의 점수 분포가 낮은 쪽에 집중되는 경향

근무성적 평정은 인사배치의 자료와 공무원의 능력 발전 등 다양한 용도로 이용될 수 있는 장점이 있으나, 여러 가지 평정상의 오류로 평정결과의 타당성과 신뢰성이 낮고, 주관성의 개입으로 공정한 평정이 어려우며, 평정기준의 표

준화가 어렵다는 등의 한계가 있다.

자료 8-4

우리나라의 근무성적 평정

우리나라의 근무성적 평정은 5급 이하 공무원, 연구직·지도직 공무원 및 기능직 공무원을 대상으로 하여 근무실적(성과), 직무수행능력(자질), 직무수행태도(행동) 등을 정기적이고 체계적으로 평정하여 그 결과를 승진 임용, 특별승급, 특별상여수당 지급, 교육훈련, 보직관리 등 각종 인사관리에 반영하도록 되어 있다. 정기평정은 1년에 2회에 걸쳐 실시하고(5·6급은 6월말과 12월말, 7급 이하는 3월 말과 9월 말), 수시평정은 조정사유가 발생한 경우에 평정한다. 16개 평정요소에 대하여 평정요소별 등급의 수를 5단계(탁월: 5점, 우수: 4점, 보통: 3점, 미흡: 2점, 불량: 1점)로 하여 평정한다. 근무성적 평정위원회는 평정점 결정 후 10일 이내에 근무성적평정서와 근무성적평정표를 승진후보자명부 작성권자에게 제출하여야 한다.

3. 동기부여

조직의 효율성을 높이기 위해서는 구성원들의 자발적인 노력을 제고하는 조건을 부여하는 것이 중요하다. 이것을 동기부여라고 할 수 있다. 조직의 업무를 수행하는데 있어서 중요한 것은 조직원의 관리 혹은 행정조직원의 동기를 유발하는 것이다. 이렇게 함으로써 조직원의 사기는 앙양되고 목표달성 의지, 근무의욕, 직무만족 등을 제고시킴으로써 조직의 생산성 혹은 성과를 향상시킬 수 있는 것이다.

1) 승 진

승진은 수직적 이동(vertical movement)으로 상위직으로 이동하여 종전보다 무거운 직책을 담당하게 되는 것이다. 승진은 개인의 성공에 대한 기대감, 사기앙양, 능력발전, 행정능률의 향상을 도모한다는 점에 그 중요성이 있다. 승급은 계급이나 직책의 변동을 수반하지 않는 것을 말하며 승진과는 구별된다. 승진은 일반적으로 직무의 곤란도와 책임의 증대를 의미하며, 보수의 증액을 수반한다.

정부조직 내에서는 승진은 단순한 결원 보충의 의미를 갖는 것이 아니고, 구성원의 동기를 유발하고 사기를 진작시키는 수단이 된다는 점에서 중요성을 갖는다. 승진의 기준은 실적과 경력을 이용하며, 실적은 시험성적, 근무성적, 교육훈련 성적 등이고 경력은 근무연한, 학력, 근무경력을 나타낸다.

자료 8-5

수평적 이동(배치전환)

전보: 동일 직렬 내의 동일 직급 내의 이동
전직: 상이한 직렬의 동일한 계급 또는 등급으로의 수평 이동
인사교류: 동일 인사관할 기관 내 기관간의 인사이동
전입: 다른 인사관할 기관간 인사이동
파견근무: 소속을 바꾸지 않고 일시적으로 타 기관이나 국가기관 이외의 기관이나 단체에 근무
겸임: 한 사람의 공무원에게 둘 이상의 직위를 부여

2) 사기 관리

사기는 조직의 이익에 기여하려는 개인과 집단의 정신자세 혹은 태도를 말한다. 사기요인으로는 경제적 욕구, 인간관계, 성공감, 안정감, 참여의식 등이 있다. 사기를 측정하는 방법은 업적·생산성, 출퇴근 상황과 이직율, 사기조사(면접, 질의서) 등이 있다.

보수란 정부에서 공무원의 근무에 대한 대가로서 제공하는 금전적인 보상을 말한다. 고용주로서 구성원에게 근무(직무)에 대한 대가로서 금전적 보상을 지급하는 것이 보수라는 점에서 정부와 민간기업의 보수관리는 공통적인 요소를 갖는다. 그러나 정부의 보수관리는 정치적 통제의 대상이 된다는 점과 노동가치에 대한 대가라는 경제적인 성격보다는 공공봉사의 성격을 많이 띠고 있다는 점에서 민간기업의 보수관리와는 차이가 있다.

보수의 일반수준을 결정하는데 있어서 고려해야할 사항에는 첫째, 사회적·윤리적 요인으로 정부에서 공무원 보수의 일반수준을 결정할 때 우선 고려해야 할 것은 공무원들이 생계를 유지해 나갈 수 있는 생계수준이 어느 정도인가를 파악하는 일이다. 둘째, 경제적 요인으로 정부의 지불능력, 민간의 임금수준 등을 고려해야 한다. 셋째, 부가적 요인으로 공무원이 보수 이외에 받는 부수적인 각종 혜택을 말한다. 예를 들면, 연금제도, 신분보장, 승진제도, 휴가기간, 근무

시간, 보건과 안전 및 후생제도 등을 말한다. 이러한 부가적인 요인을 고려하는 이유는 그러한 요인이 바로 직업선택에 영향을 미치는 주요 변수이기 때문이다.

제안제도(suggestion system)는 공무원으로 하여금 행정에 대한 창의적인 개선안을 적절한 방법과 절차에 따라 제안하게 하고, 이를 심사하여 그 제안이 행정의 생산성이나 능률을 제고하는데 도움이 되는 것이면 보상하는 제도이다. 고충처리제도는 여러 가지 인사상담이나 고충처리를 통하여 공무원의 불안감, 좌절감을 해소시키며 구제하거나 개선해 주는 제도이다.

4. 통제관리: 공무원의 행동규범과 공무원단체

1) 공무원의 충성

정부조직에 근무하는 공무원은 지켜야할 행동규범(code of conduct)이 있다. 즉 이것은 공무원이 업무수행시 국민 전체에 대한 봉사자로서 행정이 추구하는 공공목적을 달성하기 위해 그의 전문적 능력을 최대로 발휘하여 준수해야 할 규범을 의미한다.

충성은 헌법의 기본질서와 국가적 이념에 대한 헌신을 의미한다. 민주주의 국가에서 충성은 군주 개인에 대한 충성을 의미하는 것이 아니다. 즉 당해 국가의 정치체제가 근거하고 있는 정치이념과 특정개인이나 특수 집단의 부분 이익에 대한 봉사가 아니라 국민전체의 보편적 이익을 위한 헌신을 의미한다. 공무원의 충성을 확보하기 위한 활동으로 현직 공무원들의 이념 및 행적에 관한 자료를 조사·평가하는 충성심사가 있다. 이는 공직임용 희망자와 현직공무원 양자에 대해 이루어지는데, 충성심사 결과 문제가 발생하면 신규임용후보자는 공직에의 임용이 거부되며, 현직공무원의 경우는 공직에서 배제된다.

2) 정치적 중립

정치적 중립성은 정치로부터 공무원을 보호하자는 것으로 즉 어느 정당의 지도자가 정권을 잡든지 공무원은 동일한 충성심을 발휘하여 공평하게 국민에게 봉사하는 것이다. 공무원의 정치활동 금지가 주된 내용인데, 정치적 중립성의 근본정신은 엽관주의 반대, 기회균등, 공개경쟁, 공정성 등에 바탕을 두고 있다. 정치적 중립성에 대해 찬성하는 사람은 정치적 이유와 공무원의 공복정신

(公僕情神)을 들고 있다. 전자는 관료집단은 강력한 권력집단으로서 특정정당을 지원하게 되면 선거의 무용화를 가져 올 수 있다. 후자는 공직으로부터 이득, 사회적 신분, 신분보장, 특권의 향유 대가로 국민에게 봉사하는 것이므로 엄격히 지켜질 것을 주장했다. 반대하는 사람은 정치적 중립성이 민주정치의 원칙에 반하고, 공무원 수준이 매우 높을 뿐만 아니라 행정책임의 강조와 정치적 환경의 제한은 상호 논리적으로 맞지 않는다고 본다.

3) 신분보장과 징계

공무원은 법에 정하는 사유에 의하지 않고는 신분상의 불이익을 받지 않도록 신분보장을 하고 있다. 이는 정치적 환경변화가 공무원의 신분에 영향을 미치지 못하도록 함으로써 행정의 안정성과 자율성을 확보하고 국민에 대한 봉사의 질을 높이도록 하기 위한 것이다.

그렇지만 공무원이 법령을 위반하거나 직무상의 의무를 위반하거나 태만할 때, 공무원의 위신을 손상하는 행위를 할 경우에는 제재를 받게 된다. 이처럼 공무원의 그릇된 행태를 교정하기 위한 인사절차를 징계라고 한다. 징계에는 파면, 해임, 강등, 정직과 같은 중징계와 감봉과 견책과 같은 경징계가 있다.

자료 8-6

징계의 종류

파면: 파면된 사람은 5년 동안 공무원으로 임용될 수 없고, 퇴직급여액과 퇴직수당이 삭감된다.
해임: 해임된 경우는 3년 동안 공무원으로 임용될 수 없다(금품 및 향응 수수, 공금의 횡령 · 유용으로 징계 해임된 경우에는 퇴직급여액을 삭감할 수 있음).
강등: 1계급 아래로 직급을 내리고, 공무원의 신분은 보유하나 3개월간 직무에 종사하지 못하며, 그 기간 중에는 보수의 3분의 2를 감한다.
정직: 1개월 이상 3개월의 기간으로 하고, 정직처분을 받은 자는 그 기간 중 공무원의 신분은 보유하나 직무에 종사하지 못하며, 그 기간 중에는 보수의 3분의 2를 감한다.
감봉: 1개월 이상 3개월 이하의 기간 동안 보수의 3분의 1을 감한다.
견책: 전과에 대하여 훈계하고 회개하게 한다.

4) 공무원단체

공무원단체란 공무원 근무조건의 유지, 개선을 위해 조직하는 모든 단체를 말한다. 이 단체는 공무원의 복지증진, 사기제고 및 행정발전에 이바지할 것으로 판단된다. 노동3권에는 단결권(right to organize), 단체교섭(collective bargaining), 단체행동(collective action) 등으로 구분된다. 한편 공무원 단체권에 대해 찬반이 대립된다. 찬성하는 쪽은 단체권은 공무원의 이익표시, 참여의식, 귀속감 충족, 공무원의 질적 향상, 부패방지 등을 위해서 필요하다는 입장이며, 반대하는 쪽은 공무원의 무책임한 행동을 초래할 수 있고 공무원이 공복이라는 취지에 반해 무모한 이익에 치우칠 수 있다는 점을 강조한다.

자료 8-7

공무원노조 누리집 서버 압수수색… 22시간 밤샘 '이례적'

검찰의 전국공무원노동조합 누리집 서버 압수수색이 밤새 이어져 22시간 만에 끝났다. 공무원노조 쪽은 검찰이 지난 대선과 관계없는 자료까지 압수했다며 반발했다.

서울남부지검 형사6부(부장 황현덕)는 지난 대선 때 문재인 민주당 후보 지지글을 누리집에 올린 혐의(공무원법 위반)로 공무원노조 누리집 서버가 있는 경기 고양시 일산동구 장항동 서버업체 압수수색을 지난 8일 오전 10시께 시작해 9일 오전 8시께 종료했다. 검찰은 디지털증거분석요원 등을 투입해 2011년부터 2년간의 누리집 접속기록과 게시물 내역 등을 확보했다. 검찰 관계자는 "압수수색 과정에서 공무원노조 쪽이 압수물품 중 혐의와 무관한 것들이 있다며 반발해 노조 쪽이 먼저 자료를 확인하는 등의 과정을 거치느라 시간이 오래 걸린 것"이라고 밝혔다.

공무원노조 쪽은 검찰이 혐의와 관계없는 2년간의 내부 회의 자료까지 요구해 가져 갔다며 강하게 반발했다. 공무원노조는 "검찰이 지난 대선과 시기적으로 동떨어진 2005년부터의 자료를 요구해 노조와 갈등을 빚다 결국 2011년부터 2013년까지의 조합원 회의 자료 · 인트라넷 사용자 명단 등을 포괄적으로 압수수색했다. 자료를 얻기 위한 수사라기보다 탄압을 위한 수사"라고 말했다.

앞서 지난달 29일 극우단체인 자유청년연합은 공무원노조가 지난 대선 때 문재인 민주당 후보 지지글을 누리집에 올렸다며 김중남 공무원노조 위원장을 공직선거법 · 공무원법 위반 혐의로 검찰에 고발했고 지난 1일에는 새누리당이 공무원노조와 전국교직원노동조합의 대선개입 의혹을 제기했다. 검찰은 4일 이 사건을 남부지검에 배당한 지 4일 만에 전격 압수수색에 나섰다.

공무원노조는 해당 지지글은 조합원인지 여부를 알 수 없는 익명의 누리꾼이 익명게시판에 올린 글로, 지난 대선 당시 선거관리위원회에서도 문제삼지 않았던 게시물이었다고 주장했다. 공무원노조 관계자는 "설사 공무원노조 조합원이 게시판에 글을 올렸다 하더라도 국가정보기관의 대선 개입과 개인 공무원의 의사 표시를 동일한 선상이라고 보는 현 시국은 말이 안 된다. 전교조 법외노조 통보·통합진보당 해산심판 청구 등과 맞물려 공안정국이 조성되고 있다. 양심 있는 학자나 일반 국민들조차 트위터와 페이스북부터 자기검열을 하고 있는 상황"이라고 밝혔다.

(한겨레신문, 2013년 11월 9일)

제 5 편
재 무

제 9 장 재무행정론

제 9 장 재무행정론

제 1 절 | 재무행정의 개념 및 분과 · 유사 학문

현대 사회의 정부는 국방, 치안, 외교뿐만 아니라, 경제발전, 복지증진 등과 같이 다양한 기능을 수행하고 있다. 이를 위해서는, 가계나 기업으로부터 세금을 걷고, 그 세금을 적절히 관리 · 운영해서, 국민에게 적절한 서비스를 제공하는 것이 필요하고, 이러한 활동들을 연구하는 학문 분야가 재무행정이다. 즉, 재무행정은 정부가 어떤 종류의 세금을 얼마만큼 거둬들일지 결정하고, 거둬들인 세금을 어떤 업무에 얼마만큼 사용할 것인지를 계획하며, 수립된 계획을 어떻게 실천해 갈 것인지를 연구하는 분야이다. 좀 더 학술적으로 정리하면, "재무행정이란 국민의 욕구들을 충족시키기 위하여 중앙정부, 지방정부, 공공기관 등이 사회로부터 재원을 동원하고 그것을 배분하고 사용하는 일체의 활동을 말한다. 이를테면, 정부가 국민으로부터 세금을 징수하고, 마련된 재원으로 각종 정책과 사업을 시행하여, 국민의 복지증진을 하는 일체의 활동이 재무행정이다"(신무섭, 2009: 21).

이러한 정의에 따르면, 재원의 마련에서부터 관리, 지출에 이르기까지, 돈과 관련된 정부의 모든 활동은 재무행정에서 다루는 분야라고 해도 과언이 아니다.

이에 재무행정 관련 교과목도 예산론, 정부기업관계론, 정부회계, 공기업론, 공공경제론, 지방재정, 공공재무관리 등 다양하다.

① 예산론: 일반적으로 재무행정하면 예산론을 떠올리듯이, 최근까지 재무행정에서는 예산 결정(편성), 예산 과정, 예산개혁 등과 같은 내용이 주로 다루어져 왔다.

② 정부기업관계론: 주로 정부와 기업 간 관계에 대해서 다룬다. 정부는 한편으로는 공익 추구 또는 공정거래 활성화를 목적으로 규제를 통해 민간기업의 활동을 제약하고, 다른 한편으로는 국가 발전을 위해 민간기업을 지원하기도 하는데, 정부기업관계론에서는 주로 이러한 활동들을 다룬다. 구체적으로는 독과점규제, 경제적 규제, 사회적 규제와 금융・보험・증권에 대한 규제와 같은 정부의 민간기업 규제를 다루는 한편, 농업・무역・과학기술・산업에 대한 정부의 다양한 인적・물적 지원에 대해서도 다룬다.

③ 정부회계: 정부회계란 정부의 이해관계자(예: 국민, 국회의원, 대통령 등)에게 유용한 재무 정보를 제공하기 위한 일련의 활동을 의미한다. 정부의 회계처리 방식이 복잡하지 않았던 때, 즉 단식부기・현금주의 방식으로 회계처리를 할 때는 중요하게 다뤄지지 않았던 분야이다. 그러나 지방자치단체는 2007년부터, 중앙정부는 2009년부터 발생주의・복식부기 회계제도를 도입함으로써 정부회계 과목의 중요성이 점점 강조되고 있다. 이전의 현금주의・단식부기 회계제도의 경우 그 방식이 매우 간단하였기 때문에 향후 공무원이 되려는 사람들에 대해 많은 교육 및 훈련이 요구되지 않았지만, 복식부기 발생주의 회계제도의 경우 회계정보를 생산하고 이해하는 능력을 키우는데 상당한 시간의 교육 및 훈련이 요구된다.[1] 그 결과 재무행정에서 중요한 과목 중 하나로 다루어지기 시작하였다. 정부의 재무보고서를 이해할 수 있는 능력은 공무원뿐만 아니라 민주시민이 갖춰야 할 소양이라 할 수 있고, 따라서 향후 그 중요성은 더욱 두드러질 것으로 판단된다.

④ 공기업론: 공기업의 필요성, 관리, 평가, 개혁 등과 같이 공기업과 관련된

1) "발생주의・복식부기제도의 성공적인 도입을 위해서는 합리적인 정부회계기준의 제정, 재무보고서를 산출하는 회계정보시스템의 구축, 회계담당공무원의 교육이 필요하게 된다. 그러나 무엇보다도 새로운 정부회계제도를 이해하고 회계정보시스템을 육성할 수 있는 능력을 갖춘 인적 자원을 체계적으로 육성하는 것이 중요하다"(전중열・심재영, 2009: 28).

다양한 이론 및 논의들에 대해 학습하는 과목이라 할 수 있다. 구체적으로는 우선 민간기업이 공급하지 못하거나 민간기업이 공급할 때 사회적 비효율성이 야기될 수 있는 재화 및 서비스를 왜 공기업이 공급해야 하는지에 대해 이해하는 것이 필요하다. 둘째, 자칫 방만한 운영이 이루어질 수 있는 공기업을 어떻게 관리하고 평가할 것인지에 대한 이해도 필요하다. 마지막으로 최근에 이루어지고 있는 공기업의 개혁 노력을 이해할 필요가 있다.

⑤ 공공경제론: 재정학 또는 공공선택론으로 개설되기도 하는 과목이다. 주로 정부의 공공지출정책과 조세정책의 필요성 및 경제적 효과를 학습하는 분야라고 할 수 있다. 이 분야는 미시경제학에 대한 기본지식을 갖추어야만 이해할 수 있다.

⑥ 지방재정: 1995년 지방자치단체장 선거 실시 이후, 각 지방자치단체의 역할 및 기능은 증대되어 온 반면, 이를 수행하는 데 필요한 재원은 계속해서 부족한 상태라고 할 수 있다. 특히 중앙정부에서 수행하던 상당수의 복지사업이 지방자치단체로 이관됨으로 인해 지방자치단체의 세출은 계속해서 늘고 있다. 또한 지방자치가 원활하게 정착되기 위해서는 무엇보다도 재정분권이 이루어져야 하고 이에 지방자치단체의 자주재원 마련은 시급한 문제라고 할 수 있다. 따라서 지방재정 과목은 재정 분권의 필요성에 대한 논의, 재정의 건전성을 모색하는 방안에 대한 논의 등을 다루는 데 초점이 맞춰져 있다.

⑦ 공공재무관리론: 기존에는 예산이 계획된 대로 집행되었는지에만 초점이 맞춰져 온 재무행정 분야에서 새롭게 그 중요성이 부각되고 있는 분야라고 할 수 있다. 특히 한국의 경우 복지국가로 발전방향을 선회함에 따라 정부의 지출은 늘어나는 반면 수입은 줄어드는 상황에서, 좀 더 효율적인 재정 운영의 필요성이 강조되면서 중요해진 과목이라고 할 수 있다. 현금 흐름의 관리에서부터 사산 빛 부재 관리에 이르기까지 좀 더 합리적이고 효율적인 방안에 대한 논의를 소개하는 과목이라고 할 수 있다.

본 장에서는 이들 여러 관련 교과목들의 내용 중 예산론에 초점을 맞춰서 소개한다. 위에서 언급하고 있는 각 과목들은 개별과목으로서 한 학기 또는 두 학기에 걸쳐서 강의가 이루어지는 과목이므로 관심이 있는 학생들은 개별과목을 수강하기를 바란다.

제2절 | 예산의 의의

1. 예산의 개념

예산이란 일정기간 동안 국가의 수입과 지출에 관한 예정적 계산이다. 일정기간이란 1회계연도(fiscal year, FY)를 의미하고, 현재 한국 정부의 회계연도는 매년 1월 1일에 시작해서 12월 31일에 종료된다(국가재정법 제2조). 그리고 예정적 계산이란 실제 수입과 지출이 발생하기 전에 예상되는 수입과 지출을 계산한다는 의미이다. 즉, 쉽게 설명하면 예산이란 정부가 1년간 나라의 살림을 꾸려가는 데 필요로 하는 모든 경비를 사전에 화폐로 표현한 것이라고 할 수 있다.

2. 예산의 특징

정부예산은 자금의 수입과 지출 모두 법적 제약을 받는다는 특징이 있다. 즉, 수입이라는 측면에서, 세입의 주요 항목인 조세수입은 의회가 정한 법률에 근거해야만 부과할 수 있는 조세법률주의에 따라 제약받는다. 또한 지출이라는 측면에서 세출은 정부가 사용할 수 있는 자금의 최고한도를 의회가 결정한 것이므로 이를 초과하여 지출할 수 없는 법적 구속력이 있다.

자료 9-1

예산의 의미

예산이란 실질적 의미로는 1회계년도에 있어서의 세입과 세출의 예산계획서를 말하고, 형식적 의미로는 일정한 형식에 의하여 행정부에서 작성하여 국회의 심의를 거쳐 그 의결로써 성립하는 국법의 한 형식으로서 국회가 행정부에 대하여 재정권을 부여하는 형식을 말한다. 예산에는 국가의 예산과 지방자치단체의 예산이 있다.

(1) 국가의 예산: 우리 헌법과 국가재정법에 있어서의 예산은 앞에서 설명한 형식적 의미의 예산이라는 의미로 사용되고 있다. 그러나 우리나라에서는 영미계통

의 형식(예산법률주의)과는 다른 형식을 취하고 있다. 즉, 행정부는 국가의 총수입과 총지출을 회계연도마다 예산안으로 편성하여 회계연도개시 90일 전까지 국회에 제출하여 그 의결을 얻어야 하고(헌법 제54조 2항 · 국가재정법 제33조), 행정부는 국가가 채무를 부담하는 행위를 할 때에는 미리 예산으로써 국회의 의결을 얻어야 한다(헌법 제58조 · 국가재정법 제25조). 이와 같이 예산에 대하여 국회의 의결을 요하게 한 것은 국가재정을 국민의 대표기관인 국회의 감독하에 두려는 취지이다. 양원제를 채택하는 국가에 있어서는 예산에 관하여 하원에 선의권을 부여하는 것이 보통이다. 예산에는 본예산(本豫算)과 추가경정예산(追加更正豫算), 확정예산(確定豫算)과 준예산(準豫算), 일반회계예산(총예산)과 특별회계예산 등의 구별이 있다. 예산은 예산총칙(豫算總則), 세입세출예산(歲入歲出豫算), 계속비(繼續費), 명시이월비(明示移越費), 국고채무부담행위(國庫債務負擔行爲)로서 성립된다(국가재정법 제19조). 예산의 효력은 세입예산과 세출예산에 있어서 서로 다르다. 즉 전자는 단순한 세입예정표에 지나지 않으며, 그 효과는 특정회계연도의 세출지변(歲出支辯)의 재원을 표시하고, 세입을 통관하고 편의를 제공하는 데에 지나지 않으나, 후자는 지출의 목적 · 금액 · 시기라는 세 가지 측면에 있어서 행정부를 구속하는 법적 효력을 가진다.

(2) 지방자치단체의 예산에 있어서도 국가의 예산과 대체로 동일한 예산제도가 인정되고 있다(지방재정법 제30조~제34조, 지방자치법 제7장 제2절 참조).

자료: 이병태. 법률용어사전. 2010년 1월 15일 법문북스

3. 예산의 기능

예산의 기능은 학자들에 따라 다양하게 분류된다. 예로 재무행정 분야에 많은 논문을 실은 쉬크(A. Schick, 1966)는 예산의 기능을 통제기능, 관리기능, 계획기능 등 세 가지로 분류하고 있다. 한편 국내에서 1963년에 처음으로 재무행정론 저서를 출간하고 2012년에 제7정판을 출간한 유훈 외(2012)는 예산의 기능을 크게 정치적 기능, 법적 기능, 경제적 기능, 행정적 기능 등 4가지로 분류하고 있고, 본 절은 이 네 가지 기능에 대해서 각각 설명하기로 한다.

1) 정치적 기능

윌다브스키(A. Wildavsky, 1984)는 「예산과정의 정치(the politics of budgetary process)」라는 저서에서 예산은 정치적인 것(political things)이라고 주장하였다. 정치가 국가의 정책을 결정하는 과정에서 누구의 주장이 관철되느냐와 관련된

투쟁이라 한다면, 예산은 이러한 투쟁의 결과에 대한 기록이라는 것이다. 즉, 그는 예산결정과정이 결국 정치 과정이라고 주장하면서 예산의 정치적 기능을 강조하였다. 예산의 정치적 기능은 크게 통제적 기능, 이해관계의 조정, 정책수단, 정책형성 등으로 구분할 수 있다.

① 통제적 기능: 예산은 국민과 입법부(국회)가 행정부를 통제하는 대표적인 수단이다. 예산제도는 대의민주주의와 함께 발달한 제도로, 어떤 의미에서는 대의민주주의 자체가 재정의 민주적 통제를 위해 발달했다고 해도 과언이 아니다. 비록 예산제도의 개혁 방향이 통제에서 관리 및 계획으로 변화함에 따라 예산을 통해 입법부가 행정부를 통제하는 것의 중요성이 다소 상실된 측면이 있기는 하나, 여전히 가장 중요한 예산 기능 중 하나이다.

② 이해관계의 조정: 예산 결정 과정은 정부가 수행해야 할 업무 및 사업·정책을 결정하는 과정으로, 다양한 이해관계자들(대통령, 정당, 국회의원, 행정가, 이익집단 및 이해관계에 있는 시민들) 간 타협 및 협상 과정이다. 즉, 예산 결정 과정 속에서 다양한 이해관계자들의 선호가 표출되고 그러한 선호 간 갈등이 조정된다고 할 수 있다.

③ 정책수단 및 정책형성: 대통령선거나 국회의원선거 과정에서 도출된 공약들은 예산을 통해서 실현된다. 즉, 예산은 대통령, 국회의원, 정당들이 그들의 정책을 실현하기 위한 궁극적인 수단이라고 할 수 있다. 또한 "예산은 정책실현의 수단일 뿐만 아니라 정책형성을 보완하고 구체화하는 기능도 수행한다"(유훈 외, 2012: 31).

2) 법적 기능

예산은 국회의 의결을 통해 결정되고, 집행 시 법적 강제력이 부과되며 행정기준으로서 기능을 한다. 비록 우리나라의 경우 미국이나 영국과 같이 예산을 법률의 형식으로 성립시키고 있지는 않으나, 예산은 국회 본회의 의결을 통과해야만 최종적으로 결정된다. 따라서 예산은 입법부에 의한 행정부로의 재정권 부여의 형식을 띤다고 할 수 있다.

또한 세입 및 세출은 법령의 근거가 있어야 한다. 세입예산을 작성하고 집행할 때, 조세 등의 법령에 근거해야 함은 물론이고, 세출예산을 산정할 때도 법률과 규정에 근거해야 한다. 즉, 법령에 근거하여 예산의 편성 및 집행이 이루어지므로, 예산은 법령을 시행하는 기능을 갖는다고 볼 수 있다.

3) 경제적 기능

정부는 조세 등의 수입(세입)으로, 도로 · 항만과 같은 사회간접자본을 확충하거나 국방 · 치안과 같은 공공서비스를 생산(세출)한다.[2] 그리고 이러한 활동은 국민 경제에 지대한 영향을 미치게 된다. 한국의 경우 2020년 본예산 기준 예산과 기금을 합한 총지출액이 약 512.3조 원으로 국민 경제에서 차지하는 비중(2020년 명목 GDP: 약 1,993.2조 원)이 25% 이상으로 단일 경제주체로는 가장 큰 비중을 차지하고 있다. 이러한 정부의 지출이 민간기업 및 국민의 경제활동에 미치는 영향이 매우 클 것이라는 것은 쉽게 생각해볼 수 있다. 이렇게 예산을 통해 경제에 영향을 미치는 것을 예산의 경제적 기능이라고 하고 핵심적인 경제적 기능에는 자원배분기능, 소득분배기능, 경제 안정 및 성장 기능이 포함된다(Musgrave & Musgrave, 1989).

표 9-1 2020년 중앙정부의 재정규모 (단위: 조 원)

구 분	2019 본예산	2020 본예산	2020 추경	
			제1회	제2회
총수입	476.1	481.8	481.6	482.2
– 예산	321.4	319.9	319.8	320.3
· 국세	294.8	292.0	291.2	291.2
· 세외수입	26.6	27.9	28.6	29.1
– 기금	154.7	161.9	161.9	161.9
총지출	469.6	512.3	523.1	531.1
– 예산	328.9	351.1	358.3	366.9
– 기금	140.7	161.1	164.8	164.2

자료: 기획재정부 홈페이지.

① 자원배분기능: 자원배분기능이란 자연독점, 외부효과 등으로 인해 시장에서 효율적인 자원배분이 불가능할 경우(시장실패현상), 정부가 개입하여 사회후생을 극대화시키는 방향으로 자원을 배분하는 기능을 의미한다. 즉, 정부는 조

2) 이러한 세입과 세출 활동을 통틀어 재정 활동이라고 한다.

세나 공공지출을 통해서 시장실패를 치유하는 역할을 하게 되는데, 이때 활용하는 수단이 예산이라고 할 수 있다.

② 소득재분배기능: 비록 효율적인 자원배분이 이루어졌다고 하더라도 소득분배가 불공평하다면 사회적으로 바람직하다고 생각할 사람은 거의 없을 것이다. 따라서 이러한 불평등한 소득분배구조를 개선하기 위해, 정부는 조세정책(예: 누진세 등)이나 공공지출정책(예: 저소득층 지원정책)을 시행할 수 있다. 즉, 예산과정(세입과 세출의 조정)을 통해 소득재분배 기능을 수행할 수 있다.

③ 경제안정 및 성장 기능: 이미 언급하였듯이, 국민경제에서 정부가 차지하는 비중은 매우 크기 때문에, 정부의 세입 및 세출은 가계나 민간기업의 경제활동에 현저한 영향을 미치게 된다. 따라서 정부는 총수요에 영향을 미치는 재정정책(fiscal policy)을 통해서 국민경제를 안정화시키는 역할을 할 수 있다. 즉, 경제가 호황기 때에는 인플레이션을 줄이기 위해 정부가 지출을 줄여 과도한 총수요를 억제하는가 하면, 불황기 때에는 지출을 늘려 부족한 총수요를 보전함으로써 국민경제를 안정화할 수 있다.

또한 정부는 경제성장을 유도하는 역할을 할 수 있다. 오늘날 개발도상국의 비약적인 경제발전을 위해서는 정부 주도의 발전정책이 불가피하고 이러한 발전을 위해서는 국가의 우선순위를 결정하고 자본이 집약될 수 있도록 하는 재정정책이 필수적이라는 주장이 제기되고 있다. 예로 1970년대와 80년대 고도성장을 이룩한 한국도 정부주도형 성장정책을 시행하였고, 이러한 과정에서 예산 및 재정을 담당하는 기획재정부의 역할이 매우 컸다고 할 수 있다.

4) 행정적 기능

쉬크(A. Schick)는 예산의 기능을 통제, 관리, 계획 등 세 가지로 제시하였는데, 이는 예산의 행정적 기능이라고 할 수 있다. 그는 이러한 세 가지 기능들은 예산의 기본적인 기능으로, 어느 시대에나 공존하였지만 예산 환경 변화에 따라 강조되는 기능은 달랐다고 주장하였다. 즉, 그는 대체로 근대적 예산제도의 성립과정 때부터 1920년대까지는 통제기능이 다음에는 관리기능, 그리고 1960년부터는 계획기능이 강조되었다고 주장하였다.

① 통제기능(~1920년대): 통제기능의 주요 목적은 예산 집행 과정에서 발생할 수 있는 부정행위를 막는 것으로, 품목별 예산 제도(Line-item Budgeting)에서

주요 기능으로 작용한 합법성 중심의 기능이다.

② 관리기능(1930~1960): 예산 지출 대비 최대의 성과를 내는 것이 주요 목적인 기능으로, Hoover 위원회에서 권고한 성과주의 예산제도(Performance-based Budgeting)에서 주요 기능으로 작용한 능률성 중심의 기능이다.

③ 계획기능(1960~1970): 예산은 1회계연도의 세입과 세출에 대한 계획이므로 모든 예산은 계획적 요소를 지닌다고 할 수 있다. 특히, 3년에서 5년 정도의 장기적 계획을 강조한 계획예산제도(Planning Programming Budgeting System, PPBS)에서 예산의 계획적 기능이 더욱 중요하게 여겨졌다고 할 수 있다.

※ 쉬크의 논문이 게재된 이후로 많은 시간이 흘렀고, 그 동안 수차례 예산 및 재정개혁이 이루어졌다. 특히, 1979년 제2차 석유파동을 계기로 세계경제는 침체기에 빠져들게 되었고, 그 결과 경제성장률은 둔화되고 실업률이 급상승하였다. 이러한 상황에서 세입은 증대되지 않은 반면, 세출은 급격하게 증가함에 따라 막대한 재정적자가 야기되었다. 그 결과 영기준예산과 같은 예산의 감축 기능이 강조되었다. 또한 1980년대 이후 신공공관리론(New Public Management: NPM)이 등장하면서 시민중심(citizen-oriented) 결과위주(results-based)의 성과주의예산제도가 강조되기 시작하였고, 이러한 추세는 현재까지도 이어지고 있다.

제3절 | 재정 과정 및 재무행정의 법적 기초

1. 재정 과정[3]

정부의 재정과정은 크게 예산과정과 결산과정으로 분류할 수 있다. 예산과정은 다시 정부의 예산안 편성에서부터 국회의 예산안 심의·확정, 정부의 예산 집행으로 구성되고, 결산과정은 다시 정부의 결산보고서 작성에서부터 감사원의 결산 감사확인, 국회의 결산심사로 구성된다([그림 9-1] 참조). 즉, 행정부는 예산 편성, 예산 집행, 결산보고서 작성을 담당하고, 국회는 예산 심의·확정,

3) 재정 과정 부분은 기본적으로 국회예산정책처의 홈페이지(http://www.nabo.go.kr)를 참조하여 작성하였다.

그림 9-1 정부의 재정과정

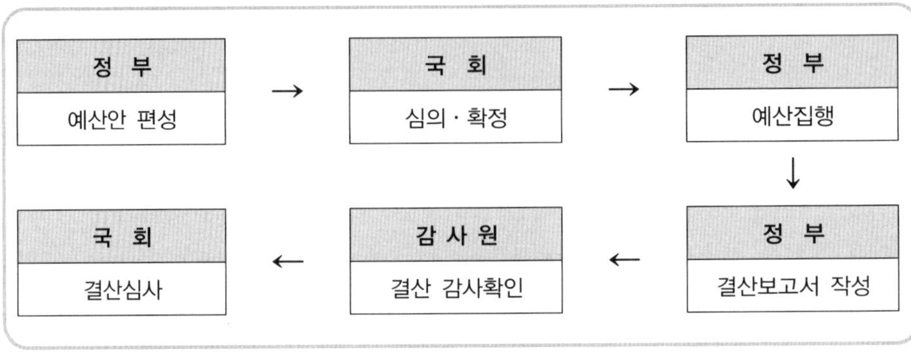

결산심사를 담당하며, 감사원은 결산 감사 확인을 담당한다. 그리고 행정부 내에서 예산의 편성 및 집행 기능은 여러 기관에 분산되어 있다.

1) 정부의 예산안 편성

현재 한국 정부는 2005년부터 총액배분 · 자율편성제도(Top-down)를 채택하고 있다. 동 제도는 기획재정부가 국가의 전략적 목표와 우선순위에 따라 5개년 국가 재정운용 계획을 수립하고 이를 바탕으로 주요 분야별 및 부처별 지출한도를 먼저 설정하고, 개별부처는 그 한도 내에서 개별사업에 대한 예산을 요구하는 방식이다.[4] 이 제도에 따라 예산안 편성 과정은 다음 [그림 9-2]와 같이 이루어진다.

구체적으로 각 과정을 살펴보면, ① 각 부처는 매년 1월 31일까지 기획재정부에 중기사업계획서를 제출하고 정부는 이를 바탕으로 국가재정운용계획[5]을 수립한다. ② 기획재정부는 이러한 계획에 기초하여 3월 31일까지 각 부처에 다음연도의 예산안 편성지침(예산안 편성에 필요한 세부원칙과 사업유형별 지침 등 포함)을 통보한다. ③ 각 부처는 예산안 편성지침에 따라 예산요구서를 작성하여

4) 공동성 외(2008)에 따르면, 총액배분자율편성제도를 보완하기 위해서 2005년부터 재정사업 자율평가제도를 도입하였고, 이 제도의 도입으로 예산의 실질적인 편성권한은 다시 기획재정부가 가져가게 된다. 보다 자세한 내용은 논문을 참조하기 바란다.

5) 국가의 정책전망과 재원배분계획을 제시하는 5년 단위의 계획으로, 향후 5년간 재정운용의 기본방향과 목표, 경제성장률 및 세입규모 등에 대한 전망, 분야별 재원배분 계획과 투자방향 등이 포함된다. 또한 동 계획은 단년도 예산편성의 기본 틀이 되며, 매년 경제 · 사회적 여건의 변화를 반영하여 조정 · 보완된다.

그림 9-2 예산안 편성 과정

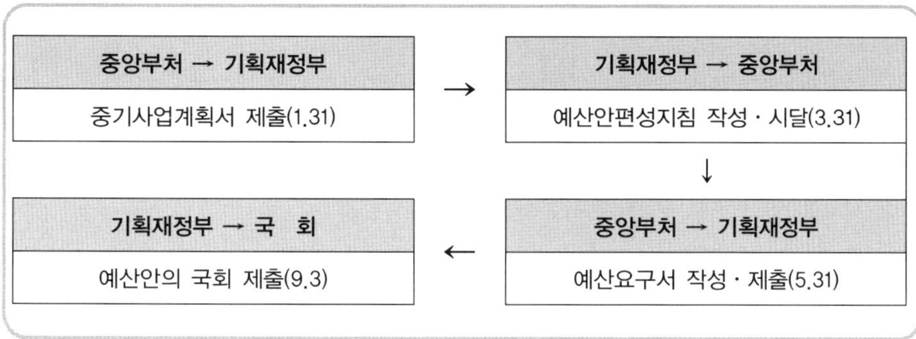

기획재정부에 5월 31일까지 제출한다. ④ 기획재정부는 각 부처의 예산요구서를 바탕으로 예산안을 편성하여 9월 3일까지(다음 회계연도 개시 120일 전) 국회에 제출한다.

2) 국회의 예산안 심의 · 확정

국회의 예산안 심의 · 확정은 [그림 9-3]에서 보는 바와 같이, 예비심사, 종합심사, 본회의 심의 · 의결 절차를 통해 이루어진다. 보다 구체적으로 살펴보면, 첫째, 각 상임위원회는 소관 부처의 예산규모와 사업별 배분계획이 적절한지, 집행계획은 효율적으로 짜여있는지 등을 검토하고, 예산안의 증 · 감액 등 조정의견을 마련한다. 둘째, 예산결산특별위원회의 종합심사는 종합정책질의, 부별심사, 예산안조정소위원회심사 등 세 단계를 거친다. ① 국무위원 전원을 대상으로 국정전반에 대하여 질의하는 종합정책질의가 이루어진다. ② 각 상임위원회별 예비심사결과를 보고받고 관계 국무위원에 질의하는 부별심사가 이루어진다. ③ 종합정책질의와 부별심사과정에서 나타난 위원들의 질의 및 요구사항, 소관 상임위원회의 예비심사결과를 토대로 예산안을 종합적으로 조정하고, 정부 제출 예산안에 대한 수정안을 마련하여 예산결산특별위원회의 전체회의에 보고하는 예산안조정소위원회심사가 이루어진다. 셋째, 예산결산특별위원회를 통과한 예산안의 수정안은 본회의에서 재적의원 과반수의 출석과 출석의원 과반수의 찬성으로 의결되며, 최종적으로 확정된다.

그림 9-3 국회의 예산안 심의 · 확정 과정

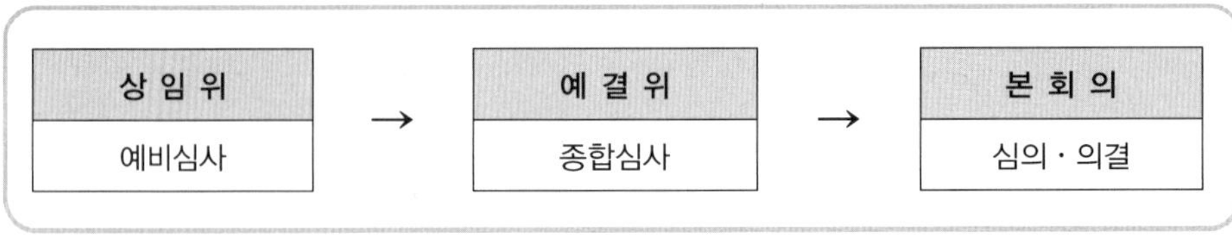

주) 상임위: 상임위원회, 예결위: 예산결산특별위원회.

3) 예산의 집행

예산의 집행이란 국회에서 확정된 예산에 대해 회계연도의 개시와 더불어 국가재원을 조달하고 공공경비를 지출하는 활동을 의미한다. 예산집행활동에는 예산으로 정해진 금액의 수납 및 지출, 수입 규모와 시기를 조정하고 예산을 배정하는 활동, 국채 발행, 국회에서 확정된 내용에 조정을 가하여 집행하는 활동 등이 포함된다. 예산배정과정은 기획재정부장관은 분기별로 예산배정계획을 작성하여 국무회의의 심의와 대통령의 승인을 얻은 후에 각 중앙관서의 장에게 예산을 배정하고, 배정된 예산은 다시 각 사업부서에 재배정하는 방식으로 이루어진다. 그리고 배정된 예산은 관련 법령에 따라 기획재정부장관이 작성하여 통지한 월별 세부자금계획의 범위 안에서 정해진 목적과 용도로 집행된다.

4) 결 산

결산은 한 회계연도 내에 이루어진 세입예산과 세출예산의 모든 수입과 지출을 확정적인 계수로 표시하는 행위로서 크게 중앙정부의 결산과정과 국회의 결산심의로 구분할 수 있다. 중앙정부의 결산과정은 다음 [그림 9-4]와 같다. 보다 구체적으로 살펴보면, 첫째, 2월말까지 각 부처는 전년도의 결산에 대한 보고서를 작성하여 기획재정부장관에게 제출한다. 둘째, 기획재정부는 각 부처의 결산보고서를 통합하여 국가결산보고서를 작성한 후 국무회의 심의를 거쳐 대통령의 승인을 얻은 뒤 4월 10일까지 감사원에 결산검사를 의뢰한다. 셋째, 감사원은 동 보고서에 대하여 합법성과 정확성을 검사 · 확인하는 결산검사를 수행하고 그 결과를 5월 20일까지 기획재정부장관에게 다시 송부한다. 넷째, 기획재정부는 그 결과를 반영하여 국가결산보고서를 작성, 5월 31일까지 국회에 제출한다.

그림 9-4 중앙정부의 결산과정

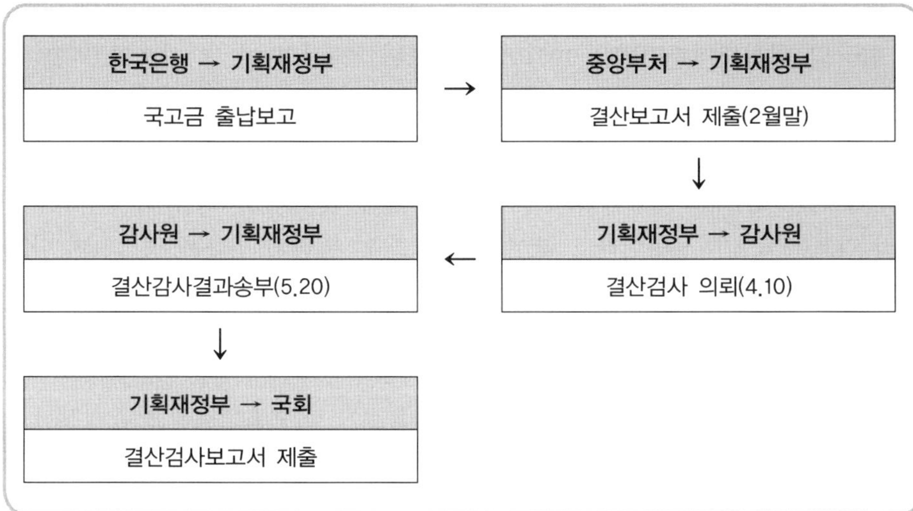

그림 9-5 국회의 결산 심의 과정

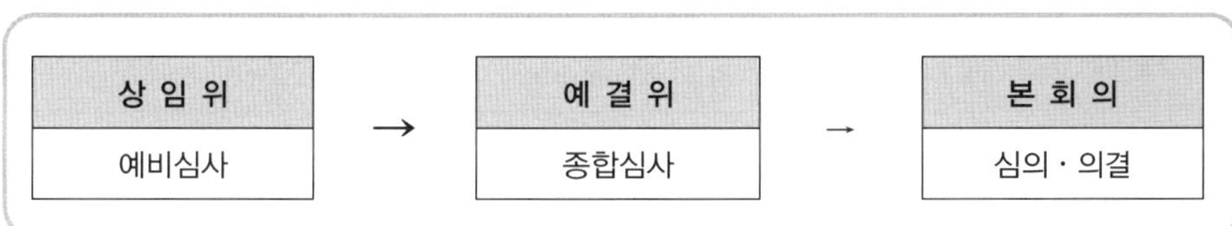

주) 상임위: 상임위원회, 예결위: 예산결산특별위원회.

국회의 결산심의는 [그림 9-5]에서 보는 바와 같이, 예산 심의 · 확정 과정과 유사한 방식으로 진행된다. 먼저 상임위원회의 예비심사가 이루어지고, 이후 예결위의 종합심사, 본회의의 심의 · 의결을 거쳐 그 과정이 완료된다. 결산의 심사결과 위법하거나 부당한 사항이 있는 경우 국회는 본회의 의결 후, 정부 또는 해당기관에 문제되는 재정지출액에 해당하는 변상 또는 책임자에 대한 징계조치 등 시정을 요구하고, 시정요구를 받은 기관은 그 사항을 즉시 처리하여 국회에 보고하여야 한다. 또한 결산결과 문제가 있는 특정사안에 대해서는 국회가 감사원에 감사를 요구할 수 있다.

2. 재무행정의 법적 기초

한국의 예산회계관련법은 1951년에 제정된 「재정법」이 그 시초라고 할 수 있다. 1961년에는 「재정법」을 폐지하고 대신 「예산회계법」을 제정하였다. 이후 수많은 개정을 거쳐 2006년까지 시행되었으나 2006년 「국가재정법」이 공포되어 2007년 1월 1일부터 시행되었으며 예산회계법은 폐지되었다. 현재 재무행정의 법적 기초는 국가재정법이라고 할 수 있고, 그 외 관련된 법규를 정리하면 다음 〈표 9-2〉와 같다.

표 9-2 재무행정 관련법규

<table>
<tr><th>구 분</th><th colspan="2">관련법규</th></tr>
<tr><td>국가재정의 기본</td><td colspan="2">헌법: 조세법률주의, 국회의 재정권, 국무회의의 재정심의권, 감사원의 회계감사</td></tr>
<tr><td rowspan="3">예산운영</td><td>일반법</td><td>국가재정법</td></tr>
<tr><td>특별회계</td><td>정부기업예산법, 책임운영기관의 설치 · 운영에 관한 법률, 각 개별법</td></tr>
<tr><td>정부유관기관</td><td>공공기관운영법</td></tr>
<tr><td>기금관리</td><td colspan="2">국가재정법, 공공자금관리기금법 등 개별 기금법</td></tr>
<tr><td>수입과 지출</td><td colspan="2">국고관리법</td></tr>
<tr><td>결산 및 회계</td><td colspan="2">국가회계법(2009. 1. 시행－결산 및 회계규정의 일원적 규정)</td></tr>
<tr><td>국세</td><td colspan="2">국세기본법, 국세징수법, 소득세법, 법인세법, 종합부동산세법 등</td></tr>
<tr><td>국회의 재정권</td><td colspan="2">국회법, 국회예산정책처법</td></tr>
<tr><td>결산 및 회계검사</td><td colspan="2">감사원법</td></tr>
<tr><td>지방재정</td><td colspan="2">지방재정법, 지방세법, 지방공기업법, 지방교부세법, 지방교육재정교부금법 등</td></tr>
</table>

자료: 방성은(2012: 1240).

제4절 | 예산의 원칙

1. 예산원칙의 의의

예산의 원칙이란 "예산의 편성, 예산의 심의 및 의결, 예산의 집행, 결산 및 회계검사 등의 예산 과정에서 지켜져야 할 규범과 준칙"을 의미한다(이종수, 2009: 335). 예산원칙으로는 예산공개의 원칙, 예산 사전의결의 원칙, 예산한정성의 원칙 등이 존재한다. 그리고 이러한 원칙 중에는 다음 〈표 9-3〉과 같이 법률에 근거한 원칙이 존재하는가 하면, 예산명료의 원칙처럼 법률에 근거하지 않고 다소 선언적 · 규범적인 성격을 갖는 것도 존재한다.

이러한 예산원칙은 시대적 · 사회적 요구에 따라 수정될 수밖에 없다. 즉, 예산의 통제 기능이 강조되던 시기에서 관리 · 계획 기능, 경제 안정 및 성장 기능 등이 강조되는 시기로 변화함에 따라 예산의 원칙이 수정되었다. 따라서 예산원칙은 행정부의 예산 편성 및 집행을 통제하려는 목적에서 발전한 전통적 예산원칙과 행정국가적 입장에서 행정의 능률성을 증진하려는 목적에서 발전한 현대적 예산원칙으로 분류될 수 있다. 전통적 예산원칙과 현대적 예산원칙은 다음 〈표 9-4〉와 같다.

표 9-3 예산원칙 관련 현행법의 규정

사 항	관련 조문	관련 예산원칙
예산 · 결산의 공개	국가재정법 제9조	예산공개의 원칙
예산의 사전의결	헌법 제54조 제1항 국가재정법 제33조	예산사전의결의 원칙
경비지출의 단년도제	국가재정법 제3조	예산한정성의 원칙
이용 · 전용의 금지	국가재정법 제45조 및 제46조	예산한정성의 원칙
예산총계주의	국가재정법 제17조	예산완전성의 원칙
수입의 직접사용금지	국가재정법 제53조	예산통일의 원칙

자료: 유훈 외(2012: 59).

표 9-4 전통적 예산원칙과 현대적 예산원칙

구 분	예산원칙	내 용
전통적 예산 원칙	공개성의 원칙	예산 운영의 모든 상태가 국민에게 공개되어야 함
	명료성의 원칙	예산을 모든 국민이 이해할 수 있도록 편성하여야 함
	완전성의 원칙	한 회계연도의 세입세출을 모두 예산에 편입해야 함
	단일성의 원칙	정부의 재정활동을 하나로 묶어야 함
	통일성의 원칙	모든 수입은 국고에 편입되어 여기서부터 지출이 이루어져야 함
	사전의결의 원칙	예산을 집행하기 전에 입법부의 승인을 받아야 함
	한정성의 원칙	예산의 각 항목은 상호 명확한 한계를 가져야 함
현대적 예산 원칙	계획의 원칙	사업계획과 예산편성은 동일한 동전의 양면이라고 할 수 있으며, 이 두 기능은 다 행정수반의 직접적인 감독하에 두어야 함
	책임의 원칙	행정부는 예산이 허용하는 금액의 범위 내에서 가급적 경제적으로 예산을 집행할 책임이 있음
	보고의 원칙	예산의 편성·심의·집행은 정부 각 기관으로부터 제출되는 재정보고 및 업무보고에 기초를 두어야 함
	예산「수단」 구비의 원칙	정부가 그 책임을 다하기 위해서는 중앙예산기관을 지녀야 할 뿐만 아니라 월별 또는 분기별로 예산을 배정할 권한과 준비금 제도를 지녀야 함
	다원적 절차의 원칙	현대행정은 일반행정기능, 장기적 건설·개발사업·정부기업 등 각양각색의 활동을 포함하는데 이러한 활동들을 유효적절하게 수행하기 위해서는 다원적인 절차가 필요함
	재량의 원칙	입법부가 명세예산을 의결하는 경우 효과적이며 능률적인 운영이 저해됨. 행정부나 의회에 제출하는 예산서는 의회의 심의를 용이하게 하기 위하여 각종의 세부적인 자료를 포함해야 하나 의회는 총괄예산을 통과시켜 행정부에 많은 자유재량의 여지를 부여해야 함
	시기의 신축성의 원칙	예산은 경제사정 등 객관적 정세의 변동에 적응할 수 있는 조항을 포함해야 함
	예산기관 상호성의 원칙	예산의 편성·집행은 행정수반의 지휘를 받아야 하나 능률적인 예산운영은 모든 부처와 그 산하기관의 적극적인 협력을 필요로 함. 각 부서에 예산담당기구가 설치되어야 하며 중앙예산기관과 각 부처 예산담당기구간에 상호 활발한 의사소통이 있어야 함

자료: 유훈 외(2012: 59-68); 이종수(2009: 355).

전통적 예산원칙과 현대적 예산원칙 간에는 상충되는 부분이 존재한다(예: 한정성의 원칙과 재량의 원칙, 한정성의 원칙과 시기의 신축성의 원칙 등). 예산은 입법부가 행정부를 통제하는 수단인 동시에 효율적인 행정관리를 하기 위한 도구이기도 하다. 따라서 전통적 예산원칙과 현대적인 예산원칙이 조화를 이루도록 하는 노력이 필요하다고 할 수 있다. 일반적으로 전통적인 예산원칙은 기본원칙이라고 할 수 있고, 현대적 예산원칙은 예산을 좀 더 효율적으로 운영하기 위해 이러한 기본원칙에 신축성·융통성을 부여한 것이라고 할 수 있다.

제 5 절 | 예산의 종류

예산은 다양한 기준으로 분류할 수 있지만, 여기에서는 세입의 성질, 예산편성절차, 예산결정방식에 따른 분류만을 살펴본다.

1. 세입의 성질에 따른 분류

1) 일반회계예산

국가나 지방자치단체의 예산은 크게 일반회계예산과 특별회계예산으로 구분된다. 이 중 일반회계 예산은 조세수입 등을 주요 세입으로 하여 국가의 일반적인 세출에 충당하기 위하여 설치한다(국가재정법 제4조 2항). 쉽게 말해서, 후술할 특별회계예산을 제외한 나머지 예산은 모두 일반회계예산이라 할 수 있다.

2) 특별회계예산

국가나 지방자치단체의 예산은 재정상태의 파악을 용이하게 하기 위해서, 세입과 세출을 하나의 예산에 종합해서 계산하는 것이 바람직하다. 그러나 예외적으로 특정한 사업을 운영하고자 할 때, 특정한 자금을 보유하여 운용하고자 할 때, 특정한 세입으로 특정한 세출에 충당할 필요가 있을 때 법률로써 특별회계를 설치하도록 되어 있다(국가재정법 제4조 3항). 특별회계는 행정기관의 자유

재량을 늘려 행정능률을 향상시키기 위해서 도입된 회계로서, 능률성이라는 측면에서는 장점을 가진다고 볼 수 있지만, 정부 감시를 위해서는 불리한 제도라고 할 수 있다. 따라서 특별회계의 수가 어느 정도여야 적정한지에 대한 명확한 규정은 존재하지 않고 우리나라가 처한 상황에 따라 적절히 유지되어야 한다고 볼 수 있다.

3) 특별회계의 현황

1948년도부터 2011년까지의 특별회계 수의 추이는 다음 〈표 9-5〉와 같다. 표에서 볼 수 있듯이, 특별회계의 수가 1948년도에는 2개에 지나지 않다가, 증가 감소를 반복해서 2020년 예산 기준 20개인 상황이다.

표 9-5 특별회계수의 추이

연 도	특별회계수	연 도	특별회계수	연 도	특별회계수	연 도	특별회계수
1948	2	1967	23	1985	17	2006	23
1949	10	1968	27	1986	17	2007	16
1950	11	1969	28	1987	16	2008	18
1951	14	1970	29	1988	16	2009	18
1952	13	1971	28	1989	16	2010	18
1953	15	1972	28	1990	18	2011	18
1954	16	1973	26	1991	21	2012	18
1955	17	1974	25	1992	22	2013	18
1957	16	1975	25	1993	23	2014	18
1958	12	1976	24	1994	21	2015	18
1959	12	1977	18	1995	23	2016	18
1960	13	1978	18	1996	22	2017	19
1961	15	1979	18	1999	23	2018	19
1962	17	1980	18	2000	23	2019	19
1963	16	1981	18	2001	22	2020	20
1964	17	1982	17	2003	22		
1965	17	1983	17	2004	22		
1966	22	1984	17	2005	21		

자료: 매년도 예산개요. 유훈 외(2012: 72) 재인용.

2020년 본예산 기준 우리나라에서 사용되고 있는 20개 특별회계의 현황을 구체적으로 살펴보면 다음 〈표 9-6〉과 같다.

표 9-6 특별회계의 현황

회계명	소관부처	근거법률
양곡관리	농림축산식품부	정부기업예산법
우체국예금	과학기술정보통신부	정부기업예산법
우편사업	과학기술정보통신부	정부기업예산법
조달	조달청	정부기업예산법
책임운영기관	기획재정부, 각 소관부처	책임운영기관의 설치·운영에 관한 법률
교도작업	법무부	교도작업의 운영 및 특별회계에 관한 법률
국가균형발전	기획재정부, 각 소관부처	국가균형발전 특별법
농어촌구조개선	농림축산식품부	농어촌구조개선 특별회계법
등기	대법원	등기특별회계법
행정중심복합 도시건설	행정중심복합도시건설청	신행정수도 후속대책을 위한 연기·공주지역 행정중심복합도시 건설을 위한 특별법
아시아문화중심 도시조성	문화체육관광부	아시아문화중심도시 조성에 관한 특별법
에너지 및 자원사업	산업통상자원부	에너지 및 자원사업 특별회계법
우체국보험	과학기술정보통신부	우체국보험 특별회계법
주한미군기지 이전	국방부	주한미군기지 이전에 따른 평택시 등의 지원등에 관한 특별법
환경개선	환경부	환경정책기본법
국방·군사시설 이전	국방부	국방·군사시설 이전 특별회계법
혁신도시건설	국토교통부	혁신도시 조성 및 발전에 관한 특별법
교통시설	국토교통부, 해양수산부	교통시설특별회계법
유아교육지원	교육부	유아교육지원특별회계법
소재부품장비 경쟁력강화	산업통상자원부	소재·부품·장비산업 경쟁력강화를 위한 특별조치법

자료: 기획재정부. 열린재정(https://www.openfiscaldata.go.kr/portal/main.do)

4) 기 금

기금은 예산에 포함되지는 않지만, 예산과의 비교를 위해서 이곳에서 설명하도록 한다. 기금이란 국가가 특정한 목적을 위하여 특정한 자금을 신축적으로 운용할 필요가 있을 때에 법률로써 설치하는 자금이다(국가재정법 제5조). 즉, 기금이란 특정 사업에 대한 지속적이고 안정적인 자금 지원의 필요가 있을 때, 사업을 추진 시 탄력적인 집행이 요구될 때 설치하여 운용하는 자금이다. 이러한 기금은 우리나라의 경우 한 때(1993년) 114개에 달했으나 수차례 걸친 통폐합의 결과 2020년 기준 67개로 구성되어 있다(〈표 9-7〉 참조).

기금과 예산은 정부의 재정활동의 수단이라는 측면에서 유사성을 지니고 있으나, 기금은 "특정 목적사업을 위해 특정 자금을 운용하며 출연금, 부담금 등을 주요 재원으로 한다는 점, 특정 수입과 지출의 연계가 강하다는 점, 합목적성 차원에서 상대적으로 자율성과 탄력성이 강하다는 점"에서 예산과 차이가 존재한다(원구환, 2012: 23).

일반회계예산, 특별회계예산, 기금 간 차이점을 요약하면 다음 〈표 9-8〉과 같다.

표 9-7 2020년 기금 설치 현황

기금 유형	의 미	기 금
사업성 기금 (48개)	특정한 재정사업을 수행하는 데 필요한 자금을 관리·운영하는 기금	과학기술진흥기금, 관광진흥개발기금, 국민건강증진기금, 국민체육진흥기금, 국유재산관리기금, 국제교류기금, 국제질병퇴치기금, 군인복지기금, 근로복지진흥기금, 금강수계관리기금, 낙동강수계관리기금, 남북협력기금, 농산물가격안정기금, 농어업재해재보험기금, 농업소득보전직접지불기금, 농지관리기금, 대외경제협력기금, 문화예술진흥기금, 문화재보호기금, 방사성폐기물관리기금, 방송통신발전기금, 범죄피해자보호기금, 보훈기금, 사법서비스진흥기금, 사학진흥기금, 산업기술진흥및사업화촉진기금, 석면피해구제기금, 소상공인시장진흥기금, 수산발전기금, 순국선열애국지사사업기금, 언론진흥기금, 양성평등기금, 영산강·섬진강수계관리기금, 영화발전기금, 원자력기금, 응급의료기금, 임금채권보

		장기금, 자동차사고피해지원기금, 자유무역협정이행지원기금, 장애인고용촉진및직업재활기금, 전력산업기반기금, 정보통신진흥기금, 주택도시기금, 중소기업창업및진흥기금, 지역신문발전기금, 청소년육성기금, 축산발전기금, 한강수계관리기금
사회보험성 기금 (6개)	연금지출과 보험지출에 대비하여 기여금과 보험료 등의 자금을 운용하는 기금	국민연금기금, 공무원연금기금, 군인연금기금, 사립학교교직원연금기금, 고용보험기금, 산업재해보상보험및예방기금
금융성 기금 (8개)	특정사업을 직접 수행하는 것이 아니라 보증·보험 등을 제공함으로써 순수 재정활동이라기보다는 금융활동에 가까운 역할을 하는 기금	기술보증기금, 농림수산업자신용보증기금, 농어가목돈마련저축장려기금, 산업기반신용보증기금, 무역보험기금, 신용보증기금, 예금보험가금채권상환기금, 주택금용신용보증기금
계정성 기금 (5개)	특정 자금을 모아 실제 사업을 수행하는 주체에게 전달하는 역할을 하는 기금	공적자금상환기금, 공공자금관리기금, 외국환평형기금, 복권기금, 양곡증권정리기금

자료: 기획재정부. 열린재정(https://www.openfiscaldata.go.kr/portal/main.do)

표 9-8 일반회계, 특별회계, 기금의 비교

	일반회계	특별회계	기 금
설치사유	국가고유의 일반적인 재정활동	• 특정사업운영 • 특정자금보유운용 • 특정세입으로 특정 세출에 충당	특정목적을 위해 특정자금을 신축적으로 운용할 필요가 있을 때
운용형태	공권력에 의한 조세수입과 무상급부 원칙	일반회계와 기금 운용형태 혼재 (무상급부+유상급부)	출연금과 부담금 등 다양한 재원으로 다양한 목적사업 수행
자금성격	소비성	주로 소비성	주로 적립성과 회전성
수입과 지출의 연계	배제(통일성 원칙)	연계(통일성 원칙의 예외)	연계(통일성 원칙의 예외)
수립 및 확정 절차	• 부처의 예산요구 • 기획재정부의 정부예산안 편성 • 국회의 심의의결로 확정		• 기금관리주체의 기금운용계획안 수립 • 기재부장관과 운용주체 간의 협의·조정 • 국회의 심의의결로 확정

집행절차	• 합법성에 입각한 엄격한 통제 • 목적 외 사용금지	합목적성 차원에서 상대적으로 자율성과 탄력성 보장
집행 중 계획변경	• 추가경정예산 편성 • 이용 · 전용 · 이체	주요항목 지출금액의 20% 초과 변경 시 국회 의결 필요(금융성기금의 경우 30%)
결산	국회의 심의 · 의결	

자료: 기획재정부.

2. 예산편성절차에 따른 분류

예산은 그 편성절차에 따라 본예산 · 수정예산 · 추가경정예산으로 분류할 수 있다.

1) 본예산

중앙정부나 지방자치단체의 연간예산으로 당초에 성립한 예산을 본예산이라고 하고, 다른 말로 당초예산이라고 부르기도 한다.

2) 수정예산

행정부는 늦어도 회계연도 개시 120일 전까지 예산안을 국회에 제출하도록 되어 있는데, 예산안을 제출한 이후에 국제 · 국내 상황의 변화에 따라 변경해야 하는 경우가 생길 수 있다. 이런 경우 이미 제출한 예산안 내용의 일부를 수정해서 다시 제출할 수 있도록 제도가 마련되어 있는데, 이 제도가 수정예산제도이다. 우리나라의 경우 수정예산제도는 거의 활용되지 않는다.

3) 추가경정예산

국회에서 의결된 이후에도 물가상승, 환율변동, 코로나19와 같은 감염병 재난 등 다양한 사회환경의 변화로 필요한 경비의 과부족이 발생할 수 있다. 이때 예산에 추가 또는 변경을 가할 수 있도록 제도가 마련되어 있는데 이 제도가 추가경정예산제도이다. 수정예산과 추가경정예산은 둘 다 예산안 편성이 끝난 후 수정한다는 측면에서는 동일하나, 수정예산의 경우 국회의결 전에 변경하는 반면 추가경정예산은 국회의결 후 변경하는 제도라는 점에서 차이가 존재한다.

자료 9-2

최근 추가경정예산안 규모 및 편성 내역

국가재정법은 재정건전화를 위하여 1) 전쟁이나 대규모 자연재해가 발생한 경우, 2) 경기침체, 대량실업, 남북관계의 변화, 경제협력과 같은 대내·외 여건에 중대한 변화가 발생하였거나 발생할 우려가 있는 경우, 3) 법령에 따라 국가가 지급하여야 하는 지출이 발생하거나 증가하는 경우에만 추가경정예산안을 편성하도록 한정하고 있다. 최근 2015년부터 2020년까지 추가경정예산안 편성 규모 및 내역을 살펴보면 다음 표와 같다.

추가경정예산안 규모 및 편성내역

연도 (회수)	제출 의결	정부안	국회 확정	편성내역 (규모: 정부안 기준)
2015 (1회)	7.6 7.24	6.2조	6.2조	• 메르스 대응 및 피해업종 지원(2.5조) • 가뭄 및 장마 대책(0.8조) • 서민생활 안정(1.2조) • 생활밀착형 안전투자 및 지역경제 활성화(1.7조)
2016 (1회)	7.26 9.2	11.0조	10.9조	• 구조조정 지원(1.9조) • 일자리 창출 및 민생안정(1.9조) • 지역경제 활성화(2.3조) • 지방 재정 보강(3.7조) • 국가채무 상환(1.2조)
2017 (1회)	6.7 7.22	11.2조	10.2조	• 일자리 창출(4.2조) • 일자리 여건 개선(1.2조) • 일자리 기반 서민생활 안정(2.3조) • 지방 재정 보강(3.5조)
2018 (1회)	4.6 5.21	3.9조	3.8조	• 청년 일자리 대책(2.9조) • 구조조정지역·업종 대책(1.0조)
2019 (1회)	4.25 8.2	6.7조	5.8조	• 미세먼지 대응 등 국민안전(2.2조) • 경기회복·민생경제 지원(4.5조)
2020 (1회)	3.4 3.17	8.5조	10.9	• 감염병 대응체계 강화 등(2.3조) • 중소기업·소상공인 회복지원(2.4조) • 민생·고용안정 지원(3.0조) • 지역경제 회복지원(0.8조)
2020 (2회)	4.16 4.30	4.0조	8.0조	• 긴급재난지원금 지원 사업(7.6조) • 지출구조조정(−3.6조)

자료: 국회예산정책처(2020: 113-114) 재인용. 각 연도별 「추가경정예산서」 및 「추가경정예산안 심사보고서」

추가경정예산은 추가예산과 경정예산으로 구분되는데, 추가예산은 비목(어떤 일이나 살림을 하면서 들어가는 돈의 용도를 목적에 따라 나눈 항목)을 신설하거나 기존비목의 금액을 추가 증액하는 것을 의미한다. 그리고 경정예산은 기존예산의 범위 내에서 금액에만 한정하지 않고 예산총칙, 계속비 등도 수정할 수 있는 것을 의미한다. 수정할 수 있는 범위는 예산금액의 감소, 부서소관 과목 상호간 예산금액의 변경, 예산목적의 변경, 채무부담행위의 금액 및 조건의 변경, 명시이월비의 범위변경 등이다.

3. 예산결정방식에 따른 분류

예산결정방법 또는 예산운영기술상의 특징에 따른 분류로서 품목별예산 · 성과주의예산 · 계획예산 · MBO 및 제로베이스예산을 들 수 있다. 이에 대한 자세한 설명은 제7절 예산개혁론에서 논의하기로 한다.

제6절 | 예산의 구성

예산은 법률에서 정한 일정한 요건에 따라 작성된다. 예산의 내용은 예산총칙, 세입 · 세출예산, 계속비, 명시이월비, 국고채무부담행위 등으로 구분된다.

1. 예산총칙

예산총칙에는 세입세출예산 · 계속비 · 명시이월비 및 국고채무부담행위에 관한 총괄적 규정, 국채와 차입금의 한도액(중앙관서의 장이 관리하는 기금의 기금운용계획안에 계상된 국채발행 및 차입금의 한도액을 포함한다), 「국고금관리법」 제32조의 규정에 따른 재정증권[6]의 발행과 일시차입금의 최고액, 그 밖에 예산집

6) 재정증권이란 국가 또는 지방자치단체가 재정상의 수입을 목적으로 발행하는 유가증권을 말한다. 재정증권은 발행 주체가 국가 또는 지방자치단체라는 점에서 주식회사가 자금 조달을 위해 발행하는 사채(社債)와 다르고, 발행목적이 공익성을 띠고 있다는 점에서 사채(私債)와 다르다. 재정증권은 발행 주체에 따라 국채와 지방채로 구분할 수 있다. 이러한 재정증권으로는 건국국채, 산업부흥

행에 관하여 필요한 사항을 규정하고 있다(국가재정법 제20조). 또한 이러한 예산 총칙은 당해 연도 예산에 관한 총괄적 규정으로 조문형식으로 이루어져 있고 당해 회계연도에서만 유효하다.

2. 세입 · 세출예산

한 회계연도의 모든 수입(세입) 및 지출(세출) 예정액이 포함되며, 정부의 주요 정책이나 사업계획, 경비내역 등이 모두 세입 · 세출예산에 반영된다. 이러한 세입세출예산은 독립기관 및 중앙관서의 소관별로 구분된 후 소관 내에서 일반회계 · 특별회계로 구분된다(국가재정법 제21조).

1) 국가 및 지방자치단체 세입예산 과목

국가의 세입예산은 독립기관 및 중앙관서의 소관별로 구분된 후 소관 내에서 일반회계 · 특별회계로 구분되고 다시 성질별로 관 · 항으로 분류된다. 국가의 세입예산은 다음 〈표 9-9〉에서 보는 바와 같이 내국세, 관세 등 20개의 관으로 구성된다.

표 9-9 국가 세입예산의 체계

관번호	관	관번호	관
1	내국세	11	재산수입
2	관세	12	경상이전수입
3	방위세	13	재화 및 용역판매 세입
4	교통 · 에너지 · 환경세	14	수입대체 경비수입
5	양여세	15	관유물 매각대
6	교육세	20	융자 및 전대차관 원금회수
7	사회보장기여금	31	차입금 및 여유자금회수
8	농어촌특별세	32	차관수입
9	종합부동산세	33	전년도 이월금
10	기업특별회계 영업수입	40	정부내부수입 기타

자료: 김혁 외(2012: 66).

국채, 전화공채(電話公債) 등이 있다(이종수, 2009: 397).

지방자치단체의 세입예산은 그 내용의 성질과 기능을 고려하여 장·관·항으로 구분된다(지방재정법 제41조). 그리고 지방자치단체 세입예산의 체계를 살펴보면 다음 〈표 9-10〉과 같다.

표 9-10 지방자치단체 세입예산의 체계

장	관	항
지방세수입	지방세	보통세, 목적세, 지난연도수입
세외수입	경상적 세외수입	재산임대수입, 사용료수입, 수수료수입, 사업수입, 징수교부수입, 이자수입
	임시적 세외수입	재산매각수입, 순세계잉여금, 이월금, 전입금, 예탁금 및 예수금, 융자금 원금수입, 부담금, 잡수익, 지난연도수입
지방교부세	지방교부세	지방교부세
조정교부금 재정보전금	조정교부금	조정교부금
	재정보전금	재정보전금
보조금	국고보조금 등	국고보조금 등
	시·도비 보조금 등	시·도비 보조금 등
지방채 및 예치금 회수	국내차입금	차입금, 지방채증권, 지역개발기금
	국외차입금	국외차입금
	예치금회수	예치금회수

자료: 김혁 외(2012: 67).

2) 국가 및 지방자치단체 세출예산 과목

국가의 세출예산은 그 내용을 기능별·성질별 또는 기관별로 장·관·항·목으로 구분한다(국가재정법 제21조). 그러나 우리나라의 세출예산은 정부가 제공하는 서비스의 내용에 따라 프로그램예산제도로 편성하고 있고, 프로그램 예산은 정부서비스 를 분야, 부문, 프로그램(항, 세항), 단위사업(세세항), 세부사업으로 구분하여 편성하는 것을 의미한다. 과거의 세출예산제도와 프로그램 예산제도의 단위를 비교하면 다음 [그림 9-6]과 같다.

현재 우리나라 국가세출예산의 기능별 분류의 경우 16개 분야, 69개 부문으로 구성되고 지방자치단체 세출 예산의 기능별 분류의 경우에는 13개 분야, 51개 부문으로 구성되고, 각각을 살펴보면 다음 〈표 9-11〉, 〈표 9-12〉와 같다.

그림 9-6 과거 세출예산제도와 프로그램 예산제도의 비교

과거 세출 예산제도		프로그램 예산제도	
분야, 부문	→	분야, 부문	국가 기능 분류의 기본 틀이며, 국가의 모든 회계와 기금이 공통으로 사용한다.
항, 세항	→	프로그램	최소 정책단위로서 한 개 이상의 단위사업으로 구성됨
세세항	→	단위사업	프로그램의 하부 사업
세부사업	→	세부사업	프로그램 예산의 최소단위로서 부처 내부적으로 관리하는 사업단위

표 9-11 국가세출예산의 기능별 분류

분야	부문	명 칭	분야	부문	명 칭
010		일반공공행정	040		국방
	011	입법 및 선거관리		041	병력운영
	012	국정운영		042	전력유지
	013	지방행정 · 재정지원		043	방위력개선
	014	재정 · 금융		044	병무행정
	015	정부자원관리	050		교육
	016	일반행정		051	유아 및 초중등교육
020		공공질서 및 안전		052	고등교육
	021	법원 및 헌재		053	평생 · 직업교육
	022	법무 및 검찰		054	교육일반
	023	경찰	060		문화 및 관광
	024	해경		061	문화예술
	025	재난방재 · 민방위		062	관광
030		통일 · 외교		063	체육
	031	통일		064	문화재
	032	외교 · 통상		065	문화 및 관광일반

070		환경보호
	071	상하수도 · 수질
	072	폐기물
	073	대기
	074	자연
	075	해양
	076	환경보호일반
080		사회복지
	081	기초생활보장
	082	취약계층지원
	083	공적연금
	084	보육 · 가족 및 여성
	085	노인 · 청소년
	086	노동
	087	보훈
	088	주택
	089	사회복지일반
090		보건
	091	보건의료
	092	건강보험
	093	식품의약안전
100		농림해양수산
	101	농업 · 농촌
	102	임업 · 산촌
	103	해양수산 · 어촌
110		산업 · 중소기업
	111	산업금융지원
	112	산업기술지원
	113	무역 및 투자유치
	114	산업진흥 · 고도화
	115	에너지 및 자원개발
	116	산업 · 중소기업일반
120		수송 및 교통
	121	도로
	122	철도
	123	도시철도
	124	해운 · 항만
	125	항공 · 공항
	126	물류 등 기타
130		통신
	131	정보통신
	132	우정
140		국토 및 지역개발
	141	수자원
	142	지역 및 도시
	143	산업단지
150		과학기술
	151	기술개발
	152	과학기술연구지원
	153	과학기술일반
160		예비비
	161	예비비

자료: 김혁 외(2012: 68).

표 9-12 지방자치단체 세출예산의 기능별 분류

분야	부문	명 칭
010		일반공공행정(4)
	011	입법 및 선거관리
	013	지방행정 · 재정지원
	014	재정 · 금융
	016	일반행정
020		공공질서 및 안전(2)
	023	경찰
	025	재난방재 · 민방위

050		교육(3)	100		농림해양수산(3)
	051	유아 및 초중등교육		101	농업 · 농촌
	052	고등교육		102	임업 · 산촌
	053	평생 · 직업교육		103	해양수산 · 어촌
060		문화 및 관광(5)	110		산업 · 중소기업(6)
	061	문화예술		111	산업금융지원
	062	관광		112	산업기술지원
	063	체육		113	무역 및 투자유치
	064	문화재		114	산업지원 · 고도화
	065	문화 및 관광일반		115	에너지 및 자원개발
900		기타		116	산업 · 중소기업일반
			120		수송 및 교통(5)
070		환경보호(6)		121	도로
	071	상하수도 · 수질		123	도시철도
	072	폐기물		124	해운 · 항만
	073	대기		125	항공 · 공항
	074	자연		126	대중교통 · 물류 등 기타
	075	해양	140		국토 및 지역개발(3)
	076	환경보호일반		141	수자원
080		사회복지(8)		142	지역 및 도시
	081	기초생활보장		143	산업단지
	082	취약계층지원	150		과학기술(3)
	084	보육 · 가족 및 여성		151	기술개발
	085	노인 · 청소년		152	과학기술연구지원
	086	노동		153	과학기술일반
	087	보훈	160		예비비(1)
	088	주택		161	예비비
	089	사회복지일반			
090		보건(2)			
	091	보건의료			
	093	식품의약안전			

사료: 김혁 외(2012: 69).

세출예산을 기능별로 편성하는 것은 정부의 사업별 원가 및 성과를 측정하기 위한 목적이라고 할 수 있다. 반면에 오래전부터 이어져오던 경비의 통제를 위한 목적의 품목별 예산편성도 여전히 행해지고 있고, 국가세출예산 및 지방자치단체세출예산의 성질별 대분류는 다음 〈표 9-13〉, 〈표 9-14〉와 같다.

표 9-13 국가세출예산의 성질별 대분류

목번호	목	목번호	목	목번호	목
100	인건비	400	자산취득 및 운용	700	예비비 및 기타
200	물건비	500	상환지출		
300	이전지출	600	전출금 등		

표 9-14 지방자치단체 세출예산의 성질별 대분류

목번호	목	목번호	목	목번호	목
100	인건비	400	자본지출	700	내부거래
200	물건비	500	융자 및 출자	800	예비비 및 기타
300	경상이전	600	보전재원		

3. 계 속 비

계속비란 공사나 제조 및 연구개발사업에 있어서 그 완성에 수년을 요하는 경우 소요경비의 총액과 연부액(연도별 금액)을 정하여 미리 국회나 지방의회의 의결을 얻는 범위 안에서 수년도에 걸쳐서 지출할 수 있는 경비이다. 국회나 지방의회의 의결을 얻은 계속비는 당해 회계연도를 포함하여 5년 이내에는 허용된 경비 총액범위 내에서 계속 지출할 수 있다. 연부액 중 당해 연도에 지출하지 못한 것은 5년 이내의 계속비 사업완성연도까지 순차적으로 이월하여 사용할 수 있다.

4. 명시이월비

국가의 명시이월비는 세출예산 중 경비의 특성상 회계연도 내에 지출을 완료하지 못할 것으로 예상될 때, 특히 그 취지를 세입·세출예산에 명시하여 미리 국회의 승인을 얻어 다음연도에 이월하여 사용하는 것을 의미한다. 이러한 명시이월비는 회계연도 독립의 원칙에 대한 예외이다. 명시이월비에 대해 예산 집행상 부득이한 사유가 있을 때에는 기획재정부장관의 승인을 얻은 금액의 범위 내에서 다음연도에 걸친 지출원인행위가 가능하다. 지방자치단체의 경우에는 국가의 경우와 유사하다.

5. 국고채무부담행위

국가가 각종의 시책을 수행하기 위하여 공법상 또는 사법상 금전적 채무를 부담하는 행위를 의미한다. 지방자치단체의 경우에는 이를 채무부담행위라고 한다.

제 7 절 | 예산개혁론

예산 수입(세입)의 대부분은 국민들이 납부한 세금으로 구성되고, 예산의 지출(세출)은 국민경제 및 국민들의 삶의 질에 매우 큰 영향을 미친다. 즉, 한 국가에 있어서 예산의 결정은 그 국가의 운명을 좌우할 만큼 중요하다고 할 수 있다.[7] 또한 예산편성은 "정부 내 각 부처들이 필요로 하는 자원의 양을 산정하고 그에 맞춰서 자원을 각 부처들에 할당하는 과정"으로(Hatry, 1999: 178), 이 과정은 그 영향이 전 부처에 미치고 각 부처는 자신들의 사업을 확장하기 위하여 더 많은 예산을 요구하므로 항상 갈등 및 논쟁의 여지를 가질 수밖에 없다(White, 1998). 이에 보다 합리적인 예산 결정을 위한 노력은 지속적으로 이루어져 왔고, 그 결실이 1990년대 초부터 시작된 OECD 국가들의 성과예산제도 도입이라고 할 수 있다. 즉, 예산개혁노력들은 모두 정치적인 예산 결정 과정을 어떻게 하면 좀 더 합리적으로 바꿀 수 있을 것인지에 대한 노력이었다고 볼 수 있다.

본 절에서는 ① 대표적인 예산결정이론인 합리주의와 점증주의에 대해 간략히 살펴보고, ② 다른 OECD 국가들의 벤치마킹 대상이 되었던 미국 예산제도의 개혁노력들을 간략히 살펴본 뒤, ③ 한국 정부의 최근 예산제도 개혁노력을 살

7) 일례로 경제학자인 슘페터(Joseph A. Shumpeter)는 "재정을 알고 판독할 수 있는 사람은 국가의 운명을 해명할 수 있다"고 갈파하고 있다.

펴본다.

1. 예산결정이론: 점증주의와 합리주의

1) 예산결정이론의 필요성

18~19세기 야경국가[8]를 탈피해서 현대 복지국가로 국가관이 변함에 따라 정부의 역할과 기능은 점차적으로 확대되었다. 그에 따라 정부의 공공지출 및 공공사업은 증대되었지만, 이를 실현하기 위한 재원은 한정되어 있으므로 무수히 많은 사업들 중에서 우선순위에 따라 선택을 해야 하는 문제에 부닥치게 되었다. 그 결과 어떤 사업에 얼마만큼의 예산을 배정할 것인가의 문제가 중시되었고 그에 따라 예산결정이론이 대두되었다.

1940년에 키(V.O.Key)는 「예산이론의 결여(The Lack of a Budgetary Theory)」라는 논문에서, "어떤 기준으로 활동 B 대신 활동 A에 X달러를 배분할 것인가?"라고 질문하면서, 예산이론의 필요성을 주창하였다. 12년이 지나서 루이스(V. B. Lewis, 1952)는 Key의 질문에 대한 답으로, "공공예산의 경제학적 분석을 위한 기본명제로서 상대가치, 점증분석, 그리고 상대적 효과성을 조사하고 이 세 가지 명제에 입각해서 대안적 예산제도를 제시하였다"(유평준, 2005: 490). 루이스의 논문은 이후 목표달성의 극대화를 위해서는 경제적인 분석(예: 비용-편익 분석)을 통한 대안들 간 비교를 통해 예산을 배분해야 한다는 합리주의에 영향을 미쳤다. 그리고 이에 대한 반작용으로 린드블롬(Lindblom)과 윌다브스키(Wildavsky)로 흔히 대표되는 점증주의가 탄생하였다.

2) 합리주의

총체주의(synopticism)로 종종 일컬어지는 합리주의(rationalism)는 목표달성이 극대화될 수 있도록 예산이 배분되어야 함을 의미한다. 목표달성을 극대화한다는 것은 일단 목표가 정해지면, 그 목표를 달성할 수 있는 여러 가지 대안들을 모색하고 그 대안들 중 정치적 · 경제적 · 사회적 효용이 가장 큰 대안을 선택해

---

8) Adam Smith의 '보이지 않는 손(수요 공급 법칙)'의 조절을 통해 시장이 최적의 자원 배분을 이룰 수 있다는 시장 만능주의에 근거하여 형성된 국가관으로서, 국가의 임무를 국방과 외교, 치안 유지 등 개인의 자유와 사유재산을 보호하기 위한 최소한의 활동으로 한정하는 것이 그 특징이다.

야 한다는 것이다. 따라서 총체주의 결정모형은 인간의 합리성을 가정하고 모든 대안의 비용과 효과 등에 대한 완전한 정보를 얻을 수 있음을 전제한다. 구체적으로 ① 의사결정자는 사회적 가치와 우선순위에 대해 명확히 알고 있다. ② 의사결정자는 정책 목표를 달성할 수 있는 모든 대안(사업)에 대해서 완전한 지식 및 정보를 가지고 있다. ③ 의사결정자는 합리적으로 선택 및 행동한다.

자료 9-3

합리모형

인간과 조직의 합리성, 완전한 정보환경 등을 전제로 하여, 목표 달성의 극대화를 위한 합리적 대안의 탐색·선택을 추구하는 규범적·이상적 정책결정 모형을 말한다. 즉 합리모형은 인간을 합리적 사고방식을 따르는 경제적 인간으로 전제하고 정책결정자의 전지를 가정하여, 문제 해결을 위한 대안을 체계적·포괄적으로 분석하여 가장 합리적인 최적대안을 선택할 수 있다고 보는 정책결정 모형을 말한다.

자료: 이종수(2009: 540)

위에서 언급된 전제를 바탕으로 총체주의는 다음 [그림 9-7]과 같은 방식으로 예산이 결정된다. 특히 대안들 간 비교 분석을 통한 합리적 선택을 위해, 총체주의에서는 비용편익분석(cost-benefit analysis), 체제분석(system analysis), 오퍼

그림 9-7 총체주의 하에서의 예산결정 과정

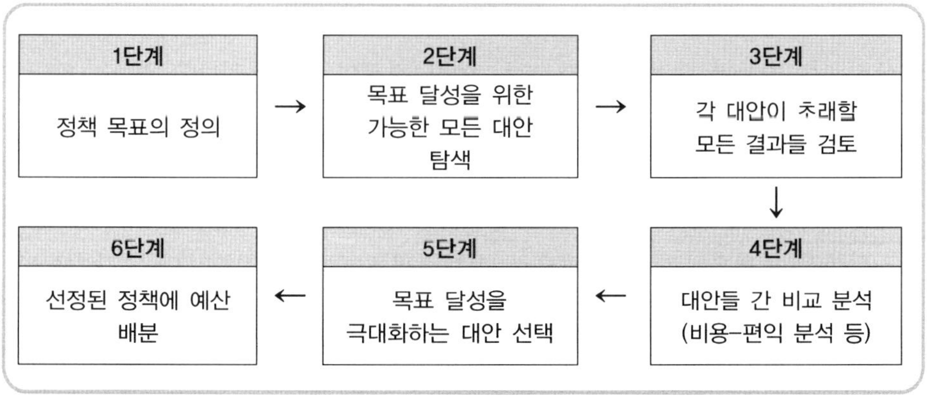

자료: 신무섭(2009: 244) 수정.

레이션 리서치(operation research), 관리과학(management science) 등 분석적 방법이 강조된다.

총체주의는 목표 달성을 위한 가장 최적의 대안을 찾을 수 있다는 점에서 분명 매력이 있다. 그러나 총체주의에서 가정하는 여러 전제들이 현실적으로 충족되기 어렵고, 이에 사이먼(H. Simon), 린드블롬(C. Lindblom), 윌다브스키(A. Wildavsky) 등에 의해서 거센 비판을 받았다. 이들이 제시한 비판을 토대로 총체주의의 문제점을 간략히 제시하면 다음과 같다.

> 첫째, 결정자의 입장에서 보면 시간과 능력상 제약이 따른다. 둘째, 결정에 필요한 완전한 지식 또는 정보를 가지고 있지 못하며 합리적 예산결정을 할 수 있는 분석적 자질을 가지고 있는 사람들이 많지 않다. 셋째, 보편적인 가치의 실체를 확인하든지 모든 가치를 전부 고려한다는 것은 불가능하다. 어떤 목표나 가치는 다른 목표나 가치 때문에 희생되는 경우도 있다. 넷째, 공공분야에 있어서 목표-수단접근법을 택한다는 것도 곤란한 문제 가운데 하나이다. 다섯째, 합리적 결정의 가장 본질적인 것으로서 비용·편익분석과 같은 분석방법의 지원이 있어야 한다. 그러나 공공분야에 있어서 비용·편익분석은 단지 주어진 문제에 관련된 이해를 도와주고 직관이나 판단을 좀 더 예리하게 하여 주는 데 불과하기 때문에 제약이 따른다. 여섯째, 변동에 대한 대응력이다. 이것은 특히 예산정책과 재정정책과의 결합을 시도할 경우 강조되는 문제점이다(제갈 돈 외, 2002: 254-255).

위에서 언급된 여러 가지 문제들 중에서는 현실적으로 해결 가능한 것도 있지만, 상당수는 해결이 불가능한 것들이라고 할 수 있다. 즉, 가장 이상적인 예산결정모형이라고 할 수 있지만, 총체주의는 실제 원형 그대로 이용되기보다는 현실적으로 가능한 선에서 정책 또는 예산 결정이 이루어진다고 볼 수 있다.

3) 점증주의

합리주의 또는 총체주의의 비현실성을 비판하면서 등장한 점증주의는 현실적·실증적 모형으로써, 현실적으로 정책결정은 현재의 정책보다 약간 향상된 결정에 만족하고 비교적 한정된 수의 대안만을 검토하게 된다는 모형이다.

자료 9-4

점증모형

정책결정은 기존 정책을 토대로 하여 그보다 약간 향상된 대안을 추구하는 점증적 방식으로 이루어진다는 정책결정의 이론 모형을 말한다. 즉 정책은 기존 정책·전년도 예산·전례·관례 등에 기초해 이를 부분적으로 수정하거나 결함을 교정하는 수준에서 결정된다는 것이다. 린드블롬(C. E. Lindblom)과 윌다브스키(A. Wildavsky)는 의사결정에서 선택되는 대안은 기존의 정책이나 결정을 점증적으로 수정한 것이며, 의사결정은 부분적·순차적으로 진행되고, 이 과정에서 목표와 수단은 상호 조절되며, 의사결정 과정에서 대안분석의 범위는 크게 제약을 받는다는 관점에서 이 모형을 제시했다. 이러한 점증모형의 특징으로는 기존 정책의 점증적 수정, 목표와 수단의 상호 조절, 계속적 결정, 참여집단의 합의 중시 등을 들 수 있다.

자료: 이종수(2009: 409)

점증주의에서 비판하는 합리주의의 전제에 대해서 간략히 정리하면 다음과 같다. 인간은 인식 능력에 한계가 있기 때문에, ① 의사결정자는 사회적 가치와 우선순위에 대해서 알지 못한다. 또한 ② 의사결정자는 문제를 해결할 수 있는 모든 대안에 대해서 완전한 지식 및 정보를 가지고 있지 않다. 따라서 ③ 의사결정자는 경제적으로 합리적인 대안을 선택한다기보다는 국민과 정치인의 지지를 얻을 수 있는 대안을 선택한다. 또한 점증주의로 대표되는 학자들의 견해를 간략히 요약하면 다음 〈표 9-15〉와 같다.

표 9-15 점증주의로 대표되는 학자들의 견해

학 자	견 해
March & Simon (1958: 169)	"개인과 조직은 그들이 직면한 문제의 복잡성에 비교해 볼 때 인간의 지적 능력이 너무나 제한되어 있기 때문에" 결정은 합리모형에 따르기보다 단순화된 만족모형에 따른다고 하였다. 그리고 그들은 그 모형의 특징을 다음과 같이 설명하였다. ① 결정은 최적화를 추구하지 않는다. 즉 최적의 기준은 만족할 만한 수준의 기준으로 바뀐다. ② 대안과 대안의 결과는 탐색과정을 통하여 순차적으로 발견된다. ③ 주어진 조건에서 개인과 조직이 개발한 대안이 선택의 대상이 된다. ④ 각 대안은 한정된 상황과 한정된 결과만을 고려한 것이다. ⑤ 각 대안은 서로 어느 정도 상호 관계 없이 독자적으로 마련된다.

Lindblom (1959: 79-88)	린드블롬은 점증주의를 총체주의와 비교하여 그 특징을 다음과 같이 설명하였다. ① 목표와 대안은 상호 연결되어 있다. ② 목표-수단분석은 제한적으로 이용된다. ③ 좋은 정책인지 여부는 정책에 대한 동의에 달려 있다. ④ 분석은 대폭 제한된다. ⑤ 대안은 계속 비교되며, 이론에 거의 의존할 필요가 없다.
Wildavsky (1979: 15)	예산 결정은 총체적·종합적이 아니라 점증적이다. 부처는 예산을 결정할 때, 모든 기존 사업들의 가치를 재검토한다는 뜻에서, 모든 가능한 대안에 비견되는 전체 예산 항목을 매년 검토하지 않는다. 오히려 부처는 전년도 예산을 기초로 하고, 그리고 그것보다 조금 감소 또는 조금 증가한 부분에 특별한 관심을 두어 결정한다. 따라서 예산결정자는 기존의 예산에 대한 소폭적 증분에 관심을 가지고 있다.

자료: 신무섭(2009: 248) 번역.

그림 9-8 점증주의하에서의 예산결정 과정

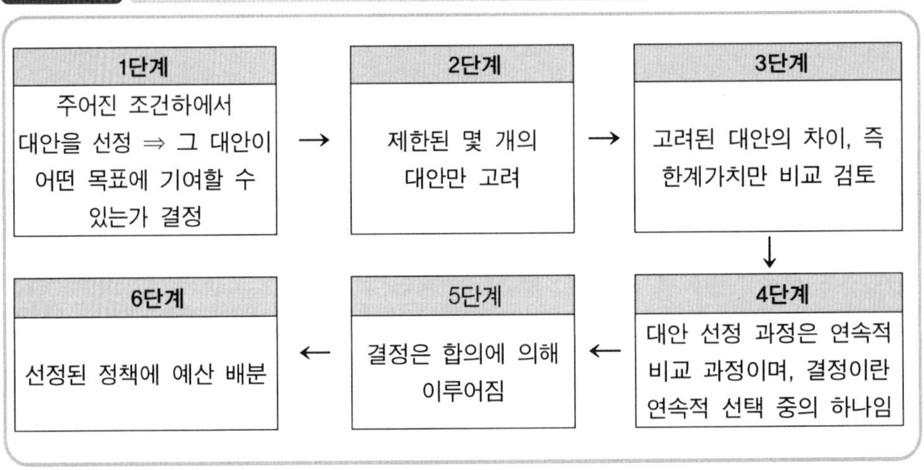

자료: 신무섭(2009: 248) 수정.

점증주의하에서의 예산결정 과정은 다음 [그림 9-8]과 같다. 위에서 제시된 총체주의하에서의 예산결정 과정과 비교하기 바란다.

한편, 합리주의가 비현실성으로 비판을 받는 것과 마찬가지로 현실적이고 실증적인 모형인 점증주의 또한 다음과 같은 비판을 받는다.

점증주의 예산결정은 결정과정에만 집착한 나머지 목표로부터 이탈 및 정책분석의 한 면만을 강조하는 경향이 있다. 첫째, 전년도의 예산을 기준으로 하여 예산의 선례성과 점증성을 강조하는데, 이는 자원의 낭비를 초래한다. 둘째, 예산결정상 많은 권한이 하위계층에 분산되어 있기 때문에 고위층의 철학적 사고가 예산에 반영되는 정도가 약하다. 셋째, 일반 국민의 조직화되지 않은 이익이나 잠재적 이익을 예산에 연결시키는 방법이 없어 비조직화된 이익의 반영이 어렵다. 넷째, 처음부터 시장경제의 경쟁성에 근거하기 때문에 정치의 규제능력 같은 것은 생각하지 않는다. 하지만 시장기능의 한계성이 인식되는 영역을 쉽게 발견할 수 있다(제갈돈 외, 2002: 256).

4) 합리주의와 점증주의의 비교

위에서 볼 수 있듯이 합리주의와 점증주의는 그 자체로 장점과 단점을 모두 가지고 있다. 즉, 합리주의와 점증주의는 이론적 모형으로 현실세계에서는 극단적인 합리주의 또는 극단적인 점증주의를 활용한다고 보기는 힘들다. 즉, 어느 정도 합리주의에 입각한 의사결정을 하도록 노력하면서도 현실적으로 점증주의적인 요소가 작용한다고 보는 것이 적절할 것이다.

2. 미국의 예산제도 개혁

미국의 예산제도는 20세기 초에 만들어졌다고 볼 수 있다. 물론 이전에도 정부가 세금을 징수하고 예산의 집행이 이루어지기는 하였지만, 주먹구구식으로 예산편성 및 집행이 이루어졌다고 볼 수 있다. 최초의 예산개혁은 품목별 예산제도(Line-item Budgeting)와 행정부편성예산제도(Executive Budget)의 도입으로 이때부터 체계적인 예산제도가 운영되기 시작하였다고 볼 수 있다. 그리고 이러한 개혁노력은 1921년 미국 연방정부의 예산회계법 제정으로 절정에 달했다고 볼 수 있다.

이후 품목별예산제도의 한계를 극복하기 위해 다양한 성과예산제도 개혁노력이 이어졌다. 즉, 1949년 제1차 후버위원회의 성과주의 예산제도 권고에서부터, 1960년대 계획예산제도(Planning Programming Budgeting System: PPBS), 1970년대 목표관리제도(Management by Objectives: MBO)와 영기준예산제도(Zero Base Budget: ZBB), 1990년대 정부성과 및 결과에 관한 법(Government Performance and Results Act of 1993: GPRA)에 따른 클린턴(B. Clinton) 정부의 성과예산제도, 부시

(G. Bush) 정부의 5개 범정부적 대통령관리과제(President's Management Agenda: PMA) 중 하나인 '예산과 성과 연계 개혁안'(Budget and Performance Integration Initiative: BPI)과 이를 보조하는 사업평가등급제도(Program Assessment Rating Tool: PART), 오바마(B. Obama) 정부의 핵심 성과목표 관리제도(High Priority Performance Goal Initiative)까지 다양한 노력들이 이어졌다.[9)]

1) 품목별 예산제도와 행정부 제출 예산제도

일반적으로 예산개혁이라고 하면, 좀 더 합리적인 예산결정을 위해 낡은 것으로 치부되는 품목별 예산제도(Line-item Budgeting)를 개혁하는 것으로 인식된다. 그러나 품목별 예산제도도 미국에서 20세기 초 예산개혁노력의 일환으로 대두된 것이라고 할 수 있다. 즉, 미국의 설립 시점부터 품목별 예산제도가 존재한 것이 아니라, 미국의 시정연구회(National Municipal League, 1989년 설립)와 뉴욕시정연구회(New York Bureau of Municipal Research, 1906년 설립)가 시정의 부패를 줄이기 위해 실시한 행정개혁운동의 결과로 탄생된 제도이다. 이후 1912년에 행정개혁운동의 영향을 받은 태프트 위원회(Taft Commission)의 품목별 예산제도 권장으로 인해 연방정부 부처에서 이 제도를 도입하게 되었다.

가장 오래된 예산제도인 품목별 예산제도는 오늘까지도 현존하고 있는 제도로서, "예산을 지출 대상(품목)별로 분류해 편성하는 예산제도"를 의미한다(윤영진, 2010: 376). 즉, 인건비, 출장비, 차량유지비 등과 같이 지출의 구체적 항목을 기준으로 편성하는 예산으로 우리가 흔히 생각하는 가장 전형적인 예산이다. 이 제도는 지출 대상별로 예산을 명확히 정하고, 행정부 관료의 권한과 재량을 제한하고, 지출의 정확성 및 합법성을 중시하며, 부정·낭비·오류를 방지하는데 중점을 둔 통제 지향적 예산제도이다.

품목별 예산제도의 예산 편성 기본 단위는 품목(object)이다. 우리나라의 경우 현행 예산과목 체계인 장·관·항·세항·목 중에서 목이 품목에 해당하고, 목은 인건비, 물건비 등으로 투입 요소에 해당한다. 품목별 예산이 만약 조직을 단위로 편성된다면 다음 〈표 9-16〉과 같이 예산을 편성할 수 있다.

---

9) 물론 PPBS나 ZBB를 성과예산제도라고 지칭하는 것에 대해서 논란이 있을 수 있지만, 이들 제도들은 모두 예산편성의 합리성 증진을 위한 제도로서 결국 정부성과를 향상시키는데 그 목적이 있다는 점에서 광의의 성과주의 예산제도에 포함된다.

표 9-16 품목별 예산제도의 사례

부서 A의 예산		부서 B의 예산	
항 목	액수(원)	항 목	예산(원)
인건비	8,000만	인건비	2,000만
건물유지비	1,000만	임대료	2,500만
소모품비	5,000만	재료비	1,600만
연료비	3,500만	장비 구입비	3,200만
기계 및 설비유지비	3,000만	장비 유지비	1,400만
운영비	2,600만	소모품비	2,600만
교육 및 훈련비	7,000만	출장비	7,200만
기타 비용	8,900만	기타 비용	5,800만
합계	39,000만	합계	26,300만

자료: 윤성식(2003: 369).

한편, 태프트 위원회는 품목별 예산제도 외에도 행정부제출예산제도(Executive Budget System)[10]를 권고하였는데, 초기에는 의회의 반대로 받아들여지지 않았다(Schick, 1995). 이후 1921년 예산회계법 제정으로 예산국(Bureau of the Budget: BOB, 현재의 OMB)이 설치됨으로써 행정부 제출예산제도가 확립되었다. 그 결과 정부사업에 대한 전문적인 지식이 부족한 입법부가 예산을 편성함으로써 야기되었던 문제들이 개선되었고, 행정부가 절약과 능률을 위해 재량권을 사용할 수 있게 되었다. 그러나 이러한 변화는 이후 입법부와 행정부 간 예산에 대한 주도권 문제를 계속적으로 야기했다(Caiden, 1987).

2) 성과주의 예산제도

비록 성과수의 예산제도의 기원은 1913년 뉴욕 시 리치먼드 구에서 원가예산제(cost data budget)를 시도한 데 있다고 볼 수 있지만, 1949년 제1차 후버위원회의 성과주의 예산제도 건의로 본격적으로 도입되었다고 볼 수 있다.[11] 이듬해

10) 행정부 제출예산제도란 행정부가 품목별 예산제도에 기초해서 예산을 편성하고 이를 의회에 제출한 뒤, 의회가 심의를 통해 예산을 최종적으로 확정하는 제도를 의미한다.

11) 제1차 후버위원회는 다음과 같이 건의하였다: "우리는 연방정부의 모든 예산 개념이 기능(function), 활동(activities), 사업(projects)에 근거를 둔 예산의 채택에 의해 재정립되어야 한다고 건의한다. 그리고 이 예산을 성과주의 예산이라고 지칭하는 바다"(강인재 외, 1985: 292).

인 1950년에는 의회가 예산회계법을 개정하고 성과주의 예산제도의 채택을 장려하는 규정을 둠으로써 연방정부를 비롯해 지방정부로 확산되었다.

품목별 예산제도는 공무원 급여로 얼마를 지급할지, 그리고 비품과 소모품 등은 어느 정도 구입할지에 초점을 맞춘 제도이다. 즉, 정부가 지출하는 대상에만 초점을 맞출 뿐, 그러한 지출대상이 실제 사업이나 활동에 어떻게 기여할 수 있는지에 대해서는 관심이 없다. 반면, 성과주의 예산제도는 이러한 지출을 통하여 달성하려고 하는 기능 · 활동 · 사업이 무엇인지를 명시하고, 각 기능 · 활동 · 사업에 소요되는 비용이 얼마인지를 명백히 표시해주는 제도라고 할 수 있다.

품목별 예산제도의 예산편성단위가 품목인데 반해, 성과주의 예산제도의 기본단위는 업무측정단위(work unit)이다. 업무측정단위는 업무의 양 및 성과를 분석하기 위한 단위이다. 예를 들어 경부고속철도 500km를 완공하는 사업이 존재한다고 할 때, 업무측정단위는 '1km 선로 완성'으로 정할 수 있다. 그리고 예산액은 업무측정단위인 1km의 선로 1단위를 완성하는데 소요되는 비용(단위원가)과 업무량 500km를 곱한 금액이 된다.

단위원가×업무량=예산액

성과주의 예산편성의 예는 다음 〈표 9-17〉와 같다. 요컨대 성과주의 예산은 예산과목을 사업별 · 활동별로 분류하고 각 활동별로 다음과 같은 방식으로 예산을 편성한다.

표 9-17 성과주의 예산 편성의 예

사업명	사업목적	측정 단위	단가($)	실적	금액($)	변화율
긴급출동	비상시 6분 내 현장까지 출동	출동 횟수	100	1,904건	190,400	+10.0%
일반 순찰	24시간 계속 순찰	순찰 시간	25	2,232시간	55,800	+7.8%
범죄 예방	강력범죄 발생률의 10% 감소	투입 시간	30	2,327시간	69,800	+26.7%
계					316,000	

자료: 코(Coe, 1989: 64); 배득종(1996: 446)에서 재인용.

3) 계획예산제도

계획예산제도는 1950년대에 미국 랜드연구소(The RAND Corporation)의 노빅(D. Novick)과 그의 동료들에 의해서 개발되었다. 그들은 논문 및 저술 활동 등을 통해 국방부에 계획예산제도를 도입할 것을 적극 주장하였고, 1963년에 당시 국방장관인 맥나마라(Robert S. McNamara)에 의해 미국 국방부에 PPBS가 도입되었다. 이후 존슨 대통령의 지시로 1965년에 모든 연방정부 기관으로 확산되었다. 또한 PPBS는 주 · 지방 정부뿐만 아니라 전 세계로 퍼져나갔다(Greenhouse, 1966). 계획예산제도는 매우 정교한 예산제도로서 이론 및 실무에 많은 영향을 미쳤지만, 존슨 행정부에서 닉슨 행정부로 정권교체가 이루어지면서 1971년에 공식적으로 중지되었다. 그러나 미 국방부에서는 여전히 내부관리 제도로서 활용되고 있다.

계획예산제도는 원어에서 볼 수 있듯이, 장기 계획 수립(planning)과 1년 단위 예산편성(budgeting)을 사업계획 작성(programming)을 통해 유기적으로 결합시켜 합리적인 예산편성이 가능하도록 하는 제도이다. "계획예산제도는 ① 목표를 분명히 정의하고, ② 이를 달성할 사업계획 및 각종 대안을 체계적으로 검토해 수립하며, ③ 다년간에 걸친 사업재정계획을 수립하는 장기적 시계(time horizon)를 갖고 있다는 점이 특징이다. 이 제도의 기본적인 아이디어는 투입 요소 대신에 정부의 목적, 최종 산물, 사업 등과 같은 산출 영역에 관심을 집중함으로써 예산상의 결정이 이루어져야 한다는 것이다"(윤영진, 2010: 382-383). 결국 기획, 사업 분석, 예산 기능을 단일의 의사결정으로 통합한 것이 기획예산제도라고 할 수 있다.

계획예산제도는 ① 장기계획수립, ② 사업계획 작성, ③ 예산편성까지 3단계를 거쳐 실시되고, 구체적인 과정은 다음 〈표 9-18〉과 같다.

표 9-18 계획예산제도의 시행 과정

시행 과정	내 용
1. 장기계획 수립	정부의 장기적 목표 및 우선순위 설정 목표 달성을 위한 대안을 평가 및 선택

2. 사업계획 작성	
① 사업계획	장기계획을 실현하기 위한 구체적인 활동으로 '어떻게 할 것인가'를 결정함
② 사업구조	사업계획은 목표-수단관계를 체계화하는 나무 모양의 사업 구조로 나타나며 목표를 구체화하는 것으로 가장 핵심적인 작업임. -사업범주: 조직 상층부가 전략적으로 결정하는 대단위 사업 -하위사업: 중간 단위의 사업 -사업요소: 사업구조의 기본단위
③ 사업재정계획	장기적 시계를 반영한 계획으로 자금수요를 추정한 자금계획과 산출계획으로 구성되어 있음. 즉 산출과 연차별 소요예산에 관한 종합표로서 보통 5년의 연동계획(rolling plan)으로 작성됨.
3. 예산편성	채택된 사업계획을 실행하기 위해 필요한 자금을 체계적으로 연관시켜 매 회계연도마다 예산을 편성함

자료: 방성은(2012: 1340-1341) 수정.

4) 영기준 예산제도

영기준예산제도(ZBB)는 미국의 민간기업 Texas Instruments(텍사스 기계제조 회사)의 부사장이었던 피어(Peter A. Pyhrr)에 의해 개발되었다. 피어는 기업에 적용했던 방법 및 그 결과를 Harvard Business Review(1970)에 발표를 하였고, 그 논문을 읽은 당시 조지아 주지사였던 지미 카터가 1973 회계연도부터 ZBB를 조지아 주에 도입하였다. 그 후 카터가 대통령이 된 후 1977년부터 연방정부에 도입하게 되었다. 당시 미국은 '석유파동'으로 재원난을 겪고 있었고, 이를 타파하기 위해서 감축관리(cutback management)를 실시하였고, 이러한 관리에 적합한 제도가 ZBB였던 것이다. 그러나 1981년 레이건(Ronald Reagan) 행정부가 들어서자 ZBB는 공식적으로 폐기되었다.

영기준 예산제도는 점증주의제도[12]를 극복하기 위한 제도로서, "기존 사업과 새로운 사업을 구분하지 않고 매년 모든 사업의 타당성을 영기준에서 엄밀히 분석해 예산을 편성하는 제도"를 의미한다(이종수, 2008: 329). 동 제도는 개념적으로는 매년 모든 예산 사업을 평가해서 불필요하고 낭비적인 사업을 폐지하고 남은 예산을 보다 필요한 그리고 성과가 좋은 사업에 재원을 재배치하는 것이 목

12) 이 제도는 점증주의 예산제도 하에서 한번 생성된 사업은 매년 예산이 증액되고 불필요해진 사업임에도 불구하고 계속적으로 예산이 지원되던 관행을 고치려는 목적에서 도입되었다고 볼 수 있다.

적이라고 할 수 있다.

영기준 예산제도는 모든 조직체에 획일적으로 적용되는 고정된 절차나 형식이 있지 않고, 각 조직의 특성에 맞도록 변형되어서 사용된다. 그러나 일반적으로 적용되는 기본절차는 ① 의사결정 단위(decision unit)의 설정, ② 의사결정 패키지(decision package)의 작성, ③ 우선순위의 결정, ④ 실행예산안 편성 등 4단계로 진행된다(Mikesell, 2003).

(1) 의사결정 단위의 규명

의사결정 단위는 영기준 예산제도의 기본 단위로서, 관리자가 독자적인 업무 수행 및 예산 편성의 결정권을 갖는 사업 단위 또는 조직 단위를 지칭한다. 즉, 의사결정 단위는 서비스, 활동, 사업, 조직 등 다양하게 설정될 수 있으나 각 단위가 독립적으로 하나의 활동과 소요비용을 나타낼 수 있어야 한다(Pyhrr, 1977). 즉, 결정단위를 선정하는 것은 조직의 주요 활동 요소가 무엇인가를 확인하고 결정하는데 있다.

(2) 의사결정 패키지의 작성

의사결정 단위가 설정되면, 각 의사결정 단위의 관리자는 의사결정 패키지를 작성하게 된다. 이 단계는 영기준 예산제도에서 핵심적인 작업으로, 크게 사업대안 패키지를 작성하는 과정과 금액대안 패키지를 작성하는 과정으로 구분할 수 있다.

① 사업대안 패키지

앞에서 설정한 의사결정 단위의 목표 달성 또는 운영을 위한 여러 대안들을 탐색하고 이들을 비교 분석하여 최선안을 선택한 결과를 담은 의사결정 패키지를 준비한다.

② 금액대안 패키지

일단 사업대안이 결정되면, 그 사업대안에 대한 예산 투입 수준을 검토함으로써 최적의 금액대안을 선택한다. 예산 투입 수준은 현행 수준보다 낮은 최저수준을 설정하고, 최저 수준에서 점증적으로 수준을 높여 나가는 방식으로 결정한다. 금액 대안은 일반적으로 3개의 수준으로 구분한다.

1) 최저수준(minimum level): 이는 현행 수준보다 낮은 수준으로서 사업 또는 활동의 축소된 노력 수준을 반영한 것이다. 최저 수준은 이 수준보다 더

축소시키면 사업 자체가 무의미해지는 수준이다.

2) 현행수준(current level): 최저 수준에 한두 가지의 점증적 수준이 허용된 경우다.

3) 증액수준(incremental level): 현행 수준을 초과하는 한 가지 이상의 점증 수준이 채택된 경우다. 즉, 자금과 성과가 증가된 수준이다.

(3) 우선순위의 결정

의사결정 패키지가 작성되면 여러 단계의 관리 계층을 거쳐 우선순위를 결정하게 된다. 맨 처음 시작되는 우선순위 결정 작업은 의사결정단위(하위관리층)에서 이루어진다. 다음은 하위관리층에서 결정하여 제출된 결정항목을 중간관리자가 다시 검토하여 결정하게 된다. 이와 같은 상향적(上向的) 과정은 최고관리자에게 이를 때까지 계속된다. 최고관리자는 거시적인 안목과 국가적 차원에서 최종적으로 결정항목을 심사하여 자금 배정(또는 예산배정)과 승인여부를 결정한다.

(4) 실행예산안의 편성

결정항목에 대한 우선순위가 결정되고 수행하여야 할 사업이 확정되면 마지막 단계로 각 행정기관별로 실행예산안을 편성하게 된다.

5) 새로운 성과주의 예산제도[13]

영기준 예산제도 이후 한동안 연방정부의 예산제도 개혁노력은 주춤하였다가, 1990년대 초 냉전의 종식 및 경기침체로 인한 효율적인 예산운용 요구로 인해 성과주의 예산제도에 대한 관심이 다시금 고개를 들기 시작하였다. 또한 1980년대부터 영연방국가를 중심으로 유행하였던 신공공관리론(New Public Management)과 이의 영향을 받아 1992년에 출간된 Osborne과 Gaebler의 정부재창조론(Reinventing Government)의 영향으로 성과주의 예산제도 개혁요구 및 노력이 활발해지기 시작하였다. 이듬해인 1993년 Clinton 행정부와 입법부의 합의하에 만들어진 최초의 성과예산제도의 법적 틀인 정부성과및결과법(Government Performance and Results Act of 1993, GPRA)이 제정되었고, 그 결과 ZBB 이후 사라진 성

13) 여기서는 1950년대의 성과주의 예산제도와 구별하기 위해 '새로운 성과주의 예산제도'라고 부른다.

과주의 예산제도는 연방정부에서 다시 부활하였다.

그러나 실제 정부성과및결과법이 성과를 예산과 연계하는데 실패하면서, Bush 행정부는 범정부적 대통령 관리의제(President's Management Agenda: PMA) 중 하나로 예산과 성과 연계 개혁안(Budget and Performance Integration: BPI)을 2001년에 발표하였고, 이를 뒷받침할 수 있는 제도인 사업평가등급제도(Program Assessment Rating Tool: PART)를 2002년부터 도입하였다. 사업평가등급제도는 Bush 행정부 기간 동안 약 1,000여 개에 달하는 연방정부사업을 평가하는데 활용되었다.

2009년에는 Bush 행정부에서 Obama 행정부로 정권교체가 이루어졌다. 그 결과 Bush 행정부의 사업평가등급제도는 폐지되고 대신 "3~4개의 핵심적인 성과목표를 선정하고 이를 집중적으로 관리하는 핵심 성과목표 관리제도(High Priority Performance Goal Initiative)"를 도입하였다(윤기웅 · 공동성, 2012: 169). 뿐만 아니라 2010년에는 Clinton 행정부로부터 약 20년간 지탱해오던 GPRA가 정부성과및결과법 현대화법(Government Performance and Result Act Modernization Act of 2010, GPRAMA)으로 개정되었다.

1990년대 등장한 새로운 성과주의 예산제도의 가장 큰 특징은 신공공관리론의 영향을 받아 '결과에 대한 강조'와 '재량권 부여'라고 할 수 있다. 그리고 성과와 예산의 연계를 강화하는 것이 큰 특징이라고 할 수 있다. 흔히 성과와 예산을 연계한다고 하면 성과가 높은 사업은 예산을 많이 배정하고 성과가 낮은 사업은 예산을 적게 배정하는 것을 생각한다. 그러나 이는 성과주의 예산제도의 여러 유형 중 하나에 해당하고, 큐리스틴(Curristine, 2005)에 따르면, 성과주의 예산제도는 크게 보고용 성과예산제도, 간접적 성과예산제도, 직접적 성과예산제도로 분류할 수 있고, 각 제도의 특징을 살펴보면 다음과 같다:

> 보고용 성과예산제도란 성과정보가 예산결정 시 단순히 참고자료만으로 이용되는 제도를 의미한다. 간접적 성과예산제도란 성과가 다른 정보와 함께 예산결정에 영향을 비치는 제도를 의미한다. 즉, 성과가 예산결정에 있어서 중요한 역할을 하기는 하지만, 예산액을 직접적으로 결정하는 것은 아니다. 현재 대다수의 OECD 정부는 간접적 성과예산제도를 채택하고 있다. 직접적 성과예산제도는 성과평가결과가 예산결정에 직접적으로 영향을 미치는 제도로서 성과가 예산액을 결정하는

제도이며, 현재 OECD 국가 중 특정부문(specific sectors)에서만 제한적으로 활용되고 있다(윤기웅 · 공동성, 2012: 166).

위에서 보면 알 수 있듯이, 우리나라를 포함한 대다수의 국가들은 간접적 성과주의 예산제도를 채택하고 있고, 성과정보를 의사결정에 활용을 하기는 하지만, 성과향상이 곧 예산증대로 직결된다고 보기는 어렵다.

3. 한국의 최근 예산제도 개혁 노력

한국의 예산제도 개혁 노력은 1945년 해방이 되고 대한민국 정부가 수립된 이후 계속되었다고 할 수 있으나, 위에서 살펴본 성과주의 예산제도 개혁 노력은 민주화 이후 김대중 정부부터 시작되었다고 볼 수 있다.[14)]

1) 김대중 정부[15)]

1997년에 발생한 외환위기(국가부도위기 또는 IMF 경제 위기)는 정부의 효율적인 운영에 대한 국민들의 요구를 증대시키는 계기가 되었다. 그 결과 김대중 정부는 정부부문의 효율성을 제고하기 위해 1999년부터 성과주의예산제도의 도입을 추진하였다. 즉, 다음과 같은 목적을 위해서 성과주의 예산제도의 도입을 추진하였다. ① 국민에 대한 성과목표의 제시, 평가결과의 공개를 통해 행정의 투명성을 확보하고 정부에 대한 국민의 신뢰를 제고한다. ② 지원대상사업, 자원규모 등을 평가결과와 연계하여 결정함으로써 재정지출의 효율성을 제고한다. ③ 각 부처가 스스로 목표의식을 갖고 적극적으로 사업을 추진하게 함으로써 책임의식을 강화한다. ④ 각 부처의 자율성 확대로 행정의 탄력성 확보가 가능하며, 고객수요에 부응하는 행정서비스 제공이 가능해진다. ⑤ 성과목표위주의 의사결정으로 정부조직 운영상 불필요한 기능을 제거하고 핵심역량위주로의 조직개편을 촉진한다. ⑥ 인사 · 보수 · 감사제도 등 운영시스템의 효율화에 기여한다.

성과주의예산제도의 도입을 결정한 해인 1999년에는 성과주의예산제도 도입을 위한 사전준비('99.2~4월), 공청회 개최('99.4월), 도입방안 확정('99.5월) 등 도

14) 물론 이전에도 PPBS, ZBB를 도입하려는 움직임은 있었으나 모두 실패로 돌아갔다.

15) 본 내용은 기획예산위원회(1999)의 「성과주의 예산제도 추진방안」을 참조하여 작성하였다.

입방안을 수립하는데 초점을 맞췄다. 그리고 이듬해인 2000년부터 성과주의 예산제도 시범사업을 추진하였다. 1999년에는 외교통상부 다자통상국 등 16개 기관을 시범사업대상으로 선정하였고, 2000년에는 조달청 등 12개 기관을 추가로 선정하였으며, 2001년에는 교육인적자원부 국제교육진흥원 등 11개 책임운영기관을 추가로 선정하였다. 그리고 시범사업 마지막 년도인 2002년에는 시범사업 대상기관을 확대하지 않는 대신 미션, 결과위주의 성과지표의 개발 등과 같이 보다 내실화된 시범사업을 수행하도록 노력을 기울였다. 이러한 김대중 정부의 성과주의 예산제도 도입 노력은 이후 노무현 정부의 재정사업 성과관리제도 개혁노력으로 이어졌다.

2) 노무현 정부

노무현 정부는 출범과 동시에 국가의 예산 및 재정에 관한 근본체계를 개혁하고자 국가재정운용계획수립, 총액배분자율편성예산, 성과관리제도, 디지털예산회계시스템 등 4개 핵심 과제를 추진하였고, 각 과제의 내용을 간략히 살펴보면 다음 〈표 9-19〉와 같다.

표 9-19 4개 재정혁신 과제

과 제	내 용
국가재정운용계획수립	단년도 예산편성에서 중장기 시각에서의 전략적 재원배분을 목적으로 한 중장기재정운용계획이며 중장기 예산편성계획이라고 볼 수 있음
총액배분 자율편성예산	개별사업중심의 예산편성에서 벗어나 국가적 우선순위에 입각한 전략적 재원배분 및 부처의 전문성 활용이라는 측면을 가지고 있음
재정사업 성과관리제도	예산의 투입에 치중한 과거의 예산운용에서 벗어나서 효과성과 효율성 즉, 성과에 입각한 재정운용을 하자는데 의의가 있음
디지털예산 회계시스템	투입중심의 품목별예산체계를 책임, 자율, 성과지향의 프로그램 예산체계로 전환하고 예산과 회계를 결합하여 유기적으로 연계시키는 통합예산회계시스템을 지향

자료: 윤성식(2006: 32-33).

이들 4개 과제들은 다음 설명에서 보는 바와 같이 서로 밀접하게 연계되어 있다. 디지털예산회계시스템에서 구축한 프로그램을 단위로 하여 효과성 및 효율성 평가가 이루어지고(성과관리), 예산편성은 국가재정운용계획의 틀 속에서 총액배분자율편성예산제도 하에서 이루어진다. 프로그램간의 우선순위를 결정할 때 재정당국이 사업을 검토 조정하던 과거와는 달리 각 부처가 자신이 가장 잘 아는 전문성과 정보를 이용하여 프로그램을 검토 및 조정한다. 기획재정부는 총액을 각 부처에 할당하는데 각 부처에 할당되는 총액은 국가재정운용계획의 틀 속에서 증가 또는 감소하게 된다.

제 6 편

지방행정

제 10 장 지방자치행정

제 1 절 | 지방자치행정이란

1. 지방자치행정의 개념

지방자치란 말 그대로 지방(국가의 한 부분)이 자신의 문제를 스스로 처리(판단하고 결정하고 책임지는 것)하는 것을 의미한다. 구체적으로 "일정한 지역과 주민을 기초로 한 공공단체가 자율성을 가지고 그 지방의 행정사무를 주민이 선정한 기관[1]을 통해 주민의 의사에 따라 주민의 부담으로 처리하는 것"(정세욱, 2007)으로 정의될 수 있다. 여기서 일정한 지역은 관할구역을, 공공단체란 지방정부를, 자율성은 자치권을, 주민이 선정한 기관은 단체장과 지방의회를 의미한다.

지방정부의 종류는 광역정부(광역자치단체)와 기초정부(기초자치단체)로 구분할 수 있는데 현재 광역정부는 서울특별시외 6개 광역시, 8개도와 제주특별자치도, 세종특별자치시를 포함해 17개이며 기초정부는 일반시, 군, 자치구 226개로 구성되어 있다.

1) 주민이 선정한 기관: 서울특별시(서울시장, 서울시의회) / 광역정부(광역시장, 도지사, 광역시의회, 도의회)/기초자치단체정부(시-시장, 시의회 / 군-군수, 군의회 / 구-구청장, 구의회).

이 지방자치의 정당성은 국민주권에서 찾을 수 있는데 국민주권이란 '국민이 국가의 최고권력인 주권을 가지고 있기 때문에 국가의 모든 사항을 처리할 수 있다'는 의미이며 링컨의 연설 중 "국민에 의한(By the people)"이 국민자치를 의미하는 것으로 이런 국민자치가 지방차원에서 이루어지는 것이 지방자치이다(정일섭, 2010).

자료 10-1

지방자치란?

- 주체: 주민이
- 목적: 지역의 발전과 주민들의 복리증진을 위해
- 재원: 지역에서 조달된 재원에 의해
- 대상: 주민의 일상생활과 밀접하게 관련된 지역의 사무를
- 방법: 스스로 또는 대표자의 선출을 통해 자주적으로 처리하고 책임지는 제도

2. 구성요소

1) 지역: 관할구역
2) 주민
3) 자치권: 지방자치단체가 관할구역에서 자치사무를 스스로의 책임하에 처리할 수 있는 권한
4) 기구: 주민의 의사를 반영한 사무를 실현할 수 있는 기구로서 지방의회와 단체장, 행정조직
5) 사무: 지방자치단체가 수행해야 할 사무로서 복지, 교육, 문화, 지역개발 등 다양한 사무들이 존재
6) 재정자원: 자치사무를 처리하는데 필요한 경비로 자치재정권에 기초하여 조달되는 자주재원과 중앙정부가 지원하는 의존재원

※ 지방자치의 3대 구성요소: 구역, 주민, 자치권

3. 지방자치의 중요성

1) 민주주의의 토대

기능적(수평적) 권력분립 외에도 지방자치를 통한 지역적(수직적) 권력분립이 이루어질 때 더 나은 민주주의가 확립될 수 있으므로 지방자치는 민주주의의 기본 토대이다.

2) 지방자치를 통한 보다 나은 서비스 제공

분권화를 통한 지방자치를 통해 지역의 행정은 각 지역의 요구(수요)와 특성을 잘 파악할 수 있는 지방자치단체가 제공하는 것이 중앙정부가 제공하는 것보다 더 효과적이다.

예) 지역의 특성에 맞는 산업육성, 지역의 인구구조에 적정한 사회적 약자인 장애인, 노인, 아동을 대상으로 하는 비금전적 사회복지서비스의 제공

3) 민주시민의 양성

지방자치를 통해 많은 주민이 지방정부의 의사결정에 참여하게 하고 그들의 의사를 정책에 반영하게 함으로써 민주시민을 양성할 수 있다.

4. 한 계

1) 정치 · 행정적 한계

시간적으로 촉박한 위기상황의 경우 지방정부는 보유 · 동원할 수 있는 자원이 지역에 국한되어 있어 문제해결에 한계가 있다. 이에는 중앙정부가 전국적인 인적, 물적, 정보자원을 활용할 수 있기 때문에 유리하다.

2) 경제 · 사회적 한계

지역이기주의의 경우 사회적 문제를 일으킬 수 있다.

PIMFY(Please in my Front yard)

NIMBY(Not in my backyard)

5. 유 형

1) 주민자치(영 · 미형)

지역의 주민들이 스스로 자치기구를 결성하고 지역의 행정을 지역주민의 참여와 의사에 기초하여 그들의 판단과 책임 하에 처리하는 것으로 자치권은 국가성립 이전부터 존재한다는 고유권설을 따르고 의회중심의 자치형태로 국가의 일선기관으로서 지위를 가지지 않는 순수한 지방자치이다.

2) 단체자치(대륙형)

국가내부의 일정한 구역을 기초로 지역의 행정을 지역자치단체가 자신의 권한과 책임아래 처리하는 것으로 자치권은 중앙정부의 필요에 의해 또는 국가에 의해 주어진 권리라는 전래권설을 따르고 국가의 하부구조로서 획일적 계층적인 지방행정단위를 설정하여 한정된 지방자치를 인정한다. 한국, 일본, 프랑스, 독일이 여기에 해당한다.

3) 주민자치와 단체자치의 구분

표 10-1 주민자치와 단체자치의 구분

구 분	주민자치	단체자치
자치의 의미	정치적 의미의 자치(민주성)	법률적 의미의 자치(지방분권)
자치의 주체	주민	법인격을 가진 자치단체
자치단체의 지위	순수한 자치단체	이중적 지위(자치단체+일선기관)
자치권	자연적 · 천부적 권리(고유권설)	국가로부터 주어진 권리(전래권설)
사무의 구분	없음(고유사무만 존재)	고유사무+위임사무
국가공무원의 배치	없음	중요직위에 배치하여 강력한 권한 행사
기관구성	기관통합형 (지방의회: 입법+집행기능)	기관분립형 (지방의회:입법기능, 집행기관: 행정(집행)기능)
권한부여방법	개별적 지정주의(사무를 법이 일일이 지정)	포괄적 위임주의(사무를 포괄적으로 규정)
통제	입법적, 사법적 통제, 주민통제(아래로부터의 통제)	중앙으로부터의 행정적 통제 (중앙의 허가, 명령, 취소 등)
지방자치의 중점	지방정부와 주민과의 관계	중앙정부와 지방정부의 관계

제2절 | 지방자치권

1. 지방자치권의 개념

지방자치단체가 자치사무를 자율적으로 처리할 수 있는 권리를 말하는 것으로 자치입법권, 자치행정권, 자치사법권으로 나눌 수 있다.

2. 근 거

1) 고유권설

(1) 자연법사상

개인은 국가권력이 침해할 수 없는 천부적 기본권을 갖는 것과 같이 지방자치단체의 고유한 지방권도 국가권력이 침해할 수 없다(정일섭, 2010).

(2) 역사적 실태설

지방자치권은 국가로부터 주어지는 것이 아니라 국가가 성립되기 이전부터 가지고 있었던 지역단체의 고유한 기능에서 비롯된다. 인간이 자연스럽게 구성하는 공동체나 지방정부가 국가에 우선한다고 보는 입장으로 국가의 통제는 원칙상 배제되고 지방자치단체의 독립성을 중시하여 국가의 존립과 발전을 저해하는 범위에서만 국가의 통제가 허용된다.

자료 10-2

보충성의 원칙

공적 성격을 띠는 일은 되도록 시민 또는 지역주민의 공동체에 의해 또는 지역주민에게 가장 가까운 정부에 의해 처리되어야 한다는 원칙이다.

- 소극적 의미: 지방정부가 할 수 있는 일을 중앙정부가 관여해서는 안 된다.
- 적극적 의미: 중앙정부가 지방정부가 일차적으로 활동할 수 있는 조건을 갖출 수 있도록 지원해 주어야 한다.
- 지방정부의 권리를 기본권으로 인정하는 입장 → 모든 공공사무의 처리권한은 법률에 특별한 규정이 없는 한 원칙적으로 지방정부에 속하게 된다. 오히려 중앙

정부가 국가사무로 분류하여 이를 처리하는데 법률의 근거가 필요하며 국가는 그 사유를 입증해야 한다는 입장이다.
1985년 유럽평의회 유럽지방자치헌장에 반영되었고 44개 회원국 중 41개국이 서명→ 사무배분의 주요원칙으로 삼음.

2) 전래권설

지방자치단체의 자치권은 국가로부터 전래된 권리로 보는 입장으로 지방자치의 본질을 지방정부가 자기지역의 이익을 위해 국가로부터 주어진 정치적 지배권을 바탕으로 지역의 공공사무를 자치적으로 처리해 나가는 것으로 보고 국가로부터 엄격한 통제를 받는다.

자료 10-3

딜론의 원칙(Dillon's Rule)

지방정부는 주로부터 명시적으로 위임 받은 권한만을 행사할 수 있다.
미국의 주정부와 지방정부의 관계에서 시·군 등의 지방정부는 주정부의 피조물로서 명백히 부여된 자치권만을 행사하게 되며, 주정부는 지방정부를 폐지할 수 있다는 원칙을 말한다. 이 원칙은 지방정부가 주정부에 포함되거나 주정부에 의존하는 것을 상정하고 있다.

3) 제도적 보장설

자치권은 국가에 의해 승인된 지방자치단체의 권리라 할지라도 헌법에 의해 제도적으로 보장된 권리라는 입장으로 Carl Schmit에 의해 확립된 설로 전래권설과 유사하지만 제도를 헌법에 의해 보장함으로써 입법에 의해 변경하지 못하도록 한데 특징이 있다. 따라서 법률에 의해 지방자치는 파기할 수 없고 지방자치단체도 법률로 해지 및 해산할 수 없다. 오늘날의 통설이다(정일섭, 2010).

3. 자치입법권

자치입법권은 지방자치를 위해 지방자치단체가 필요한 자치규약을 제정할 수 있는 권리로서 조례와 규칙이 있다.

- 헌법 제 117조 1항 "지방자치단체는 … 법령의 범위 안에서 자치에 관한 규정을 제정할 수 있다"
- 지방자치법 제 22조 "지방자치단체는 법령의 범위 안에서 그 사무에 관하여 조례를 정할 수 있다"
- 지방자치법 제 39조 '조례의 제정 및 개폐가 지방의회의 의결사항임을 규정'
- 지방자치법 제 23조 "지방자치단체장은 법령, 조례가 위임하는 범위 안에서 그 사무에 관하여 규칙을 제정할 수 있다"

4. 자치행정권

지방의 사무를 중앙의 간섭 없이 자주적으로 처리할 수 있는 권한으로 지방자치법 제9조에 자치사무의 범위에 대해 상세히 규정하고 있다.

자료 10-4

법령의 범위내의 해석

청주시 행정정보공개조례사례
- 1991년 11월 청주시의회가 행정정보공개조례제정
- 청주시장이 거부권행사(재의요구) – 이유: 지방의회는 '법령의 범위 내'에서 조례를 제정할 수 있으며 이때 '법령의 범위 내'의 의미는 '법령의 위임이 있는 경우에'라는 뜻인데 이를 위반하고 있다. 즉, 정보공개에 대한 법률이 존재하고 이에 근거로 지방정부도 조례를 만들 수 있다는 주장.
- 시민사회의 지지를 업고 의회는 조례를 재결의
- 청주시장은 지방자치법에 따라 대법원에 제소
- 대법원은 합법 판결–주민의 권리나 의무를 제한하는 사항일 경우 법률의 위임이 있어야 하나 정보공개는 그러한 사항이 아니다
- '법령의 범위 내'를 넓게 해석 – 이후 일반화

(출처: 김병준(2011): 지방자치론 p.347.)

5. 자치사법권

관할구역 안에서 발생하는 일정 수준 이하의 민, 형사 및 행정적 사건에 재

판을 하는 기능으로 영·미계 국가들이 인정하지만 오늘날 대부분의 국가에서는 자치사법권을 인정하지 않는다(김현조, 2009).

제3절 | 지방자치단체의 기관구성형태

1. 지방자치단체의 개념

지방자치단체란 관할구역이라는 일정한 지역에서 구성원인 주민들에 의해 선출된 기관을 통해 자기지역의 사무를 자율적으로 처리하는 단체를 말한다.

2. 지방자치단체의 종류

1) 보통지방자치단체

지방의 일반적인 공공사무를 처리하기 위한 목적으로 존재하는 정부로 교통, 환경, 주택, 복지 등 지역주민의 생활과 관련된 사무전반에 대해 종합적인 기능을 수행하는 지방정부를 말한다.

(1) 광역자치단체

특별시·광역시·도·특별자치도·특별자치시(총 17개)

특별자치시: 지방자치법을 개정(2011.5)하여 정부의 직할로 두는 광역자치단체로 설치(2012.7.1시행)하였으며 특별자치시 밑에 군과 자치구를 둘 수 있고 특수성을 고려하여 법률로 정하는 바에 따라 특례를 둘 수 있다.

특별자치도: 제주도에 고도의 자치권을 보장하기 위해 설치(2006.7.1)한 광역자치단체로 지방행정기관인 2개의 행정시가 있고 특수성을 고려하여 법률로 정하는 바에 따라 특례를 둘 수 있다.

(2) 기초자치단체

시·군·구(총 228개)

2) 특별지방자치단체

2개 이상의 지방자치단체가 하나 또는 둘 이상의 사무를 공동으로 처리하기 위하여 설치하는 법인격을 지닌 공공기관으로 지방자치단체조합을 의미한다. 말 그대로 상·하수도, 하천관리, 도서관, 공원, 방역 등 특정기능을 수행하고 운영은 주로 이사회나 운영위원회 형태의 결정기구를 통해 이루어진다.

(1) 장단점(김병준, 2011)

- 광역행정문제를 합리적으로 해결하기 위한 수단이 될 수 있다.
- 특별지방자치단체는 사무처리에 있어 경제성과 효율성을 높이는 데 기여한다.
- 사무처리 및 관리상 탄력성을 확보할 수 있다. 전문인력의 효과적 충원이 용이하고 공무원수와 예산의 제한 등 지방정부 운영상의 여러 제약을 상대적으로 적게 받을 수 있다.
- 설립주체와 운영주체간의 마찰로 인한 기능이 저하될 수 있다.
- 주민의 직접적인 통제에서 벗어나 통제가 어려울 수 있다.
- 임원과 직원 인사가 정치적인 목적에 의해 이루어질 수 있다.

자료 10-5

뉴욕·뉴저지 항만청이 생긴 이유

뉴욕항과 허드슨 강 관리 및 운영 문제는 뉴욕주와 뉴저지주 모두에게 골칫거리 항구와 강 가운데 경계선이 있어 잦은 마찰을 일으켰으며 심지어 양쪽 주 경찰들이 강 한가운데서 총격전을 벌였다. 1921년 두 주는 갈등을 종식시키기 위해 공동으로 항만청(port authority)을 설치하였다. 이는 주간의 관계에 있어 미국의 첫 특별지방자치단체이며 오늘날 자유의 여신상을 중심으로 반경 25마일 안의 항구 구역을 관리하고 케네디 국제공항, 뉴왁국세공항, 링컨터널, 소시워싱턴다리 등이 재산에 속한다.

(출처: 김병준(2011) 지방자치론 p.156.)

(2) 근 거

- 지방자치법 제2조 3항: 지방자치단체 외에 특정한 목적을 수행하기 위해

필요하면 따로 특별지방자치단체를 설립할 수 있다.

- 159조 1항: 2개 이상의 지방자치단체가 하나 또는 둘 이상의 사무를 공동으로 처리할 필요가 있을 때에는 규약을 정하여 그 지방의회의 의결을 거쳐 시·도는 행정자치부장관의, 시·군 및 자치구는 시·도지사의 승인을 받아 지방자치단체조합을 설립할 수 있다. 다만, 지방자치단체조합의 구성원인 시·군 및 자치구가 2개 이상의 시·도에 걸치는 지방자치단체조합은 행정자치부장관의 승인을 받아 지방자치단체조합을 설립할 수 있다. 다만, 지방자치단체조합의 구성원인 시·군 및 자치구가 2개 이상의 시·도에 걸치는 지방자치단체조합은 행정자치부장관의 승인을 받아야 한다.

자료 10-6

지방자치단체조합의 예

- 서울특별시, 인천광역시, 경기도가 설립한 수도권매립지운영관리조합
- 자치정보화조합: 지역정보화와 전자지방정부 구현을 통하여 지방자치단체의 업무생산성 향상과 지역 간 균형발전, 지역주민의 삶의 질 향상을 목적으로 설립, 운영(광역자치단체들이 설립)
- 부산·거제간 연결도로 건설조합
- 부산·진해 경제자유구역청
- 황해경제자유구역청(경기/충남)
- 대구·경북 경제자유구역청
- 광양만권 경제자유구역청(전남/경남)
- 수도권 교통본부: 대중교통 중심의 수도권(서울·인천·경기) 광역교통체계·수도권 자치단체간 교통정책의 협의 지연에 따른 비효율 제거, 수도권 교통시설의 확충 수도권 간선급행버스(BRT)사업
- 지리산관광개발조합(남원/장수/곡성/구례/하동/산청/함양)
- 현재 동남권광역연합추진 중 – (부산, 울산, 경남) – 수도권에 대응한 지방정부의 공동대응책

3) 지방행정기관

국가 또는 지방자치단체의 공공사무를 지역적으로 분담, 처리하기 위해 설치된 기관(일선기관)으로 이는 국가의 예속기관으로 지방자치단체와 같은 독립된 법인격과 지위상의 독립성을 가지지 않는다.

(1) 일반행정기관

국가 또는 자치단체의 관할구역내의 공공사무를 처리하며 국가 또는 자치단체의 지휘·감독을 받는 기관이다.

① 자치시가 아닌 행정시, 자치구가 아닌 행정구, 읍·면·동·리가 이에 해당한다.

② 국가 또는 상급단체의 위임사무를 처리하는 범위 내에서의 지방자치단체를 의미한다.

※ 이중적 지위: 지방자치단체는 국가의 위임사무를 처리하면서 자율성에 의한 고유업무를 처리하는 이중적 지위를 갖는다.

(2) 특별지방행정기관

국가 또는 지방자치단체의 특정한 부처에 소속되어 특정 전문분야의 행정사무를 처리하는 지방행정기관으로 대부분 시군 경계를 넘는 광역권의 업무를 수행한다.

① 국가소속특별지방행정기관: 경찰청의 경찰서, 국세청의 세무서, 지식경제부의 우체국 등이 이에 해당한다.

② 자치단체소속특별지방행정기관: 소방서, 보건소 등이 해당한다.

3. 지방자치단체의 기관구성형태

1) 기관통합형

자치단체의 의결기능과 집행기능을 단일기관에 귀속시키는 형태로 주민자치하에서의 기관구성형태이다. 영국의 의회형과 미국의 시정부형태 중 위원회형, 프랑스의 의회의장형이 이에 해당한다.

(1) 기관통합형의 장단점

① 장점

- 권한과 책임이 의회에 집중되어 있어 민주정치의 구현이 용이하다.
- 의결기관과 집행기관의 대립이 없으므로 지방행정의 안정성과 능률성 확보가 용이하다.
- 정책결정과 집행이 긴밀하여 정책효과의 극대화가 가능하다.

② 단점

- 지방행정을 총괄적으로 조정할 단일의 지도자가 없어 행정의 종합성과 통일성 유지가 곤란하다.
- 의결기관과 집행기관이 분리되지 않아 견제와 균형의 원리가 적용될 수 없으며 권력이 남용될 우려가 있다.
- 의회가 집행기능도 수행하므로 지방행정에 정치적 요소가 개입될 우려가 있고 지방행정의 전문성이 떨어질 수 있다.
- 행정권이 통합되지 못해 부처할거주의가 문제점이 될 수 있다.

2) 기관분리(대립)형

자치단체의 의결기관과 집행기관을 분리하여 상호 견제와 균형을 취하는 지방정부 형태로 단체자치 하에서의 기관구성형태이다.

(1) 기관분리형의 장단점

① 장점

- 집행기관과 의결기관이 상호견제하여 권력남용을 방지할 수 있다
- 행정의 종합성과 통일성을 기할 수 있다-부처할거주의 예방
- 행정의 전문성을 향상시킬 수 있다-집행기관이 전문적으로 업무수행
- 의회와 단체장을 모두 주민이 선출하는 경우 지방행정에 대한 주민통제가 용이하고 주민의 의견을 반영할 수 있다

② 단점

- 집행기관과 의결기관의 대립으로 행정의 불안정과 비효율을 초래할 수 있다.
- 결정과 집행의 괴리로 정책효과가 저하될 수 있다.
- 집행기관장이 행정적 문제보다 정치적 문제에 집착할 가능성이 있다

3) 절충형(의회-집행위원회형)

분리형과 통합형의 요소를 동시에 가지는 형태로 집행기관과 의결기관을 분리하면서도 집행기관(집행위원회)을 합의제로 운영한다는 점에서 기관분리형과 다르고 집행위원회가 의회를 모체로 하면서도 독립된 집행기능을 한다는 점에서 기관통합형과 다르다. 네덜란드, 벨기에, 스웨덴, 덴마크가 이에 해당한다.

4) 주민총회형

직접민주주의 형태로, 주민(주민총회)이 자치단체의 주요 안건을 직접 결정하고 집행하는 형태로 미국의 town meeting, 스위스 농촌지역 기초자치단체의 90%가 주민총회형을 채택하고 있다.

4. 우리나라의 기관구성형태

1) 우리나라는 1949년 지방자치법이 제정된 이래 기관분리형을 채택하고 있다.

2) 특 징

(1) 기관분리형: 집행기관 직선의 기관분리형을 채택하고 있다.

(2) 획일주의: 기관구성형태는 지방자치법에 의해 정해져 있다

(3) 집행기관 우위

① 총괄권

지방자치단체장은 지방자치단체를 대표하고 그 사무를 총괄한다(지방자치법 제 101조).

② 지방의회 의결에 대한 재의 요구권

지방의회의 의결이 월권 또는 법령에 위반되거나 공익을 현저히 해한다고 인정되는 때 20일 이내에 이유를 붙여 재의를 요구할 수 있다(107조 1항).

- 1인이 다수의 의원의 의결에 대해 재의요구, 법령 위반여부가 법원의 판결이 아니라 단체장의 판단에 있다는 점, 재의 요구에 대해 의회 재적인원의 과반수 출석과 출석의원 2/3이상의 찬성으로 확정될 수 있다는 점 등이 집행기관 우위임을 보여준다.

③ 예산상 집행불가능한 의결의 재의요구권

지방의회의 의결이 예산상 집행할 수 없는 경비가 포함되어 있다고 경우 20일 이내의 이유를 붙여 재의 요구할 수 있다(108조 1항).

④ 선결처분권

지방의회가 성립하지 아니한 때(의원의 구속 등의 사유로 정족수가 미달된 때)와 의결사항이 주민의 생명과 재산보호를 위해 긴급하게 필요한 사항으로써 의회를 소집할 시간적 여유가 없거나 의회의 의결이 지체되어 의결되지 않은 때에

는 선결처분할 수 있다(109조 1항).

⑤ 인사권

부단체장 임명권/지방의회 사무직원의 임명권을 단체장이 가진다.

⑥ 주민투표실시권

- 단체장이 청구: 재적의원의 과반수 출석/출석의원의 과반수 찬성
- 의회가 청구: 재적의원의 과반수 출석/출석의원의 2/3이상의 찬성

자료 10-7

지방자치단체 상호간 분쟁조정

지방자치단체 상호간 사무를 처리함에 있어 의견을 달리하여 분쟁이 있을 때는 분쟁당사자의 신청에 의해 이를 조정할 수 있다. 다만 분쟁이 공익을 현저히 저해해 조속한 조정이 필요하다 인정되는 때에는 직권으로 조정이 가능하다.

- 지방자치단체 분쟁조정위원회: 행자부장관이나 시・도지사가 분쟁을 조정하고자할 때는 관계 중앙행정기관의 장과 협의를 거쳐 지방자치단체 중앙분쟁조정위원회(행자부설치)나 지방자치단체 지방분쟁조정위원회(시도에 설치)의 의결에 따라 조정
- 국무총리실 행정협의조정위원회: 중앙행정기관의 장과 지방자치단체의 장이 사무를 처리함에 있어 의견을 달리하는 경우 조정을 위해 협의조정기구를 둘 수 있다.
- 중앙분쟁조정위원회의 소관: 시・도간의 분쟁, 시・도를 달리하는 시・군 및 자치구간의 분쟁, 시・도와 시・군 및 자치구간의 분쟁, 시・도와 지방자치단체조합 간의 분쟁, 시・도를 달리하는 시・군 및 자치구와 지방자치단체 조합간의 분쟁, 시・도를 달리하는 지방자치단체조합간의 분쟁
- 지방분쟁조정위원회의 소관 동일 시・도 내의 시・군 및 자치구간의 분쟁 등 중앙분쟁조정위원회의 소관 외에 분쟁

제4절 | 지방자치단체의 기관

1. 지방의회

1) 개 념

"지방자치단체에 의회를 두되, 그 조직, 권한, 운영에 관한 사항은 법률로 정한다"(헌법 제118조).

지방자치단체의 의결기관이며 최고의사결정기관으로 자치구역을 기반으로 주민을 위하여 정책을 결정하는 역할을 한다.

2) 지 위

(1)주민대표기관 (2)의결기관 (3)입법기관 (4)행정감시기관 (5)헌법기관

3) 지방의회의 조직

(1) 지방의회의 구성

① 단원제를 채택하고 있다.

② 의회규모는 지자체에 따라 다양하다.

③ 선거구제: 우리나라의 경우 광역의회는 소선거구제, 기초의회는 중선거구제를 채택하고 있다.

④ 의원선거: 지역대표제를 기본, 비례대표제(지역의원 정수의 10%), 비례대표제 중 50% 이상을 여성으로 추천(여성의원 할당제)한다.

(2) 지방의회의 의원

① 지위: 임기 4년의 정무직 공무원이다.

② 면책특권 및 불체포특권 불인정한다.

③ 보수: 유급직, 의정비=의정활동비(의정자료수집연구비용)+월정수당(직무활동에 대해 지급)+여비

④ 겸직금지: 일정한 직위의 겸직을 금하고 자치단체와의 영리목적의 거래를

금지하고 있다.
⑤ 정당공천을 허용하고 있다.

2. 지방의회의 권한

1) 의결권(지방자치법 39조)

① 지방의회는 다음 사항을 의결한다: 필수적 의결사항

1. 조례의 제정 · 개정 및 폐지
2. 예산의 심의 · 확정
3. 결산의 승인
4. 법령에 규정된 것을 제외한 사용료 · 수수료 · 분담금 · 지방세 또는 가입금의 부과와 징수
5. 기금의 설치 · 운용
6. 대통령령으로 정하는 중요 재산의 취득 · 처분
7. 대통령령으로 정하는 공공시설의 설치 · 처분
8. 법령과 조례에 규정된 것을 제외한 예산 외의 의무부담이나 권리의 포기
9. 청원의 수리와 처리
10. 외국 지방자치단체와의 교류협력에 관한 사항
11. 그 밖에 법령에 따라 그 권한에 속하는 사항

2) 조례제정권(자치입법권)

지방자치단체는 주민의 복리에 관한 사무를 처리하고 재산을 관리하며 법령의 범위 안에서 자치에 관한 규정을 제정할 수 있다(헌법 제 117조). 조례는 헌법에 의해 지방자치단체의 고유의 자치사무와 법령에 의해 당해 자치단체에 속하는 사무(단체위임사무)에 관해 법령의 범위 안에서 제정되는 자치법규를 말한다.

3) 행정감시권

(1) 행정사무 감사 및 조사권

① 행정사무감사: 지방의회는 매년 1회 지방자치단체의 사무에 대해 시 · 도

에 대해서는 10일, 시 · 군 · 구에 대해서는 7일의 범위 내에서 감사를 실시한다(94년 이전: 5일, 3일). -모든 사무

② 행정사무조사: 특정 사안에 대해 본회의 의결로 본회의 또는 위원회로 하여금 조사하게 할 수 있다(이유를 밝힌 서면과 재적의원 1/3이상의 연서로 발의) -자치단체사무로 제한

(2) 출석, 보고 및 질문 응답 요구권(지방자치법 제42조)

지방자치단체의 장이나 관계 공무원은 지방의회나 그 위원회에 출석하여 행정사무의 처리상황을 보고하거나 의견을 진술하고 질문에 응답할 수 있다. 단체장 또는 관계공무원은 지방의회나 위원회의 요구가 있을 때에는 출석 · 답변하여야 한다. 다만 특별한 사유가 있는 경우 단체장은 관계공무원으로 하여금 출석 · 답변하게 할 수 있다.-불응시 500만원 이하의 과태료를 부과할 수 있다(94년 지방자치법 개정으로 가능).

4) 청원수리권

(1) 청 원

주민이 자치단체에 대해 불만이나 희망을 진술하고 시정 또는 구현을 요구하는 것을 말한다.

(2) 지방의회는 주민의 청원을 수리하고 심사할 의무와 함께 권리를 갖는다.

① 지방의회의 의장은 청원서를 접수한 때에는 본회의 또는 소관 위원회에 회부하여 심사를 하게 한다

② 단체장이 처리함이 타당하다고 인정되는 청원은 의견서를 첨부하여 단체장에게 이송하고 단체장은 처리결과를 지체 없이 의회에 보고하여야 한다.

5) 의견표명권

지방자치단체를 폐지하거나 설치하거나 나누거나 합칠 때 또는 그 명칭이나 구역을 변경할 때에는 관계 지방자치단체의 의회(이하 "지방의회"라 한다)의 의견을 들어야 한다. 다만, 「주민투표법」 제8조에 따라 주민투표를 한 경우에는 그러하지 아니하다.

6) 주민투표청구권

지방의회는 재적의원 과반수의 출석과 출석의원 3분의 2 이상의 찬성으로 그 지방자치단체의 장에게 주민투표의 실시를 청구할 수 있다(주민투표법 제9조 5항).

7) 자율권

(1) 내부조직권

의장단(의장과 부의장)구성, 위원회설치, 사무조직의 설치를 할 수 있다.

(2) 의회규칙제정권

지방의회는 의회의 기타 내부운영에 관해 지방자치법에 정한 것을 제외하고 필요한 사항을 규칙으로 정할 수 있다

(3) 의원신분의 사직허가 · 자격심사 및 징계권

사직허가(지방의회의 의결로, 폐회 중에는 의장이 허가할 수 있다), 자격심사(재적의원의 1/4이상의 연서로 의장에 자격심사 청구, 재적 의원의 2/3이상의 찬성으로 지방의원의 자격상실), 경고 · 사과 · 출석정지(30일 이내)등 징계를 할 수 있다.

(4) 회의 질서유지권

지방의원이 자치법 또는 회의규칙에 위배하여 질서를 문란케 하는 경우 의장 또는 위원장은 경고 또는 제지하거나 그 발언의 취소를 명할 수 있다.

회의장 안의 질서를 문란케 하는 방청인에 대해서 의장은 퇴장명령권을 가진다.

(5) 의장 · 부의장 불신임 결의권

지방의회 의장이나 부의장이 법령을 위반하거나 정당한 사유 없이 직무를 수행하지 않을 경우 지방의회는 불신임할 수 있다(재적의원 1/4이상의 발의와 재적의원 1/2이상의 찬성).

3. 지방의회의 운영

1) 지방의회의 소집

(1) 정례회

매년 2회

(2) 임시회

① 최초임시회-지방의회의 사무처장, 사무국장, 사무과장이 지방의원 임기개시일로부터 25일 이내 소집할 수 있다.

② 일반적 임시회: 자치단체장이나 재적의원 1/3 이상 소집요구 시 15일 이내에 소집할 수 있다.

2) 지방의회의 회의

① 의사정족수: 재적의원 1/3 이상의 출석으로 개의한다.

② 의결정족수: 재적 과반수의 출석과 출석의원 과반수의 찬성으로 의결한다.

③ 특별의결정족수: 의원의 자격상실 및 제명은 재적의원의 2/3이상의 찬성, 재의 요구에 대한 재의결은 재적의원 1/2 이상의 출석과 2/3이상의 찬성, 의장 및 부의장의 불신임은 재적의원 1/2 이상의 찬성으로 의결한다.

④ 회의의 공개: 원칙은 공개지만 지방의원 3인 이상의 발의로 출석의원의 2/3이상의 찬성이 있거나 의장이 질서유지를 위해 필요하다고 인정되는 경우 비공개가 가능하다.

⑤ 회의운영의 원칙

- 회기계속의 원칙: 지방의회에 제출된 의안은 회기 중에 의결되지 못했다고 폐기되지 않으며 다만 임기만료시에는 폐기된다.
- 일사부재의의 원칙: 부결된 의안은 같은 회기 중에 다시 발의 또는 제출할 수 없다.

3) 의안 발의

자치단체장, 재적의원 1/5 이상의 의원, 의원 10인 이상의 연서, 소관위원회는 회의 토의안건인 의안을 제출할 수 있다.

4) 위원회

① 상임위원회: 소관의안과 청원 등을 심사 · 처리하는 위원회를 말한다.

② 특별위원회: 특정한 안건을 일시적으로 심사 · 처리하기 위한 위원회를 말한다.

예) 윤리특별위원회－의원의 징계에 관한 사항을 심사

4. 집행기관

1) 개 념

의결기관이 결정한 내용을 집행하는 기관으로 주로 자치단체의 장을 말한다

※ 지방자치법에 규정된 집행기관: 지방자치단체장, 보조기관, 소속행정기관, 하부행정기관, 교육 · 과학 · 체육기관

2) 자치단체장

(1) 지 위

① 자치단체의 대표자이자 행정수반(자치단체의 사무를 집행하는 최고책임자)

② 하급행정기관: 국가 또는 상급자치단체의 사무(기관위임사무)를 처리하는 범위내에서 하급행정기관의 지위를 가진다.

(2) 신 분

① 임기: 4년, 연임은 3회로 제한한다.

② 신분: 정무직공무원이다.

5. 집행기관의 권한

1) 총괄대표권

자치단체 사무전반에 대하여 기본방향을 설정하고 대표하는 권한이다. 단, 교육 · 학예에 대해서는 총괄대표권이 없다.

2) 사무의 관리 및 집행권

자치단체의 사무(고유사무와 단체위임사무)와 법령에 의해 단체장에게 위임된 행정사무(기관위임사무)를 집행 · 처리한다

3) 지휘 · 감독권

지방자치단체장은 소속행정기관을 지휘 · 감독하고 상급지방자치단체는 하급 지방자치단체를 지도 · 감독한다.

예) 경상북도의 안동시감사

4) 소속직원에 대한 권한

단체장은 소속직원을 지휘 · 감독하고 법령과 조례 및 규칙이 정하는 바에 따라 그 임면 · 교육훈련 · 복무 · 징계 등에 관한 사항을 처리한다. 지방의회의 사무직원은 의장의 추천을 받아 자치단체장이 임명한다

5) 지방의회에 대한 권한

(1) 임시회의 소집요구권

(2) 조례의 공포권

의회로부터 조례안을 이송받은 후 20일 이내에 공포하며 공포일로부터 20일 경과 후 효력이 발생한다.

(3) 지방의회의 의결안에 대한 재의요구 및 제소권

－재의 요구:

① 이송받은 조례안에 대한 이의가 있을 때

② 지방의회의 의결이 월권 또는 법령에 위반되거나 공익을 현저히 위반한다고 인정되는 때

③ ②의 이유로 감독기관이 재의를 요구한 때

④ 의회의 의결이 예산상 집행할 수 없는 경비가 포함되어 있다고 인정되는 때

⑤ 법령에 의한 의무적 경비 또는 응급복구경비를 삭감하는 의결을 한 경우

- 제소권: 재의 요구에 대해 의회가 재의결하면 조례로 확정된다 이 경우 단체장은 재의결된 날부터 20일 이내에 대법원에 소를 제기할 수 있으며 필요시 의결의 집행을 정지하는 집행정지결정을 신청할 수 있다.

(4) 의안 및 예산안의 발의

(5) 선결처분권 → 사전의결원칙의 예외

지방의회가 성립하지 아니한 때(의원의 구속 등의 사유로 정족수가 미달된 때)와 의결사항이 주민의 생명과 제산보호를 위해 긴급하게 필요한 사항으로써 의회를 소집할 시간적 여유가 없거나 의회의 의결이 지체되어 의결되지 않은 때에는 선결처분할 수 있다(109조 1항). 선결처분이란 의회의 의결이 필요한 사항에 대해 의결에 앞서서 처분하는 것을 말한다.

※ 주민의 생명과 재산보호를 위해 긴급하게 필요한 사항

① 천재지변이나 대형화재 등으로 인한 피해복구 및 구호

② 중요한 군사 및 이에 준하는 안보상의 지원

③ 급성전염병에 대한 예방조치

④ 기타 긴급하게 조치하지 않으면 중대한 피해가 발생할 우려가 있는 사항

6) 규칙제정권

법령 또는 조례의 범위 내에서 그 권한에 속하는 사무에 관하여 규칙을 제정할 수 있다

* 사무의 범위: 고유사무, 단체위임사무, 기관위임사무

7) 주민투표실시권

8) 기관시설의 설치권

소관사무 범위안에서 소방기관, 교육훈련기관, 보건진료기관, 사업소, 출장소 등을 설치할 수 있다

9) 사무위임 및 위탁권

10) 지방채발행권

11) 예산안편성제출권

6. 행정보조조직

1) 보조기관

(1) 부단체장

① 광역(정무부시장 · 행정부시장/정무부지사 · 행정부지사)

행정부시장 및 부지사-국가공무원(고위공무원단, 시 · 도지사의 제청으로 대통령이 임명)/정무부시장 및 부지사-지방직 1급(단체장이 임명)

② 기초(부시장/부군수/부구청장)-지방직 2-4급, 단체장이 임명

2) 소속행정기관

(1) 직속기관

소관사무의 성격상 별도의 전문기관으로 수행하는 것이 효율적일 경우 대통령령이 정하는 바에 따라 자치단체의 조례로 자치경찰기관(제주에 한함), 소방기관, 교육훈련기관, 보건진료기관, 시험연구기관 및 중소기업지도기관 등을 직속기관으로 설치할 수 있다

(2) 사업소

특정업무를 효율적으로 수행하기 위해 대통령령이 정하는 바에 따라 자치단체의 조례로 사업소를 설치할 수 있다. 예)수도사업소

(3) 출장소

원격지 주민의 편의와 특정지역의 개발 촉진을 위하여 필요하면 대통령령으로 정하는 바에 따라 그 지방자치단체의 조례로 출장소를 설치할 수 있다.

예) 구미시 선산출장소

(4) 합의제 행정기관

그 소관 사무의 일부를 독립하여 수행할 필요가 있으면 법령이나 그 지방자치단체의 조례로 정하는 바에 따라 합의제행정기관을 설치할 수 있다.

예) 지방공무원법에 의한 인사위원회, 지방공무원소청심사위원회

(5) 자문기관

그 소관사무의 범위에서 법령이나 조례로 정하는 바에 따라 심의회 · 위원회

등의 자문기관을 설치・운영할 수 있다.

3) 하부행정기관

단체장의 지휘와 감독아래 지방자치단체의 사무를 지역적으로 분담・처리하는 기관(행정시・행정구, 읍・면・동)을 말한다.

4) 교육과학 및 체육에 관한 기관

지방자치단체의 교육・과학 및 체육에 관한 사무를 분장하기 위하여 별도의 기관을 둔다. 시・도의회의 교육위원회 시・도의 교육감이 이에 해당한다.

제5절 | 지방자치단체의 계층과 구역

1. 지방자치단체의 계층구조

1) 단층제

관할구역 안에 지방자치단체가 하나만 존재하는 구조로 주민자치의 전통이 강한 영국에서 유래한 형태이다

2) 다층제(중층제)

하나의 관할구역 안에 여러 자치단체가 중첩되어 있는 구조이다.

- 광역행정을 통한 능률의 추구, 단체자치의 전통이 강한 프랑스에서 유래한 형태이다.

2. 계층구조별 장단점(일반적인 차원)

표 10-2

	단층제	다층제
장점	– 신속한 행정의 용이 – 행정책임의 명확화 – 각 자치단체의 특수성과 개별성 존중 – 이중행정과 이중감독의 폐단 방지(행정지연과 낭비방지) – 국가–지방간 의사소통 원활화(의사와정보의 왜곡방지) – 권한과 기능의 중첩으로 인한 불필요한 대립과 마찰 방지	– 대규모 사업 수행이 용이(기초자치단체가 못하는 사업은 광역자치단체가 수행) – 자치단체간의 분쟁조정 용이 – 중앙정부의 과대한 확장 방지 – 기초자치단체의 능력보완(기초자치단체의 부족한 능력은 광역이 보완) – 기초자치단체에 대한 감독이 용이(지역 사정에 밝은 상급정부가 일차적 감독기관이 될 수 있다.)
단점	– 국토가 넓고 인구가 많은 나라에 부적합 – 광역행정 수행이 곤란(대규모 사업과 광역사업의 수행곤란) – 중앙집권화 우려(광역자치단체라는 여과장치의 부존재) – 자치단체간 분쟁조정의 곤란 – 국가가 모든 자치단체를 감독하기 곤란	– 이중행정과 감독으로 인한 행정의 낭비와 지연 – 행정책임의 불명확(책임성 확보가 어려움) – 이중감독과 이중규제 가능성 – 중앙과 기초자치단체간의 의사소통 왜곡 – 지역특성의 경시가능성

3. 우리나라의 계층구조

1) 계층구조

(1) 자치계층

2계층(광역자치단체-기초자치단체), 1계층-제주특별자치도, 세종특별자치시

(2) 행정계층

특별시(3계층): 특별시-자치구-동, 광역시 · 도(3-4계층): 광역시 · 도-자치구 · 시 · 군-읍 · 면 · 동-리 세종특별자치시(3계층): 특별자치시-읍 · 면 · 동-리

2) 우리나라 계층구조의 문제점

–자치단체간 계층은 2계층이나 행정계층은 3-4계층으로 기능상의 중복으로

인한 책임회피, 마찰, 행정낭비 등이 초래될 수 있다.
- 계층간 상하관계 엄격하다(자치권의 제약).
- 협력의 부족과 갈등: 시·도와 시·군 간의 협력이 부족하다.

4. 구 역

1) 구역의 개념

자치단체의 통치권 또는 자치권이 미치는 지역적 범위를 말한다.

※ 자치구역은 자치단체 구성의 기초가 되고 대체로 공동사회를 토대로 구성되는 반면 행정구역은 행정상의 편의나 행정기능을 수행하기 위해 설정된 인위적 지역공간의 성격이 강하다.

5. 구역설정기준과 구역획정방식

1) 구역설정기준

표 10-3

구 분	내 용
(1) 리프먼(Lipman)의 기준(1960)	① 유사한 면적이나 인구의 구역 ② 지리적 요인, 경제적 요인, 전통적 요인 ③ 교통 및 주민의 소비동향
(2) 밀스퍼(Millspaugh)의 기준(1936)	① 공동사회 ② 행정능률 ③ 자주적 재원 조달능력 ④ 주민의 접근 용이
(3) 와다 히데오의 기준	① 지리적 조건 ② 면적·인구·재정능력 ③ 사회·경제적 권역 ④ 교통통신 수단의 발달단계 ⑤ 행정의 능률성과 민주통제
(4) UN보고서의 기준(1964)	① 기초자치단체의 구역기준: 공동체의식이 존재하고 주민의 직접적 참여가 가능 ② 2차 자치단체의 구역기준: 행정사무를 능률적으로 처리할 수 있는 최대구역이라는 기준과 지방의원이 자주 회합할 수 있는 규모의 구역이라는 기준이 충족

(5) 기초자치단체의 구역설정기준	① 공동체의식: 주민상호간의 공동체의식을 가지고 있는 지역적 범위 ② 생활권: 경제 · 사회·문화적 생활권의 범위 ③ 재원조달의 가능성: 자치단체가 재원을 조달할 가능성이 있는 크기의 지역 ④ 주민참여의 가능성: 주민의 참여가 용이한 정도의 지역 ⑤ 행정의 능률성: 행정의 능률성을 극대화할 수 있는 지역적 범위
(6) 광역자치단체의 구역설정기준	① 조정가능성: 기초자치단체간의 갈등이나 분쟁의 조정이 용이한 정도의 지역 ② 기능적 보완성: 기초자치단체의 행정기능을 지원 보완하는데 적절한 규모의 지역 ③ 효율적으로 지역개발과 경제개발을 추진할 수 있는 규모의 지역

출처: 정일섭(2010), 한국지방자치론, pp.169-171.

2) 구역획정방식

(1) 도농분리형

① 과거 자치구역 획정방식은 인구 2만 이상이면 읍, 5만 이상이면 시, 100만명 이상이면 광역시로 승격하는 도농분리식 구역획정방식을 채택하였다

② 단점: 도농간의 행정 및 재정력의 격차와 공동생활권을 인위적으로 갈라놓는 결과를 초래하였다.

(2) 도농통합형

① 도농분리식의 폐해를 줄이기 위해 1990년대 이후 지역정주생활권을 설정하여 이를 자치구역과 일치시키려는 도농통합식의 구역조정의 노력이 있었다.

② 생활권과 자치구역(행정권)의 일치와 도농간의 균형적인 발전이 가능하다는 장점, 행정비용의 감소, 규모의 경제 실현, 광역적 문제의 효과적 해결을 도모할 수 있다(시 · 군간의 혐오시설 건설에 대한 대립과 갈등이 해결).

※ 도농분리식에서 도농통합형으로 변화

(3) 현행 자치구역의 문제점

① 사회와 경제의 변화에 따라 자치구역이 조정되지 못한 채 갑오경장 이후 13도제와 군제의 기본골격이 현재까지 유지하고 있다.

② 자치단체간의 불균형: 재정력 격차가 심화되고 있다.

③ 광역적 사무의 처리곤란

사회경제의 변화에 따라 지방자치단체의 관할구역을 넘는 문제가 증가하고 이를 해결하는데 기존의 자치구역이 장애가 되고 있다.

제6절 | 지방자치단체의 사무

1. 사무배분의 의의

1) 개 념

공공사무는 주민과 가장 가까운 기초자치단체에서 처리되어야 하고 기초자치단체에서 처리될 수 없는 사무는 상급정부와 중앙정부에서 처리되어야 한다. 이렇듯 사무를 중앙정부와 광역자치단체 기초자치단체에 나누는 것을 사무배분이라 한다.

2. 사무배분의 방식

1) 개별적 수권방식

사무를 지방자치단체별로, 사무종목별로 국가의 특별법에 의하여 개별적으로 일일이 법률로 지정하여 배분하는 방식으로 영국, 캐나다 등 주민자치하에서 취하는 방식이다.

2) 포괄적 수권방식

법률이 금지한 사항이나 중앙정부가 처리해야 할 사항을 제외하고 지방자치단체의 구별 없이 모든 자치단체에 사무를 포괄적으로 배분하는 방식으로 독일, 프랑스 등 단체자치하에서 취하는 방식이다.

3) 절충적 수권방식

개별적 수권방식의 단점(경직성)과 포괄적 수권방식의 단점(사무구분의 모호성과 중앙정부의 통제)을 보완하는 방식으로 사무를 예시하되, 모든 자치단체에 포괄되는 사무를 배분하는 방식으로 일본, 우리나라 등이 해당한다(방성은, 2012).

3. 사무배분의 원칙

1) 행정책임 명확화(불경합)의 원칙

사무는 가능한 한 엄격히 구분하여 사무의 처리와 소속의 책임이 명확하도록 배분하여야 한다는 원칙이다.

2) 능률(경제성)의 원칙

모든 사무는 자치단체의 재정적 · 행정적 능력을 감안하여 최소의 비용으로 최대의 효과를 가져올 수 있는 수준의 행정단위에 배분하여야 한다는 원칙이다.

3) 기초자치단체 우선의 원칙

지역사회에 밀착되어 있고 주민에 보다 가까운 기초자치단체에 우선 배분하고 광역과 기초의 경합 시 기초자치단체에 우선 배분하여야 한다는 원칙이다.

4) 현지성의 원칙

사무는 지방주민의 요구와 지역의 행정수요에 일치하도록 지역적 특수성을 고려하여 배분하여야 한다는 원칙이다.

5) 종합성의 원칙

특정 기능을 수행하는 특별지방행정기관(일선기관)보다 종합적 기능을 수행하는 자치단체에 배분하여야 한다는 원칙이다.

6) 경비부담능력의 원칙

사무는 경비가 자체수입으로 충당될 수 있도록 배분하여야 한다는 원칙이다. 그러므로 사무를 배분할 때는 그에 따른 재원도 동시에 지방으로 배분되어야 한다.

4. 우리나라의 사무배분원칙

1) 국가사무처리금지의 원칙

지방자치단체의 국가사무처리를 제한한다. 국가의 존립, 유지에 필요한 사무, 전국적 종합적 기획이 필요한 사무, 사회정책적 사무(실업, 공적 부조 등)는 국가가 처리하여야 한다는 원칙이다.

2) 비경합의 원칙(상호중복금지의 원칙)

시·도와 시·군·구는 그 사무를 처리함에 있어 서로 경합하지 아니하도록 한다(지방자치법 제 10조)는 원칙이다.

3) 기초자치단체 우선의 원칙

그 사무가 서로 경합되는 경우에는 시·군·구에서 우선적으로 처리한다는 원칙이다(지방자치법 제 10조).

4) 일괄성의 원칙

자치단체가 그 사무를 자기의 책임하에 종합적으로 처리할 수 있도록 관련사무를 포괄적으로 배분하여야 한다는 원칙이다(지방분권촉진에 관한 특별법 제6조).

5) 보충성의 원칙

국가는 지역주민과 밀접한 관련이 있는 사무는 원칙적으로 시·군·구의 사무로, 시·군·구가 처리하기 어려운 사무는 시·도의 사무로 시·도가 처리하기 어려운 사무는 국가의 사무로 각각 배분하여야 한다는 원칙이다(지방분권촉진에 관한 특별법 제6조).

5. 우리나라의 사무배분현황

1) 국가사무

지방자치단체는 다음 각 호에 해당하는 국가사무를 처리할 수 없다. 다만, 법률에 이와 다른 규정이 있는 경우에는 국가사무를 처리할 수 있다(지방자치법

제11조).

(1) 외교, 국방, 사법(司法), 국세 등 국가의 존립에 필요한 사무
(2) 물가정책, 금융정책, 수출입정책 등 전국적으로 통일적 처리를 요하는 사무
(3) 농산물 · 임산물 · 축산물 · 수산물 및 양곡의 수급조절과 수출입 등 전국적 규모의 사무
(4) 국가종합경제개발계획, 국가하천, 국유림, 국토종합개발계획, 지정항만, 고속국도 · 일반국도, 국립공원 등 전국적 규모나 이와 비슷한 규모의 사무
(5) 근로기준, 측량단위 등 전국적으로 기준을 통일하고 조정하여야 할 필요가 있는 사무
(6) 우편, 철도 등 전국적 규모나 이와 비슷한 규모의 사무
(7) 고도의 기술을 요하는 검사 · 시험 · 연구, 항공관리, 기상행정, 원자력개발 등 지방자치단체의 기술과 재정능력으로 감당하기 어려운 사무

2) 지방자치단체사무(지방자치법 제9조)

① 지방자치단체는 관할 구역의 자치사무와 법령에 따라 지방자치단체에 속하는 사무를 처리한다.

② 제1항에 따른 지방자치단체의 사무를 예시하면 다음 각 호와 같다. 다만, 법률에 이와 다른 규정이 있으면 그러하지 아니하다.

표 10-4

구 분	내 용
1. 지방자치단체의 구역, 조직, 행정관리 등에 관한 사무	가. 관할구역안 행정구역의 명칭 · 위치 및 구역의 조정 나. 조례 · 규칙의 제정 · 개정 · 폐지 및 그 운영 · 관리 다. 산하행정기관의 조직관리 라. 산하 행정가관 및 단체의 지도 · 감독 마. 소속공무원의 인사 · 후생복지 및 교육 바. 지방세 및 지방세 외 수입의 부과 및 징수 사. 예산의 편성 · 집행 및 회계감사와 재산관리 아. 행정장비관리, 행정전산화 및 행정관리개선 자. 공유재산관리 차. 가족관계등록 및 주민등록관리 카. 지방자치단체에 필요한 각종 조사 및 통계의 작성

2. 주민의 복지증진에 관한 사무	가. 주민복지에 관한 사업 나. 사회복지시설의 설치 · 운영 및 관리 다. 생활이 곤궁(困窮)한 자의 보호 및 지원 라. 노인 · 아동 · 심신장애인 · 청소년 및 여성의 보호와 복지증진 마. 보건진료기관의 설치 · 운영 바. 감염병과 그 밖의 질병의 예방과 방역 사. 묘지 · 화장장(火葬場) 및 납골당의 운영 · 관리 아. 공중접객업소의 위생을 개선하기 위한 지도 자. 청소, 오물의 수거 및 처리 차. 지방공기업의 설치 및 운영
3. 농림 · 상공업 등 산업 진흥에 관한 사무	가. 소류지(小溜池) · 보(洑) 등 농업용수시설의 설치 및 관리 나. 농산물 · 임산물 · 축산물 · 수산물의 생산 및 유통지원 다. 농업자재의 관리 라. 복합영농의 운영 · 지도 마. 농업 외 소득사업의 육성 · 지도 바. 농가 부업의 장려 사. 공유림 관리 아. 소규모 축산 개발사업 및 낙농 진흥사업 자. 가축전염병 예방 차. 지역산업의 육성 · 지원 카. 소비자 보호 및 저축 장려 타. 중소기업의 육성 파. 지역특화산업의 개발과 육성 · 지원 하. 우수토산품 개발과 관광민예품 개발
4. 지역개발과 주민의 생활환경시설의 설치 · 관리에 관한 사무	가. 지역개발사업 나. 지방 토목 · 건설사업의 시행 다. 도시계획사업의 시행 라. 지방도(地方道), 시군도의 신설 · 개수(改修) 및 유지 마. 주거생활환경 개선의 장려 및 지원 바. 농촌주택 개량 및 취락구조 개선 사. 자연보호활동 아. 지방1급하천, 지방2급하천 및 소하천의 관리 자. 상수도 · 하수도의 설치 및 관리 차. 간이급수시설의 설치 및 관리 카. 도립공원 · 군립공원 및 도시공원, 녹지 등 관광 · 휴양시설의 설치 및 관리 타. 지방 궤도사업의 경영 파. 주차장 · 교통표지 등 교통편의시설의 설치 및 관리 하. 재해대책의 수립 및 집행 거. 지역경제의 육성 및 지원

5. 교육 · 체육 · 문화 · 예술의 진흥에 관한 사무	가. 유아원 · 유치원 · 초등학교 · 중학교 · 고등학교 및 이에 준하는 각종 학교의 설치 · 운영 · 지도 나. 도서관 · 운동장 · 광장 · 체육관 · 박물관 · 공연장 · 미술관 · 음악당 등 공공교육 · 체육 · 문화시설의 설치 및 관리 다. 지방문화재의 지정 · 보존 및 관리 라. 지방문화 · 예술의 진흥 마. 지방문화 · 예술단체의 육성
6. 지역민방위 및 지방소방에 관한 사무	가. 지역 및 직장 민방위조직(의용소방대를 포함한다)의 편성과 운영 및 지도 · 감독 나. 지역의 화재예방 · 경계 · 진압 · 조사 및 구조 · 구급 제10조(지방자치단체의 종류별 사무배분기준) ① 제9조에 따른 지방자치단체의 사무를 지방자치단체의 종류별로 배분하는 기준은 다음 각 호와 같다. 다만, 제9조 제2항 제1호의 사무는 각 지방자치단체에 공통된 사무로 한다.

3) 시 · 도(지방자치법 제10조)

가. 행정처리 결과가 2개 이상의 시 · 군 및 자치구에 미치는 광역적 사무
나. 시 · 도 단위로 동일한 기준에 따라 처리되어야 할 성질의 사무
다. 지역적 특성을 살리면서 시 · 도 단위로 통일성을 유지할 필요가 있는 사무
라. 국가와 시 · 군 및 자치구 사이의 연락 · 조정 등의 사무
마. 시 · 군 및 자치구가 독자적으로 처리하기에 부적당한 사무
바. 2개 이상의 시 · 군 및 자치구가 공동으로 설치하는 것이 적당하다고 인성되는 모의 시설을 설치하고 관리하는 사무

4) 시 · 군 및 자치구(지방자치법 제10조)

① 제1호에서 시 · 도가 처리하는 것으로 되어 있는 사무를 제외한 사무. 다만, 인구 50만 이상의 시에 대하여는 도가 처리하는 사무의 일부를 직접 처리하게 할 수 있다.

② 제1항의 배분기준에 따른 지방자치단체의 종류별 사무는 대통령령으로 정한다.

③ 시 · 도와 시 · 군 및 자치구는 사무를 처리할 때 서로 경합하지 아니하도록 하여야 하며, 사무가 서로 경합하면 시 · 군 및 자치구에서 먼저 처리한다.

6. 사무의 종류

1) 법상 구별

(1) 법적 성질에 따라 자치사무, 단체위임사무, 기관위임사무로 구분된다.

① 자치사무와 위임사무(지방자치법 9조 1항): 지방자치단체는 그 관할구역의 '자치사무'와 '법령에 의하여 지방자치단체에 속하는 사무'를 처리한다→ 법령에 의하여 자치단체에 속하는 사무=단체위임사무

② 기관위임사무(지방자치법 제102조): 시・도와 시・군・구에서 시행하는 국가사무는 법령에 다른 규정이 없는 한 시・도지사와 시장・군수・구청장에게 위임하여 행한다

(2) 행정실무적으로 자치사무를 고유사무, 단체위임사무를 지방사무, 기관위임사무를 국가사무라 한다.

2) 고유사무

지역주민의 공공복리를 증진하기 위해 자치단체가 자기의 의사와 책임하에 처리하는 사무를 말한다(지방자치법 제 9조). →앞에서 보았음.

3) 단체위임사무

(1) 자치단체의 본래의 사무가 아니라 법령의 특별한 규정에 의하여 국가 또는 상급자치단체로부터 위임받아 처리하는 사무를 말한다.

(2) 지역적 이해관계와 국가적 이해관계가 공존하고 있는 사무로 국고보조금 (부담금성격)의 형태로 지방자치단체와 재원을 공동부담한다.

예) 재해구호, 생활보호, 보건소, 예방접종, 전염병예방, 공과금징수, 하천유지, 국도유지 등

(3) 지방의회가 간여할 수 있다.

3) 기관위임사무

(1) 법령의 규정에 의하여 국가 또는 상급지방자치단체로부터 자치단체의 장에게 위임된 사무로서 국가가 지방에 하급지방행정기관을 설치하여

직접 처리해야 하지만 이를 자치단체의 집행기관에 위임하여 국가의 하급행정기관과 동일한 지위에서 처리하도록 하는 사무를 의미한다.

(2) 기관위임사무는 포괄적 위임인 반면 단체위임사무는 개별적 법령을 근거로 한다. 전국적인 통일을 요하는 사무로 소요경비는 전부 국가에서 보조금(교부금성격)으로 부담한다.

예) 경찰, 병사, 국세조사, 의약사 면허 및 각종 인허가, 여권발급, 근로기준 설정, 외국인등록, 호적사무, 인구조사사무 등

(3) 원칙적으로 지방의회가 간여하지 못한다.

제7절 | 지방정부간 관계

1. 정부간 관계의 의의

1) 정부간 관계란 한 국가내의 중앙정부와 지방정부간 관계를 말한다.

2) 1930년대 미국에서부터 관심의 대상이 되었으며 경제공황 이후 연방정부의 기능이 확대되면서 상호 독립적으로 존재해 왔던 연방정부와 주정부가 기능적으로 깊은 연관을 맺기 시작하였다.

3) 개 념

(1) Anderson: 정부간 관계는 모든 계층과 모든 형태의 정부간에 일어나는 상호작용과 행위의 총체를 말한다.

(2) Shafritz: 정부간 관계는 상급정부가 하급정부와 재정을 포함한 여러 가지 자원을 나누어 쓰는 재정 및 행정과징이다(김병준, 2011).

2. 정부간 관계모형

1) Wright의 모형

(1) 포괄권위형(종속형)

계층적 관계하에 포괄적, 종속적 관계를 지니는 형태로 지방정부가 중앙정

그림 10-1 포괄권위형

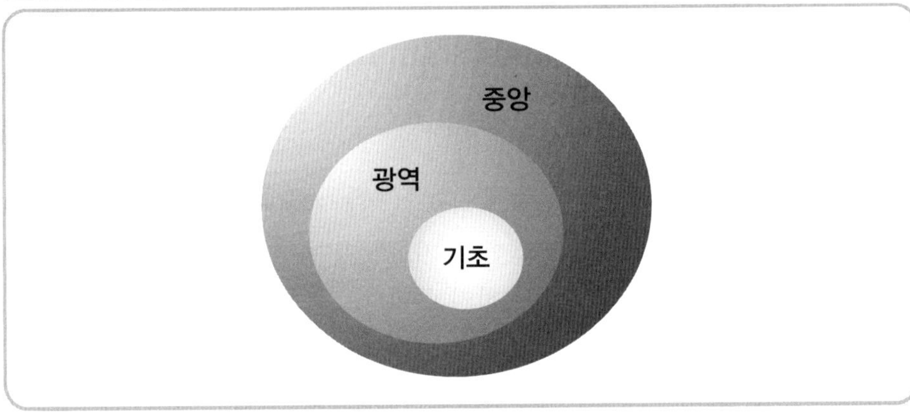

부에 의존하는 형태로 기관위임사무가 주를 이루며 인사 및 재정에 종속된다.

(2) 분리권위형(독립형, 대등형, 조정권위형)

중앙정부와 지방정부들이 대등한 형태로 고유사무가 주를 이루며 인사 및 재정이 분리된다. 미국의 연방제하의 연방정부와 주정부의 관계가 이에 해당한다.

그림 10-2 분리권위형

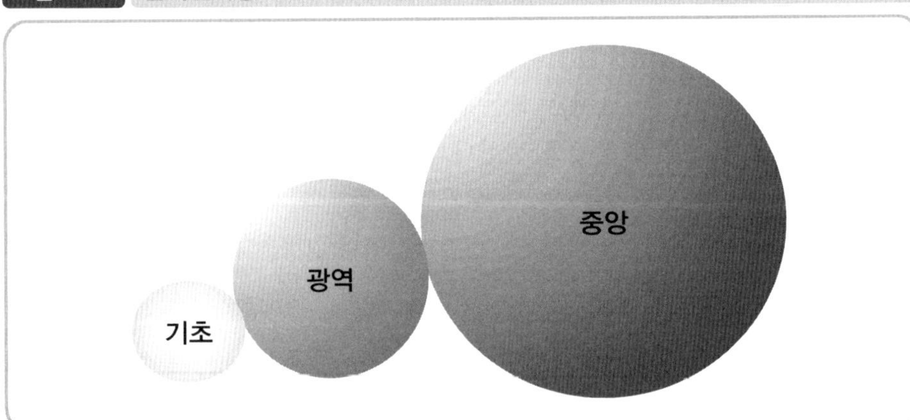

(3) 중첩권위형(상호의존형)

중앙정부와 지방정부들이 상호의존적 관계를 지니는 형태로 고유사무와 기관위임사무가 공존하고 상호 교류하며 재정은 상호의존한다.

그림 10-3 중첩권위형

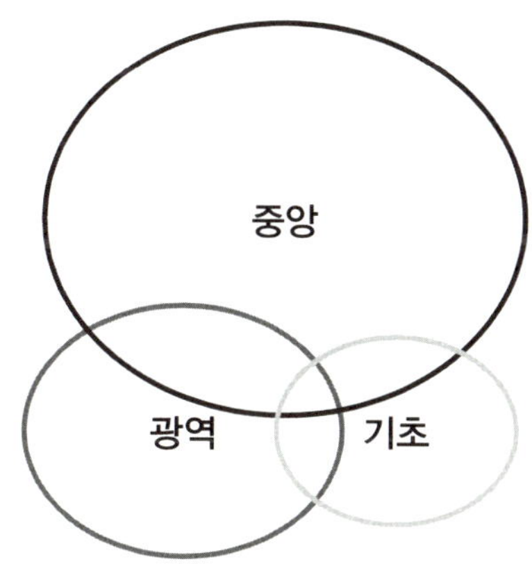

2) 무라마츠(Muramatsu)의 모형

(1) 수직적 행정통제모형

중앙정부는 지방정부에 대하여 강력하게 통제하고 지방정부는 중앙정부의 대리인으로서 정책을 집행하며 명령에 복종하는 수직적 상하관계를 형성한다.

(2) 수평적 행정통제모형

중앙정부와 지방정부는 수직적 상하관계에서 정책을 둘러싸고 서로 경쟁하는 관계로 변화하고 중앙정부와 서로 협력하면서 경쟁하는 상호의존적인 관계이다.

제 11 장 지방재정

제 1 절 | 지방재정일반

1. 지방재정의 의의

1) 개 념

자치단체가 지방자치를 위하여 필요한 재원을 조달하고 관리하는 모든 활동을 의미한다. 즉, 지방자치단체가 관할행정구역내 지역주민들의 공적인 수요(Public Needs)를 충족하기 위해 재화와 행정서비스를 생산·공급하기 위해 재원을 동원하고 관리 및 배분하는 일련의 공경제적 활동이다.

크게 세입구조와 세출구조로 분류되고 세입은 자주재원과 의존재원으로 구분되며 지방재정력 확충 및 재정자립도의 향상 등 자주재정권의 확립은 성공적인 지방자치의 선결과제이다. ›지방자치의 가장 중요하고 기본적인 선제조건이다.

2) 기 능(손희준 외, 2012)

(1) 자원배분기능

사회에서 재화와 서비스가 필요한 곳에 적절히 배분되어 생산과 공급 및 소비 활동이 이루어져야 한다. 즉, 효율적 배분이 되어야 한다. 국방과 외교, 고속도로 등 파급효과(Spillover Effects)가 전국적인 순수공공재는 중앙재정이 담당해야 하지만 상하수도나 공원, 교육, 지방공공재는 그 파급범위가 상대적으로 지방자치단체에 제한되기 때문에 지방재정이 담당해야 한다.

(2) 소득재분배기능

자원배분이 효율적으로 이루어졌다는 것이 소득이 공정하게 배분되었다는 것을 의미하지 않으므로 재정은 가급적 소득배분이 바람직한 방향으로 이루어지도록 소득재분배(Income Redistribution)기능을 수행해야 한다. 소득 불평등에 기인한 문제들을 바람직한 방향으로 개선하기 위해 정부는 시장에 개입하게 되고 소득 재분배기능을 수행하게 된다. 누진세율, 농어민, 중소기업 등에 조세감면 등 소득재분배기능은 기본적으로 중앙정부의 기능이나 최근 선진국에서 고령화사회로의 진입, 정보화, 세계화로 인해 지방정부의 역할이 증대되고 있다.

(3) 경제안정화기능

정부지출과 조세규모 등은 고용과 물가 등 거시경제지표에 많은 영향을 준다. 즉, 높은 고용과 생산수준을 유지하면서 물가를 안정시킨다는 것은 현대정부의 중요한 책임이며 재정이 가지는 가장 중요한 기능이다. 기본적으로 경제안정화 기능도 중앙정부의 기능이나 지방재정의 경제안정화기능도 확대되는 추세이다.

2. 지방재정의 운영원칙

1) 일반적 원칙(지방재정법 3조)

지방자치단체는 주민의 복리 증진을 위하여 그 재정을 건전하고 효율적으로 운용하여야 하며, 국가의 정책에 반하거나 국가 또는 다른 지방자치단체의 재정에 부당한 영향을 미치게 하여서는 아니된다.

2) 성과중심의 지방재정운용(지방재정법 5조)

지방자치단체의 장은 지방재정을 운용할 때 지출 성과의 극대화를 위하여 노력하여야 한다.

3) 건전재정(수지균형)의 원칙(지방자치법 122조)

예산과 결산상의 수지의 균형을 유지하여야 한다.

4) 능률성의 원칙

최소의 경비로 최대의 성과를 실현할 수 있어야 한다.

5) 지방채무 및 지방채권 관리의 원칙(지방자치법 124조)

① 지방자치단체의 장이나 지방자치단체조합은 따로 법률로 정하는 바에 따라 지방채를 발행할 수 있다.
② 지방자치단체의 장은 따로 법률로 정하는 바에 따라 지방자치단체의 채무부담의 원인이 될 계약의 체결이나 그 밖의 행위를 할 수 있다.
③ 지방자치단체의 장은 공익을 위하여 필요하다고 인정하면 미리 지방의회의 의결을 받아 보증채무부담행위를 할 수 있다.
④ 지방자치단체는 조례나 계약에 의하지 아니하고는 그 채무의 이행을 지체할 수 없다.
⑤ 지방자치단체는 법령이나 조례의 규정에 따르거나 지방의회의 의결을 받지 아니하고는 채권에 관하여 채무를 면제하거나 그 효력을 변경할 수 없다.

6) 국가시책 구현의 원칙(지방자치법 제123조)

지방자치단체는 국가시책을 구현하기 위하여 노력하여야 한다.

3. 자치단체의 세입구조 및 세출구조

1) 세입구조(자주재원과 의존재원)

(1) 자주재원

자치단체가 스스로 결정 · 실현하는 재원으로서 지방세와 세외수입이 포함된다.

(2) 의존재원

지방자치단체 외의 주체, 국가나 상급지방자치단체에 의해 지원되는 재원으로 국고보조금, 지방교부세, 구조정교부금과 시 · 군조정교부금이 포함된다.

2) 일반재원과 특정재원(비용용도의 한정성 여부)

(1) 일반재원

자유롭게 지출할 수 있는 재원으로 지방세와 세외수입 및 지방교부세가 해당한다.

(2) 특정재원

비용용도가 한정되어 있는 재원으로 국고보조금이 대표적이다.

3) 경상재원과 임시재원

(1) 경상재원

회계연도마다 계속하여 확보될 수 있는 재원으로 지방세, 사용료 · 수수료, 보통교부세, 국고보조금, 구조정교부금, 시 · 군조정교부금 등이 포함된다.

(2) 임시재원

회계연도에 따라 불규칙적으로 확보되는 재원으로 재산매각수입, 부담금, 분담금, 기부금, 이월금, 지방채, 전입금, 잡수입, 예탁금 및 예수금 등이 있다.

표 11-1 자치단체의 세입구조

자주재원	의존재원			
	국 가		상급자치단체	
지방세, 세외수입	국고보조금 – 협의의 보조금 – 부담금 – 교부금	지방교부세 –보통교부세 – 특별교부세 – 분권교부세 – 부동산교부세	재정 보전금	조정 교부금

4) 세출구조

(1) 기능별 분류

일반공공행정, 공공질서 및 안전, 교육, 문화 및 관광, 환경보호, 사회복지, 보건, 농림해양수산, 산업중소기업, 수송 및 교통, 국토 및 지역개발, 과학기술, 예비비, 기타 14개 기능으로 분류된다.

(2) 성질별 분류

인건비, 물건비(물건을 만들거나 구입하거나 또는 유지하기 위해 지출되는 경비), 경상이전(이전경비), 자본지출, 융자 및 출자, 보전재원, 내부거래, 예비비 및 기타로 분류된다.

4. 지방재정력 평가

1) 의 의

지방자치단체의 재정력을 평가하는 방법은 다양하다. 그러나 완전한 평가지표는 없으므로 여러 지표를 종합적으로 고려하여 재정력을 평가하여야 한다.

※ 재정건전성: 그 정부의 수입이 지출보다 많음을 의미하며 간략히 말한면 수지균형을 의미한다.

2) 지방재정력 평가모형(지표)

(1) 재정규모

자치단체의 총재정규모로 자주재원＋의존재원＋지방채로 지방재정력에 대한 기초적인 자료로 사용된다.

(2) 재정자립도

세입측면에서 고려한 지표로 총재원 중에 자주재원이 차지하는 비중을 말한다.

산정방식: 자주재원(지방세＋세외수입)/총재원(자주재원＋의존재원＋지방채)

세출의 규모나 총재정규모를 반영하지 못하므로 실질적 재정상태를 반영하지 못하므로 재정자립도가 높다 하여 반드시 지방재정이 건전하다 할 수 없다.

(3) 재정력지수

기초적인 재정수요를 자체적으로 해결할 능력을 가지고 있는가를 재정적 수치를 사용하여 추정하는 지표이다.

산정방식: 기준재정수입액/기준재정수요액

지수가 1.0이상이면 재정력이 좋은 것으로 판다하며 이 경우 보통교부세를 교부하지 않는다.

(4) 재정자주도

세출측면에서 고려한 지표로 일반재원이 차지하는 비중을 의미한다.

산정방식: (지방세+세외수입+지방교부세+조정교부금)/일반회계예산규모

제2절 | 자주재원 1: 지방세

1. 지방세의 개념 및 특성

1) 개 념

지방자치단체가 기능을 수행하는데 소요되는 일반적 경비를 조달하기 위하여 당해 구역내의 주민·재산 기타 일정한 행위를 하는 자(법인도 포함)로부터 강제적으로 부과·징수하는 재원으로 자치단체의 주된 세입항목이며 지방자치의 성공을 좌우하는 중요한 수단이다.

2. 지방세의 근거

1) 법적 근거(조세법률주의)

(1) 봉건적 지배자에 대한 시민계급의 정치원리인 "대표 없이는 과세도 없다" 에서 유래된 조세법률주의는 조세의 부과과세는 법률에 근거하여야 한다는 원칙이다.

(2) 헌법 38조: 모든 국민은 법률이 정하는 바에 의해 납세의 의무를 진다.

(3) 헌법 제 59조: 조세의 종목과 세율은 법률로 정한다.
(4) 지방자치법 21조: 주민은 법령으로 정하는 바에 따라 소속 지방자치단체의 비용을 분담하여야 하는 의무를 진다.
(5) 지방자치법 135조: 지방자치단체는 법률이 정하는 바에 의해 지방세를 부과 · 징수할 수 있다.
※ 무대표 무과세(No taxation without representation)

2) 이론적 근거

(1) 이익설

정부가 공급한 재화와 서비스에 대한 대가로서 정부가 조세를 징수하는 것을 의미한다.

(2) 의무설(능력설)

국민이 국가를 구성하고 있는 구성원으로서 국가의 존립과 질서의 유지 및 발전을 위해 조세를 당연히 부담하여야 한다.

지방세의 경우도 두 가지 기준이 모두 해당되나 지방세의 성격상 주로 이익설에 의존하는 데 이유는 지방자치단체가 공급하는 서비스나 재화가 지역공공재 또는 준공공재로서 편익의 효과가 지역적 범위에 한정되기 때문이다(손희준 외, 2012).

3. 지방세의 원칙

1) 재정수입측면

(1) 충분성의 원칙: 행정수요를 충족하기 위하여 충분한 금액이어야 한다.
(2) 보편성의 원칙: 지방세의 세원은 모든 자치단체에 골고루 분포되어야 한다. 즉, 세원이 지역간에 균형적(보편적)으로 분포되어야 한다.
(3) 안정성의 원칙: 경기변동에 관계없이 세수가 안정적으로 확보되어야 한다.
(4) 신장성의 원칙: 지방재정의 수요는 경제나 국민소득 수준에 따라 팽창할 수 있으므로 자치단체의 수입도 이에 따라 증가하여야 한다.
(5) 신축성의 원칙: 자치단체의 특성에 따라 신축적으로 운영되어야 한다.

2) 주민부담 측면

(1) 부담분임의 원칙

되도록 많은 주민이 경비를 나누어 분담하여야 한다(주민세 균등분).

(2) 응익성(편익성)의 원칙

주민이 누리는 편익에 비례하여 비용이 부담되어야 한다(Tiebout가설의 원칙).

예) 자치단체로부터 각종 인·허가를 받은 자에게 조세를 부담하게 한다.

(3) 효율성의 원칙

자원배분의 효율화에 기여하여야 한다.

(4) 부담보편(평등성, 형평성)의 원칙

주민에게 공평하게 부담되어야 하며 조세감면의 폭이 넓어서는 안 된다(조세감면의 최소화).

3) 세무행정측면

(1) 자주성의 원칙

지방자치단체가 자주적 과세권을 가지고 행사하여야 한다.

(2) 편의 및 최소비용의 원칙

징세가 용이하고 징세비가 절감되어야 한다. 세목의 통합이 예이다.

(3) 국지성(정착성, 지역성)의 원칙

과세객체가 관할구역에 국한되어야 한다.

과세대상(세원)은 가급적 이동이 없어야 한다. 부동산의 경우 이동이 불가능하다.

4. 지방세의 분류

1) 용도에 따라

(1) 보통세: 일반세출에 충당하기 위해 용도에 구분을 두지 않는다.

(2) 목적세: 특정세출에 충당하기 위해 용도를 정해 특별히 부과하는 세를 말한다.

2) 과세주체에 따라

도세, 시·군세, 특별시세, 광역시세, 구세로 구분된다.

3) 법률근거에 따라

(1) 법정세(법률에 근거): 지방세법의 규정에 세목이 있는 조세를 말한다.
(2) 법정외세(조례에 근거): 우리나라에서 인정하지 않는다.

4) 독자적 과세여부

(1) 독립세: 자치단체가 독자적으로 과세하는 세금이다.
(2) 부가세: 국가 또는 다른 자치단체의 세액에 부가해서 일정률로 부과하는 조세이다.
예) 지방교육세(자동차세)

표 11-2 지방교육세율(2013)

구 분	표 준 세 율
취득물건(표준세율－중과기준세율(2%))	20%
등록에 대한 등록면허세액	20%
레저세액	40%
담배소비세액	50%
주민세 균등분 세액	10%(인구 50만 이상 도시 25%)
재산세액	20%
자동차세액	30%

5) 직접세와 간접세

(1) 직접세: 조세부담자와 납세자가 일치한다(내부분).
(2) 간접세: 조세부담자와 납세자가 불일치한다.
예) 담배소비세(납세의무자－제조자, 수입판매자), 레저세

6) 과세대상에 따라

(1) 재산과세: 재산세, 자동차세, 취득세
(2) 소득과세: 지방소득세

(3) 소비과세: 레저세, 담배소비세, 지방소비세

5. 지방세의 체계

1) 도 세

(1) 보통세: 취득세, 등록면허세, 레저세, 지방소비세
(2) 목적세: 지역자원시설세, 지방교육세

2) 시 · 군세

지방소득세(소득분/종업원분), 주민세(재산분/균등분), 자동차세, 담배소비세, 재산세

3) 광역시세 · 특별시세

(1) 보통세: 취득세, 레저세, 담배소비세, 지방소비세, 주민세, 지방소득세, 자동차세
(2) 목적세: 지역자원시설세, 지방교육세

4) 구 세

(1) 특별시의 구: 재산세(도시계획세분 불포함), 등록면허세
(2) 광역시의 구: 재산세(도시계획세분 포함), 등록면허세, 주민세(재산분), 지방소득세(종업원분)

제 3 절 | 자주재원 2: 세외수입

1. 세외수입의 개념

1) 개념: 지방세 외의 모든 자체수입을 의미한다.

(1) 광의: 공기업수입이나 지방채수입을 포함한다.

(2) 협의: 일반회계상의 경상적 수입과 특별회계의 사업수익 포함한다.
(3) 최협의: 협의의 세외수입에서 특별회계사업수입을 제외한 것으로 경상적 수입인 사용료, 수수료, 재산임대수입, 이자수입, 징수교부금을 말한다.

2. 세외수입의 특성

1) 자주재원이다.
2) 잠재수입원(재원 신장의 자율성 및 특수성): 자치단체의 노력에 따라 확대 · 개발이 용이한 잠재수입원이다.
3) 응익적 성격(수익자 부담성의 원칙)을 가진다.
4) 일반재원이다. 보통 용도가 정해져 있지 않은 일반재원으로 분류되나 개개의 세입근거를 분석해 보면 지출용도가 정해진 경우가 많기 때문에 세출예산과 직접 연결되어 있어 용도가 제한되는 경우가 많다.

예) 공원사용료수입은 공원관리나 개발에 충당(자연공원법), 주정차위반 과태료는 주정차시설 정비 및 확충에 충당(주차장법), 하천 점사용료 수입은 하천관리에 사용(하천법)

5) 세원 발굴의 다양성이 존재한다.

3. 일반회계의 수입구조

1) 경상적 수입(최협의의 지방세외 수입)

(1) 사용료

공공시설 이용 및 재산사용에 대한 반대급부로 이용자에게 부과 · 징수하는 수입(지방자치법 136조)이다.

예) 복지회관, 시민회관, 공연장, 운동장 등 공공시설에 대한 입장료와 사용료

(2) 수수료

특정인에게 제공한 행정서비스에 의해 이익을 받는 자로부터 그 비용의 전부 또는 일부를 반대급부로 징수하는 수입(지방자치법 137조)으로 대부분 증지 또는 인지로 지불되는 수입이다.

예) 쓰레기 처리봉투 판매수입/인감증명서, 등본, 초본 등 제증명발급 수수료/시험에 대한 증지수입/인허가 수수료 등

(3) 재산임대수입

지방자치단체가 국·공유재산을 관리·운영하는 과정에서 발생하는 수입으로 매각·처분하여 발생하는 수입은 제외한다.

(4) 사업수입(경영수익사업)

- 지방자치단체가 직접 운영하는 사업장에서 얻는 생산물 및 부산물의 매각수입과 공공자원을 효율적으로 활용하여 얻는 수입을 말한다.

예) 잠종장의 잠종, 종축장의 종축, 원종장의 농산물, 임업시험장의 묘목, 공유림사업소의 임목 등/주차장 요금수입/법령 또는 조례에 의한 도로통 행료 수입, 보건소 진료수입, 기타 사업수입/골재채취 등 공공부존자원개발 등

(5) 징수교부금

시·도세(지방세), 하천사용료 및 도로사용료 등을 시장·군수·구청장이 징수할 경우 국가 또는 시·도(징수위임기관)가 위임처리에 대한 대가로 교부하는 수입(3/100을 교부)을 말한다.

(6) 이자수입

지방자치단체의 수입을 금고, 은행 등에 예치하는 과정에서 발생하는 수입으로 중요한 세외수입원으로 등장하고 있다.

2) 임시적 수입

(1) 재산매각수입

지방자치단체가 공유재산을 매각함으로써 얻게 되는 수입을 말한다.

(2) 기부금

(3) 부담금

중앙행정기관의 장, 자치단체의 장, 행정권한을 받은 공공단체 또는 법인의 장 등 법률에 의하여 금전적 부담의 부과권한이 부여된 자가 분담금, 부과금, 예치금, 기여금 그 밖의 명칭에도 불구하고 재화 또는 용역의 제공과 관계없이 특정공익사업과 관련하여 법률이 정하는 바에 따라 부과하 는 조세 외의 금전지급

의무

① 부담금(지방재정법 30조)

국가 또는 시・도가 시행하는 건설사업 등 공익사업이 시도 또는 시・군・구에 이익을 줄 경우에 수익을 받는 자치단체에 대하여 사업에 필요한 경비의 일부를 부담시키는 공과금이다.

② 분담금(지방자치법 138조)

지방자치단체는 그 재산 또는 공공시설의 설치로 주민의 일부가 특히 이익을 받으면 이익을 받는 자로부터 그 이익의 범위 에서 분담금을 징수할 수 있다.

(4) 이월금

전년도에 미집행되어 이월된 재원을 말한다.

(5) 전입금

지방자치단체 내부의 다른 회계 또는 기금으로부터 자금의 이동으로 발생한 회계조작상의 수입으로 특별회계수입의 일반회계전입금/일반회계수입의 특별회계 전입금이 있다.

(6) 잡수입

불용품 매각, 과태료와 과징금, 체납처분수입 등이 해당한다.

(7) 예탁금 및 예수금

예탁금(예수금)이란 일반회계와 특별회계 상호간 및 특별회계 내 계정간의 맡겨두었다가 돌려받는 돈을 말하고, 예탁금 상환금은 그 예탁금의 상호간의 이자수입을 포함(2003년부터 세외수입에 포함)한다.

(8) 융자금 원금수입

지방자치단체가 민간 또는 다른 지방자치단체에 융자한 금액을 일정기간 경과 후 회수하는 원금수입이다.

제4절 | 지 방 채

1. 지방채란

1) 개 념

자치단체가 재정부족을 보전하기 위해 과세권을 담보로 증서차입 또는 증권발행을 통하여 부족한 재원을 충당하는 채무부담행위이다.

2. 지방채의 특성

1) 2년 이상에 걸쳐 상환하는 자치단체의 채무이다.
2) 자치단체의 과세권을 담보로 하는 채권발행 또는 증서차입이라는 점에서 민간 사채와는 다르다.
3) 별도의 담보를 제공하지 않는다.
4) 매입여부는 원칙적으로 응모자의 자유의사에 의하여 결정된다(모집공채).
5) 그러나 예외적으로 강제인수시키는 공채(인허가, 차량등록 등 특정서비스를 받는 주민 또는 법인을 대상으로 원인행위에 첨가하여 강제소화)도 있다(매출공채).
   예) 자동차 등록시 지하철 공채의 강제구입, 상・하수도공채, 지역개발공채
6) 지방재정의 부족을 보충을 목적으로 하는 것으로 경기조절을 위해 탄력적으로 발행되는 국채와는 다르다.

3. 대상사업

1) 소비의 성격이 강한 지출분야(경상지출)는 조세수입으로 충당하고 투자의 성격을 갖는 분야는 공채발행에 의하여 조달되는 것이 재정운용의 기본원리이다.
2) 그러므로 공채발행에 의한 자본지출은 수익자부담주의를 적용하게 되므

로 수익이 없는 복지사업이나 경상경비는 투자개념이 아니므로 공채발행으로 충당하는 것이 합리적이지 않다.

3) 항만, 도로, 주택 등 내구연한이 긴 시설의 투자비에 주로 지방채발행재원을 활용한다.

4. 법적 근거와 발행조건

1) 지방자치법 124조

지방자치단체의 장이나 지방자치단체조합은 따로 법률로 정하는 바에 따라 지방채를 발행할 수 있다.

2) 지방재정법 35조(세출의 재원)

지방자치단체의 세출은 지방채 외의 세입을 그 재원으로 하여야 한다. 다만, 부득이한 경우에는 제11조에 따른 지방채로 충당할 수 있다.

3) 지방재정법 11조(지방채의 발행)

① 지방자치단체의 장은 그 지방자치단체에 항구적 이익이 되거나 긴급한 재난복구 등의 필요가 있을 때에는 지방채를 발행할 수 있다.

② 지방자치단체의 장은 제1항에 따라 지방채를 발행하려면 재정 상황 및 채무 규모 등을 고려하여 대통령령으로 정하는 지방채 발행 한도액의 범위에서 지방의회의 의결을 얻어야 한다. 다만, 지방채 발행 한도액 범위더라도 외채를 발행하는 경우에는 지방의회의 의결을 거치기 전에 행정안전부장관의 승인을 받아야 한다.

지방재정법 시행령 제9조(지방채의 발행대상) ① 지방재정법 제11조제1항 및 제4항의 규정에 의하여 지방채를 발행할 수 있는 경우는 다음 각 호와 같다.

1. 공용·공공용시설의 설치
2. 당해 사업의 수익금으로 원리금상환이 가능한 사업
3. 천재·지변으로 인한 재해 등 예측할 수 없는 세입결함의 보전
4. 재해예방 및 복구사업

5. 기발행한 지방채의 차환
6. 그 밖에 주민의 복지증진 등을 위하여 특히 필요하다고 인정되는 사업

② 법 제11조제3항의 규정에 의하여 행정안전부장관의 승인을 얻어 지방채발행 한도액을 초과하여 지방채를 발행할 수 있는 경우는 다음 각 호와 같다.
<개정 2008.2.29>

1. 천재·지변으로 인한 재해 등 예측할 수 없는 세입결함의 보전
2. 재해예방 및 복구사업
3. 그 밖에 주민의 복지증진 등을 위하여 특히 필요하다고 인정되는 경우

5. 지방채의 종류

1) 발행형식에 따라(지방재정법상 분류)

(1) 증서차입채

지방정부가 차용증서를 제출하고 자금을 대부받고 차입하는 지방채로 장기차입금이며 기명채권이므로 유통성이 없다.

(2) 증권발행채

지방정부가 증권발행의 방법에 의해 차입하는 지방채로 무기명이며 유통성이 있다.

2) 상환기간에 따라

(1) 장기채: 차입기간이 3년 이상
(2) 단기채: 3년 미만

3) 신규채와 차환채

(1) 신규채: 신규로 발행하는 공채이다.
(2) 차환채: 과거에 발행한 지방채를 상환하기 위하여 발행하는 공채이다.

4) 매입의 자유의사에 따라

(1) 강제공채

지하철공채나 도로공채와 같이 인허가, 면허 등을 받거나 등록 및 등기 등을 할 때 반드시 매입해야 하는 공채이다

(2) 임의공채

공채의 응모가 강제가 아닌 임의에 의한 것이다.

제5절 | 지방재정 조정제도와 의존재원

1. 지방재정조정제도의 의의

1) 개 념

지방정부간의 재정력 격차를 감소시키고 지방정부의 부족한 재원을 보충하기 위해 중앙정부가 지방정부에 또는 지방정부 상호간에 재정을 지원하는 제도를 말한다.

(1) 중앙정부가 지방정부를 보조하는 제도

국고보조금과 지방교부세

(2) 지방정부 상호간의 지원제도

① 구조정교부금－특별시 · 광역시가 관할 자치구에 지원하는 재원

② 시 · 군조정교부금－광역시와 도가 관할 시 · 군에 지원하는 재원

2. 지방재정조정제도의 목적과 분류(손희준 외, 2012)

1) 목 적

(1) 지방재정조정제도는 지방자치단체의 서비스를 국가의 가치재로 보아 그 급부수준을 높이는데 있다. 즉, 지방자치단체가 스스로 생산하지 않을 서

비스를 생산하게 하여 행정서비스의 수준을 높인다.

(2) 지방재정조정제도는 모든 지방자치단체로 하여금 필수불가결한 기본적 공공서비스에 대해 최저수준의 수준을 급부하는 데 목적이 있다.
예) 주민의 서비스선호에 따른 이주방지(보호 및 진정을 통해)

(3) 국가와 지방간의 수직적 재정불균형(지방자치단체의 총경상지출수요와 총조세조달능력간의 불균형)을 시정하는 데 목적이 있다.

(4) 지방자치단체간의 수평적 재정불균형을 시정하는 데 그 목적이 있다. 부유자치단체와 빈곤자치단체간의 재정력격차 해소를 통해 주민이 재정상의 평등한 취급을 받게 한다.

(5) 지방재정지출의 외부효과를 내부화함으로써 자원배분의 효율성 제고한다. 즉, 지방재정조정을 통해 과소공급이나 과대공급을 하지 않고 최적공급을 하게끔 한다.

2) 분 류

(1) 일반교부금

용도를 지정하지 않고 지원하는 지원금으로 비선택적 교부금 또는 비조건부교부금으로도 부른다. 일반교부금은 정액교부금과 노력관련교부금으로 나눌 수 있는데 전자는 지방정부의 세입노력과 무관하게 일정금액이 주어지고 후자는 지방자치단체의 세입노력에 따라 변하는 교부금이다.

예) 우리나라의 지방교부세 – 정액교부금

(2) 특정교부금

특정사업에 사용하도록 용도를 지정하여 지원하는 보조금으로 조건부 보조금(CATEGORICAL GRANTS)이라고도 한다. 특정보조금은 정액보조금(고정액)과 정률보조금(지방자치단체 의 수입에 의한 부담규모에 따라 보조금액이 변함)으로 나눌 수 있고 정률 보조금은 다시 폐쇄형 정률보조금과 개방형정률보조금이 있다.

예) 우리나라 국고보조금 – 개방형정률보조금

3. 의존재원의 의의

1) 개　념

중앙정부나 상급자치단체가 하급자치단체에 지원해 주는 재원을 말한다.

2) 의존재원의 필요성

(1) 수직적 불균형의 조정

중앙정부는 재원배분액이 많은 반면 하급자치단체로 내려갈수록 행정수요에 비해 재원배분액이 적다→국고보조금, 시·군조정교부금으로 조정한다.

(2) 수평적 불균형의 조정

동일수준 자치단체간 재정력 격차로 인해 나타나는 불균형의 시정한다→지방교부세, 구조정교부금으로 정정한다.

4. 국고보조금

1) 의　의

중앙정부가 특정 사업의 수행과 국가시책상 또는 자치단체의 재정필요상 자치단체에 교부하는 자금으로서 중앙정부와 지방정부 간 수직적 불균형을 조정해 주는 제도이다.

2) 특　징

(1) 특정재원: 용도지정

(2) 자원규모의 비법정화: 국가의 재량으로 지원규모 결정 또는 보조사업을 수행히고지 히는 자의 신청에 의해 결징된다.

(3) 지방비부담: 대부분 정률보조로 지방비부담을 요구한다.

(4) 경상재원: 매년 지속적으로 들어오므로 지자체 입장에서 경상재원이다.

3) 종　류

경비의 성질에 따라: 임의적 보조금(협의의 보조금)+의무적 보조금(부담금+교부금)

(1) 협의에 보조금

국가가 시책상 자치단체의 재정사정상 필요하다고 인정될 때 용도를 정하여 교부하는 자금으로서 국가가 특정한 행정사무의 집행을 장려하거나(장려적 보조금) 지방재정의 어려움을 지원하기 위하여 교부하는 경비(재정지원적 보조금)이다.

(2) 부담금

자치단체가 법령에 의하여 처리해야 할 사무로서 국가와 자치단체간의 상호 이해관계가 있는 경우 국가가 경비의 일부 또는 전부를 부담하는 자금(단체위임 사무에 대한 의무적 보조금)이다.

(3) 교부금

국가가 스스로 해야 할 사무를 자치단체가 위임하여 수행하는 경우 국가가 경비를 전액 교부하는 자금(기관위임사무에 대한 의무적 보조금)이다.

5. 지방교부세

1) 의 의

자치단체간 재정적 격차를 줄이기 위해 내국세의 일정비율을 일정한 기준에 따라 각 자치단체에 배분하여 교부하는 지원금이다.

2) 특 징

(1) 법정비율

(2) 일반재원: 용도가 정해져 있지 않다.

(3) 지방비부담이 없다.

※ 당해 내국세총액의 19.24%와 종합부동산세액 전액 및 담배 개별소비세의 20%를 재원으로 국가가 교부한다.

3) 종 류

(1) 보통교부세

- 용도가 정해지지 않은 지방교부세로 안행부 장관이 분기별로 교부하는 일반재원이다.

- 재원: 교부세총액(내국세 총액의 19.24%)의 97%를 재원으로 한다.

  ※ 교부기준

  - 보통교부세＝미달액 * 조정률
  - 기준재정수요액: 지자체가 기본적인 행정을 수행하기 위한 경비이다.
  - 기준재정수입액: 세수입액의 80%. 5년간 세수를 기초로 지방세 세수의 80%와 전년도 세수 정산분을 합산하여 산출한다.
  - 미달액＝기준재정수요액－기준재정수입액
  - 조정률＝보통교부세총액/재정부족액총액
  - 미교부자치단체: 재정력지수 1초과 자치단체, 자치구(대신 조정교부금 받음)

(2) 특별교부세

- 용도가 정해진 교부세로 지역현안, 재해대책 등과 같이 특정한 재정수요가 발생할 경우 안행부 장관이 수시로 배정한다.
- 재원: 교부세총액(내국세 총액의 19.24%)의 3%를 재원으로 한다.

(3) 소방안전교부세

- 지방자치단체의 소방 및 안전시설 확충, 안전관리 강화 등을 위해 자치단체에 교부하는 특정재원이다.
- 재원: 담배에 부과하는 개별소비세의 20%를 재원으로 한다.

(4) 부동산교부세(지방교부세법 제9조 3)

- 종합부동산세 총액을 자지단체에 전액 교부하는 지방교부세로 교부기준은 재정여건과 지방세 운영상황 등을 감안하여 대통령령으로 정한다.
- 교부기준(지방교부세법 시행령 제10조 3): 시 · 군 · 자치구-재정여건 50%, 사회복지 25%, 지역교육 20%, 부동산보유세 규모 5%

6. 상급자치단체로부터의 의존재원

1) 시 · 군조정교부금

- 광역시 및 도가 시 · 군에 재정을 보전하기 위해 시 · 군이 징수하는 광역시세 및 도세의 일부를 시군에 배분하는 제도이다.
- 교부율: 시 · 군에서 징수하는 광역시세, 도세의 27%(인구 50만 이상의 시와

자치구가 아닌 구가 설치되어 있는 시의 경우 47%)를 배분한다.

2) 구조정교부금

- 특별시, 광역시가 보통세수입 중 일부를 자치구에게 지원해 주는 제도이다.
- 교부기준: 기준재정수입액이 수요액에 미달하는 자치구에 대해 그 재원부족액을 교부한다.

참고문헌

기획예산위원회(1999). 성과주의 예산제도 추진방안, 서울: 기획예산처.

기획예산처(2006). 2006년도 재정사업 자율평가 매뉴얼, 서울: 기획예산처.

기획재정부(2010). 2011년도 성과계획서 작성 지침, 서울: 기획재정부.

______(2011a). 재정사업 성과관리제도 개선방안 마련. 2011년 1월 18일 보도자료, 서울: 기획재정부.

______(2011b). 11년도 제1차 재정사업 심층평가 추진계획, 2011년 7월 12일 보도자료, 서울: 기획재정부.

______(2011c). 2011 회계연도 성과보고서 작성 지침, 서울: 기획재정부.

______(2013). 2012년도 재정사업 자율평가 지침, 세종: 기획재정부.

김광점 외 번역(2010). 조직이론과 설계(원저: Daft, R. L. Understanding the Theory and Design of Organization, 10th edition), 서울: 한경사.

김규정(1997). 「행정학원론」(제2보정판), 서울: 법문사.

김석준(1988). "전환기 한국행정의 새로운 패러다임 모색: 국가론을 통한 연구문제의 제기", 「한국행정학보」, 제22권 제2호.

김성국(2000). Frederick W. Taylor의 과학적 관리론, 오석홍 · 손태원 · 하태권 편저. 조직학의 주요이론, 116-122. 서울: 법문사.

김성윤 외(1995). 「신행정학개론」, 서울: 법문사.

김성태(2008). 우리나라 중기재정계획의 실효성 제고방안, 재정학연구, 1(4): 269-305.

김영배(2000). Joan Woodward의 상황이론, 오석홍 · 손태원 · 하태권 편저, 조직학의 주요이론, 38-48. 서울: 법문사.

김주엽(2000). James D. Thompson의 행동하는 조직, 오석홍 · 손태원 · 하태권 편저. 조직학의 주요이론, 193-201. 서울: 법문사.

김해동(1991). '부패정권의 붕괴는 역사의 필연입니다', 「세계와 나」, 4: 47-49.

김혁 · 김경호 · 전중열(2012). 국가 · 지방자치단체 복식부기 정부회계, 서울: 신영사.

대한민국정부(2004). 2004~2008년 국가재정운용계획, 서울: 대한민국정부.

민 진(1993). 「행정학개설」(제2판), 서울: 고시출판사.

______(2012). 「조직관리론」, 서울: 대영문화사.

박노욱 · 원종학 · 김진 · 박명호(2008). 재정성과관리제도의 현황과 정책과제, 서울: 한국조세연구원.

박동서(1984). 「인사행정론」 제2전정판, 서울: 법문사.

______(1991). 「한국행정론」, 서울: 법문사.

______(1992). “한국행정의 과제와 행정학의 재정향”, [한국행정학회보], 26권 4호, pp. 1429-1431.

박연호(1985). 「행정학신론」, 서울: 박영사.

박완기(1984). 「행정학」, 서울: 박영사.

박홍식(1993) “내부고발자의 법적보호: 미국의 경우”, [한국행정학회보], 27권 4호, pp. 1185-1201.

배득종(2001). 「21세기 신재무행정」, 서울: 박영사.

신무섭(2009). 「재무행정학」, 개정 6판. 서울: 대영문화사.

신유근(1982). 「조직행위론」, 서울: 다산출판사.

안해균(1986). 「현대행정학」, 서울: 다산출판사.

______(1998). 「정책학원론」, 서울: 다산출판사.

오석홍(1992). 「조직이론」, 서울: 박영사.

오영균(2007). 예산총액배분자율편성제도 예산제도와 국회예산심의에 관한 연구: 사전예산제도도입을 통한 국회심의권강화를 중심으로, [한국공공관리학회보], 21(3): 91-112.

원구환(2012). 「재무행정론」, 서울: 대영문화사.

유민봉(1997). 「인사행정론」, 서울: 문영사.

______(2010). 「한국 행정학」, 서울: 박영사.

유훈(1989). 「행정학원론」, 서울: 법문사.

유훈 · 조택 · 김재훈(2012). 「재무행정론(신판)」, 파주: 법문사.

윤기웅 · 공동성(2012). 성과와 예산 간 연계성 분석: 2008년~2010년 재정사업 자율평가 결과를 중심으로, [한국행정연구], 21(2): 165-197.

윤성식(2003). 「예산론」, 서울: 나남출판사.

______(2006). 정부혁신의 이론과 사례: 총액배분자율편성예산제도, [한국행정과 정책연구], 4(2): 29-50.

윤영진(2010). 「새재무행정학」, 서울: 대영문화사.

윤우곤(1989). 「조직행태론」, 서울: 박영사.

윤재풍(1985). 「조직학원론」, 서울: 박영사.

윤태범(1992).「한국 관료부패의 유형과 구조의 변화에 관한 연구: 제3공화국에서 제6공화국까지」, 서울대학교 박사학위 논문.
이명석(2002). 거버넌스의 개념화, [한국행정학보], 36(4): 321-338.
이영조(1998).「행정학의 이해」, 서울: 학우출판사.
이영조 · 문인수(1998).「재무행정론」, 서울: 대명출판사.
이종수(2009).「행정학사전」, 대영문화사.
이종수 외(1993).「새 행정학」, 서울: 대영문화사.
이종수 · 윤영진 외(2012).「새 행정학」. 서울: 대영문화사.
이태성(2013). 제6장 사업 성과평가: 재정사업. 성과관리: 한국제도편, 157-182. 대영문화사.
이환범 · 최준호(2000).「신행정서비스론」, 경북: 영남사.
전중열 · 심재영(2009). 정부회계 교육과정에 대한 연구, 정부회계연구, 7(2): 27-57.
정정길(1997).「정책학원론」(개정판), 서울: 대명출판사.
제갈돈(1994). "행정학의 패러다임과 비판적 행정이론 : 새로운 패러다임 구성을 위한 시도", [대구 · 경북행정학회보], 6집 1호, pp. 149-168.
제갈돈 · 이환범 · 제갈욱 · 송건섭(2002).「정부와 행정」, 대구: 도서출판 대명
조석준(1985).「조직론」(제2전정판), 서울: 법문사.
______(1992).「한국행정학」, 서울: 박영사.
최종태(1985).「현대조직론」, 서울: 경세원.
한국행정개혁위원회(1989).「행정개혁에 관한 건의」.
허 범(1979). "정책종결의 본질과 전략",「사회과학」(성대사회과학연구소), 제17집
허중경 · 신종렬 · 김지원 · 강성남 · 이선우(2005). 행정학개론, 서울: 한국방송통신대학교 출판부.

Appleby, P. H. (1949). *Policy and Administration*. University of Alabama Press.
Argyris, Chris, (1960). *Understanding Organizational Behavior*. Honewood, Ill.: Dorsey.
Arrow, Kenneth. (1951). *Social Choice and Individual Values*. New York: St. Martin's Press
Bachrach, Peter & Morton Baratz. (1970). Power and Poverty, N. Y. : Oxford University Press.
Bardach Eugene, (1976). "Policy Termination as a Political Process", *Policy Sciences*, Vol. 7, No. 5.
Barnard. C. I. (1938). *The Function of Executive*. Cambridge, Mass.: Harvard University

Press.

Bell, Daniel. (1973). *The Coming Post-Industrial Society*. New York: Harper & Row.

Bennis, Warren. (1973). Beyond Bureaucracy. New York: McGraw-Hill.

Benveniste, Guy. (1981). *Regulation and Planning: The Case of Environmental Politics*. San Francisco: Boyd and Fraser.

Berkley, George E. (1985). *The Craft of Public Administration*, 4th ed. Boston: Allyn & Bacon.

______(1979). "Toward Public Administrations Rather Than an Administration of Publics: Strategies of Accountable Disaggregation to Achieve Human Scale and Efficacy and Live Within the Natural Limits of Intelligence and Other Scarce Resources." In *Agenda for Public Administration*, ed. Ross Clayton and William B. Storm, 151-178. Los Angeles: School of Public Administration, University of Southern California.

Biller, Robert P. (1978). "Public Policy and Public Administration: Implications for the Future of Cross-Cultural Research and Practice." *Korea Observer*, 9: 253-284.

Bish, F. P. and N. M. Neubert. (1977). "Citizen Contributions to the Production of Community Safety and Security." In *Financing Local Government: New Approaches to Old Problems*, ed. M. S. Rosentraub, 34-50. Ft. Collins, CO: Western Social Science Association.

Blake, R., & Mouton, J. (1964). *The managerial grid. Houston*, TX: Gulf.

Blau, P. (1968). The hierarchy of authority in organizations. *American Journal of Sociology*, 73(4), pp. 453-467.

Blau, P. M. and R. W. Scott. (1962). *Formal Organizations*. San Francisco: Chandler.

Blau, Peter, and Marshall Meyer. (1971). *Bureaucracy in Modern Society*, 2d ed. New York: Random House.

Borchering, Thomas. ed. (1977). *Budgets and Bureaucracy: The Source of Governmental Growth*. Durham, N.C: Duke University Press.

Brewer Gary. (1978). "Termination: Hard Choices-Harder Questions", *PAR*, Vol. 38, No. 4.

Buchanan, James, and Gordon Tullock. (1962). *The Calculus of Consent*. Ann Arbor, Mich.: University of Michigan.

Burns, James MacGregor. (1963). *The Deadlock of Democracy*. Englewood Cliffs, N.J.: Prentice-Hall.

Burns, T. & Stalker, G. M. (1961). *The Management of Innovation*. London: Tavistock.

Burrell, Gibson and Gareth Morgan. (1979). *Sociological Paradigms and Organizational Analysis.* New Hampshire: Heinemann.

Caiden, G. E. (1977). Administrative Corruption. *PAR.* 37(2).

Caiden, N. (1987). Paradox, Ambiguity & Enigma. *Public Administration Review,* 47(1): 84-92.

Carnoy, Martin, and Derek Shearer. (1980). *Economic Democracy: The Challenge of the 1980s.* White Plains, N.Y.: Sharpe.

Cater, Douglas. (1964). *Power in Washington.* New York: vintage.

Cobb, R. W., Ross J. K., and Ross, M.H., (1976). "Agenda Building as a Comparative Political Process", *American Political Science Review,* Vol. 70.

Cochran, C. E., L. C. Mayer, T. R. Carr, and N. J. Cayer. (1986). *American Public Policy: An Introduction.* 2d. New York: St. Martin's Press.

Cohen, M. & March, J. (1974). *Leadership and Ambiguity: the American College President,* N. Y.: McGraw-Hill.

Cole, Robert. (1979). *Work, Mobility, and Participation.* Berkeley, CA: University of California Press.

Connolly, William E., ed. (1969). *The Bias of Pluralism.* New York: Atherton.

Curristine, T. (2005). Performance Information in the Budget Process: Results of the OECD 2005 Questionnaire. *OECD Journal on Budgeting,* 5(2): 87-131.

Cyert, R. M. and J. G. March. (1963). *A Behavioral Theory of the Firm.* New York: Prentice-Hall.

Dahl, Robert A. (1947). "The Science of Public Administration: Three Problems." *Public Administration Review,* 7(1): 1-11.

Dahl, Robert. (1966). *Pluralist Democracy in America.* Chicago: Rand McNally.

De Leon Peter, (1970). "A Theory of Policy Termination", in Judith V. May and Aron B. Wildavsky (ed.), *The Policy Cycle*(Beverly Hills: Sage).

Denhardt, R. B. (1981). "Toward a Critical Theory of Public Organization." *Public Administration Review,* 41(3): 628-635.

______(1982). "Public Administration: Sub-Field? Profession? Discipline?" *American Review of Public Administration,* 16: 15-21.

______(1984). *Theories of Public Organization.* Monterey, Calif.: Brooks/Cole.

______(1991). *Public Administration: An Action Orientation.* Pacific Grove, CA: Brooks/Cole 1991, pp. 398-403.

Dimock, Marshall E. and G. O. Dimock. (1953). *Public Administration.* New York: Rinchart and Company.

Downs, Anthony. (1967). *Inside Bureaucracy.* Boston: Little, Brown.

Dror, Yehezhel, (1971). *Design for Policy Science*, N. Y.: American Elsevier, Pub. Co.

Drucker, Peter F. (1954). *The Practice of Management.* New York: Harper & Row.

Dunn, William N. and Bahman Fozouni. (1976). *Toward a Critical Administrative Theory.* Beverly Hills, Calif.: Sage.

Easton, David, (1965). *A Systems analysis of Political Life*, N. Y.: John Wiley & Sons.

Edelman, Murray. (1964). *The Symbolic Uses of Politics.* Chicago: University of Chicago Press.

Effrat, Andrew. (1972). "Power to the Paradigms: An Editorial Introduction." *Sociological Inquiry*, 42: 1-12.

Etzioni, A. (1967). Mixed-Scanning: A "Third" Approach to Decision-Making. *Public Administration Review*, 27(5): 385-392.

Etzioni, Amitai, (1967). "Mixed Scanning: A Third Approach to Decision Making", *PAR.* Vol. 27.

______(1968). *The Active Society*, N. Y. : The Free Press.

Etzioni, Amitai., ed. (1961). *Complex Organizations.* New York: Holt, Rinehart and Winston.

Fayol, Henry. (1937). "The Administrative Theory in the State." In L: Gulick and L. Urwick (eds.), *Papers on the Science of Administration*, 99-114. N.Y.: Institute of Public Administration.

Finer, Herman. (1941). "Administrative Responsibility in Democratic Government." *Public Administration Review*, 1: 335-350.

Fredericken, H. George and David K. Hart. (1985). "The Public Service and Patriotism of Benevolence," *Public Administration Review*, Vol. 45(September/October), 547-554.

Frederickson, George H. (1980). *New Public Administration.* University, Ala.: University of Alabama Press.

Friedman Milton. (1962). *Capitalism and Freedom.* Chicago: University of Chicago Press.

Friedrich, Carl J. (1940). "Public Policy and the Nature of Administrative Responsibility." *Public Policy*, 1: 3-24.

Gaus, J. M. (1947). *Reflections on the Public Administration.* Alabama: University of

Alabama Press.

Gaus, John M. (1950). "Trends in the Theory of Public Administration." *Public Administration Review*, 10(1): 161-168.

Golembiewski, Robert T. (1974). " 'Maintenance' and 'Task' as Central Challenges in Public Administration." *Public Administration Review*, 34: 168-175.

______(1977a). "A Critique of 'Democratic Administration' and Its Supporting Idea." *American Political Science Review*, 71: 1488-1531.

______(1977b). *Public Administration as a Developing Discipline, Part 1.* New York: Marcel Dekker.

Goodnow, F. J. (1900). *Politics and Administration*, N.Y.: Macmillian.

Gorden, George J. (1978). *Public Administration in America.* New York: St. Martin's Press 1978.

Greenberg, Edward S. (1974). *Serving the Few: Corporate Capitalism and the Bias of Government Policy.* New York: Wiley.

Greenhouse, S. M. (1966). The Planning-Programming-Budgeting System: Rationale, Language, and Idea-Relationships. *Public Administration Review*, 26(4): 271-277.

Gulick, L. & Urwick, L. (1937). P*apers on the Science of Administration.* New York: Institute of Public Administration, Columbia University.

Gulick, Luther and Lyndal Urwick, eds. (1937). *Papers on the Science of Administration.* New York: Institute of Public Administration.

Gulick, Luther. (1933). "Politics, Administration, and the New Deal." *Annals of the American Academy of Political Science*, 16: 55-66.

______(1977). "Democracy and Administration Face the Future" *Public Administration Review*, 37(6): 706-713.

Hamilton, Alexander, James Madison, and John Jay. (1961). *The Federalist Papers.* New York: New American Library.

Harmon, Michael M. (1981). *Action Theory for Public Administration.* New York: Longman.

Harrigan, John J. (1981). *Political Change in the Metropolis.* 2d ed. Boston: Little, Brown.

Hatry, H. P. (1999). *Performance Measurement: Getting Results.* Washington DC: The Urban Institute Press.

Hatry, Harry P. (1973). *Practical Program Evaluation for State and Local Government*

Officials Washington, D.C.: Urban Institute.

Heady, Ferrel. (1966). *Public Administration: A Comparative Perspective*. New York: Marcel Dekker.

Heclo, Hugh. (1978). "Issue Networks and the Executive Establishment." In *The New Political System*, ed. Anthony King, 87-124. Washington, D. C.: American Enterprise Institute.

Henry, N. (1975). Paradigms of Public Administration. *Public Administration Review*, 35(4): 378-386.

Henry, Nicholas. (1986). *Public Administration and Public Affairs*, 2rd ed. Englwood Cliffs, N.J.: Prentice-Hall.

______(1992). *Public Administration and Public Affairs*, 5rd ed. Englewood Cliffs, NJ: Prentice-Hall.

Herring, E. P. (1936). *Public Administration and Public Interest*. New York: Russell and Russell.

Honderich, T. (Ed.). (1995). *The Oxford Companion to Philosophy*. Oxford: Oxford University Press.

Hood, C. (1991). A Public Management for All Seasons? *Public Administration*, 48(4): 3-19.

______(1995). The New Public Management in the 1980s: Variations on a Theme. *Accounting, Organizations and Society*, 20(2-3): 93-109.

Hughes, Jonathan R. T. (1977). *The Governmental Habit*. New York: St. Martin's Press.

Hummel, R. T. (1987). *The Bureaucratic Experiences, 3rd ed.* New York: St. Martin's Press.

Jones, Charles O. (1977). *An Introduction to the Study of Public Policy*, 2nd Ed. N. Scituate, Mass: Duxbury Press.

Key, V. O. (1940). The Lack of a Budgetary Theory. *American Political Science Review*, 34(6): 1137-1144.

Key, V. O., Jr. (1967). *Politics, Parties and Pressure Groups*. New York: Crowell.

Kidder, Rushworth M. (1987). "An Agenda for the 21st Century." *The Bureaucrat*, 17(Fall): 3-7.

Kirkhard, L. (1971). "To Be A Professional." *Southern Review of Public Administration*, 5: 258-281.

Kline, E. H. (1981). "To be A Professional." *Southern Review of Public Administration*, 5:

258-281.

Kristol, Irving. (1978). *Two Cheers for Capitalism.* New York: Basic Books.

Kuhn, Thomas S. (1970). *The Structure of Scientific Revolution,* 2d ed. Chicago: University of Chicago Press.

Kweit, M. and R. Kweit. (1981). *Implementing Citizen Participation in a Bureaucratic Society.* New York: Praeger.

Lasswell., Harold, and Lerner, Daniel. (1952). *The Comparative Study of Elites.* Palo Alto, Calif.: Stanford University Press.

Latham, Earl. (1952). *The Group Basis of Politics.* Ithaca, N. Y.: Cornell University Press.

Laver, Michael, (1981). *The Politics of Private Desires.* Middlesex, England: Penguin.

Levine, C. H. (1979). "More on Cutback Management: Hard Questions for Hard Times," *Public Administration Review,* 39: 179-189.

Lewis, Eugene. (1977). *American Politics in a Bureaucratic Age: Citizens, Constituents, Clients and Victims.* Cambridge, Mass.: Winthrop.

Lewis, V. B. (1952). Toward a Theory of Budgeting. *Public Administration Review,* 12(1): 42-54.

Lindblom, C. E. (1959) The Science of "Muddling Through". *Public Administration Review,* 19(2): 79-88.

Lindblom. Charles E. (1977). *Politics and Markets: The World's Political and Economic Systems,* New York: Basic Books.

Lipsky, Michael. (1976), "Toward a Theory of Street Level Bureaucracy." In *Theoretical Perspectives on Urban Politics,* ed. W. D. Hawley. Englewood Cliffs, N.J.: Prentice Hall.

Long, Norton. 1949. "Power and Administration." *Public Administration Review,* 9(5): 257-264.

Lowi, Theodore. (1969). *The End of Liberalism.* 2d. ed. New York: Norton.

Luthans, Fred, and Todd Steward. (1977). "A General Contingency Theory of Management." *Academy of Management Review,* 2: 181-195.

March, J. G. & Simon, H. A. (1958). *Organizations.* Lightning Source Inc.

March, J. G., ed. (1965). *Handbook of Organizations.* Chicago: Rand McNally.

March, James G. and H. A. Simon. (1958). *Organization.* N.Y.: Wiley.

Marini, Frank, ed. (1971). *Toward a New Public Administration: The Minnowbrook Perspective.* Scranton, P.A.: Chandler.

Marx, Fritz Morstein. (1957). *The Administrative State.* Chicago: University of Chicago Press.

Marx, Fritz Morstein., ed. (1946). *Elements of Public Adminstration.* New York: Prentice-Hall.

McConnell, Grant. (1966). *Private Power and American Democracy.* New York: Knopf.

McCurdy, H. E. and R. E. Clearly. (1984). "Why Can't We Resolve the Research Issue in Public Administration?" *Public Administration Review,* 44(1): 49-55.

McCurdy, Howard E. (1977). *Public Administration: A synthesis.* Menlo Park, CA: Benjamin/Cummings.

Mikesell, J. L. (2003). *Fiscal Administration: Analysis and Applications for the Public Sector.* Belmont, CA: Wadsworth.

Mooney, James D. and Alan C. Reilly. (1939). *The Principles of Organizations,* rev. ed. New York: Harper and Brothers.

Morgan, Gareth. (1980). "Paradigms, Metaphors, and Puzzle Solving in Organization Theory." *Administrative Science Quarterly,* 25: 605-622.

Mosher, Frederick C. (1968). *Democracy and the Public Service.* New York: Oxford University Press.

______(1971). "The Public Service in the Temporary Society," *Public Administration Review,* 31(1): 48-59.

______(1982). *Democracy and the Public Service,* 2d ed. New York: Oxford University Press.

Mosher, Frederick C. (1982). *Democracy and the Public Service,* 2d ed. New York: Oxford University Press.

Mueller, Dennis. (1979). *Public Choice.* Cambridge, England: Cambridge University Press.

Murray, M. A. (1975). Comparing Public and Private Management: An Exploratory essay. *Public Administration Review,* 35: 467-472.

Musgrave, R. A. & Musgrave, P. B. (1989). *Public Finance in Theory and Practice,* fifth edition. New York: McGraw-Hill.

Nachmias, David, and David H. Rosenbloom. (1980). *Bureaucratic Government USA.* New York: St. Martin's Press.

National Commission on the Public Service. (1989). *Leadership for America:* Rebuilding the Public Service. Washington, DC: National Commission.

Needleman, M. L. and C. E. Needleman. (1974). Guerrillas in the Bureaucracy. New

York: Wiley.

Newland, Chester A. (1984a). "Crucial Issues for Public Personnel Professionals," *Public Personnel Management*, 13,(1): 15-46.

______(1984b). *Public Administration and Community: Realism in the Practice of Ideals.* McLean, VA.: Public Administration Service.

Ogburn, William F. (1922). *Social Change.* New York: Viking Press.

Ostrom, Vincent. (1974). *The Intellectual Crisis in American Public Administration.* rev. ed. University, Ala: University of Alabama Press.

Parenti, Michael. (1970). "Pluralism: A View from the Bottom." *Journal of Politics*, 32: 501-530.

Perrow, C. (1967). A Framework for the Comparative Analysis of Organization. *American Sociological Review*, 32(2): 194-208.

Peters, B. G. (1996). *The Future of Governing: Four Emerging Models.* University Press of Kansas.

Pfiffner, John M. and Robert Presthus. (1953). *Public Administration*, 3rd ed. New York: The Ronald Press.

Pressman, J. L. & Wildavsky, A. (1973). *Implementation.* Berkeley & Los Angeles, CA: University of California Press.

Price, D. K. (1975). "1984 and Beyond: Social Engineering or Political Values." In *American Public Administration: Past, Present, and Future*, ed. F. C. Mosher, 233-252. University, AL: University of Alabama Press.

Rainey, H. G., R. W. Backoff, & C. H. Levine. (1976). Comparing Public and Private organizations. *Public Administration Review.* 36: 233-244.

Reich, Robert B. (1983). *The Next American Frontier*, New York: Times Books.

Rich, R. C. (1981). "Interaction of the Voluntary and Governmental Sectors: Toward an Understanding of the Coproduction of Municipal Services." *Administration and Society*, 13: 59-76.

Riggs, Fred. W. (1964). *Administration in Developing Countries: The Theory of Prismatic Society.* Boston: Houghton Mifflin.

Riker, William. (1962). *The Theory of Political Coalitions.* New Haven, CT: Yale University Press.

Rittel, H. W J. and Webber, M. (1973). "Dilemmas in a General Theory of Planning." *Policy Sciences*, 4: 155-169.

Rose, Arnold. (1967). *The Power Structure.* New York: Oxford University Press.

Rosenbloom, D. H. (1989). *Public Administration,* 2d. ed. New York: Random House.

Rourke, Francis E. (1976). *Bureaucracy, Politics and Public Policy.* 2d ed. Boston: Little, Brown.

Salamon, (2002). *The Tools of Government: A Guide to the New Governance.* New York: Oxford University Press.

Schattschneider, E. E. (1960). *The Semi-Sovereign People: A Realist's View of Democracy.* New York: Holt.

Schick, A. (1966). The Road to PPB: The Stage of Budget Reform. *Public Administration Review,* 26(4): 243-258.

Schutz, Alfred. (1967). *The Phenomenology of the Social World.* trans. G. Walsh and F. Lehnert. Evanston, Ill.: Northwestern Unv. Press.

Simon, H. A. (1947, 1997). *Administrative Behavior (4th Edition).* Free Press.

______(1946). The Proverbs of Administration. *Public Administration Review,* 6(1): 53-67.

______(1969). *The Science of the Artificial.* Cambridge: MIT Press.

______(1976). *Administrative Behavior: A Study of Decision-Making Processes in Administrative Organizations,* 3d. ed. New York: The Free Press.

Sirianni, Carmen. (1984). "Participation, Opportunity, and Equality: Toward a Pluralist Organizational Model." In *Critical Studies in Organization and Bureaucracy,* eds. F. Fischer and C. Sirianni, 482-503. Philadelphia, PA: Temple University Press.

Smith, M. P. (1976). "Barriers to Organizational Democracy in Public Administration." *Administration and Society,* 18: 275-317.

Stein, Harold. (1952). *Public Administration and Policy Development: A Case Book.* New York: Harcourt, Brace and Company.

Stewart, Debra W. (1985). "Professionalism vs. Democracy-Friedrich vs. Finer Revisited." *Public Administration Quarterly,* 9: 10-25.

Stillman, Richard J., Ⅱ. (1976). "Professor Ostrom's New Paradigm for American Public Administration: Adequate or Antique?" *Midwest Review of Public Administration,* 10: 179-192.

Synder, David P. (1974). "The Intolerant Society: An Assessment of Our Evolving Institutional Environment," Bureaucrat, 3(October): 247-269.

Taylor, F. W. (1911). *The Principles of Scientific Management.* New York: Harper &

Brothers.

Thayer, F. C. (1981). *An End To Hierarchy and Competition*. New York: Franklin Watts.

Thompson, J. D. (1967). *Organizations in Action*. New York: McGraw Hill Book Co.

Thompson, V. A. (1961). *Modern Organization*. New York: Knopf.

Thurow, Lester. (1980). *The Zero-Sum Society*. New York: Basic Books.

Traaen, T. J. (2000). *A Matter of Ethics: Facing the Fear of Doing the Right Thing*. Stamford, CN: JAI Press.

Truman, David B. (1951). *The Governmental Process*. New York: Knopf.

Tullock, Gordon. (1965). *The Politics of Bureaucracy*. Washington, D.C.: Public Affairs Press.

Wade, Larry L., and Robert L. Curry. (1970). *A Logic of Public Policy: Aspects of Political Economy*. Belmont, Calif.: Wadsworth.

Wald, Emanuel. (1973). "Toward A Paradigm of Future Public Administration." *Public Administration Review*, 33(4): 366-372.

Waldo, (1968). "Scope of the Theory of Public Administration." In James C. Charlesworth (ed.). *Theory and Practice of Public Administration*, 1-26. Philadelphia: American Academy and Social Science.

Waldo, D. (1948). *The Administrative State: A Study of the Political Theory of American Public Administration*. N.Y.: The Ronale Press.

______(1980). *The Enterprise of Public Administration: A Summary Review*. Movato, Calif.: Chandler and Sharp.

Waldo, D., ed. (1971). *Public Administration in a Time of Turbulence*. Scranton, P.A.: Chandler.

Waldo, Dwight, (1972). "Development in Public Administration," *Annals of the American Academy of Political and Social Science*, 40(November): 217-245.

______(1977). "The Prospects of Public Organizations." *The Bureaucrat*, 6: 101-113.

Wamsley, Gary L. (1976). "On the Problems of Discovering What's Really New in Public Administration." *Administration and Society*, 8(3): 385-400.

Weber, M. (1922). Bureaucracy. In J. M. Shafritz & A. C. Hyde (eds.) (1992), *Classics of Public Administration*, 51-56. Belmont, CA: Brooks/Cole Publishing Company.

Weber, Max. (1947). *Theory of Social and Economic Organization*. trans. A. Henderson and T. Parsons. Glencoe, Ill.: The Free Press.

______(1968). *Economy and Society: An Outline of Interpretive Sociology*, eds. Guenther

Roth and Claus Wittich, trans. Ephraim Fischoff et al. Vol 1. ch. New York: Bedminster Press.

Weiss, Carol H. (1979). "Efforts at Bureaucratic Reform." In *Marking Bureaucracies Work*, ed. Carol H. Weiss and Allen H. Barton, 7-26. Beverly Hills: Sage.

White, J. (1998). Making "Common Sense" of federal Budgeting. *Public Administration Review*, 58(2): 101-108.

White, Leonard D. (1926). *Introduction to the Study of Public Administration.* New York: Macmillan.

Wildavsky, A. (1984). *The Politics of the Budgetary Process.* Boston: Little, Brown and Co.

Wiley. Bentley, Arthur F. (1980). *The Process of Government.* Evanston, Ill.: Principia Press.

Willoughby William F. (1927). *Principles of Public Administration.* Washington, D.C.: Brookings Institution.

Wilson, James Q. (1968). *Varieties of Police Behavior.* Cambridge, MA.: Harvard University Press.

Wilson, James Q. ed. (1980). *The Politics of Regulation.* New York: Basic Books.

Wilson, W. (1887). The Study of Administration. *Political Science Quarterly*, 2(2): 197-222.

Woodward, J. (1980). *Industrial Organization: Theory and Practice*, Oxford University Press.

Yin, R. K. and D. Yates. (1974). *Street Level Government: Assessing Decentralization and Urban Services.* Santa Monica, CA: Rand Corporation.

찾아보기

[저자 약력]

제갈 돈

영남대학교 법학과 졸업(법학사)
영남대학교 대학원에서 행정학 석사
아이오와 주립대학교에서 행정학 석사
애리조나 주립대학교에서 행정학 박사
현, 안동대학교 행정학과 교수

[저 서]

행정학－사회변동과 적응관리
ARIMA 방법을 이용한 간여시계열실험과 분석
객관식 행정학
사무자동화의 이론과 실제
신행정학개론
사회과학을 위한 PC의 이해와 활용
행정학의 이해
간여시계열 실험과 분석
변형함수분석
정부와 여성참여－지방여성 공무원의 차별적 인사관리
정부와 행정(공저)
정부성과관리와 평가제도－주요 선진국 사례를 중심으로(공저)

김병규

대구대학교 자치행정학과 졸업(행정학사)
University of Kentucky, 정치학석사
University of Kentucky, 정치학박사(공공정책 전공)
현, 안동대학교 행정학과 교수

[저 서]

현대행정학(공저)
한국인사행정론(공저)
Entrepreneurial Knowledge, Technology and the Transformation of Regions(공저).

도수관

울산대학교 행정학과 졸업(행정학사)
고려대학교 행정학과 졸업(행정학 석사)
미국 George Mason University 졸업(정책학 박사)
현, 울산대학교 행정학과 교수

[저 서]

Entrepreneurial Knowledge, Technology and the Transformation of Regions(공저)
Entrepreneurship, Social Capital, and Governance(공저)
Innovation, Technology and Knowledge: Their Role in Economic Development(공저)

윤기웅

성균관대학교 경영학과 졸업(경영학사)
성균관대학교 국정관리대학원에서 행정학 석사
성균관대학교 국정관리대학원에서 행정학 박사
현, 안동대학교 행정학과 교수

[저 서]

성과관리: 한국제도편(공저)
성과관리: 외국제도편(공저)

이곤수

대구대학교 행정학과 졸업(행정학사)
대구대학교 대학원에서 행정학 석사
대구대학교 대학원에서 행정학 박사
현, 경북여성정책개발원 정책개발실장

[저 서]

2013 대통령의 성공조건(공저)
한국의 소수자운동과 인권정책(공저)
한국의 내셔널어젠다(공저)
한국인 우리는 누구인가?(공저)
변화하는 한국의 유권자 4(공저)
세계화 제2막(공저)
공공서비스 성과평가와 측정(공저)
장애인고용과 정책집행

행정학개론[개정판]

2014년 2월 24일 초판 발행
2017년 2월 28일 개정판 발행
2021년 8월 30일 개정판 2쇄 발행

저 자 제 갈 돈 외
발행인 배 효 선
발행처 도서출판 法 文 社

주 소 10881 경기도 파주시 회동길 37-29
등 록 1957년 12월 12일 / 제2-76호(윤)
전 화 031-955-6500~6, 팩 스 031-955-6525
e-mail(영업) : bms@bobmunsa.co.kr
(편집) : edit66@bobmunsa.co.kr
홈페이지 http://www.bobmunsa.co.kr
조 판 광 암 문 화 사

정가 25,000원 ISBN 978-89-18-02458-5